VUE AÉRIENNE DU CENTRE-VILLE © JONATHAN CHODJAÏ

Montréal : Ville du Canada (Québec), sur le Saint-Laurent ; Environ 1,87 millions d'habitants (Montréalais) ; 3,7 millions dans l'agglomération. Principal centre industriel du Québec. Aéroport. Port fluvial. Métropole culturelle (deuxième ville francophone du monde). Universités. Musées. *(Larousse)*

Riche du mélange des vagues d'immigrations qui en ont [illegible] des villes multiculturelles les plus courues, Montréal n'en finit [illegible] réinventer.

Entre ses parcs et ses clochers, [illegible] 'est une cité plébiscitée pour sa qualité [illegible] orte de cette diversité, la métropole ne [illegible] té aux yeux du monde, s'imposant peu [illegible] bien des égards. Il est vrai qu'elle dispose d [illegible] pas une surprise si on y trouve tant a faire, des festi [illegible] culturels, des pistes cyclables aux innombrables restaurants qui ja [illegible] rues. Montréal arbore aussi un côté jeune et dynamique avec ses nombreux collèges et universités, dont la réputée McGill University. Bref, une ville vivante, pleine d'histoire et qui saura assurément vous charmer !

C'est justement l'objet de cette nouvelle édition du guide Montréal, entièrement mise à jour et enrichie, que de vous dévoiler le meilleur de la ville et ceci, dans tous les domaines. Notre équipe a sillonné l'île et ses environs dans le seul but de faire de vous d'incollables « Petits Futés ». Armés de cet indispensable répertoire, vous ne manquerez rien des richesses qui vous y sont proposées, à toute heure du jour… et de la nuit !

Il est temps à présent de vous remercier d'avoir fait l'acquisition de cet ouvrage qui, nous en sommes certains, saura vous accompagner dans vos périples montréalais, et nous vous souhaitons de bien belles découvertes.

L'équipe du Petit Futé

SOMMAIRE

JONATHAN CHODJAÏ

AUDREY LORANS-GARBAY ET NOÉMIE ROY LAVOIE

VALÉRIE FORTIER

ANNE MOY

Le guide ville de Montréal 2011-2012 est édité par :
Les Éditions Néopol Inc. | 300 St-Sacrement, Montréal (Qc) H2Y 1X4
Tél. : 514-279-3015 | **Fax :** 514-279-1143 | **Courriel :** redaction@petitfute.ca | **www.petitfute.ca**
Administrateurs : Jonathan Chodjaï.
Directeurs de collection : Jonathan Chodjaï, Michaël Galvez.
Directrice des publications : Audrey Lorans-Garbay.
Directrice de la rédaction : Valérie Fortier.
Directrice du studio : Noémie Roy Lavoie.
Auteures : Valérie Fortier, Caroline Arnaud.
Conseillères en publicité : Perrine Faillot et Anne Moy.
Couverture : © The Russian Negresco - Fotolia
Légende : palais des congrès, montréal
Impression : LEONCE DEPREZ - 62620 RUITZ.
Distribution : Socadis-Flammarion. **ISBN :** 978-2-746930-63-6
Dépôt légal – Bibliothèque nationale du Québec, 2011.
Dépôt légal – Bibliothèque nationale du Canada, 2011.
Photos d'équipe : Noémie Roy Lavoie et Jonathan Chodjaï

REMERCIEMENTS

La création d'un tel guide repose sur les efforts conjugués d'une équipe talentueuse et de partenaires fidèles. Merci à ceux et celles qui en sont les artisans pour leur beau travail, à commencer par Audrey, notre nouvelle maman de choc, Noémie, artiste accomplie et magicienne à ses heures, Anne, recrue providentielle à l'implication très appréciée et, bien sûr, Valérie, qui jongle si bien avec les mots et les attraits du Québec. Une pensée également pour Caroline, chef inspirée avant l'heure, et Perrine, heureusement tombée dans les pommes... Sans oublier bien sur nos collègues français qui assurent le suivi sur le vieux continent! Nos titres sont mis en marché par Flammarion, dont l'équipe commerciale fait un beau travail pour nous aider à diffuser la bonne parole. Notre démarche est appuyée par des annonceurs, qui sont aussi les amis du Petit Futé, certains depuis plus de 10 ans à Montréal! C'est un plaisir autant qu'un honneur de collaborer avec vous. Enfin, ce guide n'existerait pas sans vous, nos lecteurs, pour qui nous recherchons le meilleur de Montréal, et qui nous le rendez si bien, par votre achat d'abord, mais aussi par vos commentaires et messages. Merci à vous tous, et rendez-vous à la prochaine édition! J.C. & M.G.—Directeurs de collection

AVERTISSEMENT

Tous les prix et adresses qui se trouvent dans ce guide étaient valables à l'automne 2011. Il est possible que les prix aient un peu augmenté et que certains établissements aient fermé entre le jour de l'impression de ce guide et le moment où vous l'utiliserez. Les horaires d'ouverture peuvent aussi avoir été modifiés.

Avant-propos

Les Francofolies de Montréal © NRL

Plamondon
Côte St-Catherine
Snowdon
Côte-des-Neiges
Université de Montréal
Edouard Montpetit
Outremont
Villa-Maria
Vendôme
Atwater
Guy-Concordia
Peel
Lucien-l'Allier
Bonaventure
Georges-Vanier
Lionel-Groulx
Place-St-Henri
Charlevoix
Lasalle
Verdun
De l'Eglise
Parc Kent
Parc Summit
Parc Westmount
Cimetière Notre-Dame des-Neiges
Cimetière du Mont-Royal
PARC DU MONT ROYAL
Canal Lachine
Avenue Barclay
Avenue Ducharme
Avenue Van Horne
Avenue Kent
Av. Linton
Av. De la Peltrie
Av. Bourret
Avenue Ellendale
Chemin de la Côte ste-Catherine
Boulevard Edouard Montpetit
Avenue Isabella
Chemin Queen Mary
Chemin remenbrance
Voie Camilien Houde
The Boulevard
Avenue Westmount
Avenue Cedar
Chemin St-Sulpice
Avenue des Pins
Avenue du Docteur Penfield
Sherbrooke
Avenue Lincoln
Maisonneuve
Rue Ste-Catherine
René-Levesque
Tupper
Avenue Saint-Antoine
St-Jacques
Notre-Dame
Avenue Ottawa
Bassin Wellington
St-Patrick
Saint-Patrick
Châteauguay
Centre
Grand Trunk
Avenue Knox
Avenue Wellington
Avenue Rhéaume
Wellington
Avenue Verdun
Pullman
Ste-Clothilde
Ste-Ambroise
Mill
Bridge
Boulevard Décarie
Circle Road
Avenue Victoria
Avenue Grosvernor
Av. Lansdowne
Avenue Roslyn
Avenue Arlington
Av. de Vendôme
Avenue Marlowe
Av. Prince
Albert
Avenue Lansdowne
Avenue Kensington
Avenue Melcafte
Avenue Clarke
Greene
Guy
McKay
Crescent
de la Montagne
Drummond
Stanley
Av. des Seigneurs
St-Martin
Avenue de Courcelle
St-Rémy
Avenue Gatineau
Avenue Decelles
Chemin de la Côte des Neiges
Chemin Hudson
Darlington
Av. De Vimy
Lajoie
Bernard
Avenue Stuart
Chemin de la Côte Ste-Catherine
Avenue du Mont-Royal
Jean-Brillant
Légaré
Avenue de l'Eglise
Avenue Galt
Lesage
Avenue Bannatyne
Avenue Dupuis
Avenue Joseph
Avenue de Verdun
Avenue Evelyn
Avenue Gertrude
Avenue Ethel
Avenue Butler
d'Argenson
Avenue Charlevoix
Island
Avenue Bourgeoys
Peel
720
15
26
7
24
16
13
8
18
20
19
N
1000 m

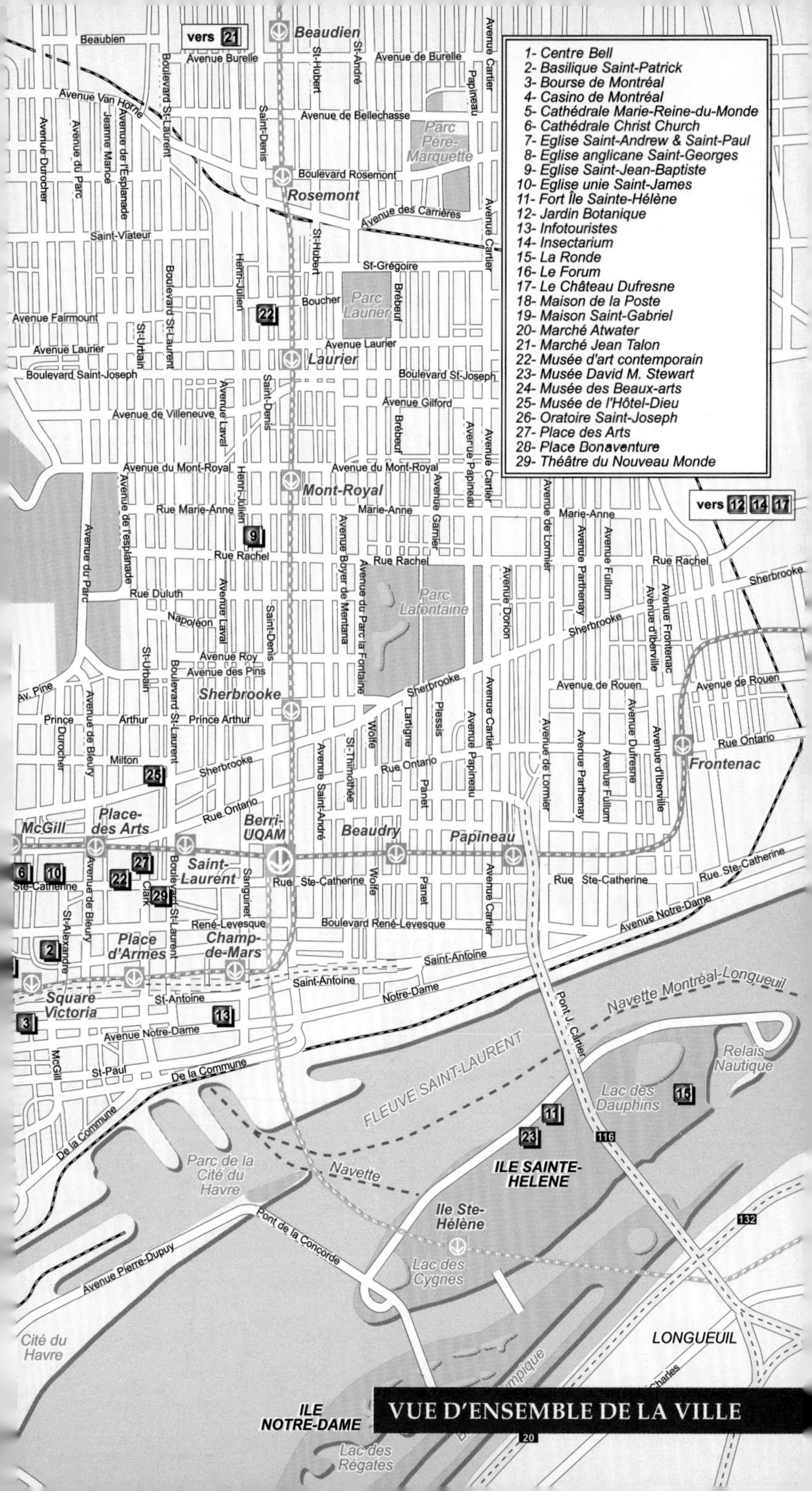
VUE D'ENSEMBLE DE LA VILLE
1- Centre Bell
2- Basilique Saint-Patrick
3- Bourse de Montréal
4- Casino de Montréal
5- Cathédrale Marie-Reine-du-Monde
6- Cathédrale Christ Church
7- Eglise Saint-Andrew & Saint-Paul
8- Eglise anglicane Saint-Georges
9- Eglise Saint-Jean-Baptiste
10- Eglise unie Saint-James
11- Fort Île Sainte-Hélène
12- Jardin Botanique
13- Infotouristes
14- Insectarium
15- La Ronde
16- Le Forum
17- Le Château Dufresne
18- Maison de la Poste
19- Maison Saint-Gabriel
20- Marché Atwater
21- Marché Jean Talon
22- Musée d'art contemporain
23- Musée David M. Stewart
24- Musée des Beaux-arts
25- Musée de l'Hôtel-Dieu
26- Oratoire Saint-Joseph
27- Place des Arts
28- Place Bonaventure
29- Théâtre du Nouveau Monde
vers 21
vers 12 14 17
Beaudien
Rosemont
Laurier
Mont-Royal
Sherbrooke
Berri-UQAM
Beaudry
Papineau
Frontenac
McGill
Place-des Arts
Saint-Laurent
Place d'Armes
Champ-de-Mars
Square Victoria
Parc Père-Marquette
Parc Laurier
Parc Lafontaine
FLEUVE SAINT-LAURENT
Navette Montréal-Longueuil
Navette
Parc de la Cité du Havre
Cité du Havre
Pont de la Concorde
Pont J. Cartier
ILE SAINTE-HELENE
Ile Ste-Hélène
Lac des Dauphins
Lac des Cygnes
Relais Nautique
ILE NOTRE-DAME
Lac des Régates
LONGUEUIL
Avenue Pierre-Dupuy
De la Commune
St-Paul
Avenue Notre-Dame
Notre-Dame
Saint-Antoine
René-Levesque
Boulevard René-Levesque
Rue Ste-Catherine
Rue Ontario
Sherbrooke
Avenue de Rouen
Rue Rachel
Marie-Anne
Avenue du Mont-Royal
Boulevard Saint-Joseph
Avenue Laurier
Avenue Fairmount
Boulevard Rosemont
Avenue de Bellechasse
Avenue de Burelle
Avenue Van Horne
Beaubien
Boulevard St-Laurent
Saint-Denis
St-Hubert
Avenue du Parc
Avenue Cartier
Avenue Papineau
Avenue de Lorimier
Avenue Frontenac
Avenue d'Iberville
116
132
20

A
B
C
D
E
1
2
3
4
5
6
7
8
9
Belvédère Kondiaronk
Parc du Mont Royal
Redpath Cr.
McGill University
Stade Percival Molson Stadium
Royal Victoria Hospital
Avenue des Pins
Parc Rutherford
Lorne Cr
Prince-Arthur
Milton-Parc
Milton
Underhill
Avenue du Docteur Penfield
Pollact Concert Hall
Rue Sherbrooke
Musée McCord Canadian History
People's Church
Av. du Président Kennedy
Concorde
Bd de Maisonneuve
Les Cours Mt-Royal
Place Montréal Trust
Centre Eaton
Christ Church Cathedral
La Baie
Mayor
Rue Sainte-Catherine
Ruelle Palace
Cathcart
Place Ville-Marie
Cypress
CIBC
Square Dorchester
Spectrum
Gésu
Boulevard René Lévesque
Gare Centrale
IBM
Lucien L'Allier
Gauchetière
Centre Bell
Cathédral Marie-Reine du Monde
Belmont
St-Patrick
Dowd
Gare Windsor
Bonaventure
Square Victoria
Rue Viger
Quartier International
Rue Saint-Antoine
Torrance
Poste
Rue Saint-Jacques
Square Chaboillez
Dow Planetarium de Montréal
Centre du Commerce Mondial
Ruelle des
Notre-Dame
Récollets
Hôpital
St-Sacrement
Saint-Maurice
Le Moyne
Saint-Paul
Evans
Lansdown
Barre
William
Place Youville
Musée Pointe-à-Callière
Crescent
Montagne
Drummond
Stanley
Peel
McTavish
Metcalfe
Mansfield
Av McGill-College
Victoria
University
Union
Aylmer
City-Councillors
Burke
Durocher
Hutchison
Bleury
St-Alexandre
Saint-Alexandre
Hermine
Anderson
Pl. Philips
Côte du Beaver-Hall
Gauvin
Cathédrale
Ste-Cécile
Montfort
Inspecteur
St-Paul
Nazareth
Duke
Dupré
Saint-Henri
Richard
Longueil
Rue McGill
Sainte-Hélène
Saint-Pierre
St-Alexis
St-Jean
St-Nicolas
St-Éloi
Solard
Desrivières
J. D'Estrées
Murray
Young
Mai

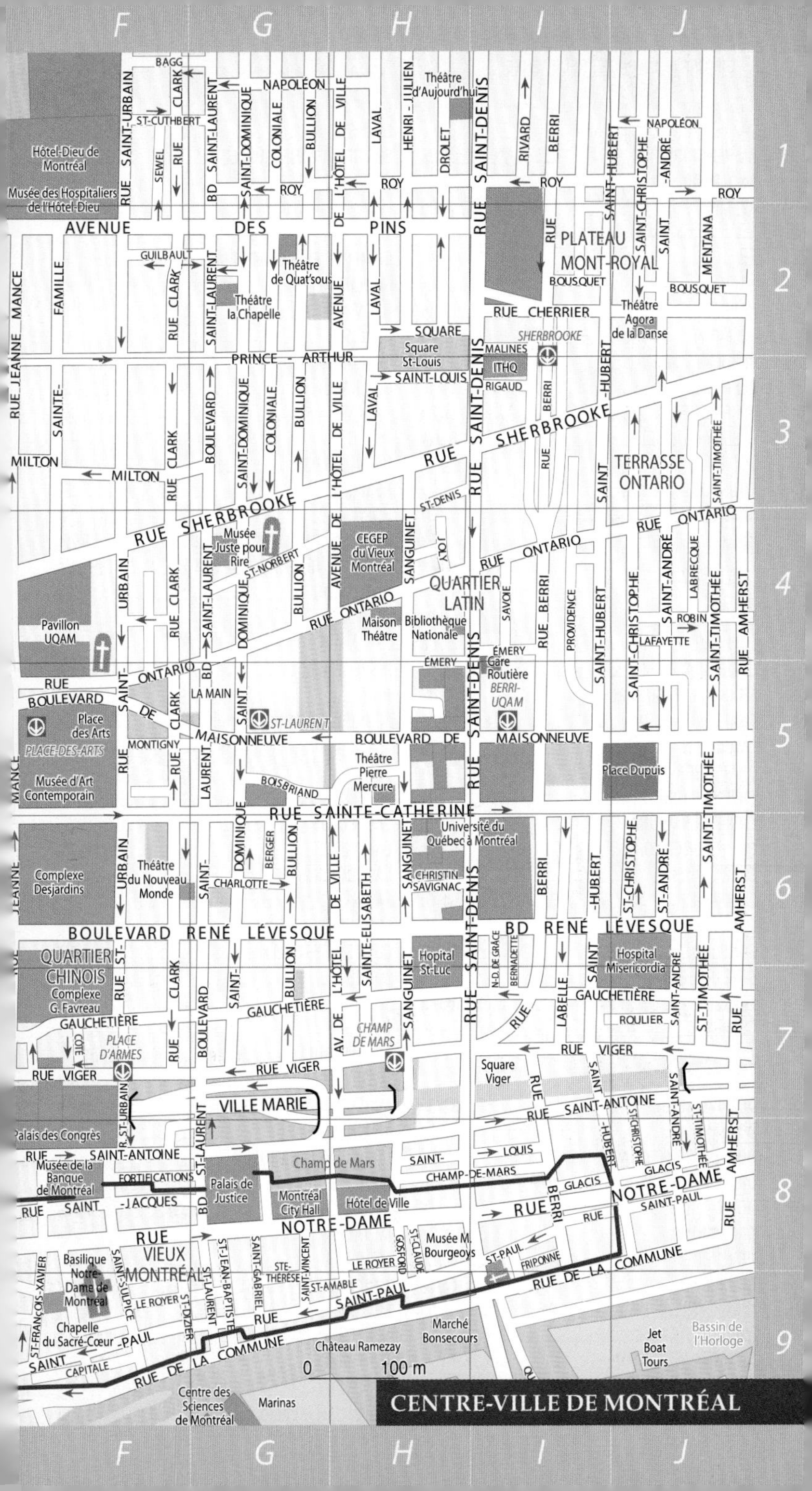
CENTRE-VILLE DE MONTRÉAL
F
G
H
I
J
1
2
3
4
5
6
7
8
9
Hôtel-Dieu de Montréal
Musée des Hospitaliers de l'Hôtel-Dieu
Théâtre d'Aujourd'hui
AVENUE DES PINS
Théâtre de Quat'sous
Théâtre la Chapelle
PLATEAU MONT-ROYAL
Théâtre Agora de la Danse
SHERBROOKE
Square St-Louis
ITHQ
PRINCE - ARTHUR
RUE SHERBROOKE
TERRASSE ONTARIO
Musée Juste pour Rire
CEGEP du Vieux Montréal
QUARTIER LATIN
RUE ONTARIO
Maison Théâtre
Bibliothèque Nationale
Pavillon UQAM
Gare Routière
BERRI-UQAM
Place des Arts
PLACE-DES-ARTS
ST-LAURENT
BOULEVARD DE MAISONNEUVE
Musée d'Art Contemporain
Théâtre Pierre Mercure
Place Dupuis
RUE SAINTE-CATHERINE
Université du Québec à Montréal
Complexe Desjardins
Théâtre du Nouveau Monde
CHRISTIN SAVIGNAC
BOULEVARD RENÉ LÉVESQUE
BD RENÉ LÉVESQUE
QUARTIER CHINOIS
Complexe G. Favreau
Hopital St-Luc
Hospital Misericordia
PLACE D'ARMES
CHAMP DE MARS
Square Viger
RUE VIGER
VILLE MARIE
Palais des Congrès
RUE SAINT-ANTOINE
Musée de la Banque de Montréal
Palais de Justice
Champ de Mars
Montréal City Hall
Hôtel de Ville
NOTRE-DAME
RUE VIEUX MONTRÉAL
Basilique Notre-Dame de Montréal
Musée M. Bourgeoys
Chapelle du Sacré-Cœur
Château Ramezay
Marché Bonsecours
RUE DE LA COMMUNE
Jet Boat Tours
Bassin de l'Horloge
Centre des Sciences de Montréal
Marinas
0
100 m

INDEX DES NOMS DE RUES

 VOIR CARTE EN PAGE PRÉCÉDENTE

A

B

C

D

E-F

G

H

I-J-K

L

M

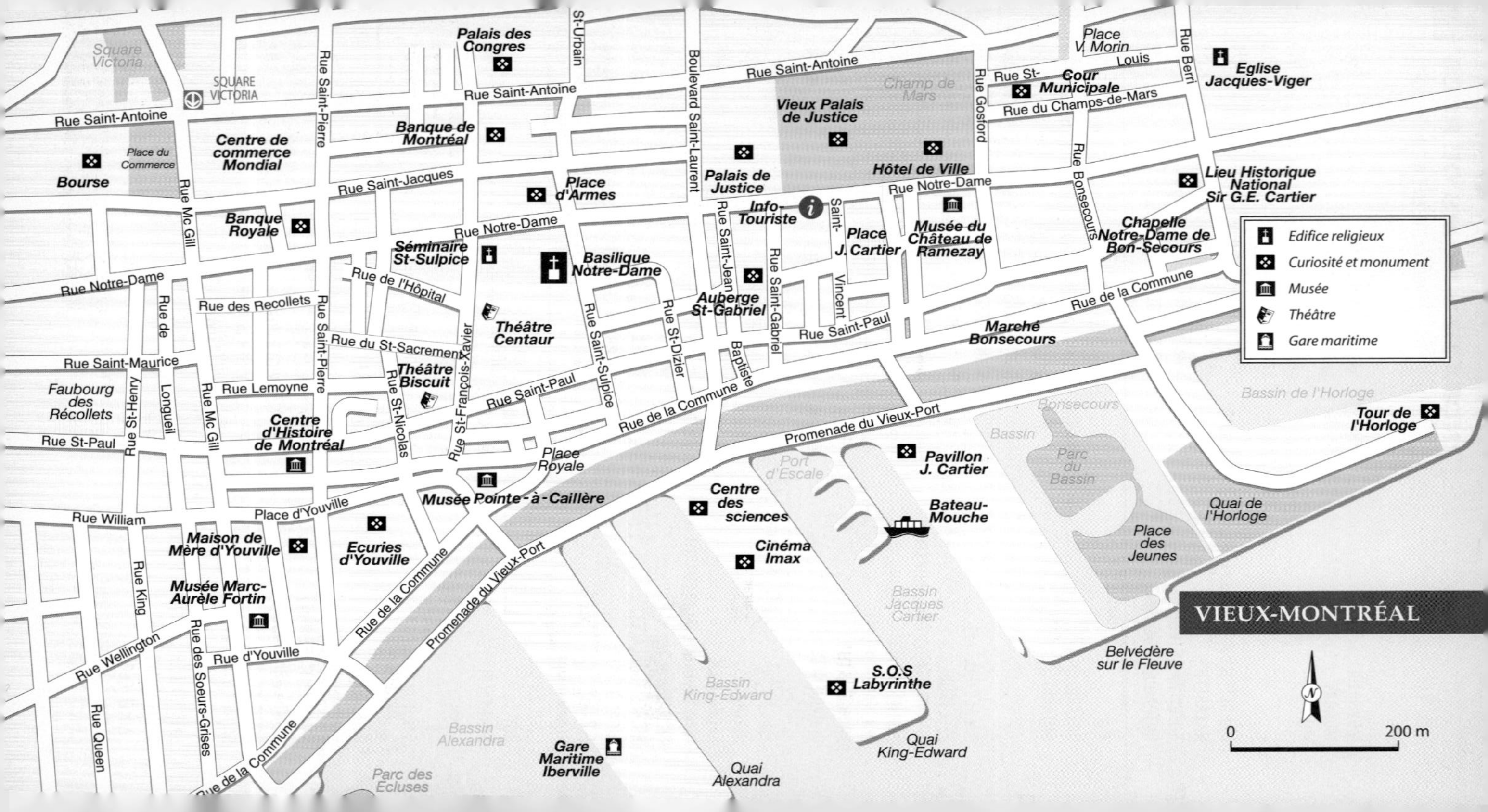
VIEUX-MONTRÉAL
Edifice religieux
Curiosité et monument
Musée
Théâtre
Gare maritime
0
200 m
Square Victoria
SQUARE VICTORIA
Palais des Congres
Banque de Montréal
Centre de commerce Mondial
Place du Commerce
Bourse
Banque Royale
Place d'Armes
Séminaire St-Sulpice
Basilique Notre-Dame
Théâtre Centaur
Théâtre Biscuit
Centre d'Histoire de Montréal
Musée Pointe-à-Caillère
Place Royale
Faubourg des Récollets
Maison de Mère d'Youville
Musée Marc-Aurèle Fortin
Ecuries d'Youville
Vieux Palais de Justice
Palais de Justice
Champ de Mars
Hôtel de Ville
Info-Touriste
Place J. Cartier
Musée du Château de Ramezay
Auberge St-Gabriel
Marché Bonsecours
Cour Municipale
Place V. Morin
Eglise Jacques-Viger
Lieu Historique National Sir G.E. Cartier
Chapelle Notre-Dame de Bon-Secours
Bassin de l'Horloge
Tour de l'Horloge
Bassin Bonsecours
Parc du Bassin
Quai de l'Horloge
Place des Jeunes
Pavillon J. Cartier
Bateau-Mouche
Port d'Escale
Centre des sciences
Cinéma Imax
Bassin Jacques Cartier
Belvédère sur le Fleuve
S.O.S Labyrinthe
Bassin King-Edward
Quai King-Edward
Quai Alexandra
Bassin Alexandra
Gare Maritime Iberville
Parc des Ecluses
Rue Saint-Antoine
Rue Saint-Jacques
Rue Notre-Dame
Rue Saint-Pierre
Rue Mc Gill
Rue des Recollets
Rue de l'Hôpital
Rue du St-Sacrement
Rue St-François-Xavier
Rue Saint-Sulpice
Rue St-Dizier
Rue Saint-Paul
Rue de la Commune
Promenade du Vieux-Port
Rue Saint-Maurice
Rue Lemoyne
Rue de Longueil
Rue St-Henry
Rue St-Paul
Rue St-Nicolas
Place d'Youville
Rue William
Rue King
Rue Wellington
Rue des Soeurs-Grises
Rue d'Youville
Rue Queen
St-Urbain
Boulevard Saint-Laurent
Rue Saint-Jean
Rue Saint-Gabriel
Baptiste
Saint-Vincent
Rue Gosford
Rue St-Louis
Rue du Champs-de-Mars
Rue Bonsecours
Rue Berri

RÉSEAU DU MÉTRO

MONTRÉAL GRATUIT

Parce qu'on ne peut pas tous les soirs se payer un restaurant ou une place au théâtre, voici une liste d'activités gratuites à Montréal.

PATINOIRE DU MONT ROYAL © NRL

1. ENTRÉE LIBRE AUX MUSÉES

Centre Canadien d'Architecture. Un bel édifice dans lequel des expositions explorent une facette méconnue de l'architecture de la ville. Entrée libre le jeudi de 17h30 à 21h. www.cca.qc.ca

Musée d'Art contemporain. Entrée libre le mercredi de 17h à 21h. www.macm.org

Musée de la Banque de Montréal. Entrée libre en tout temps, ouvert du lundi au vendredi de 10h à 16h. Son superbe hall et sa collection de pièces et de billets justifient une visite.

Musée des Beaux-arts. Entrée libre à tout moment à la riche collection permanente (les dons sont bienvenus). www.mbam.qc.ca

Musée Redpath (Université McGill). Consacré à l'histoire naturelle, il abrite plusieurs squelettes de dinosaures et des momies. Entrée libre en tout temps - contribution suggérée (fermé le samedi). http ://francais.mcgill.ca/redpath/

2. SPECTACLES

La programmation de la TOHU, Cité des arts du cirque, comprend de nombreux spectacles gratuits (cirque, musique, etc.), de très bonne qualité. www.tohu.ca

En été, le **Théâtre de Verdure,** dans le parc Lafontaine, diffuse des spectacles de danse, cinéma, théâtre et musique qui attirent beaucoup de monde. Pour la programmation : 514-872-4041.

Les maisons de la culture, présentes dans tous les quartiers, organisent régulièrement des projections, spectacles de danse, etc. www.ville.montreal.qc.ca/culture

Les quatre universités ouvrent leurs portes pour des projections de films, des conférences, des spectacles, etc. Vous trouverez les renseignements sur leur site :
www.mcgill.ca/calendar/
www.concordia.ca/news-and-events/
www.uqam.ca/diffusion/
www.umontreal.ca/grand-public/arts-culture.html

Les très nombreux festivals de Montréal offrent généralement des spectacles gratuits. C'est le cas notamment du Festival Montréal en Lumière en hiver ; du Festival International de Jazz, des Francofolies et du Festival Nuits d'Afrique en été.

3. SPORTS

Plus de 110 piscines (intérieures et extérieures, entrée libre ou peu onéreuse) et **135 pataugeoires** sont ouvertes aux nageurs. www.ville.montreal.qc.ca
Un réseau de 17 grands parcs est accessible au public. Vous pouvez y passer la journée, faire du ski de fond, du vélo, vous baigner, etc. www.ville.montreal.qc.ca/grandsparcs
Patinoires. En hiver, de nombreuses patinoires accueillent gratuitement les hockeyeurs et patineurs. Les deux plus grandes patinoires sont celles du mont Royal et du parc Lafontaine. Vous trouverez l'information concernant l'état des patinoires sur le site web de la ville.
Pistes cyclables. Il y a 450 km de pistes cyclables sur l'île de Montréal.

4. LECTURE LIBRE

La Bibliothèque nationale du Québec met en consultation une large sélection de journaux et de magazines. La section Actualités et Nouveautés est ouverte du mardi au dimanche de 10h à 22h. La Bibliothèque nationale permet à ses adhérents d'emprunter des livres durant trois semaines. Il suffit de s'inscrire. www.banq.qc.ca
Le réseau des 67 bibliothèques publiques permet d'emprunter des livres et de lire des magasines sur place, près de chez soi. www.ville.montreal.qc.ca/biblio/
Les quotidiens d'informations générales, Métro et 24 Heures (distribués dans les stations de métro) donnent une idée succincte de l'actualité.
Les hebdomadaires d'information sur l'actualité des sorties à Montréal (Voir, Ici, Mirror, Hour) sont des lectures indispensables pour savoir ce qui se passe dans le domaine culturel.
Les mensuels thématiques offrent des contenus variés selon leur spécialité : Revue Espaces (plein air), Fugues (pour la communauté LGBT : actualité, chroniques, sorties, etc.), Nightlife (la vie nocturne au jour le jour).

5. SURFER SUR LE WEB

Le réseau Île sans fil. Grâce aux conseils de cette association, une centaine de cafés, bars et restaurants sont équipés d'antennes Wifi. Les détenteurs d'un ordinateur portable équipés d'une carte Wifi peuvent y surfer librement. www.ilesansfil.org
La Bibliothèque nationale du Québec et les **bibliothèques municipales** mettent des ordinateurs avec Internet à disposition des adhérents. La Bibliothèque nationale offre également l'Internet sans fil.

6. MUSIQUE ET FILMS

Une fois de plus, nous vous recommandons la **Bibliothèque nationale du Québec** et les **bibliothèques municipales** dont la collection de CD, DVD et cassettes vidéo est empruntable.
Visionner un film à la Bibliothèque nationale du Québec. Les adhérents peuvent réserver un poste de visionnement, sur place, et écouter un DVD.
Des projections de films ont lieu gratuitement en été au **Théâtre de Verdure au parc Lafontaine.** Il faut arriver très en avance pour avoir une place. Programme : 514-872-4041.
Vous pouvez également visionner des films et des courts-métrages lors du **Festival des Films du Monde.** Les représentations ont lieu à la belle étoile à la Place des Festivals.

AGENDA

HIVER

THE WILDSIDE FESTIVAL

Début à mi-janvier
514-288-3161
www.centaurtheatre.com
D'excellentes performances théâtrales, souvent étonnantes, présentées par des créateurs d'ici et d'ailleurs. Représentations en anglais uniquement.

IGLOOFEST

En janvier
514-496-7678 | www.igloofest.ca
Sortez vos « moonboots » et votre habit de neige « une pièce » et venez vivre les soirées les plus électrisantes de l'hiver! Neufs soirs, trois week-ends, les meilleurs artistes de la scène électronique, un site extérieur époustouflant, et des milliers de festivaliers le sourire aux lèvres : c'est ça Igloofest. De quoi vous faire oublier les rigueurs de l'hiver!

FÊTE DES NEIGES DE MONTRÉAL

Fin janvier à début février
514-872-6120
www.parcjeandrapeau.com
Une foule d'activités attendent les amoureux de l'hiver et du plein air : glissade sur tubes, sentier des patineurs, traîneaux à chiens, sculpture sur glace et sur neige, etc.

LE TEMPS DES SUCRES

Début février à début avril
514-872-1400
www2.ville.montreal.qc.ca/jardin/jardin.htm
Tous les week-ends et durant la semaine de relâche, la Maison de l'Arbre du Jardin Botanique offre des dégustations des produits de l'érable.

LES RENDEZ-VOUS DU CINÉMA QUÉBÉCOIS

Mi à fin février
514-526-9635
www.rvcq.com
Ce rendez-vous a pour objectif de promouvoir le cinéma québécois au Canada et à l'étranger par le biais de rencontres entre public et artisans du cinéma, d'évènements divers et d'une présentation de plus de 150 films ou vidéos.

PAPILLONS EN LIBERTÉ

Mi-février à fin avril
514-872-1400
www2.ville.montreal.qc.ca/jardin/jardin.htm
Des centaines de papillons volant en librement autour de nous dans une grande serre au climat tropical, remplie de végétation dense et parfumée par les fleurs exotiques.

FESTIVAL MONTRÉAL EN LUMIÈRE

Mi à fin février
514-288-9955 / 1 888-477-9955
www.montrealenlumiere.com
Trois festivals en un qui réunissent les meilleurs talents d'ici et d'ailleurs dans des domaines aussi variés que la danse, le théâtre, la musique et les arts de la table. Site extérieur gratuit pour La Fête de la Lumière.

NUIT BLANCHE À MONTRÉAL

Le dernier samedi du festival à la fin février
Dans le cadre du Festival Montréal en Lumière, toute une nuit durant, les

noctambules peu frileux pourront profiter des nombreux parcours, activités et spectacles offerts dans toute la ville. Un service de navette gratuit relie les différents sites pendant la nuit.

LES SYMPHONIES PORTUAIRES

Dernier dimanche de février et premier dimanche de mars
514-872-9150 | www.pacmusee.qc.ca
Véritable tradition montréalaise, cette symphonie en plein air fait retentir sirènes de bateaux, sifflets de train, cloches d'églises, et bien d'autres.

PRINTEMPS

FESTIVAL VOIX D'AMÉRIQUE

En mars | www.fva.ca
Le FVA est renommé pour ses lectures, contes, la poésie performée sur scène ainsi que le « spoken word », le tout accompagné d'improvisation musicale.

DÉFILÉ DE LA SAINT-PATRICK

Vers la mi-mars
www.montrealirishparade.com
Célébration colorée en l'honneur de St-Patrick, le saint patron des Irlandais (à savoir que 4 millions de Canadiens ont des ancêtres irlandais). Plus de 4 000 participants, 40 chars allégoriques, et 45 fanfares !

FESTIVAL INTERNATIONAL DU FILM SUR L'ART

Mi à fin mars
514-874-1637 | www.artfifa.com
Projections de films sur la création artistique, que ce soit sur la danse, la peinture, la sculpture, l'architecture, le design, le théâtre, la photographie, le cinéma, l'histoire de l'art, la littérature ou la musique.

FESTIVAL DE CINÉMA PANAFRICA INTERNATIONAL

Fin avril à début mai
514-284-3322
www.festivalpanafrica.com
Plus de 100 œuvres en provenance de 40 pays. Projections de courts et longs métrages, fictions et documentaires, suivis de débats avec les auteurs.

FESTIVAL LITTÉRAIRE INTERNATIONAL DE MONTRÉAL METROPOLIS BLEU

Fin avril à début mai
514-937-2538
www.metropolisbleu.org
Metropolis Bleu réunit plus de 200 auteurs, musiciens, journalistes et éditeurs venus du monde entier pour cinq jours d'activités littéraires en plusieurs langues.

BIENNALE DE MONTRÉAL

Début à fin mai
514-288-0811
www.biennalemontreal.org
Organisée par le Centre international d'art contemporain de Montréal (CIAC), la Biennale est un festival international d'arts visuels, photographie, design, arts électroniques et nouvelles technologies, vidéo, cinéma, architecture et urbanisme. Un événement d'envergure nationale et internationale dont la programmation variée inclut des expositions, des performances, des conférences et des projections de films sur l'art sous le thème du « Hasard ».

ELEKTRA, FESTIVAL ART NUMÉRIQUE

Début mai
www.elektrafestival.ca
Manifestation culturelle de haut calibre alliant musique électronique de pointe et création visuelle (animation, robotique, installation).

PIKNIC ELECTRONIK

Mi-mai à début octobre
www.piknicelectronik.com
Rendez-vous dominical en plein air pour les adeptes de musique électronique. Ambiance bon enfant l'après-midi et beaucoup plus festive en soirée... Un incontournable de la scène musicale à Montréal et franchement, une journée

mémorable ! Autres événements : Igloofest en hiver, et la Cabane à sucre Électronik au printemps.

FESTIVAL PLEIN AIR

Vers la mi-mai
514-277-3477
www.espaces.qc.ca/plein_air/
L'événement à ne pas manquer pour les amoureux du plein air et du tourisme : essais d'équipements, démonstrations d'activités, cours de perfectionnement, sorties guidées, etc.

FESTIVAL TRANSAMÉRIQUES

Fin mai à mi-juin
514-842-0704
www.fta.qc.ca
Événement présentant une vingtaine de compagnies d'ici et d'ailleurs dans une programmation novatrice en théâtre et en danse.

FESTIVALISSIMO

Fin mai à mi-juin
514-737-3033
www.festivalissimo.ca
Ce festival ibéro-latino-américain de Montréal vient réchauffer la ville chaque année au rythme de concerts et spectacles de danse, de projections des meilleurs films latinos, d'expositions, etc.

JOURNÉE DES MUSÉES MONTRÉALAIS

Dernier dimanche de mai
514-845-6873
www.museesmontreal.org
Cette journée porte ouverte est l'occasion pour le public de découvrir la diversité et la richesse des musées montréalais et de développer le goût de les visiter tout au long de l'année.

FÉRIA DU VÉLO

Fin mai à début juin
514-521-8356
www.velo.qc.ca/feria/index.lasso
Une semaine d'événements cyclistes avec notamment le Tour de l'Île, Un Tour la Nuit et le Défi Métropolitain.

FESTIVAL SAINT-AMBROISE FRINGE DE MONTRÉAL

Fin mai à mi-juin
514-849-3378
www.montrealfringe.ca
Festival international de l'expression libre qui mêle théâtre, danse et musique. Plusieurs spectacles, en anglais et en français, proposés par une centaine de troupes du monde entier. Site extérieur gratuit au Parc de Amériques.

ÉTÉ

FESTIVAL MUTEK

Début juin
514-871-8646 | www.mutek.org
Pour les adeptes de musique électronique et de création sonore issues des nouvelles technologies, le tout agrémenté de conférences et d'ateliers.

MONDIAL DE LA BIÈRE

En juin
514-722-9640
www.festivalmondialbiere.qc.ca
C'est l'événement montréalais pour les bièrophiles. On trouvera plus de 350 bières différentes, de cidres, d'hydromels, le tout agrémenté de délices du terroir québécois.

LES FRANCOFOLIES DE MONTRÉAL

En juin
514-876-8989 / 1 888-444-9114
www.francofolies.com
Un événement musical avec des artistes francophones d'Europe, d'Afrique, des Amériques, des Antilles. Spectacles dans plusieurs salles et à l'extérieur.

GRAND PRIX DU CANADA

Vers la mi-juin
www.circuitgillesvilleneuve.ca
Les meilleurs pilotes du monde se disputent une des étapes du championnat du monde de Formule 1. Surveillez les différents événements entourant le week-end dont la journée « portes ouvertes ».

PRÉSENCE AUTOCHTONE

Juin, juillet, août

514-574-1990www.nativelynx.qc.ca

Ce festival présente des spectacles, concerts, projections de films, expositions, pièces de théâtre, tous inspirés par des mythes et des coutumes ancestrales des Premières Nations.

NUIT BLANCHE SUR TABLEAU NOIR

Vers la mi-juin

514-522-3797

www.tableaunoir.com

Sur l'avenue du Mont-Royal. L'événement en arts visuels de Montréal... dans la rue, les parcs et autres endroits publics. À ne pas manquer : l'événement de « street painting » qui se déroule dans la nuit du jeudi.

FÊTE NATIONALE DU QUÉBEC

24 juin

514-849-2560

www.fetenationale-montreal.qc.ca

Festivités organisées pour la célébration de la St-Jean dans de nombreux quartiers de la ville ainsi qu'un défilé de jour et le Grand Spectacle au Parc Maisonneuve.

FESTIVAL INTERNATIONAL DE JAZZ DE MONTRÉAL

Fin juin à début juillet

514-871-1881 / 1 888-515-0515

www.montrealjazzfest.com

Festival de renommée mondiale regroupant les grands noms du Jazz. Plus de 650 concerts, dont 370 gratuits, répartis sur près d'une dizaine de scènes extérieures et en salle.

L'INTERNATIONAL DES FEUX LOTO-QUÉBEC

Fin juin à fin juillet
514-397-2000
www.internationaldesfeuxloto-quebec.com

Compétition d'envergure internationale d'art pyromusical où chaque samedi (et quelques mercredis en juillet) sont présentés des feux d'une durée de 30 minutes. Depuis 2010, un grand spectacle est ajouté chaque année à la mi-compétition afin de souligner les œuvres des plus brillants artistes. Ainsi, le 10 juillet 2010, un hommage fut rendu à Céline Dion. Assistez à l'événement depuis le site de La Ronde où les feux lancés sont littéralement au-dessus de vous (places payantes, sections VIP aussi disponibles), ou depuis le pont Jacques-Cartier ou une des rives du Fleuve Saint-Laurent (places de choix et gratuites). Un événement légendaire à Montréal !

FÊTE DU CANADA

1er juillet
www.celafete.montreal.tv

La fête nationale est l'occasion de nombreuses activités familiales et gratuites : jeux, musique, cérémonies, spectacles et la grande danse sur les Quais du Vieux-Port.

FESTIVAL INTERNATIONAL DE LANAUDIÈRE

Début juillet à début août
450-759-4343 / 1 800-561-4343
www.lanaudiere.org

Le festival d'été de musique classique le plus important au Canada où une trentaine de concerts sont présentés dans un cadre enchanteur, à 30 min de Montréal.

FESTIVAL JUSTE POUR RIRE

En juillet
514-845-2322 / 1 888-244-3155
www.hahaha.com

L'un des festivals les plus populaires de Montréal qui fait vibrer le Quartier des spectacles avec humoristes, amuseurs publics, troupes de théâtre de rue du monde entier.

FESTIVAL FANTASIA

En juillet | www.festivalfantasia.com

Festival dédié au film fantastique (fantastique, action, comédie, suspense et thriller).

FESTIVAL INTERNATIONAL NUITS D'AFRIQUE

En juillet
514-499-9239 | www.festivalnuitsdafrique.com

Un festival d'été unique en Amérique du Nord, regroupant les meilleures formations de la scène africaine, antillaise et sud-américaine. Spectacles gratuits sur un site extérieur le dernier week-end.

FESTIVAL INTERNATIONAL DES COURSES DE BATEAUX-DRAGONS

Vers la fin juillet
514-866-7001 | www.montrealdragonboat.com

Un événement sportif regroupant des équipes de partout dans le monde. Au programme également : spectacles, cuisine chinoise, artisanat.

OSHEAGA FESTIVAL MUSIQUE ET ARTS

Fin juillet | www.osheaga.com

Osheaga regroupe les grands noms de la musique, en plein air, au cœur du Parc Jean-Drapeau. Un volet en salle se tient en parallèle de l'événement extérieur de deux jours, question de doubler le plaisir.

FESTIVAL INTERNATIONAL DE REGGAE

Début août
www.montrealreggaefest.com

Festival principalement dédié à la musique reggae mais qui comprend également d'autres styles musicaux de la scène caribéenne et antillaise.

COUPE ROGERS

Début à mi-août
514-273-1515 / 1 866-338-2685
www.rogerscup.com

Tournoi de tennis qui réunit les meilleurs joueurs au monde sur le circuit professionnel international.

FESTIBLUES INTERNATIONAL DE MONTRÉAL

En août

514-337-8425 | www.festiblues.com

Rencontre des meilleurs artistes de blues en provenance du Québec, du Canada, des États-Unis et de la France sur un site extérieur, à la Maison de la culture Ahuntsic-Cartierville et dans certains resto/bars du quartier.

NASCAR

Vers la mi-août

514-397-0007

www.circuitgillesvilleneuve.ca

Grande étape à Montréal pour la compétition de course automobile de la série Nationwide de Nascar.

FESTIVAL DES FILMS DU MONDE

Fin août à début septembre

514-848-3883

www.ffm-montreal.org

Tous les pays et les genres se rassemblent pour cette grande compétition cinématographique. Certains films et spectacles se donnent gratuitement en plein air, sur la Place des Festivals et d'autres sont payants et joués en salle.

AUTOMNE

LA MAGIE DES LANTERNES

Début septembre à fin octobre

514-872-1400

www2.ville.montreal.qc.ca/jardin/jardin.htm

Un événement magique où des centaines de lanternes de soie fabriquées à la main en Chine sont exposées dans le magnifique Jardin de Chine. Le jardin botanique ouvre exceptionnellement jusqu'à 21h pour l'occasion.

LA FÊTE BIÈRES ET SAVEURS

La première fin de semaine de septembre

Lieu historique du Fort-Chambly, Chambly

450-447-2096

www.bieresetsaveurs.com

Cet événement, qui fête en 2011 son 10e anniversaire, convie chaque année les bièrophiles, du simple amateur au plus aguerri, à une grande fête aux airs de marché du terroir à l'époque de la Nouvelle-France. Pendant quatre jours, les amateurs de saveurs sont invités à déguster des produits brassicoles québécois et importés, en plus de pouvoir découvrir de nouveaux menus associés à la bière. Plus de 120 kiosques de produits de dégustation, de l'animation, des conférences, des spectacles, des grandes terrasses pour relaxer entre amis, tout y est pour une expérience mémorable dans le cadre enchanteur de la Vallée du Richelieu. Ce festival a remporté le prix régional des événements touristiques des Grands Prix du Tourisme Québécois de 2004 à 2006.

FESTIVAL OKTOBERFEST DES QUEBECOIS

La deuxième fin de semaine de septembre

Repentigny

514-767-9339

www.oktoberfestdesquebecois.com

En 2011, ce festival éco-responsable des microbrasseries québécoises et des produits agroalimentaires du terroir lanaudois fêtera son 6e anniversaire. L'ambiance festive digne de ce type de réjouissances en Bavière permet à cet événement bièrophile de se démarquer, avec au menu musique et danse bavaroises, un Marché des Artisans et différents spectacles musicaux. Plus de 32 000 personnes ont foulé le site du festival lors de la 5e édition ! Gageons qu'il n'y en aura pas moins cette année.

FESTIVAL DE MUSIQUE POP MONTRÉAL

Fin septembre

514-842-1919

www.popmontreal.com

La scène internationale musicale indépendante se donne rendez-vous à POP Montréal, un festival pour les amoureux de la musique au sens le plus pur. 2011 marquera d'ailleurs le 10e anniversaire de cet événement !

MARATHON OASIS DE MONTRÉAL

Fin septembre

450-679-4928

www.marathondemontreal.com

Un évènement pluridisciplinaire populaire englobant plusieurs activités portant sur l'importance de l'activité physique et ses bénéfices pour la santé. S'y tient également l'étape montréalaise du circuit international de marathon.

LES JOURNÉES DE LA CULTURE

Fin septembre

514-873-2641 / 1 866-734-4441

www.journeesdelaculture.qc.ca

Une manifestation pan-québécoise qui vise à sensibiliser la population à l'importance d'un plus grand accès pour tous aux arts et à la culture. Depuis 1997, des centaines d'institutions et d'ateliers d'artistes ouvrent leurs portes aux personnes curieuses de découvrir ou de mieux connaître le milieu culturel de leur ville.

FESTIVAL DU NOUVEAU CINÉMA DE MONTRÉAL

À la mi-octobre

514-844-2172 | www.nouveaucinema.ca

Ce festival, qui en sera à sa 40e édition en 2011, est dédié à la diffusion et au développement des nouvelles tendances dans le domaine du cinéma d'auteur, de la vidéo indépendante et des nouveaux médias. Véritable tremplin pour les œuvres originales et inédites, vous aurez droit à une programmation diversifiée et ouverte à tous, créant un lieu privilégié d'échanges et de découvertes entre le public et les créateurs.

SALON INTERNATIONAL TOURISME VOYAGES

Fin octobre

514-527-9221 | www.salontourismevoyages.com

Plus de 100 pays viennent présenter leurs attraits touristiques majeurs. Pratique pour acheter son prochain voyage ou pour faire le tour du monde en une journée.

FESTIVAL OSHEAGA © NICOLAS GARBAY

FESTIVAL DU MONDE ARABE DE MONTRÉAL

Fin octobre à mi-novembre
514-747-0000
www.festivalarabe.com
Ce festival multidisciplinaire comprend spectacles, créations, débats et cinéma favorisant l'exploration, la découverte et la compréhension de la culture arabe.

SAVEURS & TENTATIONS

Début novembre
514-277-3477
www.saveursettentations.com
Au cœur du centre-ville, venez participer à l'un des événements les plus festifs de l'automne. De nombreux exposants seront sur place pour vous faire découvrir des produits agroalimentaires du terroir québécois mais aussi d'ailleurs. Dégustations, ateliers, activités interactives, rencontres sont au rendez-vous.

COUP DE CŒUR FRANCOPHONE

Début à mi-novembre
514-253-3024
www.coupdecoeur.qc.ca
Événement pancanadien, présenté dans une trentaine de villes au Canada, dédié à la chanson francophone dans une programmation principalement axée sur l'émergence, l'audace et la création.

RENCONTRES INTERNATIONALES DU DOCUMENTAIRE DE MONTRÉAL

En novembre
514-499-3676 | www.ridm.qc.ca
Une tribune unique en Amérique du Nord pour le cinéma documentaire de création ouvrant une réflexion sur les réalités du monde actuel.

SALON DU LIVRE DE MONTRÉAL

En novembre
514-845-2365 | www.salondulivredemontreal.com
En plus de promouvoir la littérature québécoise, canadienne et internationale,

ce salon vous emmènera au-delà de la lecture grâce à ses multiples activités : lancements, tables rondes, rencontres avec des auteurs, etc.

NOËL DANS LE PARC
Fin novembre au 24 décembre
514-281-8942
www.noeldansleparc.com
Réel tremplin de la relève depuis plus de 10 ans, cette féerie de Noël propose une programmation artistique musicale, poétique et théâtrale en plein air qui renouvelle l'esprit du temps des fêtes et stimule l'imaginaire des petits et des grands.

SALON DES MÉTIERS D'ART DU QUÉBEC
En décembre
514-861-2787
www.salondesmetiersdart.com
Une vase exposition-vente d'objets d'art de toutes sortes avec plus de 400 exposants présentant leurs créations. Une foule d'idées originales pour les cadeaux de Noël.

JOYEUX DÉCEMBRE
Début à fin décembre
514-522-3797
www.joyeuxdecembre.com
L'Avenue du Mont-Royal célèbre le temps des Fêtes, avec la Marche aux Flambeaux, des spectacles, des contes, un concert de Noël, etc. Notez que l'événement pourrait changer de nom en 2011.

LES FÉERIES DU VIEUX-MONTRÉAL
Début à fin décembre
514-995-5888
www.lesfeeriesduvieuxmontreal.info
L'événement du temps des Fêtes à ne pas manquer au cœur du Vieux-Montréal et sur les Quais du Vieux-Port. Une foule d'activités durant tout le mois se clôturant par le Grand Bal du Nouvel An, à la Place Jacques-Cartier.

Le centre-ville

© NRL

FICHE PRATIQUE

OFFICES DU TOURISME

CENTRE INFOTOURISTE

1255, Peel
514-873-2015 / 1 877-266-5687
0 800 90 77 77 (de la France)
0 800 78 532 (de la Belgique)
0 800 051 70 55 (de la Suisse)
www.bonjourquebec.com / www.tourisme-montreal.org
M° Peel. Ouvert tous les jours : mars à mi-juin & novembre à mars, 9h-18h ; mi-juin à septembre, 8h30-19h.

N'hésitez pas à y passer un moment pour planifier l'ensemble de votre séjour. L'accueil est très professionnel et le fond documentaire impressionnant. On y trouve de nombreux intervenants touristiques sur place : Exploratours (agence de voyage), Gray Line/Coach Canada (tours de ville, excursions touristiques commentées), Sépaq (parcs nationaux et réserves fauniques), etc.

BUREAU D'INFORMATION TOURISTIQUE DU VIEUX-MONTRÉAL

174, Notre-Dame Est
www.tourisme-montreal.org / www.vieux.montreal.qc.ca
M° Champ-de-Mars, au coin de la Place Jacques-Cartier. Avril à octobre : lun-dim, 9h-17h (jusqu'à 19h de mai à septembre). Novembre à mars : mer-dim, 9h-17h. Informations uniquement sur Montréal.

On peut s'y procurer des cartes routières et cartes téléphoniques, la carte musées et la carte des pistes cyclables.

ARRIVER / QUITTER MONTRÉAL

EN AVION

AÉROPORT PIERRE-ELLIOTT-TRUDEAU

514-394-7377 / 1 800-465-1213
www.admtl.com

De nombreuses compagnies permettent de se rendre depuis les grandes villes européennes en Amérique du Nord. Les vols depuis les capitales européennes sont généralement directs. Voici les coordonnées des principales compagnies desservant Montréal (certaines compagnies sont affiliées à Air Canada pour la liaison jusqu'à Montréal) :

AIR FRANCE
- www.airfrance.fr

AIR CANADA
- www.aircanada.com

AIR TRANSAT
- www.vacancestransat.fr / www.airtransat.com

AMERICAN AIRLINES
- www.aa.com

BRITISH AIRWAYS
- www.britishairways.com

CORSAIR FLY
- www.corsairfly.com

KLM
- www.klm.com

LUFTHANSA
- www.lufthansa.com

PORTER
- www.flyporter.com

SWISS
- www.swiss.com

US AIRWAYS
- www.usairways.com

WESTJET
- www.westjet.com

EN BUS

STATION CENTRALE D'AUTOBUS

505, de Maisonneuve Est
514-842-2281
M° Berri-UQÀM. Renseignements tarifs et horaires au numéro indiqué. Service téléphonique et gare routière : 7j/7, 24h/24.

Pour toutes les destinations d'Amérique du Nord situées à plus de 35 km de Montréal. Possibilité d'acheter un RoutPass (www.routpass.com), donnant droit à des trajets illimités, pendant une période de 7, 14 ou 18 jours. Il est valable au Québec et en Ontario (mais pas pour

DE L'AÉROPORT AU CENTRE-VILLE

Express Bus 747. *La Société de transport de Montréal (STM) exploite une nouvelle ligne d'autobus express entre l'aéroport et le centre-ville. Ce nouveau service est en opération 24h/24, 7j/7. Le trajet entre Montréal-Trudeau et la gare d'autocars de Montréal (Berri-UQÀM) prend environ 35 min hors des périodes de pointe. Des arrêts ont lieu à la station de métro Lionel-Groulx ainsi que sur René-Lévesque aux intersections suivantes : Guy, Drummond, Peel, Mansfield, Anderson et Saint-Laurent. Aucun frais additionnels aux détenteurs des cartes mensuelles CAM et TRAM ainsi que des cartes touristiques 1 jour et 3 jours. Le prix des billets individuels est de 8 $ pour un aller simple, valide 24h sur tout le réseau de la STM. À l'aéroport, les titres sont en vente au bureau de change (ICE), au niveau des arrivées internationales.*

Taxis disponibles à l'aéroport, *aucune réservation nécessaire. Coût d'un taxi : 38 $ vers le centre-ville (le prix est fixe). À partir de 49,50 $ en limousine. Service additionnel de minibus offert vers certains hôtels (contactez votre hôtel pour savoir si ce service y est offert).*

se rendre à l'aéroport Montréal-Trudeau). Le forfait de 18 jours comprend le Québec, l'Ontario et New York (360 $). Voici quelques destinations avec leur durée et leur fréquence :

DESTINATON	DURÉE	FRÉQUENCE
QUÉBEC	3h	Toutes les heures à l'heure pile entre 6h et 20h, puis 21h30, 22h30 et 00h15.
TORONTO	6h45	7 départs par jour entre 7h30 et 00h15 : 7h30, 9h30, 11h30, 13h30, 15h30, 20h30 et 00h15.
OTTAWA	2h20	21 départs par jour entre 5h et minuit.
NEW YORK	9h	8 départs par jour entre 7h30 et 23h45.

Plusieurs compagnies d'autobus desservent le Québec ainsi que les provinces adjacentes et les États-Unis :

ESPACEBUS.CA

www.espacebus.ca

Depuis quelques années, le voyage en groupe s'est réinventé. Avec de nouvelles formules souples, offrant liberté et évasion totale, sans les tracas de la conduite et de l'organisation du séjour, EspaceBus vous propose des escapades hors du commun et surtout, adaptées à tous les goûts. Plusieurs thématiques sont offertes : agrotourisme et gastronomie ; expérience urbaine, art de vivre et culture ; écotourisme ; villégiature, nature et aventure douce ; etc.

Mais EspaceBus c'est également le planificateur de vos déplacements le plus complet. Il centralise toute l'information des transporteurs ce qui vous permet en quelques clics d'obtenir votre itinéraire, sa durée et son coût. Toutefois, le site n'est pas encore transactionnel et vous devez alors contacter le transporteur en question pour effectuer votre réservation. Mais somme toute, vous sauverez beaucoup de temps en utilisant ce nouvel outil web tout simplement génial.

ORLÉANS EXPRESS

1 888-999-3977

514-395-4000 (région de Montréal)

418-525-3043 (région de Québec)

www.orleansexpress.com

Orléans Express dessert la grande région de Montréal, la Mauricie, la grande région de Québec, le Bas-Saint-Laurent et la Gaspésie ; ainsi que le Nouveau-Brunswick, la Nouvelle-Écosse et l'Île-du-Prince-Édouard par le biais de sa filiale Acadian.

TRANSDEV LIMOCAR

450-970-8899
www.transdev.ca
Transdev Limocar s'occupe du transport interurbain en reliant Montréal et l'Estrie, et dessert une quinzaine de municipalités. La compagnie gère également le transport urbain de certaines localités : Basses-Laurentides (450-433-7873), rive-sud de Montréal (Roussillon, 514-877-6003), Sud-Ouest de Montréal (450-698-3030), Vallée du Richelieu (450-464-6174).

AUTOBUS VOYAGEUR / GREYHOUND CANADA

1 800-661-8747
www.greyhound.ca
Greyhound Canada est le plus important transporteur interurbain du pays avec près de 1 100 points de service d'un océan à l'autre. Par contre, seule Montréal est disponible comme destination ou point de départ dans la province.

COACH CANADA

1 800-461-7661
www.coachcanada.com
Coach Canada dessert une quinzaine d'États américains et l'Ontario. Au Québec, seule Montréal est disponible comme destination ou point de départ dans la province. Coach Canada, en association avec Megabus.com, offre des tarifs réduits pour la ligne Montréal-Kingston-Toronto. Par contre, pour profiter de ces tarifs avantageux, il est impératif de réserver via www.megabus.com.

EN TRAIN

VIA RAIL

Gare centrale de Montréal,
895, de la Gauchetière Ouest
514-989-2626 / 1 888-842-7245
www.viarail.ca
M° Bonaventure. Heures d'ouverture de la gare : lun-dim, 5h30-00h15. Heures d'ouverture de la billetterie : lun-dim, 6h-19h. Face à la Place Bonaventure.
Le temps d'attente au guichet peut être assez long. Prévoir d'arriver bien à l'avance. Néanmoins, certains départs sont possibles de la gare de Dorval pour les destinations de l'Ouest, comme Toronto et Ottawa. Le train dessert notamment l'Abitibi, la Gaspésie et le Lac-Saint-Jean, Québec, Ottawa, Toronto et Halifax. Nombreux forfaits, aubaines et cartes-voyages disponibles.

AMTRAK

Gare centrale de Montréal,
895, de la Gauchetière Ouest
514-989-2626 / 1 888-842-7245
www.amtrak.com
Heures d'ouverture de la billetterie : lun-dim, 7h-17h.
Compagnie ferroviaire américaine assurant notamment les liaisons entre les États-Unis et le Canada. Il faut réserver à l'avance. Si vous arrivez à la dernière minute, le prix double quasiment. Un départ par jour pour New York.

DESTINATON	DURÉE	FRÉQUENCE
QUÉBEC	3h30	4 trains par jour (3 le week-end) plus 1 via Charny.
TORONTO	5h	7 trains par jour en semaine, 4-6 le week-end.
OTTAWA	2h	6 trains par jour en semaine, 4 le week-end.
NEW YORK	11h15	1 train par jour au départ de Montréal à 9h30.

EN VOITURE

Se garer à Montréal peut rapidement devenir ardu, mais, avec ces petits conseils, vous y verrez plus clair. La métropole compte des milliers de places de stationnement que ce soit sur la rue ou dans des stationnements administrés par des sociétés de commandite ou des privés.

Sur la rue : Vous ne trouverez généralement que des places payantes réparties dans quatre zones tarifaires. Si vous trouvez des places gratuites, vérifiez bien les panneaux sur la rue afin de ne pas vous retrouver avec une très mauvaise surprise à votre retour…

Dans les stationnements administrés par Stationnement de Montréal : Cette société gère 36 terrains de stationnement de courte durée, principalement regroupés au centre-ville, pour un total d'environ 3 750 places.

Dans les stationnements privés : Leur tarif varie vraiment d'un endroit à l'autre mais ils ont l'avantage d'être disponibles à toute heure et pour plusieurs jours si nécessaire.

Permis de conduire

Renseignements sur : www.saaq.qc.ca

Les touristes possédant un permis de conduire rédigé en français ou en anglais peuvent conduire au Québec avec ce permis, pendant une durée de 6 mois. Cette période passée, ou si vous avez un permis rédigé dans une autre langue, vous aurez besoin d'un permis international.

Location de voitures

Il faut compter environ 50 $ la journée pour la location d'un véhicule de catégorie A, tarif variable selon les promotions en vigueur, les saisons et la distance parcourue, le kilométrage étant souvent illimité. Nous indiquons ci-après les principales succursales des grandes chaînes, charge à vous de les contacter pour avoir l'adresse de l'agence la plus proche. Notez que certaines de ces compagnies ont des comptoirs de location à l'aéroport ainsi qu'à la gare centrale.

Authentik Canada : 514-769-0101
www.authentikcanada.com
Avis : 514-866-2847 ou 1 800-879-2847
www.avis.ca
Budget : 514-866-7675 ou 1 800-268-8970
www.budget.ca
Discount : 514-286-1929 ou 1 800-263-2355
www.discountcar.com
Enterprise : 514-861-3722 ou 1 800-261-7331
www.enterpriserentacar.ca
Globe-Trotter Aventure : 514-849-8768 ou 1 888-598-7688 / www.aventurecanada.com
Hertz : 514-938-1717 ou 1 800-263-0678
www.hertz.ca
Thrifty : 514-875-1170 ou 1 800-847-4389
www.thrifty.com
Via Route : 514-871-1166 ou 1 888-842-7688
www.viaroute.com

SE DÉPLACER

ROULER VERT

VÉLO

Selon le magazine américain Bicycling, Montréal se classe comme meilleure ville cyclable en Amérique du Nord. La métropole regorge de pistes cyclables qui la relient à la Route Verte (www.routeverte.com), et la plus populaire reste sans contredit celle du Canal de Lachine qui s'étend sur 11 km, des Quais du Vieux-Port au Lac Saint-Louis à l'ouest. Procurez-vous votre plan des pistes dans une de ces boutiques ou auprès de Vélo Québec : www.velo.qc.ca.

BIXI

514-789-2494 / 1 877-820-2453
www.bixi.ca

Depuis avril 2009, le BIXI (contraction de BIcylclette et de taXI), un nouveau système libre-service, est proposé dans plusieurs zones de la ville. Il permet d'emprunter un vélo à l'une des quelques 400 stations installées pour la belle saison, pour quelques heures ou pour la journée. Le service BIXI est offert de mai à fin novembre et est accessible 24h par jour. L'abonnement annuel est disponible au coût de 78 $ (28 $ pour 30 jours). Il est possible d'avoir accès pendant 24h moyennant un paiement de 5 $ par cartes VISA ou MasterCard avec dépôt de sécurité de 250 $. Peu importe l'abonnement choisi, les 30 premières minutes sont toujours gratuites et un tarif s'applique alors à chaque tranche de 30 min subséquentes. Le BIXI est extrêmement avantageux pour les personnes effectuant des petits trajets à chaque fois. Si vous désirez avoir un vélo pour vos loisirs, nous vous conseillons de faire affaire avec un loueur.

BICYCLETTERIE J.R.

201, Rachel Est
514-843-6989
www.labicycletteriejr.com
Angle Hôtel-de-Ville. Mars à novembre : lun-mer, 9h-18h ; jeu-ven, 9h-21h ; sam-dim, 10h-17h. Le reste de l'année : lun-ven, 12h-18h ; sam, 12h-17h ; dim, fermé. Tarifs : 4h 15 $-35 $, 1 journée 24 $-45 $, 1 semaine 65 $-110 $ (50 $-90 $/semaine additionnelle). Location variable selon le type de cycle et le délai souhaité : 4 ou 24 heures, 1 semaine ou plus. Antivols et casques compris avec le vélo. Numéro de carte de crédit en caution et apporter une carte d'identité avec photo. Prix de groupe disponibles. Pas de rollers. Riverain à la piste cyclable.

L'établissement assure depuis 1987 la location et la réparation de vélo. Les mécaniciens accomplissent un travail impeccable et la gamme de vélos en location est copieuse.

ÇA ROULE MONTRÉAL

27, de la Commune Est
514-866-0633 / 1 877-866-0633
www.caroulemontreal.com
M° Place-d'Armes. Heures d'ouverture variables selon la saison et les conditions climatiques. Tarifs vélo : 8 $-9 $ pour 1h, 20 $-25 $ la demi-journée, 25 $-30 $ la journée, 35 $ pour 24h. Tarifs rollers : 9 $ pour 1h, 16 $-20 $ la demi-journée, 20 $-25 $ la journée, 28 $ pour 24h. Possibilité de louer à plus long terme. Dépôt ou pièce d'identité avec photo obligatoire. Antivol et casque fournis avec le vélo. Coudières, genouillères et casque fournis avec les rollers.

Personnel courtois qui prodigue les informations touristiques indispensables. Les commis aident avec sourire les candidats empêtrés avec leurs chaussures à roulettes et leur indiquent les meilleurs circuits. Si l'aventure s'avère impossible, les débutants peuvent suivre une leçon d'une heure. Tours guidés à vélo et service d'entretien aussi disponibles.

CYCLE POP

978, Rachel Est
514-526-2525
www.cyclepop.ca
Angle de Mentana. Mi-avril à mi-octobre : lun-mer, 10h-19h ; jeu-ven, 10h-21h ; sam-dim, 9h-18h. Le reste de l'année : lun-ven, 10h-16h30 (fermé mercredi) ; sam, 10h-17h ; dim, 12h-17h. Tarifs vélos : 4h 17 $, journée 28 à 75$. Vélo tandem : 75 $ pour 24h. Location 48h et à la semaine aussi disponible. Livraison possible pour 10 $. Caution prélevée sur carte de crédit.

Une équipe accueillante et serviable. Les casques et antivols sont inclus dans les tarifs de location. L'atelier de réparation et mécanique remet votre vélo « sur ses deux roues » et si votre chez-soi est trop petit pour le garder à la maison une fois l'hiver venu, Cycle Pop vous l'entrepose à peu de frais. Les « Pop Tours », randonnées à vélo, vous convient à venir pédaler aux quatre coins de l'Amérique du Nord, et aussi loin qu'en France. Séances de spinning offertes en hiver.

STATION DE BIXIS © NRL

LA MAISON DES CYCLISTES

1251, Rachel Est
514-521-8356 / 1 800-567-8356
www.velo.qc.ca

Angle de Brébeuf. Café et terrasse ouvert lun-jeu, 8h30-19h ; ven, 8h30-20h ; sam-dim, 9h-20h. Boutique ouverte tous les jours de 10h à 18h.

Située au carrefour de deux axes cyclables majeurs, elle jouit de la présence verdoyante du parc Lafontaine adjacent. Visites guidées, location de vélos, séances de formation en mécanique, et restauration légère vous y sont proposées. Un petit paradis pour les cyclistes car tout est regroupé au même endroit : une boutique, une agence de voyage dédiée aux circuits cyclistes, l'Association Vélo Québec et même un café convivial vous accueille toute l'année. Les lundis soirs, des conférenciers passionnés de randonnées cyclistes sauront vous faire partager leurs aventures (10 $ grand public, 8 $ membres Vélo Québec).

COVOITURAGE

Les panneaux d'affichage des universités et des auberges de jeunesse regorgent de propositions de voyages. C'est une des façons les plus économiques de se déplacer. Deux systèmes centralisés existent dans les villes : Allo-Stop (514-985-3032 ou 1 888-985-3032, www.allostop.com) et Amigo Express (514-721-8290 ou 1 877-264-4697, www.amigoexpress.com). Moyennant un modeste abonnement, on vous met en relation avec des personnes désireuses de prendre des passagers pour une destination et à un moment donné, en échange d'une contribution (fixe) aux coûts du transporté Notez qu'Amigo Express offre également des destinations dans les provinces atlantiques et aux États-Unis et Allo-Stop dessert quelques villes de l'Ontario.

COMMUNAUTO

514-842-4545
1 877-942-4545
www.communauto.com

Permanence téléphonique du lundi au vendredi entre 9h et 17h.

Établie dans la métropole depuis 1994, cette société d'abonnement à la location de véhicule constitue un moyen astucieux pour l'usage ponctuel d'une voiture pour la durée et le nombre de kilomètres souhaités. Étant donné qu'il faut s'abonner pour une année, nous le conseillons aux résidents de Montréal et non aux visiteurs de passage. Plus de 1 000 voitures et 300 stationnements dans les régions de Montréal, Québec, Sherbrooke et Gatineau sont à la disposition des quelques 20 000 abonnés. Vous avez le choix entre trois forfaits annuels adaptés à différentes utilisations.

D'autres types de tarifs sont également offerts (longue distance, travail, Le Lièvre). L'adhésion implique une caution de 500 $ rendue à l'adhérent après une période minimale d'un an si vous ne désirez pas renouveler l'expérience (sauf pour Le Lièvre). Une solution à la fois économique et écologique qui contribue à la rationalisation de l'usage de l'automobile, sans les embarras de l'entretien.

TRANSPORT EN COMMUN

Montréal offre un bon service de transports en commun, dont quatre lignes de métro qui relient les grandes places publiques et commerçantes. Le métro part de la rive sud et se rend jusqu'à Laval, la banlieue nord de l'île. Le réseau est relié à la ville souterraine et ses nombreux commerces. Les autobus prennent la relève du réseau pour vous conduire aux quatre coins de Montréal. Pour utiliser le métro et le bus, il faut dorénavant se procurer la carte à puce rechargeable Opus (6 $) ou payer comptant (montant exact). Le coût : 14,25 $ pour 6 billets ; 22,50 $ pour 10 billets ; 22 $ pour une semaine (lundi au dimanche) ; 72,75 $ pour le mois. Le coût d'un passage à l'unité est fixé à 3 $ (5,50 $ pour 2 billets) et il est également possible de se procurer une carte touristique (1 jour/24h 8 $, 3 jours consécutifs 16 $). Nouveauté : soirée illimitée de 18h à 5h pour 4 $.

MÉTRO

Ouvert dès 5h30 pour les quatre lignes. Le dernier départ s'effectue à chaque extrémité des lignes de métro.

Lignes verte et orange : *00h35 en semaine, 1h le samedi, 00h30 le dimanche.*

Ligne jaune : *00h50 en semaine, 1h30 le samedi, 1h le dimanche.*

Ligne bleue : *dernier départ à 00h15 tous les jours.*

▸ Il existe un droit à la correspondance métro ou bus, valable 120 minutes à compter de l'heure de votre passage initial.

UN SITE POUR LES GENS PRESSÉS : WWW.STM.INFO

Le site de référence pour gagner beaucoup de temps quand on se déplace en transport en commun. Avec l'option « Trajet - tous azimuts » de ce site Internet, vous tapez votre lieu de départ, votre lieu d'arrivée et l'horaire (arrivée ou départ). Vous obtiendrez alors la combinaison de bus et métro qui vous fera arriver à destination au plus vite. Très pratique !

SOCIÉTÉ DE TRANSPORT DE MONTRÉAL (STM)

800, de la Gauchetière Ouest
514-786-4636
www.stm.info
Le réseau de transport de la Métropole (métro et autobus). Renseignements sur les trajets, les bus, le métro, le transport adapté et le taxi collectif.

AGENCE MÉTROPOLITAINE DE TRANSPORT (AMT)

514-287-8726 / 1 888-702-8726
www.amt.qc.ca
Renseignements sur les trains de banlieue. Cinq lignes reliant Montréal à Dorion/Rigaud, Deux-Montagnes, Blainville/Saint-Jérôme, Saint-Hilaire, et Delson/Candiac.

STL (SOCIÉTÉ DE TRANSPORT DE LAVAL)

450-688-6520
www.stl.laval.qc.ca

RTL (RÉSEAU DE TRANSPORT DE LONGUEUIL)

450-463-0131
www.rtl-longueuil.qc.ca

CIT (CONSEIL INTERMUNICIPAL DE TRANSPORT)

Si vous désirez vous rendre en périphérie de Montréal, des réseaux sont en place afin de desservir la grande région métropolitaine. Pour obtenir de plus amples informations sur les différentes CIT, leurs lignes et leurs horaires :
▸ www.amt.qc.ca.

NAVETTES FLUVIALES

NAVETTES MARITIMES DU SAINT-LAURENT

Quai Jacques-Cartier, Quais du Vieux-Port
514-281-8000 | www.navettesmaritimes.com
Service de navette fluviale entre l'île de Montréal, le Parc Jean-Drapeau et

LE SERVICE « ENTRE DEUX ARRÊTS »

La STM a mis en place un service favorisant la sécurité des femmes le soir. Le principe est simple : en montant dans le bus, demandez au chauffeur s'il peut arrêter entre deux arrêts, si cela est plus près de chez vous. Ce service est disponible à partir de 19h30 de septembre à avril (21h de mai à août).

MÉTRO DE MONTRÉAL © NRL

Longueuil de mi-mai à mi-octobre. Départ toutes les 60 min, de 9h35 à 18h35 (jusqu'à 22h35 les vendredis, samedis et dimanches de fin juin à début septembre) depuis Montréal. Service en week-end seulement en début et fin de saison. Aller simple : 6 $.

SOCIÉTÉ D'ANIMATION DE LA PROMENADE BELLERIVE

514-493-1967
www.promenadebellerive.com
Une navette relie le parc Bellerive (M° Honoré-Beaugrand) aux îles de Boucherville, en été, les fins de semaine seulement. Adulte : 7 $ l'aller retour, comprenant l'entrée au parc des îles.

TAXIS

Il suffit de téléphoner pour qu'il en surgisse un, après un délai maximum de 5 à 10 min. Il existe de nombreux stands un peu partout, et vous pouvez les héler dans la rue. Le pourboire est conseillé (15 %). Certains taxis acceptent le paiement par carte, demandez avant de monter !

Champlain : 514-273-2435 ou 514-271-1111
Coop : 514-725-9885
Diamond : 514-273-6331
Hochelaga : 514-322-2121
Rive-Nord : **Coop,** 450-688-8700
Rive-Sud :
Radio Taxi Union, 450-679-6262
Allo Taxi, 450-646-6060

LIMOUSINES

La plupart des compagnies de location offrent plusieurs modèles allant des modèles antiques aux modèles plus standards, en version allongée ou non. On peut également louer des limovan, des limobus ou encore des modèles sport de rêve tels des Porsche. Comptez environ 100 $-125 $ de l'heure, en règle générale, pour les modèles standards.

CELEBRATION LIMOUSINE

514-329-1234 ou 1 877-329-1234
www.celebration-limousine.com

LIMOUSINE MONTRÉAL

514-875-5466 | www.montreallimousine.ca

LIMOUSINE MURRAY HILL
514-331-9338 ou 514-744-2033 ou 1 888-567-2033
www.murrayhill.qc.ca

LIMOUSINE SÉLECT
514-990-7915 ou 1 877-990-7915
www.limoselect.com

PHÉNIX LIMOUSINE
1 888-504-4447 | www.phenixlimousine.com

SLS LIMOUSINE
514-992-9065 ou 514-942-5466
www.samlimo.com

INFORMATIONS UTILES

JOURS FÉRIÉS

La plupart des banques, écoles et services administratifs et gouvernementaux sont fermés :

Le 1er janvier : jour de l'an.
Le vendredi saint : le vendredi précédant le dimanche de Pâques.
Le lundi de Pâques : le lundi suivant le dimanche de Pâques.
Le lundi précédant le 25 mai : fête de la Reine – fête de Dollard.
Le 24 juin : fête nationale du Québec, Saint-Jean-Baptiste.
Le 1er juillet : fête de la Confédération canadienne.
Le 1er lundi de septembre : fête du Travail.
Le 2e lundi d'octobre : Action de grâces.
Le 11 novembre : jour du Souvenir.
Les 25 et 26 décembre : Noël.

LE CLIMAT

En raison de sa latitude et de son emplacement, le Québec connaît un climat continental caractérisé par des hivers rigoureux et des étés relativement chauds et humides. Bien que les températures saisonnières varient selon les régions du Québec, à Montréal, elles atteignent une moyenne maximale de 27°C l'été, alors que la moyenne maximale hivernale est de -15°C. La plupart des nouveaux arrivants sous-estiment les rigueurs de l'hiver québécois. En effet, il n'est pas rare d'enregistrer des températures de -25°C à -30°C (les températures peuvent atteindre les -45°C à -50°C avec le facteur vent) et la neige est généralement abondante. Par contre, le mercure dépasse souvent 27°C en été.

PRÉVISIONS MÉTÉOROLOGIQUES ENVIRONNEMENT CANADA
1 900-565-4455 (2,99 $/minute)
www.meteo.ec.gc.ca

MÉTÉOMÉDIA
www.meteomedia.com

VIEUX-PORT EN AUTOMNE © NICOLAS GARBAY

QUAND PARTIR ?

Montréal est magnifique en toute saison mais selon vos intérêts, certains moments de l'année sont à privilégier : la vie festive de l'été, les couleurs de l'automne, l'hiver blanc...

Haute saison touristique : mi-mai à début octobre, mi-décembre à début janvier, et février.

Basse saison touristique : octobre à mi-décembre, janvier, mars et avril.

LES DOUANES

BUREAU DES DOUANES

1 800-959-2036
www.cbsa-asfc.gc.ca

ALCOOL ET TABAC

Vous pouvez importer en franchise de droits une certaine quantité de boissons alcooliques et de produits de tabac, pourvu que vous satisfassiez aux exigences relatives à l'âge (18 ans au Québec). Si vous avez 18 ans ou plus, vous pouvez :

- importer 200 grammes de tabac fabriqué (7 onces), 50 cigares ou 200 cigarettes.
- apporter 1,14 litre de spiritueux (40 onces impériales), ou 1,5 litre de vin, ou 24 cannettes ou bouteilles de 335 ml (12 onces) de bière (ou l'équivalent, soit 8,5 litres) sans qu'aucune cote douanière ne s'applique.

LA MONNAIE CANADIENNE

La monnaie utilisée au Québec est le dollar canadien ($). Il se divise en 100 cents et se présente sous les formes suivantes :

Pièces métalliques : 1 ¢, 5 ¢, 10 ¢, 25 ¢, 1 $ et 2 $.

Billets de banque : 5 $, 10 $, 20 $, 50 $ et 100 $.

Si vous n'avez pas pris la précaution de vous munir d'un peu d'argent en monnaie canadienne avant votre départ, vous pourrez le faire aux bureaux de change qui se trouvent dans les aéroports mais aussi dans le centre-ville de Montréal. Ce service est offert par les courtiers en devises et certaines succursales des banques et des caisses populaires. Note : la plupart des magasins refusent désormais les billets de 100 $ et certains, ceux de 50 $.

LES TAXES À LA CONSOMMATION

Presque tous les biens et services font l'objet de taxes à la consommation, imposées par les gouvernements du Canada et du Québec :

- la taxe sur les produits et services (TPS) du Canada : 5 %
- la taxe de vente du Québec (TVQ) : 8,5 % sur le prix de vente plus la TPS.
- Sauf exception, ces taxes ne sont pas incluses dans les prix indiqués. Ne soyez donc pas surpris à la caisse si on vous annonce un autre montant de 13,5 % plus cher !

POURBOIRE

Le service n'est pas inclus dans le prix de votre repas ou de votre boisson, ni dans les restaurants ni dans les bars. Il faut donc rajouter 15 % à l'addition au moment de régler la note. Une astuce pour votre calcul : additionnez le montant des deux taxes qui se trouvent sur le ticket. Vous obtiendrez ainsi la somme à laisser pour le service.

LES HEURES D'OUVERTURE DES COMMERCES

La loi autorise la plupart des commerces à ouvrir au public :

- de 8h à 21h du lundi au vendredi
- de 8h à 17h samedi et dimanche

Dans les faits, la plupart des commerces ouvrent :

- de 9h à 18h du lundi au mercredi
- de 9h à 21h du jeudi au vendredi
- de 10h à 17h samedi et dimanche

Les établissements tels que les marchés d'alimentation, les petites épiceries de quartier, les pharmacies, les stations-service et les entreprises récréatives ou touristiques (restaurants, cinémas, musées et hôtels, etc.) peuvent offrir un horaire plus souple.

Découvrir Montréal

Centre Ville de Montréal, rue University © NRL

Deuxième ville du Canada après Toronto, place financière et commerciale particulièrement dynamique, centre portuaire de tout premier ordre sur la voie fluviale reliant les Grands Lacs à l'Atlantique, Montréal est la seconde ville francophone du monde après Paris. Elle est la seule ville du Canada à avoir su concilier les influences du Vieux Continent et la modernité nord-américaine, à avoir pu réunir les communautés anglophone et francophone que l'histoire a longtemps opposées, et à avoir réussi à intégrer une mosaïque ethnique issue de l'immigration. C'est aussi un agglomérat de villes et villages jadis distincts et une métropole culturelle d'une grande vitalité.

HISTOIRE

HOCHELAGA, VILLE-MARIE, MONT-ROYAL

Avant l'arrivée des Français au Canada, la plupart des sites qui allaient devenir des lieux de colonisation étaient occupés par les Amérindiens, longtemps nommés Indiens puisque les découvreurs du Nouveau Monde s'étaient fixé comme objectif la découverte d'un passage vers les Indes. Premiers habitants de l'île de Montréal, établis dans le village d'Hochelaga, au pied du mont Royal, les Mohawks, appartenant à la nation iroquoise, étaient les alliés des colons français, quand ils ne choisissaient pas le camp des Anglais. Exemple de ces revirements d'alliances, l'incident qui eut lieu à Lachine et qui fut le plus sanglant qui ait marqué l'histoire du Québec : dans la nuit du 4 au 5 août 1689, les Iroquois détruisirent le village, brûlant la plupart de ses maisons et tuant, semble-t-il, 200 habitants.

À l'arrivée des Blancs se trouvait sur l'île une bourgade indienne, Hochelaga. Jacques Cartier, découvreur de la Nouvelle-France, visita l'endroit en 1535. Par ailleurs, un campement indien aurait été établi sur l'actuel campus de l'université McGill. C'est à Jacques Cartier que le mont Royal doit son nom. L'ayant gravi, il se serait exclamé, émerveillé par le panorama : « C'est un mont réal ! », alors que le baptême de l'île Sainte-Hélène, située juste en face de l'actuel centre-ville de Montréal, revient à Samuel de Champlain, fondateur de la ville de Québec. Le mont Royal, seule éminence visible à des kilomètres à la ronde, était déjà, et demeure le pôle d'attraction, l'élément qui caractérise le mieux Montréal. Une première croix y fut plantée par Maisonneuve en 1643, en remerciement pour le sauvetage de la colonie menacée d'inondation.

C'est à titre de mandataire de la Société de Notre-Dame que Paul de Chomedey, sieur de Maisonneuve, établit le 17 mai 1642 une première poignée de Français sur l'île de Montréal. Ce premier établissement, nommé Ville-Marie, était créé dans le but avoué de convertir les Indiens ou « sauvages », comme on avait alors l'habitude de les appeler. Ce qui allait devenir bien plus tard la métropole du Canada comptait, à ses débuts, une quarantaine de colons, parmi lesquels se trouvaient Marguerite Bourgeoys et Jeanne Mance. Cette dernière allait, la même année, créer un premier hôpital, l'Hôtel-Dieu. L'institution a perduré mais changé de site.

Marguerite Bourgeoys, devenue il y a plusieurs années la première sainte québécoise, ouvrit une école de jeunes filles en 1658. C'est ainsi que les femmes imprimeront très tôt leur marque dans l'histoire de Montréal. En 1731, Marguerite d'Youville fonda la congrégation des Sœurs de la Charité. Mieux connues sous le nom de Sœurs grises, celles-ci prirent en charge l'hôpital des frères Charron et bien d'autres œuvres. Mais les femmes furent surtout les génitrices responsables du peuplement du pays,

ORIENTATION

La ville est divisée en deux parties, Est et Ouest, par le boulevard Saint-Laurent (La Main), qui traverse l'île du sud au nord, frontière entre les anglophones et les francophones. Mais attention, l'Est et l'Ouest ne se définissent pas par rapport aux points cardinaux mais bien par rapport au boulevard Saint-Laurent. Ainsi, vous verrez le soleil se coucher au nord selon la définition montréalaise de l'est et de l'ouest ! Les numéros se correspondent exactement d'une rue à l'autre (le 1110 Sainte-Catherine Est équivaut au 1110 Sherbrooke Est). Difficile de se perdre dans Montréal, la ville étant construite en damier, comme tous ses homologues nord-américains. En revanche, il faut faire attention aux coupures de certaines rues qui reprennent un pâté de maisons plus loin.
Les quartiers de Montréal ne sont pas toujours clairement délimités. Les arrondissements, qui sont des subdivisions électorales, comprennent quelques quartiers (ou districts). Pour s'y retrouver, on doit se représenter la ville en damier, quadrillée de rues qui, pour les unes, vont dans la direction nord-sud, pour les autres dans la direction est-ouest. Font exception les rues qui serpentent autour et dans la montagne, notamment le chemin de la Côte-Sainte-Catherine et le chemin de la Côte-des-Neiges, qui contournent le mont Royal.
Quant aux adresses, la numérotation des rues dans le sens est-ouest commence au boulevard Saint-Laurent. Pour les rues perpendiculaires dans la direction nord-sud, la numérotation débute à partir du fleuve.

Les rues

La rue Sainte-Catherine, d'est en ouest, est la principale artère commerçante où l'on trouve les grands magasins Les Ailes de la Mode, La Baie et Ogilvy. Les plus animées sont : à l'est, la rue Saint-Denis et la rue Duluth, au cœur du Quartier latin et du Plateau ; au centre, le boulevard Saint-Laurent, très branché ; et, à l'ouest, la rue Crescent, où se presse la jeunesse anglophone dès le soir venu.
D'autres artères commerçantes ont fleuri dans les différents quartiers, tout particulièrement la Plaza Saint-Hubert, sur une section de la rue du même nom, située plus au nord de la ville. À cette allée marchande s'ajoutent la Promenade Ontario dans l'est (secteur Hochelaga) ; la Promenade Fleury, à l'est également, mais plus au nord ; la Promenade Masson, dans la rue du même nom ; la rue Laurier, depuis le boulevard Saint-Laurent jusqu'à Outremont, en allant vers l'ouest.

car le taux de natalité était très élevé au Canada. Ainsi, en 1660, Montréal comptait 400 habitants ; vingt ans plus tard, on en dénombrait 1 300, majoritairement canadiens. Vers 1700, la population atteignait 3 000 personnes.
En 1860, Montréal, communauté de 90 000 habitants, se concentrait autour de la Place d'Armes et ne débordait pas de la rue Sherbrooke. Un siècle plus tard, le Square Dominion (Dorchester) devenait le cœur de l'activité urbaine. La Société de Notre-Dame, à l'origine de la fondation de Montréal, allait vite se ruiner dans cette entreprise mystique de conversion des Indiens : elle devra vendre la seigneurie de l'île de Montréal au séminaire de Saint-Sulpice, à Paris. Ce changement de propriétaire s'accompagnera d'un changement de statut instauré par le nouveau roi de France, Louis XIV. Montréal deviendra ainsi un comptoir commercial. Des conflits avec Québec, le chef-lieu, ayant éclaté, Maisonneuve, gouverneur de Montréal, devra rentrer en France où il finira ses jours.

LA FOI ET LA FRANCE

Les premières rues de Montréal sont tracées en 1672 par le supérieur du séminaire, Dollier de Casson, un fort gaillard de près de 1,92 mètre qui avait été d'abord soldat. Si le clergé et les communautés religieuses jouaient un rôle important dans le développement de la ville, créant des établissements hospitaliers et scolaires, la foi aidait à préserver la langue et la culture françaises face aux différentes vagues d'immigration et tentatives d'assimilation du Canada anglais.

Les guerres, menées à la fois contre les Indiens (en 1644, Maisonneuve avait dû tuer d'un coup de pistolet un Iroquois lors d'une confrontation à Pointe-à-Callière) et contre les Anglais, contraindront les autorités à fortifier la ville et ce, malgré la signature en 1701 par les Sulpiciens, seigneurs de l'île, d'un traité de paix avec les Iroquois. Les vestiges d'un mur de pierre ont été mis au jour, derrière l'hôtel de ville, pour les célébrations du 350e anniversaire de la fondation de Montréal, en 1992. La ruelle des Fortifications témoigne encore de l'emplacement des murs du côté nord. Ces mesures de protection ne freineront cependant les convoitises ni des Anglais (signature de la capitulation de la Nouvelle-France à Montréal, en 1760), ni des Américains qui s'installeront à Montréal pour une brève période en 1775 et 1776. En fait, ces murs ne protégeaient pas vraiment dans la mesure où les maisons, construites sur un terrain en dos d'âne, les surplombaient.

C'est un Français, ami des Américains, Fleury Mesplet, qui créera, en 1778, le tout premier journal du Québec, la Gazette du commerce et littéraire pour la ville et le district de Montréal. Imprimé au Château Ramezay, ancienne résidence du gouverneur de Montréal et aujourd'hui musée historique, cet hebdomadaire bilingue est devenu The Gazette. Ainsi, le plus vieux journal de Montréal est aujourd'hui le seul quotidien anglophone de la ville.

Située à l'extrémité navigable du fleuve Saint-Laurent et au confluent des voies fluviales donnant accès à l'intérieur du continent et menant jusqu'à la Louisiane et au Pacifique, Montréal fut longtemps le centre économique, militaire et administratif du nouveau pays. Les premières institutions parlementaires y ont vu le jour. La première activité commerciale florissante fut celle de la fourrure.

LE DEUXIÈME PORT DES AMÉRIQUES

La situation insulaire de Montréal sur ce grand fleuve s'ouvrant sur une riche portion de l'Amérique industrielle contribuera au développement économique de la ville. L'année 1824 sera, à cet égard, une date importante : l'ouverture du canal de Lachine permettant en effet de contourner les tumultueuses rapides du même nom. Des industries s'implantent aux abords de cette voie de navigation, qui lance l'ère de l'industrialisation. Sur le site aujourd'hui abandonné, on a aménagé des sentiers pédestres et une piste cyclable. Le développement immobilier actuel s'affaire également à convertir en condos luxueux les nombreux entrepôts en bordure du canal. Ce dernier est devenu un lieu de plaisance alors que depuis 1959, c'est par la voie maritime du Saint-Laurent que les bateaux transocéaniques peuvent remonter le fleuve jusqu'aux Grands Lacs.

Au fil du temps et avec la croissance économique, le port va accaparer toutes les berges du fleuve et occuper jusqu'à 24 mètres de quais. Le Vieux-Montréal est progressivement délaissé, ses bâtiments historiques sont convertis en entrepôts, tandis que la ville se répand de tout côté. Seule la montagne pourra résister aux assauts des spéculateurs et des constructeurs. Source majeure du développement de la ville en 1880, le port de Montréal ne cède qu'à New York le titre de plus grand port d'Amérique. Montréal est alors le terminus canadien du vaste réseau ferroviaire nord-américain. L'essor industriel a amené d'abord les Irlandais, puis les Italiens et les Juifs qui vont composer les importantes minorités culturelles de cette jeune

Quelques dates importantes

1535. *Jacques Cartier explore le Saint-Laurent jusqu'à l'île de Montréal.*
1642. *Ville-Marie, la future Montréal, est fondée par Paul de Chomedey. Une petite colonie s'établit sur les berges du Saint-Laurent.*
1701. *Les Amérindiens signent la paix, et les colons se lancent dans la traite de la fourrure.*
1760. *Les troupes britanniques s'emparent de la colonie. La Nouvelle-France passe sous contrôle anglais.*
1775. *Le vent de la révolution passe par Montréal, les insurgés américains gagnent l'adhésion des colons.*
1801. *La vieille ville déborde de ses remparts que l'on doit démolir.*
1945. *Émergence de la communauté francophone de Montréal dans le domaine des arts, des sciences et du commerce.*
1967. *Exposition universelle*
1976. *Jeux Olympiques d'été.*
1992. *350e anniversaire de la fondation de Montréal.*

métropole, redevenue francophone de plein droit beaucoup plus tard.
Une décision administrative prise en 1792 aura un impact important sur la ville, qui sera alors divisée en deux parties, Est et Ouest, à partir du boulevard Saint-Laurent. Traversant l'île du sud au nord depuis le début de son histoire, ce boulevard constitue aujourd'hui la démarcation entre l'ouest et l'est de la ville, et sert un peu de frontière entre francophones et anglophones, alors que les communautés ethniques se sont établies le long de cet axe, au fil de leurs migrations.
Montréal sera administrée par des gouverneurs qui se succéderont jusqu'à ce que le roi William IV donne son accord au projet d'incorporation de la ville. En 1833, un premier maire, Jacques Viger (1787-1858), est élu par le premier conseil de ville. En 1844, Montréal devient, pour quelques années, la capitale du Canada-Uni. En 1849, l'édifice du Parlement est la proie d'un incendie criminel.
L'année 1824, qui a vu l'ouverture du canal de Lachine, est également marquée par le début des travaux de construction de l'église Notre-Dame qui, après avoir longtemps dominé le paysage urbain, est aujourd'hui un indispensable rendez-vous pour les visiteurs. On y apprécie les qualités des artisans québécois tout en retrouvant sur les vitraux l'histoire de la ville. En face, sur la place d'Armes, un monument représente le fondateur de Montréal, Maisonneuve.

CENT CLOCHERS ET QUELQUES PONTS

Montréal a été marquée par la construction de tant d'églises qu'on l'a surnommée « la ville aux cent clochers ». Mgr Bourget qui « régna » durant cet âge d'or de la foi (et de la croissance de la cité) voulut même que sa cathédrale, Marie-Reine-du-Monde, fût érigée en plein fief anglophone, à l'ouest de la ville, et qu'elle fût une réplique, à plus petite échelle, de Saint-Pierre de Rome. Autre lieu culte d'importance, l'Oratoire Saint-Joseph, construit dans les années 1930, sur le flanc nord-ouest du mont Royal, résulte de l'ardente vision d'un thaumaturge, le frère André, béatifié depuis et finalement canonisé en 2010. Haut lieu de pèlerinage, l'Oratoire reçoit des visiteurs du monde entier, et son dôme est le troisième plus grand au monde. Du parvis, vous découvrirez une vue grandiose sur une partie de la métropole. Le premier pont à traverser le fleuve Saint-Laurent fut construit entre 1854 et 1859. Le pont Victoria était alors considéré comme l'une des sept merveilles du monde. Bien des immigrants irlandais sont morts au cours des travaux. Ce pont est encore parcouru par les trains et les automobiles, et les Irlandais forment toujours une communauté locale importante. Récemment restaurée, la cathédrale Saint-Patrick témoigne bien de leur participation à l'évolution de Montréal.

En 1876, le mont Royal est aménagé en parc. Pour ce faire, la ville se porte acquéreur de terrains au coût d'un million de dollars, ce qui était une somme énorme pour l'époque. De l'aspect original de ce haut lieu montréalais, on n'a conservé que le sommet de Westmount, situé dans la ville du même nom, tout juste derrière l'Oratoire Saint-Joseph. L'année suivante, on inaugure l'hôtel de ville.

Vers la fin du XIXe siècle, le développement de Montréal est marqué par l'annexion de plusieurs villes et villages voisins, qui n'en conservent pas moins leurs caractéristiques. Toutefois, les vieux quartiers ouvriers ont été transformés depuis par le réaménagement urbain (construction de logements sociaux et de tours d'habitation) et par le retour d'une partie des citadins dans le centre-ville, tandis que les banlieues hors de l'île continuent d'attirer les industries et les jeunes ménages.

C'est avec l'inauguration, en 1887, de la première ligne de chemin de fer transcontinentale que s'amorce le début d'un âge d'or pour Montréal. Les résidences-palais qui surgissent témoignent de la richesse d'une ville qui concentrait alors plus de 70 % des fortunes du pays.

Durant la prohibition américaine, Montréal est très courue par les Américains. C'est le début des grands cabarets de nuit qui vont lui faire une joyeuse réputation. Montréal accueille des artistes venus de partout, et quelques Français choisissent de s'y établir lors de la Seconde Guerre mondiale. Plus tard, le développement d'un authentique show business québécois amènera la consécration de vedettes telles que Félix Leclerc, indéniablement le père de la chanson québécoise (un monument lui est dédié dans le Parc Lafontaine), et, plus récemment, Roch Voisine, Céline Dion, Isabelle Boulay et Garou, pour ne nommer que ceux-ci.

En 1967, Montréal accueille l'exposition internationale Terre des Hommes, ce qui lui permet de marquer à nouveau sa vocation internationale, alors qu'elle est en passe de perdre son titre de métropole du Canada. À la faveur d'un renouveau nationaliste, les francophones occupent plus de place dans les administrations ; on se bat (les débats se poursuivent encore) pour le fait français. On ira jusqu'à légiférer sur la langue d'affichage des commerces. La montée du nationalisme est marquée par des attentats terroristes, culminant avec l'enlèvement d'un diplomate britannique et l'assassinat d'un ministre québécois lors de ce qu'il est convenu d'appeler la Crise d'octobre. Cela se passe en 1970, au lendemain de la commission d'enquête sur le biculturalisme et le bilinguisme, commission qui a constaté la situation d'infériorité économique des francophones, et au début de la réforme de l'enseignement collégial.

Résultat : le Québec va changer d'allure avec la venue au pouvoir à Québec du Parti Québécois. Aux réformes sociales qui aboutissent à la nationalisation de l'électricité et de l'assurance-santé s'ajoute une loi sur la langue qui fait encore parler. Le visage de Montréal devient de plus en plus français ; les francophones accèdent à des postes de direction dans les grandes entreprises et les anglophones sont de plus en plus nombreux à quitter la ville pour l'ouest du Canada. Tel est le résultat de la Révolution tranquille amorcée dans les années 1960. Mais les enfants de l'après-guerre n'ont pas suivi les traces de leurs parents en matière de naissances et, depuis les années 1970, ce sont les immigrants qui font croître la population. Les statistiques concluent à une baisse de la population anglophone et à une augmentation des allophones (du grec allos = autres), principalement à Montréal.

Deuxième ville francophone au monde, Montréal a longtemps été la deuxième plus grande ville anglophone du Canada. Elle était administrée par des anglophones qui tenaient les commerces et les industries, et c'est en anglais qu'on affichait partout en ville. Autour du mont Royal, on avait vu s'implanter, d'un côté, l'université McGill (anglophone) et de l'autre, l'université de Montréal (francophone). Parallèlement, les riches résidences des anglophones se concentraient à Westmount et celles des riches francophones à Outremont. Les choses ont bien changé depuis. Aujourd'hui, des francophones habitent dans le bastion anglophone de Westmount, tout comme dans les villes de l'ouest de l'île, longtemps désigné comme le West Island.

PERSONNALITÉS MARQUANTES

Jacques Cartier. Le découvreur du Québec est immortalisé par un buste trônant fièrement à l'entrée de l'île Sainte-Hélène, sur le pont qui porte son nom. Une statue de Jacques Cartier avait aussi été érigée, en 1896, dans le Square Saint-Henri. Ce parc, caractéristique du début du siècle, se distingue des autres en ce qu'il fut conçu dans une ville aujourd'hui disparue. Dans le parc de l'université McGill, au 805 Sherbrooke Ouest, une plaque commémorative rappelle que Jacques Cartier se rendit à cet endroit pour visiter le village indien d'Hochelaga, abandonné en 1600.

Maisonneuve. Le fondateur de Montréal, debout, brandissant la bannière de la France, se dresse sur la Place d'Armes, face à l'église Notre-Dame, rendez-vous des touristes. Au pied de ce monument, chef-d'œuvre de Louis-Philippe Hébert, un guerrier iroquois, Jeanne Mance, Le Moyne et Lambert Closse, personnages historiques de Montréal, lui tiennent compagnie.

Marguerite d'Youville. La fondatrice des Sœurs grises a donné son nom à la Place d'Youville où s'élève un obélisque portant les noms de tous ceux qui vinrent s'établir dès les débuts de la fondation de Montréal.

Reine Victoria. Sa statue se dresse dans le Square Victoria, près de la tour de la Bourse. À noter, l'une des bouches de la station de métro Square-Victoria est typiquement parisienne : c'est un don de la Ville de Paris. La reine Victoria a aussi donné son nom au plus vieux pont reliant Montréal à la rive sud.

Nelson. Sa colonne, sur la Place Jacques-Cartier, fut en 1890 l'un des premiers monuments de Montréal. Sa statue, qui surmontait naguère la colonne, a été enlevée.

GÉOGRAPHIE MONTRÉALAISE

Une montagne dans une ville sur une île dans un fleuve. Montréal occupe une superficie de 500 km². Sa population est majoritairement francophone, mais aux importantes communautés anglo-saxonne, chinoise, italienne, irlandaise et juive sont venus s'ajouter des immigrants grecs et portugais ; plus récemment, les communautés haïtienne, vietnamienne et cambodgienne ont enrichi cette mosaïque qui forme le caractère multiethnique du Montréal d'aujourd'hui. On compte près de 80 ethnies. La ville de Montréal regroupe 19 arrondissements et des villes autonomes où vivent en tout près de 2 millions d'habitants. Toutefois, Montréal rayonne hors de l'île : sa sphère d'influence s'étend sur un rayon d'environ 100 km, pour former la région métropolitaine de Montréal qui couvre 3 300 km² et compte 3,4 millions d'habitants.

Montréal est desservie par un aéroport qui accueille le trafic aérien, tant national qu'international : l'aéroport Pierre Elliott Trudeau situé à quelques kilomètres du centre-ville.

Situé à 1 600 km de la côte atlantique, le port de Montréal, toujours très actif, s'étend sur 24 km et compte 117 postes à quai. Le trafic maritime y est assuré toute l'année, même en hiver. Parmi les 5 000 navires qui y passent chaque année, un bon nombre fait la navette entre Montréal et les ports des Grands Lacs.

Faisant partie d'un archipel, l'île de Montréal est la plus grande, suivie de l'île Jésus, sur laquelle est bâtie la deuxième plus grande ville du Québec, Laval, née de la fusion de tous les villages égrainés autour de cette île. Ces deux îles divisent le fleuve Saint-Laurent en trois embranchements qui vont du nord au sud : la rivière des Mille-Îles (entre l'île Jésus et la rive nord) ; la rivière des Prairies (entre les îles de Montréal et Jésus) ; le fleuve Saint-Laurent, qui coule impétueusement sur une partie de son parcours entre l'île de Montréal et la rive sud. Des ponts enjambant ces fleuves et rivières constituent les grandes voies d'accès où se bousculent les banlieusards, matin et soir. Le développement urbain à l'extérieur de l'île a d'ailleurs suivi la construction des différents ponts.

LES QUARTIERS

Westmount est à l'ouest du centre-ville ; Outremont au nord de la montagne ; le Plateau Mont-Royal à l'est de la montagne ; et Hochelaga-Maisonneuve davantage à l'est. Le quartier de la Terrasse Ontario et le Village gai sont au sud du Plateau Mont-Royal, un peu à l'est du centre-ville.

Le Quartier chinois est au centre-ville, au sud de la rue Sainte-Catherine, dans la rue de la Gauchetière (angle du boulevard Saint-Laurent). La Petite Italie se trouve au nord. Elle englobe le Marché Jean-Talon, le plus grand marché de la ville. Le Quartier latin se concentre dans la rue Saint-Denis, depuis le boulevard René-Lévesque jusqu'à la rue Sherbrooke. L'université McGill occupe un espace au nord du centre-ville, face à la Place Ville-Marie, et le célèbre Mille Carré Doré lui est mitoyen à l'ouest, entre la rue Sherbrooke et la montagne.

Au sud-ouest du centre-ville, il y a la Petite Bourgogne et Saint-Henri, puis au sud du canal de Lachine, avant le fleuve, on trouve les quartiers de Pointe Saint-Charles, Verdun et LaSalle.

LE CENTRE-VILLE

Enserré par la montagne et le fleuve, le centre-ville de Montréal est le lieu par excellence des affaires et du « shopping ». La rue Sainte-Catherine, qui le traverse d'est en ouest, est l'artère principale du centre où se concentrent les grands noms de la mode, les restaurants et bars ainsi que les boutiques en tous genres. L'architecture y est aussi bien diversifiée : les gratte-ciels imposants côtoient les bâtiments d'époque. Le centre-ville englobe plusieurs « sous-quartiers » : le Centre des affaires, le Quartier du Musée (au nord-ouest et on y trouve également de nombreuses galeries d'art), le Quartier International et Chinatown (qui côtoient le Vieux-Montréal) et le Quartier des spectacles (qui englobe de nombreuses salles autour de la Place des Arts). Mais le centre-ville ne se trouve pas qu'en surface… Une ville souterraine s'étend sous nos pieds avec plus de 30 km de couloirs et passages piétonniers empruntés chaque jour par pas moins de 500 000 personnes !

LE MILLE CARRÉ DORÉ

Situé au nord-ouest de l'actuel centre-ville, le Mille Carré Doré était le lieu de prédilection de la bourgeoisie anglophone qui, au début du siècle, dominait l'économie canadienne. C'était surtout de riches marchands écossais dont plusieurs résidence-palais n'en ont pas moins été démolies pour faire place à l'expansion du centre-ville. L'hôtel Ritz-Carlton (angle des rues Sherbrooke et Drummond) est, depuis le début du siècle, le rendez-vous d'une certaine élite. En plus des nombreuses galeries d'art, le Mille Carré Doré est aussi le pied-à-terre de plusieurs grands designers et couturiers du domaine de la mode.

La ville souterraine en chiffres

31,5 km de corridors, places intérieures et tunnels reliant :

- 10 stations de métro
- 2 gares ferroviaires
- 2 gares régionales d'autobus
- 63 complexes à bureaux
- 9 grands hôtels
- 1 615 logements
- 293 restaurants
- 1 550 commerces
- 30 salles de cinéma, d'exposition et de concert/théâtre
- 2 universités
- 1 collège
- 14 500 espaces de stationnement intérieur public
- 178 points d'entrée sur rue
- 500 000 personnes y circulent chaque jour

Source : Ville de Montréal

« GHETTO » MCGILL

En plein cœur de la ville et tout près du mont Royal, la plus ancienne université de Montréal et du Canada doit son nom à un riche marchand de fourrures écossais du nom de McGill qui avait légué à l'Institution royale une coquette somme d'argent afin que soit fondé un établissement d'enseignement supérieur : c'est ainsi que fut créé le Collège McGill en 1821. Depuis, l'université a connu un essor considérable. Elle compte aujourd'hui 25 facultés et 30 000 étudiants répartis sur plusieurs campus.

Plusieurs des riches propriétés du Mille Carré Doré ont été léguées à cette université, qui a décidé dans un premier temps d'en détruire quelques-unes pour construire des pavillons universitaires, et plus tard d'en conserver certaines. La visite du campus de l'université (accès par le portail Roddick de style néoclassique grec) permet de découvrir l'histoire architecturale de Montréal à travers la diversité des styles de ses nombreux bâtiments, et d'apprécier tous les contrastes culturels de la ville, les gratte-ciels faisant face à ce campus à l'anglaise où ont été formés plusieurs éminents prix Nobel.

LA MAIN

Le boulevard Saint-Laurent, baptisé familièrement La Main (pour Main Street), est l'une des vieilles rues de Montréal. D'abord chemin, elle fut ouverte au XIXe siècle sous le régime français. L'arrivée massive de juifs russes, qui s'y installèrent à partir de 1881, fera du yiddish la langue d'usage dans cette zone. D'autres groupes ethniques s'installeront sur ce boulevard qui comporte une section portugaise, espagnole, juive, italienne, etc.

Elle reste l'artère la plus cosmopolite de Montréal, avec ses boîtes de nuit, bars, restaurants et commerces ethniques, et la rue Prince-Arthur, transformée en zone piétonne, est bordée de restaurants et terrasses. Jour et nuit, ces deux rues sont envahies par une foule bigarrée.

LES ÎLES SAINTE-HÉLÈNE ET NOTRE-DAME (PARC JEAN-DRAPEAU)

Toutes deux situées en face des Quais du Vieux-Port, elles sont aujourd'hui un important lieu de villégiature pour les Montréalais. La Ronde (parc d'attractions, propriété du groupe Six Flags), les grands parcs, la Biosphère, la plage de l'île Notre-Dame, le Casino, et le circuit de Formule 1 / Nascar sont très populaires.

L'île Sainte-Hélène porte le nom de la femme de Samuel de Champlain, qui se posa sur l'île en 1611. L'Exposition universelle de 1967 ainsi que les Jeux olympiques de 1976 ont eu de fortes répercussions sur les îles. De nombreuses structures actuelles comme la Biosphère (musée de l'environnement) et le Casino ont été construits pendant l'Expo. Le bassin d'aviron a été édifié pour les Jeux olympiques.

Les points de vue

À l'exception du **737, ce bar très select** *situé à la Place Ville-Marie, dont la terrasse en croix surplombe la ville, aucun des gratte-ciels de Montréal n'offre d'accès à une plate-forme permettant d'apprécier un panorama de la ville.*

On se rendra donc, dans l'est, au **Parc olympique** (514-252-4737, M° Viau ; en voiture, stationnement au 3200, rue Viau). *Élément bien particulier du paysage montréalais, le funiculaire qui monte au sommet de l'audacieuse tour du stade olympique, inclinée à 45°, vous permettra de contempler, sous vos pieds, à travers les vitres, un panorama imprenable, surtout par beau temps* (175 mètres de hauteur. Adulte : 15 $. Fermé de début janvier à mi-février. Tous les jours de 9h à 19h en été et jusqu'à 17h le reste de l'année).

Une autre façon de découvrir la métropole d'en haut est de se rendre au **mont Royal.**

Le belvédère Camilien-Houde *– directement accessible en voiture par l'avenue du même nom ou avec l'autobus 11, à partir de la station de métro Mont-Royal – constitue un excellent point de vue sur l'est de Montréal, dominé par la tour inclinée du Stade olympique, avec, dans le lointain, les collines montérégiennes, au sud, et les premières hauteurs des Laurentides, au nord. Un autre belvédère,* **le belvédère du Chalet** *– accessible à pied seulement à partir de l'aire de stationnement – est une terrasse d'où l'on a une vue directe exceptionnelle sur les gratte-ciels du centre-ville.*

L'Oratoire Saint-Joseph, *qui donne sur l'autre versant du mont Royal, offre de sa terrasse une superbe vue sur la partie nord de la ville et le Grand Montréal.*

Les Quais du Vieux-Port *présentent, eux aussi, un beau point de vue sur la vieille ville et ses gratte-ciels en arrière-plan. Le bassin Bonsecours (en face du marché) offre la meilleure perspective. Belle vue également depuis la terrasse-observatoire de l'église Notre-Dame-de-Bon-Secours.*

Du parc de l'île Sainte-Hélène, *même panorama que celui des Quais du Vieux-Port, mais avec plus de recul.*

VIEUX-MONTRÉAL

Le Vieux-Montréal, c'est l'histoire même de notre ville, lieu de fondation de Ville-Marie en 1642 par Paul de Chomedey. Malgré les nombreux incendies ayant fait disparaître les plus anciens bâtiments, plusieurs travaux de restauration et d'aménagement ont donné un nouveau souffle à la vieille ville et au port qui accueillent dorénavant des milliers de touristes charmés par ce style européen et historique. Boutiques, restaurants, musées et galeries d'art, places et promenades, bref, on a amplement de quoi remplir une journée.

Situé au sud du centre-ville, le Vieux-Montréal longe le fleuve, ou plutôt le port, car l'ancienne rive a été comblée par la construction du port actuel. La rue de la Commune, qui constitue la limite sud du Vieux-Montréal, correspond aux délimitations de l'enceinte des anciennes fortifications. Quelques rues, et parmi elles la plus ancienne, la rue Saint-Paul, ont conservé leur pavement ancien sur une partie de leur parcours. Ces fortifications n'ont guère servi, les édifices étant construits sur une hauteur qui leur permettait de les dominer. Les murs d'enceinte, assez fragiles, se sont avérés encombrants pour les commerçants et ont été détruits.

Le Vieux-Port (dorénavant appelé « Quais du Vieux-Port ») a été converti en parc récréo-touristique s'étendant sur 2,5 km et offrant une vue imprenable sur le majestueux fleuve Saint-Laurent. Le projet de réaménagement du canal de Lachine a permis la revitalisation des berges qui servent maintenant de terrain de jeux aux Montréalais (kayak, vélo, etc.). La piste cyclable qui se rend du Vieux-Montréal au Lac Saint-Louis suit le canal et est agréablement aménagée.

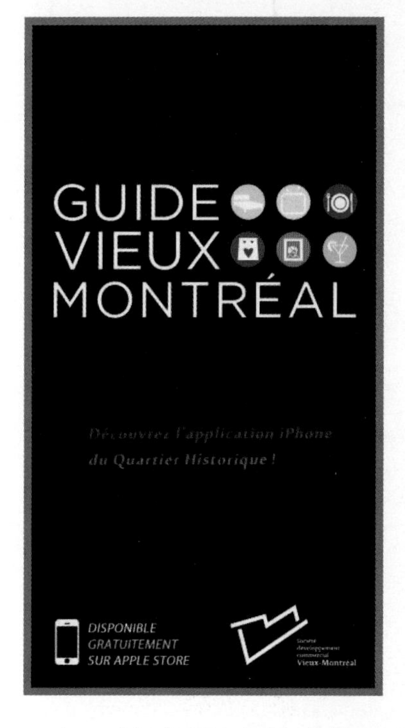

De nombreux édifices anciens se trouvent dans ce secteur qui fut jadis aussi le centre des affaires. La visite du musée de Pointe-à-Callière, musée d'histoire et d'archéologie, construit en 1992 sur le lieu même de la fondation de Ville-Marie, et celle du Centre d'Histoire, tout à côté, sont une excellente introduction à la visite de ce quartier historique.

La Pointe-à-Callière fut le lieu de débarquement et d'implantation des premiers « Montréalais ». À côté, s'étend la Place Royale, première place publique d'abord connue comme Place d'Armes. C'est ici que, en 1611, le fondateur de Québec, Samuel de Champlain, construisit un mur, premier ouvrage français dans l'île. Au 201 rue de la Commune se trouve le site de l'ancienne taverne Joe Beef, propriété de 1870 à 1889 de l'Irlandais Charles McKiernan qui gardait une ménagerie dans sa cave…

Un peu plus au nord, la rue Saint-Paul (du nom de Paul de Chomedey de Maisonneuve), l'une des toutes premières rues de la ville, participe à l'histoire de Montréal depuis plus de trois siècles. Plusieurs journaux ont vu le jour dans cette rue autour de laquelle se sont implantées de nombreuses imprimeries. Le quotidien The Gazette a toujours un pied dans le quartier, mais sur la rue Saint-Jacques, tout comme le quotidien La Presse. La rue Saint-Jacques a perdu l'éclat de l'époque où elle était l'équivalent canadien de Wall Street, mais on y voit encore l'édifice restauré de la Banque de Montréal, une institution vieille de 175 ans qui est aussi la première banque du Bas-Canada. Autre institution financière, la Bourse logeait non loin de là, rue Saint-François-Xavier. L'édifice a été transformé en théâtre. Au 430 de cette même rue, on verra l'immeuble qui abritait la Bourse à ses débuts.

L'édifice le plus visité du Vieux-Montréal est sans doute la Basilique Notre-Dame. Avec sa décoration intérieure recherchée et ses œuvres d'art, elle est l'une des plus remarquables d'Amérique du Nord. Peintures et vitraux y relatent quelques faits de l'histoire locale. Elle a longtemps dominé le paysage urbain de Montréal. C'est le plus imposant, le plus coloré et le mieux en vue des édifices construits pour témoigner de la foi des francophones de la ville. La basilique fut bâtie en style néogothique, entre 1824 et 1829, par un architecte irlandais immigré à New York, James O'Donnell, dont le corps est enseveli sous l'un des piliers de la basilique. La décoration intérieure, œuvre de l'architecte canadien-français Victor Bourgeau, date de 1876 et constitue son attrait majeur : abondance de sculptures, boiseries et dorures, retable du chœur, chaire en noyer noir sculptée par Louis-Philippe Hébert particulièrement remarquable, orgue monumental dû aux frères Casavant de Saint-Hyacinthe et qui serait l'un des plus grands du monde (concerts d'orgue), baptistère décoré par Ozias Leduc, beaux vitraux de la partie inférieure. Notons qu'on y trouve, derrière le chœur, la chapelle du Sacré-Cœur, reconstruite en 1982, à la suite d'un incendie qui a fait disparaître d'admirables œuvres d'artistes québécois. Elle se singularise par une voûte en acier recouvert de bois de tilleul, et surtout par un gigantesque retable de bronze, œuvre contemporaine de Charles Daudelin. Les tours jumelles, la Tempérance et la Persévérance, du haut de leurs 68 m, dominèrent longtemps le paysage montréalais. Le site est particulièrement intéressant car on aperçoit, en face, rue Saint-Jacques, la Banque de Montréal qui occupe un édifice néoclassique inspiré du Panthéon de Rome : cela vaut vraiment la peine d'entrer pour jeter un coup d'œil à l'imposante salle bancaire au superbe plafond à caissons. Puis, juste à côté, le vieux séminaire des Messieurs de Saint-Sulpice, grands seigneurs de l'île durant de nombreuses années : une visite est possible. C'est non seulement l'un des rares vestiges du régime français mais aussi la plus ancienne construction de l'île (1685).

Devant la Basilique Notre-Dame se trouve la Place d'Armes, troisième place de ce nom, au centre de laquelle se dresse la statue du fondateur de Montréal, Paul de Chomedey de Maisonneuve. Des calèches y sont garées, proposant des tours du quartier aux touristes. Cette place publique, haut lieu de l'histoire (c'est en effet ici que les régiments français y déposèrent les armes devant les officiers anglais en 1760), est un des lieux historiques les plus fréquentés des touristes. Afin d'en valoriser l'aspect historique et de lui donner par le fait-même une cure de rajeunissement, un vaste projet de réaménagement est en cours depuis 2010.

En suivant la rue Notre-Dame vers l'est, on rencontre trois édifices qui ont successivement abrité le palais de justice, le dernier, d'allure très moderne, comportant un mur sans ouverture.

Quadrilatère formé par les rues Saint-Paul, Saint-Dizier, de Brésoles et Le Royer, le Cours Le Royer occupe le site de l'ancien Hôtel-Dieu de Montréal, où furent construits, vers 1860, une série d'entrepôts sur les plans de Victor Bourgeau. Leur reconversion en immeubles d'habitation dans les années 1980 a permis la rénovation du Vieux-Montréal en le transformant en quartier résidentiel.

En reprenant la rue Saint-Paul vers l'est (désormais entièrement piétonnière en saison estivale), on découvre le Marché Bonsecours, construit pour abriter le

Caractéristiques géographiques

- 500,1 km^2 - superficie
- 50 km - longueur maximale de l'île de Montréal à vol d'oiseau
- 16 km - largeur maximale de l'île de Montréal à vol d'oiseau
- 17 m - altitude
- 12 m au-dessus du niveau de la mer : la surface de l'île de Montréal, à son plus bas niveau

Coordonnées géographiques

- 450 30 N - latitude nord
- 730 30 O - longitude ouest

Données climatiques

Les records :

- la plus importante tempête de neige, le 4 mars 1971 : 102 cm
- la plus importante chute de pluie en 24 heures, le 14 septembre 1979 : 81,9 mm
- le jour le plus froid, le 15 janvier 1957 : -37,8 oC
- le jour le plus chaud, le 1er août 1975 : 37,6 oC

Les précipitations moyennes annuelles (entre 1971 et 2000) :

- chutes de pluie : 762,2 mm
- chutes de neige : 217,5 mm

Température moyenne (entre 1971 et 2000) :

- température moyenne annuelle : 11 oC
- température moyenne en janvier : -10,2 oC
- température moyenne en juillet : 20,9 oC

Source : Ville de Montréal

premier marché intérieur de Montréal. Datant de 1845, l'édifice occupe le site de l'ancien palais de l'Intendant. Cette élégante construction de style palladien se remarque encore plus du côté du fleuve, avec sa longue façade en pierre de taille et surtout, son dôme impressionnant. Après l'incendie du Parlement en 1849, il fut un temps le siège de l'assemblée du Canada-Uni, puis servit d'hôtel de ville. Aujourd'hui, il donne asile aux boutiques d'artisanat québécois et aux expositions temporaires.

Juste à côté, la chapelle de Notre-Dame-de-Bon-Secours fait face à la rue Bonsecours où se trouvent les plus anciennes maisons de Montréal. Au 401, datée de 1725, la maison de Pierre Calvet, marchand français établi à Montréal en 1758, emprisonné en 1780 pour haute trahison pour avoir épousé la cause des Américains en 1775, constitue le meilleur exemple de la maison urbaine traditionnelle québécoise, avec ses hautes cheminées érigées sur de larges pignons. Elle abrite aujourd'hui un restaurant. Un peu plus loin, la maison Papineau (au 440), de 1785, à la porte cochère et au toit pentu percé de deux rangées de lucarnes, appartint à la famille Papineau, celle de Louis-Joseph Papineau, chef du parti des Patriotes qui y résida entre 1814 et 1837. De là, la vue embrassant la chapelle de Notre-Dame-de-Bon-Secours est certainement l'une des plus photographiées de la ville. Cette vieille église du milieu du XVIIe siècle, remarquable par son clocher de cuivre et sa monumentale statue de la Vierge, haute de 9 m, ouvrant les bras en direction du fleuve, rappelle, par ses ex-voto laissés par les marins, le passé maritime de Montréal. Elle fut construite par Marguerite Bourgeoys avec l'aide des premiers colons de Ville-Marie. L'histoire de Marguerite Bourgeoys, béatifiée en 1982, est racontée dans un petit musée qu'elle avait fait construire dans le sous-sol. De la terrasse (accessible par la tour), on découvre un beau panorama sur le fleuve, l'île Sainte-Hélène, le pont Jacques-Cartier et le Vieux-Port.

On revient vers l'ouest pour remonter la Place Jacques-Cartier jusqu'à la rue Notre-Dame où l'on trouve, à droite, le Château Ramezay, construit en 1705 pour Claude de Ramezay, gouverneur de Montréal sous le régime français. Il a servi à bien des fins avant de devenir un musée consacré à l'histoire politique, économique et sociale de Montréal. La Compagnie des Indes y établit ses quartiers pendant quelques années, puis à leur tout, les gouverneurs britanniques

MARCHÉ BONSECOURS DEPUIS LES QUAIS © NRL

du Canada l'occupèrent de 1764 à 1849. Lors de l'occupation américaine (1775-1776), le château servit de quartier général à l'armée de Montgomery, et Benjamin Franklin, en mission diplomatique, y fit alors un bref séjour. Ce fut ensuite une cour de justice et un bâtiment universitaire.

En face, se trouve l'Hôtel de ville, de style Second Empire, conçu sur le modèle du château français de Maisons-Laffitte par l'architecte H. M. Perreault. Incendié en 1922, il fut reconstruit. On y voit le balcon d'où le général de Gaulle lança son célèbre « Vive le Québec… libre ! », le 24 juillet 1967.

En parcourant le Vieux-Montréal, on remarquera plusieurs plaques commémoratives apposées sur les murs pour rappeler un personnage illustre ou un fait historique. C'est parce que bien des édifices du passé ont complètement disparu, telle la propriété qu'occupaient les jésuites sur le site actuel de l'Hôtel de ville. Mais il reste, tout de même, beaucoup à découvrir dans cet espace. Même amputé de quelques-uns de ces joyaux, il reste le seul qui rappelle le côté européen de cette métropole nord-américaine.

Le Champ de Mars, situé derrière l'Hôtel de ville, dans le prolongement de la Place Jacques-Cartier, est redevenu une place publique, après avoir été transformé en parc de stationnement. De même, on pourra juger de la conservation de vieux édifices dans des constructions récentes.

QUARTIER CHINOIS

Les Irlandais ont d'abord occupé ce quartier situé juste à l'est du centre-ville et qu'on peut repérer par son nouvel hôtel chinois à l'architecture typiquement… chinoise. Les premiers arrivants chinois vinrent s'établir à Montréal dans les années 1860, fuyant la dureté des conditions de travail dans les mines d'or de l'Ouest ou dans les chantiers de construction des chemins de fer.

Pris en étau entre les imposants édifices du Complexe Desjardins et le Palais des Congrès, entre le Vieux-Montréal et les hôpitaux Saint-Charles-Borromée (ancien Montreal General Hospital) et Saint-Luc, le Quartier chinois continue de bourdonner de son activité particulière, bien que la population chinoise ait reflué en banlieue. Toutefois, des logements ont été prévus pour la population chinoise dans le Complexe Guy-Favreau (1984) que le gouvernement fédéral a construit entre le Palais des Congrès et le Complexe Desjardins. Il offre, à l'intérieur, un superbe atrium fait de pierre et d'acier inoxydable et, à l'extérieur, une petite esplanade donnant sur le Palais des Congrès, agrémentée de fontaines et bacs de fleurs, où il fait bon se reposer loin de l'agitation de la rue. Si les nouveaux arrivants de Chine préfèrent vivre ailleurs, ils se retrouvent toutefois dans ce quartier pour y manger, travailler et faire leurs courses. Le Quartier chinois, qui est surtout composé de commerces asiatiques, a été embelli ces dernières années par la réfection de la rue de la Gauchetière partiellement réservée aux piétons. On remarquera les deux arches chinoises qui l'enjambent. Dans la rue Saint-Urbain, des sculptures murales illustrent des légendes chinoises, dont celle du Roi-Singe. On notera aussi le petit parc dédié à Sun Yat Sen et la maison Wing (1009, rue Côté), la plus ancienne du quartier.

Pour ceux qui aimeraient faire un peu de shopping, un nouveau centre commercial, le Swatow Plaza, vient d'ouvrir ses portes au 998 Saint-Laurent. On y trouve d'ailleurs un énorme marché alimentaire d'une superficie de 10 000 pi^2.

QUARTIER DES SPECTACLES

La Place des Arts et le Complexe Desjardins constituent les grands bâtiments du Quartier des spectacles, dans sa limite sud, mitoyenne du Quartier chinois. Sur le boulevard René-Léves-que se dressent de nombreux grands édifices. Reliés par des couloirs souterrains au Complexe Desjardins, au

Complexe Guy-Favreau, au Palais des Congrès et à deux stations de métro, ces centres commerciaux doublés d'un certain nombre d'institutions gouvernementales font office de pôles urbains où passent des milliers de gens, travailleurs et consommateurs, tout en tenant lieu de places publiques, été comme hiver.

La Place des Arts constitue le plus grand complexe culturel de la ville où se côtoient les arts de la scène et les arts visuels. Ainsi, elle se compose de trois édifices : au centre, l'imposante salle de concert Wilfrid-Pelletier, pouvant accueillir jusqu'à 3 000 spectateurs ; à l'est, le complexe théâtral datant de 1967 ; et à l'ouest, le Musée d'Art contemporain datant de 1992, qui se rassemblent autour d'une vaste esplanade aménagée et agrémentée de bassins et fontaines. Chaque année s'y déroulent de nombreuses manifestations culturelles, dont le célèbre Festival international de jazz de Montréal. À l'été 2009, après des mois de travaux, la toute nouvelle Place des Festivals et la Maison du Festival ont été inaugurées (rue Jeanne-Mance, entre les rues Sainte-Catherine et de Maisonneuve). À cela s'ajoutent un réaménagement des boulevards de Maisonneuve et Saint-Laurent, la conception d'espaces publics, l'ajout d'une salle à la Place des arts dédiée à l'Orchestre symphonique de Montréal, et beaucoup plus encore.

Pour toute information : www.quartierdesspectacles.com.

QUARTIER LATIN

Le Quartier latin, délimité par la rue Sherbrooke et le boulevard de Maisonneuve (nord-sud) et par les rues Berri et Sanguinet (est-ouest), est un concentré de lieux de culture et de savoir. Les étudiants de l'Université du Québec à Montréal (UQÀM) et du CÉGEP du Vieux-Montréal donnent au quartier un ton jeune et festif. D'importantes institutions culturelles comme le Théâtre Saint-Denis, la Grande Bibliothèque, la Cinémathèque québécoise, l'Office national du film attirent un public averti. Résultat : un quartier renommé pour sa vie culturelle, ses cafés, bistros, brasseries artisanales, et de belles terrasses.

Population selon certaines origines ethniques dans la région du Grand Montréal

Italienne	260 345
Haïtienne	85 758
Irlandaise	216 410
Libanaise	53 455
Vietnamienne	30 505
Chinoise	82 665
Marocaine	33 270
Grecque	61 770
Portugaise	46 535
Polonaise	51 920

Origines ethniques, pour les régions métropolitaines de recensement et les agglomérations de recensement. Source : Statistiques Canada, recensement 2006.

TERRASSE ONTARIO

Ce quartier ouvrier évoque l'époque où les brasseries et les grandes industries de la chaussure, du vêtement et du tabac y fleurissaient. Il a subi une cure de rajeunissement dans les années 1970. Aujourd'hui, c'est un quartier encore en partie assez défavorisé. Une des principales activités : la télévision. En effet, TVA, Radio-Canada et Télé-Québec y ont leur siège. Le quartier est délimité au nord par le Parc Lafontaine. En face, rue Sherbrooke, on ne peut manquer la bibliothèque municipale. Inaugurée en 1916 par le maire Médéric et le général Joffre, qui fit grand effet dans sa tenue de campagne, cette bibliothèque, à la monumentale façade classique et aux colonnes monolithiques de granit poli, a fini par ployer sous le poids des livres.

LE VILLAGE

Situé en plein cœur de la Terrasse Ontario, le Village gai se veut un lieu d'ouverture d'esprit et de joie de vivre dans la métropole.

La station de métro Beaudry affiche fièrement les couleurs du quartier. Jouissant d'une excellente notoriété auprès de la communauté gaie à travers le monde, il accueille chaque année de milliers de touristes. Et pour cause ! La rue Sainte-Catherine, principale artère du Village et transformée en rue piétonne l'été, réunit de nombreux cafés, bars, restaurants et boîtes de nuit. La communauté gaie est aussi à la tête de la tenue de plusieurs événements festifs tels que le Black & Blue, Divers/Cité, Montréal en Arts et le Week-end Red. Un quartier haut en couleur où la liberté d'être prime avant tout.

HOCHELAGA-MAISONNEUVE

Autrefois quartier ouvrier et populaire, Hochelaga-Maisonneuve garde les traces de ce passé. D'ailleurs, de nombreuses visites guidées permettent de mettre en valeur ce patrimoine et cette page d'histoire fort importante dans l'essor industriel de Montréal.

Une des principales attractions du quartier est le Jardin botanique avec ses 22 000 espèces et cultivars de plantes, ses 10 serres d'exposition et sa trentaine de jardins thématiques. Il est d'ailleurs classé parmi les plus importants et les plus beaux jardins au monde ! Autres attraits : l'Insectarium, le Biodôme, le Château Dufresne et le Parc olympique qui accueilli les jeux d'été en 1976.

PLATEAU MONT-ROYAL

Composé de quatre villages autonomes (Saint-Jean-Baptiste, Saint-Louis du Mile End, Coteau-Saint-Louis et Côte-de-la-Visitation), ce quartier de Montréal – le Plateau comme on l'appelle familièrement – a connu un développement rapide au début du siècle. Il est aujourd'hui habité par une population assez jeune et très branchée. Beaucoup de ses vieilles résidences ont été rénovées ou sont en passe de l'être.

La rue Saint-Denis et l'avenue Mont-Royal qui la croise en sont les principales artères. Le quartier touche au Quartier latin au sud et au quartier Saint-Louis à l'ouest. Près du Carré Saint-Louis, on retrouve la rue Cherrier qui mène au Parc Lafontaine et à la bibliothèque municipale.

Le mont Royal en chiffres

- 1876 : année d'inauguration
- 3 000 000 de visiteurs par année
- 40 km de chemins et sentiers
- 600 espèces végétales
- 182 espèces d'oiseaux
- 30 mètres : hauteur de la croix

Source : Ville de Montréal

LA PETITE ITALIE

Bien nommée, la Petite Italie accueille de nombreux immigrants d'origine italienne. Les premières vagues d'immigration italienne du début du XIXe siècle ont été suivies d'autres à la fin du même siècle. Mais les arrivées les plus importantes se sont succédées après la Seconde Guerre mondiale. C'est alors que des milliers d'ouvriers et de paysans se sont établis à Montréal et notamment dans ce quartier.

De nos jours, la population tend à s'y mélanger : Maghrébins, Sud-américains, Africains s'y installent. Au cours d'une promenade, on ne manquera pas de faire une halte au Marché Jean-Talon, le plus vaste marché d'alimentation de Montréal. Il est ouvert été comme hiver et on y trouve des spécialités québécoises, des produits bios et toutes sortes de fruits et légumes exotiques. Un arrêt s'impose également dans un des nombreux cafés, trattorias et commerces des rues Saint-Laurent et Dante.

LES VISITES INCONTOURNABLES

Voici la liste des attraits touristiques que nous vous conseillons de visiter si vous ne disposez que de quelques jours à Montréal. Sans les faire tous, choisissez-en quelques-uns.

Le Vieux-Montréal
Musée Pointe-à-Callière | Place Jacques-Cartier | Quais du Vieux-Port

Le centre-ville
Musée d'Art contemporain | Musée des Beaux-arts | Musée McCord | Université McGill Ville souterraine | Quartier chinois | Centre Bell (pour les amateurs de hockey) | Centre Canadien d'Architecture

Au nord du centre-ville
Le boulevard Saint-Laurent | Parc du Mont-Royal

À l'est du centre-ville
Biodôme | Jardin Botanique et Insectarium | Quartier latin | Le Village

Les Îles Sainte-Hélène et Notre-Dame
Casino de Montréal | Circuit Gilles-Villeneuve (pour les amateurs de course automobile) Musée Stewart

MARCHÉ BONSECOURS
350, Saint-Paul Est | 514-872-7730 | www.marchebonsecours.qc.ca
M° Champ-de-Mars. Ouvert tous les jours dès 10h, fermeture entre 18h et 21h selon la saison.
Le magnifique édifice au dôme argenté réunit plusieurs galeries, dont celle des métiers d'art et celle de l'Institut de Design de Montréal. Un bon endroit pour trouver des souvenirs de qualité. Restaurants sur place.

SAULT-AU-RÉCOLLET

Bien que fort éloigné du Vieux-Montréal, de l'autre côté (au nord) de l'île, le Sault-au-Récollet a une bien vieille histoire. C'est ici, en 1615, que fut célébrée la première messe en Nouvelle-France par le père récollet Joseph Le Caron qui accompagnait Samuel de Champlain. Le quartier fut ainsi baptisé en souvenir du père Nicolas Viel, missionnaire récollet et premier martyr du Canada. Selon les uns, le bon père fut jeté par les Iroquois dans les rapides (sault) de la rivière des Prairies en 1625; selon les autres, il s'y noya tout simplement. Le nom de la rivière est attribué à François des Prairies, lequel accompagnait Champlain lorsqu'il découvrit le cours d'eau qu'avait déjà emprunté Jacques Cartier en 1535. Le bâtiment le plus intéressant de ce quartier est l'église de la Visitation (boulevard Gouin), sans doute la plus vieille de Montréal, construite entre 1749 et 1751, et qui mérite d'être visitée pour la richesse de son décor intérieur, notamment ses sculptures en bois dont une superbe chaire et quelques tableaux d'époque. C'est la seule église qui ait survécu à la période du régime français, les autres ayant été démolies ou rasées par le feu. Devant l'église s'élèvent les monuments du père Nicolas Viel et de l'Indien Ahunstic, tous deux martyrisés et assassinés par les Iroquois. En face, sur l'île de la Visitation, on verra les ruines de vieux moulins qui connurent diverses fortunes. Le premier fut construit par les Sulpiciens en 1726; le dernier, le moulin à carton de la Black River Paper, fonctionna jusqu'en 1960. Convertie en parc régional, l'île est un havre de paix où l'on peut découvrir quelques rares maisons de bois du siècle dernier. En quittant l'île par la rue Du-Pont, en se dirigeant vers l'est sur le boulevard Gouin, on croise la rue du Pressoir où se trouve (au n° 10 865) une maison de style normand, la maison du Pressoir (qui se visite), construite en 1806 et restaurée par la Communauté urbaine de Montréal. Il ne reste plus que cinq exemplaires de ce style en Amérique du Nord.

OUTREMONT

Située, comme son nom l'indique, sur l'autre versant (nord) de Montréal, Outremont se caractérise par ses imposantes résidences, tout particulièrement le long du chemin de la Côte-Sainte-Catherine qui longe le flanc de la montagne. Ville résidentielle, Outremont compte plusieurs beaux parcs et peu de commerces. Elle est délimitée par le chemin de la Côte-Sainte-Catherine, l'avenue du Parc et par une voie de chemin de fer. Tout comme Westmount, elle est entièrement encerclée par Montréal. Fondée en 1875, progressant au rythme du développement des transports, elle a vu sa population quadrupler entre 1901 et 1911.

Aux francophones qui composaient l'essentiel de sa population, s'ajouteront les juifs qui quittaient alors le quartier Saint-Louis. Parmi les édifices dignes d'intérêt, on notera la façade Beaux-arts de l'académie Querbes (215, rue Bloomfield) ; l'église Saint-Viateur (rue Laurier) dont la façade sculptée est considérée comme insurpassée à Montréal ; et le pensionnat du Saint-Nom-de-Marie qui abrite l'école de musique Vincent-d'Indy. L'immeuble se caractérise par une colonnade surmontée d'un fronton et d'un dôme.

WESTMOUNT

C'est sur l'un des trois sommets voisins qui forment le mont Royal, à l'ouest comme son nom l'indique bien, que s'est établie cette ville à majorité anglophone dont la population est la plus riche du pays. Aujourd'hui, entièrement entourée par la ville de Montréal, elle devient de plus en plus francophone.

WESTMOUNT © NRL

On y trouve, à flanc de montagne, de riches propriétés (l'ex-Premier ministre Brian Mulroney y a acheté une résidence de 2 millions de dollars pour prendre sa retraite politique). Au sommet, un bois a été conservé dans son état sauvage pour rappeler l'aspect du site originel. Pour visiter Westmount, il faut être bon marcheur, car plusieurs rues sont en pente raide : n'oublions pas, nous sommes à flanc de montagne. Presque toutes les maisons de Westmount ont été construites au XIXe siècle. On y trouvera cependant une maison de ferme du XVIIIe siècle (503, chemin de la Côte-Sainte-Catherine). Ce chemin était à l'origine un sentier qu'empruntaient les Indiens. Westmount regorge de maisons de tous les styles, leurs riches propriétaires s'étant ingéniés à rivaliser d'originalité. L'église Saint-Léon-de-Westmount (angle de la rue Clark et du boulevard de Maisonneuve) est remarquable pour sa décoration intérieure, de style roman, avec une mosaïque florentine, des bronzes et des sculptures en bois. Dans la rue Elm, on découvrira une série de maisons inspirées des châteaux médiévaux, dont l'hôtel de ville. Le fait est que Westmount, qui tranche sur le reste de l'île de Montréal, est une ville où les résidences ne manquent pas de fantaisie. En son centre, le parc Westmount est l'un des plus beaux de Montréal par son aménagement. La bibliothèque municipale, à proximité, mérite une visite pour ses sculptures, fresques et vitraux.

PETITE BOURGOGNE

Ainsi nommé parce que, avant d'être urbanisé, ce territoire évoquait la province française du même nom avec sa vaste plaine, ses ruisseaux et ses rivières, ce quartier (situé entre le canal de Lachine au sud et l'autoroute Ville-Marie au nord, entre la rue Atwater à l'ouest et la rue Peel à l'est) s'est développé avec l'ouverture du canal de Lachine qui entraîna la création de la ville de Sainte-Cunégonde, fruit de la révolution industrielle. Entre 1825 et 1897, on assista à la détérioration rapide de l'habitat en milieu ouvrier, la présence des voies ferrées et de nombreuses industries ne contribuant pas à l'hygiène publique… En 1965, l'administration municipale de Montréal a entrepris un vaste programme de rénovation dans ce secteur guère éloigné du centre-ville. Quelques grands bâtiments industriels à proximité du canal de Lachine ont été transformés en habitations. La Petite Bourgogne n'en est pas moins restée marquée par une forte concentration de chômeurs et de familles à faibles revenus. Deux églises constituent les seuls édifices d'intérêt du quartier : ce sont les églises Saint-Joseph et Sainte-Cunégonde, cette dernière remarquable par ses vitraux et son gigantesque dôme sans aucun appui.

SAINT-HENRI

Située au sud-ouest du centre-ville et formant un arrondissement urbain avec ses voisins de la Petite Bourgogne, de la Côte-Saint-Paul et de Ville-Émard, cette ancienne ville, née de l'essor industriel favorisé par le canal de Lachine, n'offre en fait d'originalité que le parc Georges-Étienne Cartier et le square Saint-Henri, ce dernier avec son monument dédié à Jacques Cartier. Clôturés et ornés d'une magnifique fontaine, ces parcs sont représentatifs du siècle passé, comme les façades des maisons qui les enserrent. Pour le reste, Saint-Henri est plutôt tombé en désuétude, les industries l'ont abandonné et ses résidents se sont appauvris de concert avec l'habitat. Mais le quartier tend à se revitaliser depuis quelques années. Le quartier Saint-Henri est délimité par le canal de Lachine au sud, la rue Atwater à l'est, l'échangeur routier Turcot à l'ouest, alors qu'au nord, en remontant, on arrive à la riche ville voisine de Westmount.

POINTE SAINT-CHARLES

L'installation des ateliers du chemin de fer du Grand-Tronc a favorisé le développement de ce quartier. Mais aujourd'hui, le rail canadien ayant nettement tendance à réduire son personnel, plus de cent ans après la belle époque des trains canadiens, le quartier a mal vieilli et les usines ont fermé les unes après les autres. L'un des rares vestiges du passé français dans ce secteur est une maison typiquement canadienne : la métairie, établie en 1662 par Marguerite Bourgeoys, accueillait les « Filles du Roy », ces jeunes orphelines françaises protégées du roi et venues pour se marier avec un colon. En 1965, elle a été transformée en musée (Maison Saint-Gabriel) où est exposé, entre autres, du mobilier d'époque. Plusieurs activités et animations y sont organisées à l'année.

VERDUN

Désigné à ses débuts Côte des Argoulets, ce territoire était, au XVIIe siècle, un lieu de fortification stratégique de Ville-Marie où la population se réfugiait lors des fréquentes attaques iroquoises. Le nom Verdun tire son origine d'un fief, délimité par la rivière Saint-Pierre vers le sault Saint-Louis, et concédé par les Sulpiciens le 26 décembre 1671 à Zacharie Dupuis. Ce n'est qu'en 1875 que la municipalité de Verdun sera finalement constituée. Suite à l'exode des familles ouvrières hors du centre de Montréal, au début du XXe siècle, Verdun connaît alors une forte croissance dans son développement urbain. Bénéficiant de l'essor industriel du canal de Lachine, la ville s'étend progressivement. Des nos jours, c'est un quartier résidentiel florissant et de plus en plus dynamique où beaucoup de jeunes vont s'installer.

ESPACES VERTS ET PARCS

La ville de Montréal est gâtée en termes de parcs et d'espaces verts, et c'est tant mieux ! Pour pratiquer vos sports ou activités de plein air préférées, ou simplement pour un petit moment de détente sous le soleil, consultez la section « Activités » de ce guide afin de découvrir ou redécouvrir ces petits havres de paix citadins.

LASALLE

Contrairement à leur nom, les rapides de Lachine sont situés à LaSalle et non à Lachine, ville voisine. De la traite des fourrures à la canalisation du Saint-Laurent, l'organisation commerciale du pays a été conçue essentiellement dans le but d'éviter ces fameux rapides. Il fallait « portager » en empruntant un sentier qui allait devenir le chemin LaSalle, puis le boulevard LaSalle. Suite à l'ouverture en 1824 du canal de Lachine, LaSalle accueille, vers 1925, plusieurs industries et devient l'une des municipalités les plus industrialisées de la région montréalaise. C'est dorénavant une banlieue agréable annexée à Montréal depuis 2002.

LACHINE

Situé à l'ouest de Montréal, bordée par le Lac Saint-Louis, Dorval, Saint-Laurent, Côte-Saint-Luc, Montréal Ouest et LaSalle, Lachine est accessible par l'autoroute 20 ou par la rue Notre-Dame et le boulevard Saint-Joseph (dans Lachine). Les rapides de Lachine, en face de la ville de LaSalle, constituaient un obstacle infranchissable qui obligeait les navires à accoster à Montréal. Pour poursuivre leur route en amont, les voyageurs devaient donc se rendre jusqu'à Lachine qui devint le lieu d'embarquement pour de très nombreuses activités. Lachine doit son nom au fait que LaSalle, se fiant aux récits des Indiens, crut qu'en remontant le fleuve Saint-Laurent il atteindrait la Chine. Avant l'ouverture, en 1824, du canal de Lachine qui entraîna son développement industriel, Lachine était le lieu de rencontres et d'échanges des trappeurs et des Indiens venus vendre leurs fourrures. Attirés par ce commerce lucratif, les compagnies du Nord-Ouest et de la Baie d'Hudson y établirent leurs quartiers, tandis que le départ annuel des coureurs des bois donnait lieu à de grandes réjouissances.

PORTDETROIS-RIVIÈRES©TOURISMEMAURICIE/MICHELJULIEN

ESCAPADE À TROIS-RIVIÈRES

Fondée en 1634 par Laviolette, la capitale régionale de la Mauricie a célébré ses 375 ans en 2009 et a reçu, cette même année, le titre de « Capitale Culturelle du Canada ». Trois-Rivières tire son nom des trois chenaux que forme la rivière Saint-Maurice à son embouchure. Favorisée par sa situation géographique (elle est reliée à Montréal, à Québec mais aussi à Sherbrooke et à la rive sud du Saint-Laurent grâce au Pont Laviolette), Trois-Rivières possède une grande activité maritime. Le fleuve coule près du centre-ville et les navires font partie du paysage urbain.

Trois-Rivières bénéficie d'un rayonnement culturel et artistique assumé et les attractions de renommée y sont nombreuses, sans compter le côté patrimonial et historique du Vieux-Trois-Rivières. Avec des établissements hôteliers pour tous les budgets, des bonnes tables, des cafés sympathiques et plusieurs lieux pour prendre un verre ou faire la fête, Trois-Rivières est une destination à découvrir, pour un week-end ou plus.

BUREAU D'INFORMATION TOURISTIQUE

1457, Notre-Dame Centre
819-375-1122 / 1 800-313-1123
www.tourismetroisrivieres.com
www.sortiratroisrivieres.com
Ouvert toute l'année.

HÉBERGEMENT

AUBERGE INTERNATIONALE DE TROIS-RIVIÈRES HI

497, Radisson
819-378-8010 / 1 877-378-8010
www.hihostels.ca
Chambre partagée : 24-28 $. Chambre privée : 55-60 $. Chambres familiales et tarif groupe disponibles. 32 lits. Membre du réseau Hostelling International.

Située au centre-ville, à 500 m du terminal des bus, l'auberge de jeunesse, propre et bien équipée, dispose de chambres privées et partagées. Parmi les services offerts, notons une cuisine tout équipée, une buanderie, une cour arrière, Internet sans fil et un ordinateur avec accès Internet gratuit. Sur place, l'équipe de l'auberge se fera un plaisir de vous renseigner sur les activités à faire et les attraits de la région. De plus, c'est l'endroit idéal pour rencontrer des voyageurs des quatre coins de la planète.

L'ÉMERILLON

890, Terrasse Turcotte
819-375-1010 / 819-378-1212
www.gitescanada.com/1949.html
Occupation simple ou double : à partir de 99 $. 4 chambres. Petit déjeuner inclus. Forfaits disponibles.

Ce gîte se distingue par sa vue imprenable sur le fleuve et la grande élégance de cette maison bourgeoise datant de 1919 dans le quartier historique. Lors des beaux jours, profitez de la terrasse ou bien montrez vos talents au billard. Les plus sereins apprécieront de faire un brin de lecture dans le magnifique salon.

DELTA TROIS-RIVIÈRES

1620, Notre-Dame Centre
819-376-1991 / 1 800-268-1133
www.deltatroisrivieres.com

Occupation double à partir de 127 $. 159 chambres et suites. Forfaits disponibles. Centre de santé Spa, piscine intérieure, jacuzzi, salle de conditionnement physique, restaurant, bar.

Cet hôtel offre tous les services et le confort qui font la réputation des membres de la chaîne hôtelière Delta. Il est situé en plein centre-ville et donc près de nombreuses attractions et commerces.

RESTAURANTS

CABANE À SUCRE CHEZ DANY

195, de la Sablière (secteur Pointe-du-Lac)
819-370-4769 / 1 800-407-4769
www.cabanechezdany.com

Ouvert à l'année sur réservation. Produits d'érable disponibles et visite de l'érablière.

Dany Néron vous reçoit dans une charmante maison en bois où il vous propose des menus traditionnels à base de sirop d'érable, le tout servi à volonté. Dans une ambiance chaleureuse et familiale, les rythmes traditionnels interprétés par les musiciens rendent l'atmosphère très festive. N'oubliez pas de conclure ce copieux repas avec de la tire sur neige. Une adresse incontournable !

GAMBRINUS

3160, des Forges
819-691-3371
www.gambrinus.qc.ca

Lun-ven : 11h-1h ; sam : 15h-1h ; dim : fermé. Visites commentées et forfaits de dégustation disponibles. Programmation culturelle et musicale.

Situé à proximité de l'Université et du Cégep de Trois-Rivières, la brasserie artisanale Gambrinus a acquis au fil des ans une réputation notoire, tant auprès des jeunes étudiants qui se rencontrent ici après les cours qu'auprès des bièrophiles en quête d'une bonne pinte. Des recettes maison y sont brassées avec amour et patience au grand bonheur des amateurs de houblon. Pour les petits creux, Gambrinus propose une cuisine très variée, dont quelques plats à la bière maison : moules, grillades, hamburgers, assiettes de saucisses, sandwichs chauds, nachos, salades… et la fameuse poutine !

POIVRE NOIR

1300, du Fleuve
819-378-5772
www.poivrenoir.com

Ouvert midi et soir du mardi au dimanche (fermé le midi le week-end en basse saison). Table d'hôte le midi : 20-25 $. Menu du soir à la carte : 30-45 $. Menu dégustation 5 services : 99 $ (60 $ sans le vin). Bar & lounge, terrasse donnant sur le fleuve.

Au cœur du parc portuaire, les yeux sur le fleuve, le Poivre Noir offre une cuisine d'inspiration française aux saveurs du monde. Les recettes sortent, pour la plupart, de l'imagination du jeune chef José Pierre Durand, et sont composées avec les meilleurs ingrédients, ce qui donne un charme si singulier au menu. Vous découvrirez qu'une grande attention a été prêtée aux accords des mets et des vins, et c'est particulièrement bien réussi. Le cadre est d'une rare élégance, les œuvres qui décorent les murs soulignent le mobilier moderne et distingué. Sans nul doute la meilleure table en ville.

LE SACRISTAIN

300, Bonaventure
819-694-1344
www.lesacristain.com

Lun-ven : 10h-17h. Menu du jour : 10-20 $. Menu à la carte : moins de 10 $.

Bien installée dans l'ancienne église wesleyenne, la sandwicherie Le Sacristain offre des repas diététiques avec une touche d'inspiration méditerranéenne. Le propriétaire des lieux, le Français Michel Blot, accorde une grande importance à la qualité des produits offerts mais également, à la décoration de son petit restaurant. Le style de l'ancien lieu de culte est bien conservé, notamment grâce à de magnifiques vitraux restaurés accrochés au plafond.

T-Rès
Dolce
T-Rès
culturel
T-Rès
Lounge
T-Rès
JOLIE
T-Rès
Bienvenue
T-Rès
MUSÉE
T-Rès
Fantastique
T-Rès
COOL
T-Rès
unique
T-Rès
CAFE
T-Rès
du Fleuve
T-Rès
Terrasse
T-Rès
T-Rès
pop
T-Rès
EXOTIQUE
T-Rès
Sympa
T-Rès
CENTRE-VILLE
T-Rès
Gîte
T-Rès
OUVERT
T-Rès
WOW
T-Rès
Trois-Rivières
tourismetroisrivieres.com

POINTS D'INTÉRÊT

CARTE MUSÉES DE TROIS-RIVIÈRES : « UNE CARTE FUTÉE, UN PRIX MALIN »

Elle vous donne accès aux principaux attraits de la ville, dont le tout nouveau centre d'interprétation BORÉALIS, la Vieille Prison, le Musée québécois de culture populaire et le Site historique national du Canada des Forges-du-Saint-Maurice, en plus de vous procurer plusieurs autres avantages comme un bon café dans une galerie d'art franchement unique... Le tout pour une trentaine de dollars seulement ! Valide de la mi-mai à la mi-octobre.

BORÉALIS, CENTRE D'HISTOIRE DE L'INDUSTRIE PAPETIÈRE

200, des Draveurs
819-372-4633
www.borealis3r.ca

Sortie 201 de l'autoroute 40 (suivre les indications touristiques). 24 juin à fin décembre : lun-dim, 10h-18h. Début janvier au 24 juin : mar-dim, 10h-17h. Adulte : 9-13 $, étudiant et enfant : 6-10 $, famille : 25-35 $.

Situé dans un bâtiment historique, au confluent de la rivière Saint-Maurice et du fleuve Saint-Laurent, Boréalis présente des expositions interactives de calibre international sur l'exploitation de la forêt boréale québécoise à travers l'industrie papetière de la région, symbole de la prospérité économique mauricienne. Autres activités et services sur le site : tour d'observation grandiose, rallye souterrain générateur d'émotions fortes, ateliers de fabrication de papier artisanal pour toute la famille, boutique-concept, service de restauration, terrasse, et plus encore !

MUSÉE QUÉBÉCOIS DE CULTURE POPULAIRE ET VIEILLE PRISON DE TROIS-RIVIÈRES

200, Laviolette
819-372-0406
www.culturepop.qc.ca / www.enprison.com

Du 24 juin à la Fête du Travail : tous les jours, 10h-18h. Le reste de l'année : mar-dim, 10h-17h. Adulte : 9 $, aîné : 8 $, étudiant : 7 $, 5-17 ans : 5 $, famille : 11-22 $. Forfait prison-musée disponible.

Le Musée québécois de culture populaire ou « le plus fou des musées » explore la culture des Québécois à travers six expositions assez audacieuses dont une exclusivement dédiée aux enfants. Adjacente au musée se trouve la vieille prison de Trois-Rivières. Construite en 1822 par François Baillairgé, elle constitue le meilleur exemple du style palladien au Québec. Des guides ex-détenus vous feront découvrir l'univers carcéral d'hier à aujourd'hui. Visite guidée de l'intérieur de la prison (état originel des cellules, chapelle, aire commune, parloir, cachots).

D'AUTRES IDÉES POUR DÉCOUVRIR TROIS-RIVIÈRES

Informations disponibles au bureau d'information touristique :

- **Tour de ville pédestre avec guide historique.**
- **Tour de peur avec Les Barbares Obliques.**
- **Circuits thématiques : Promenade de la poésie, Circuit patrimonial, Circuit des galeries d'art, Rallye pédestre.**
- **Croisière sur le fleuve sur le M/S Jacques-Cartier ou le M/V Le Draveur.**
- **Journée de loisirs et de plein air au Parc de l'Île Saint-Quentin.**
- **Pèlerinage au Sanctuaire de Notre-Dame-du-Cap.**

Événements et festivals de calibre international en été : Festival International Danse Encore, Grand Prix de Trois-Rivières, Festival international de la poésie, Biennale d'estampe contemporaine ou celle de sculpture contemporaine, Festivoix, etc.

Hébergement

Maison typique du Plateau Mont Royal
© AiRL

AUBERGES DE JEUNESSE

AUBERGE ALTERNATIVE DU VIEUX MONTRÉAL

358, Saint-Pierre| 514-282-8069
www.auberge-alternative.qc.ca

M° Place-d'Armes. À partir de 22 $ la nuit en chambre partagée, et 75 $ en chambre privée. 5 $ le petit déjeuner bio et copieux, compris dans le prix des chambres privées.

Une auberge pleine de charme, au cœur du quartier historique de Montréal, ça ne se refuse pas ! Le lieu est idéal pour se faire des compagnons de voyage. L'auberge adopte une philosophie alternative : pas de télévision ni de distributeur. Par contre, le café et le thé équitables sont offerts. Les employés de l'auberge et les voyageurs sont encouragés à s'exprimer sur des panneaux muraux et à échanger sur leurs expériences de vie. Résidence d'artistes, vernissages et autres activités culturelles sur place.

AUBERGE DE JEUNESSE DE MONTRÉAL

1030, Mackay
514-843-3317 / 1 866-843 3317
www.hostellingmontreal.com

M° Lucien-L'Allier. Chambre partagée (4 à 10 lits) : à partir de 21 $, chambre privée (simple ou double) : à partir de 76 $, chambre privée (4 à 6 lits) : à partir de 112 $. Promotions et forfaits disponibles. Café-bistro-bar, buanderie, Internet, cuisine, table de billard, programme d'activités, etc. Membre du réseau Hostelling International.

Située à quelques mètres de l'Université Concordia et du Centre Bell (domicile de l'équipe de hockey Canadien), au cœur du centre-ville, cette grande auberge accueille des visiteurs du monde entier et de tous les âges. Toutes les chambres ont une salle de bain privée, ce qui n'est pas à négliger. Côté ambiance, on peut rester anonyme ou socialiser en participant aux diverses activités dont la réputée tournée des bars, un incontournable. Matin et soir, un café-bistro-bar prépare un excellent menu à des prix très raisonnables. Une cuisine est également à la disposition de ceux souhaitant concocter leurs propres repas.

AUBERGE MAEVA

3990, Saint-Hubert
514-523-0840
www.aubergemaeva.com

Angle Duluth. Chambre partagée : à partir de 20 $, chambre privée : à partir de 55 $. Internet et petit déjeuner inclus.

Idéal pour ceux qui veulent retrouver une ambiance familiale. En effet, dans cette petite auberge, tout se passe autour de la table de la cuisine, que l'on partage avec les propriétaires et les autres résidents. Les petites chambres partagées offrent plus d'intimité que celles des grandes auberges. L'été, on profite de la terrasse fleurie. Il vous est également possible de prendre un des vélos (gracieusement mis à la disposition des clients) pour partir découvrir la ville. L'auberge se trouve sur le Plateau, un quartier résidentiel à la mode. Y séjourner, c'est découvrir un Montréal un peu hors du cœur touristique.

RÉSIDENCES UNIVERSITAIRES

En saison estivale, les universités de Montréal proposent de l'hébergement touristique. C'est une excellente alternative aux hôtels. L'hébergement se fait généralement en studio ou chambre privée et les services sur place sont nombreux dont l'Internet, une buanderie, des aires communes (salon, cuisinette...), l'accès au centre sportif, etc. Voici les coordonnées des universités :

RÉSIDENCES DE L'UNIVERSITÉ CONCORDIA

1455, de Maisonneuve Ouest, GM-905
514-848-2424, poste 4999
http ://vpservices.concordia.ca/summerhousing/index.php

RÉSIDENCES DE L'UNIVERSITÉ McGILL

3935, University | 514-398-5200
http ://francais.mcgill.ca/residences/summer/

RÉSIDENCES DE L'UQÀM

2100, Saint-Urbain
514-987-7747
www.residences-uqam.qc.ca

COUETTES & CAFÉ

AUBERGE BONSECOURS

353, Saint-Paul Est
514-396-2662
www.aubergebonsecours.com

M° Champ-de-Mars. Occupation double : à partir de 145 $ en basse saison et de 170 $ en haute saison. Petit déjeuner inclus. Forfaits disponibles. gratuit pour les enfants de moins de 12 ans

Située dans le Vieux-Montréal, et à proximité de toutes les activités du centre-ville, l'Auberge Bonsecours est une ancienne écurie réaménagée en hôtel-boutique, qui vous propose sept chambres alliant confort et tranquillité dans un cadre chaleureux : murs de briques apparentes et boiseries, ainsi qu'une cour intérieure pour se relaxer. Une jolie petite adresse !

À LA CARTE B&B

5477, 10e Avenue
514-593-4005 / 1 877-388-4005
www.alacartebnb.com

Entre Masson et Dandurand. Occupation double : 125-135. Studio (max. 4 personnes) : 145 $ en occupation simple ou double. Appartement (max. 6 personnes) : 175 $ en occupation simple à triple. Petit déjeuner inclus pour les deux chambres et stationnement gratuit.

Véritable coup de coeur pour ce merveilleux gîte ! La maison, aux couleurs chaudes accompagnées de belles boiseries, est décorée avec beaucoup de goût. Seul ou en couple, les deux chambres vous séduiront à coup sûr. Si vous prévoyez passer quelques jours à Montréal, optez pour le studio ou l'appartement, tous deux entièrement équipés. Peu importe l'hébergement choisi, tout a été pensé afin de rendre votre séjour des plus confortables, avec une touche de luxe. À la fois moderne, sans toutefois négliger un cachet rustique et champêtre, vous vous sentirez comme à la maison. Un peu excentré du centre-ville, vous bénéficierez d'un quartier calme avec un accès rapide aux attraits de la ville. Notez bien cette adresse lors de votre prochain séjour dans la métropole !

ALEXANDRE LOGAN

1631, Alexandre de Sève
514-598-0555 / 1 866-895-0555
www.alexandrelogan.com

M° Beaudry. Occupation double : à partir de 90 $, petit déjeuner inclus. 5 chambres. Minimum : deux nuits..

Un peu à l'écart de la turbulente Sainte-Catherine, cette maison centenaire, entièrement rénovée dans le style de l'époque, offre aux visiteurs des chambres au charme indéniable. Beaux parquets, boiseries et moulures s'unissent pour un voyage dans le temps avec tout le confort moderne. La décoration, à la fois élégante et sobre, reste très chaleureuse. Les chambres, toutes climatisées, équipées de téléviseurs et d'un accès Internet gratuit, sont grandes, agrémentées de lourds meubles en bois et de teintes claires qui relèvent la chaleur des boiseries. Et pour couronner le tout, les petits déjeuners, dont le menu varie tous les jours, sont concoctés par un chef français alternant les saveurs de son pays et celles du Québec. Un classique !

BOULANGER BASSIN B&B

4293, de Brébeuf
514-525-0854 / 1 866-525-0854
www.bbassin.com

Entre Marie-Anne et Rachel. Occupation double : à partir de 123 $. Trois chambres. Petit déjeuner inclus. Minimum de 3 nuits. Wi-fi disponible

Venez découvrir la vie du Plateau Mont-Royal, le quartier résidentiel à la mode de Montréal. Ken Ilasz vous accueille dans sa charmante demeure. Le grand soin qu'il apporte à ses invités rivalise avec sa discrétion. Le matin, il se met au fourneau pour vous confectionner un incroyable petit déjeuner. Même les succulentes viennoiseries sont faites maison. Mais n'oubliez pas de goûter à la salade de fruits frais, aux jus pressés, aux œufs… Après ce copieux petit déjeuner, vous aurez sûrement envie d'aller courir au Parc Lafontaine, situé à deux pas de l'auberge. Les trois chambres sont décorées avec goût. Vous choisirez entre Sunrise, Sunset et Sunshine (grande chambre style loft). Elles disposent toutes d'un accès Internet gratuit (l'une d'entre elles a même un ordinateur), de l'air climatisé et d'une salle de bains privée avec douche et bain. Les enfants sont les bienvenus.

GÎTE ATMOSPHÈRE

1933, Panet
514-510-7976
www.atmospherebb.com

M° Beaudry. Tarif par nuit à partir de 85 $. 3 chambres. Petit déjeuner gourmet 3 services inclus. Forfaits disponibles.

Ce gîte touristique urbain fait beaucoup jaser et avec raison ! Récipiendaire du Lauréat Or national aux Grands Prix du tourisme québécois, il a également été reconnu comme un des meilleurs gîtes au Canada pour l'année 2009-10 par le site BedandBreakfast.com. Les lieux sont en effet charmants, dans une demeure datant de 1875, et tout le cachet a été restauré avec grands soins. L'aménagement est de type urbain et artistique, très soigné, invitant à la détente.

QUARTIER CHINOIS © NICOLAS GARBAY

LA LOGGIA ART & BREAKFAST

1637, Amherst | 514-524-2493 / 1 866-520-2493
www.laloggia.ca

M° Beaudry. Occupation double : à partir de 100 $, petit déjeuner inclus. 4 chambres et 1 studio. Forfaits disponibles. Un minimum de deux nuits est requis de mai à octobre. Atelier galerie sur place.

Un petit gîte chaleureux et douillet fusionnant croissance personnelle, formation et diffusion artistique. Les lieux arborent fièrement des œuvres d'artistes canadiens. En été, le petit déjeuner, composé de produits locaux, est servi dans le magnifique jardin-terrasse fleuri du gîte. Une cuisine est également à votre disposition sur place. Une excellente adresse pour relaxer.

PETITE AUBERGE LES BONS MATINS

1401, Argyle | 514-931-9167 / 1 800-588-5280
www.bonsmatins.com

M° Lucien-L'Allier. Occupation double : à partir de 129 $, petit déjeuner copieux inclus. Hébergement en chambre, suite et appartement. Forfaits disponibles. Stationnement (11 places) : 10 $-12 $ par nuit.

Séjourner dans cette auberge absolument charmante plaira tant aux familles (possibilité de louer une maison) qu'aux jeunes mariés (suites magnifiques, parfaites pour les nuits de noce). Située dans une rue calme, à la sortie d'une bouche de métro et à deux pas du centre-ville, l'emplacement est idéal pour les touristes et les gens d'affaire. Les chambres, aux couleurs chaudes, décorées avec de beaux tissus et carrelages, sont très confortables et raffinées. Certaines possèdent même une cheminée en état de fonctionnement. Le personnel se met en quatre pour ses hôtes. Des petites attentions égayent le séjour : apéritif offert tous les soirs, biscuits, thé et café à disposition dans des petites cuisines situées à plusieurs endroits de l'auberge. Le petit déjeuner, servi dans une salle très chaleureuse aux connotations orientales, est copieux et délicieux. Aux murs des chambres et des parties communes, admirez les toiles de Benoît A. Côté, frère du propriétaire.

PETITS HÔTELS FUTÉS

ANNE, MA SŒUR ANNE HÔTEL STUDIO

4119, Saint-Denis
514-281-3187 / 1 877-281-3187
www.annemasoeuranne.com

Entre Rachel et Duluth. Occupation double : à partir de 80 $. Suite avec terrasse privée : 155 $-265 $ (1 à 4 personnes). Petit déjeuner continental inclus.

Situé au cœur du Plateau Mont-Royal, cet hôtel, dont l'édifice date de la fin du XIXe siècle, dispose de 17 chambres-studios et suites modernes, avec cuisinette et salle de bain privée. Les chambres aux couleurs chaudes sont très agréables. Certaines d'entre elles ont une terrasse privée, pour les autres, vous pourrez profiter de la cour intérieure ombragée. L'hôtel a l'immense avantage de donner sur l'une des rues les plus animées de la ville, à proximité du centre-ville, tout en étant remarquablement insonorisé. Stationnement extérieur disponible.

ARMOR MANOIR SHERBROOKE

157, Sherbrooke Est | 514-845-0915 / 1 800-203-5485
www.armormanoir.com

M° Sherbrooke. Occupation simple ou double : à partir de 99 $. 18 chambres et 4 suites. Petit déjeuner inclus.

Dans une vieille demeure de la rue Sherbrooke, une vingtaine de chambres offrent un cachet unique. Les suites disposent d'un bain à remous. La convivialité du lieu est indéniable, avec son magnifique escalier en bois et le soin accordé aux détails de chaque pièce. Accueil courtois, recommandé par beaucoup de voyageurs.

AUBERGE BONAPARTE

447, Saint-François-Xavier
514-844-1448 | www.bonaparte.com

M° Place-d'Armes. Occupation double : à partir de 145 $, petit déjeuner inclus.

Cette auberge 4-étoiles dans le Vieux-Montréal comprend une trentaine de chambres et une suite. Certaines des chambres ont une vue sur les magnifiques jardins de la Basilique Notre-Dame. Une terrasse sur le toit permet aux clients de prendre une bouffée d'air frais. Les petits déjeuners complets sont inclus et servis dans la salle du restaurant du même nom, un restaurant gastronomique hautement prisé qui permet de satisfaire la panse et les fines bouches. Situé dans un bâtiment historique, ce luxueux hôtel aux draperies riches et meublé selon le style Louis-Philippe offre de nombreux services, dont un pressing et le service de conciergerie pour massages, esthétique, service de garderie, réservations de théâtre (Le Centaur est à côté), etc.

AUBERGE DE LA FONTAINE

1301, Rachel Est | 514-597-0166 / 1 800-597-0597
www.aubergedelafontaine.com

Angle Chambord. Occupation double : à partir de 119 $ en basse saison et de 139 $ en haute saison. 21 chambres et suites (une chambre est adaptée aux personnes à mobilité restreinte). Petit déjeuner buffet santé inclus. Forfaits disponibles. Internet sans fil, stationnement gratuit à l'arrière de l'auberge (3 places), billetterie (musées, croisières, visites guidées).

Située en face du magnifique Parc Lafontaine, cette auberge largement primée offre un décor et un service dignes des grands hôtels. L'aspect victorien de la maison, datant de 1908, contraste avec sa décoration moderne, différente d'une chambre à l'autre et dont les couleurs chaudes et les murs en briques créent une ambiance montréalaise. Qu'elles soient régulières, supérieures ou suites, toutes les chambres sont très bien équipées avec air climatisé. À votre disposition : une terrasse accessible à tous au troisième étage, un libre accès à la cuisine pour collation gratuite (fromages, fruits, pâtés) de midi à minuit et une piste cyclable passant en face de l'Auberge, pour les sportifs. Sans aucun doute la plus futée des auberges en ville !

AUBERGE LE POMEROL

819, de Maisonneuve Est
514-526-5511 / 1 800-361-6896
www.aubergelepomerol.com

M° Berri-UQÀM. Occupation double : à partir de 100 $. 27 chambres. Petit déjeuner et Internet sans fil inclus. Accès à un centre de conditionnement physique à proximité inclus. Stationnement : 14 $ par jour (de l'arrivée au lendemain à 13h). Restaurant Le District sur place (cuisine italienne et française). Nombreux forfaits disponibles.

C'est dans une maison centenaire, en plein cœur du centre-ville, qu'un personnel très souriant se fait un plaisir d'accueillir ses hôtes. Le livre d'or ne fait que renforcer notre impression sur la gentillesse et la disponibilité du personnel. Mais ce n'est pas tout : les chambres sont décorées avec beaucoup de soin et de goût, dans des tons ocre et carmin. Autre bon point, l'originalité des options pour le petit déjeuner. Un panier est posé devant la porte de la chambre. On choisit de le déguster sur place ou de le descendre dans la salle à manger. Autres petites intentions à souligner, le feu de foyer dans le salon en hiver et la collation offerte en après-midi, tout au long de l'année. Pas étonnant que cette auberge ait reçu de nombreux prix.

CHÂTEAU DE L'ARGOAT

524, Sherbrooke Est
514-842-2046 | www.hotel-chateau-argoat.qc.ca

M° Sherbrooke. Occupation double : à partir de 90 $, petit déjeuner continental inclus et stationnement gratuit.

En plein cœur de Montréal, la façade victorienne de ce charmant hôtel accroche le regard. On y trouve un excellent accueil et 24 chambres et une suite d'un grand confort. Outre leur jolie décoration, certaines chambres sont équipées de bains à remous. Un excellent rapport qualité-prix, et une des adresses préférées des petits futés !

HÔTEL DE PARIS

901, Sherbrooke Est
Hôtel : 514-522-6861 / 1 800-567-7217
www.hotel-montreal.com
Auberge de jeunesse : 514-522-6124
1 877-266-5514 | www.aubergemontreal.com

M° Sherbrooke. Occupation double : à partir de 69 $, petit déjeuner inclus.

Ce manoir historique, transformé en hôtel depuis une vingtaine d'années, se situe à deux pas du Parc Lafontaine, du centre-ville et du Plateau. Face à l'édifice principal se trouve l'Annexe et ses magnifiques chambres de style hôtel-boutique. Notez qu'il y a également sur place une section auberge de jeunesse avec des lits en chambres partagées (à partir de 23 $). Le petit restaurant dans lequel sont servis le petit-déjeuner et le déjeuner bénéficie d'un bon ensoleillement. En été, la terrasse est très agréable.

HÔTEL LE RELAIS LYONNAIS

1595, Saint-Denis
514-448-2999
www.lerelaislyonnais.com

M° Berri-UQÀM. Occupation double : à partir de 125 $ en basse saison et de 145 $ en haute saison. Petit déjeuner inclus. Internet sans fil, TV avec lecteur DVD, réfrigérateur dans toutes les chambres. Café bistro La Brioche Lyonnaise sur place (ouvert tous les jours dès 9h).

Les chambres et suites de cet hôtel-boutique sont chaleureuses et élégantes. Les parquets en érable lustré, les fauteuils en cuir, et les murs en brique apparente de cette maison centenaire en font un lieu de séjour très agréable. D'autant plus que l'hôtel se situe au cœur même du Quartier latin, renommé pour ses nombreux restaurants et cafés. Les visiteurs logent donc dans un quartier animé, protégés des excès de la fête par une très bonne insonorisation.

LE PETIT HÔTEL

168, Saint-Paul Ouest
514-940-0360 / 1 877-530-0360
www.petithotelmontreal.com

Mº Square-Victoria. Tarif par nuit à partir de 138 $. 24 chambres. Petit déjeuner et wifi inclus. Service de massothérapie au Petit Spa.

Charmant hôtel très tendance au cœur de la vieille ville. Les chambres sont réparties sur quatre étages de cet édifice historique et sont dotées de plusieurs commodités : lit plate-forme luxueux avec duvet d'oie, téléviseur LCD 32 po, station iPod avec haut-parleur, mini-bar, etc. Les unités plus spacieuses offrent un espace salon et peuvent accueillir en tout confort trois ou quatre personnes. Sur place, un café-lobby est ouvert tous les jours et sert des viennoiseries, des repas légers et des cafés de spécialité, avec un service de bar élaboré.

HÔTEL MANOIR DES ALPES

1245, Saint-André
514-845-9803 / 1 800-465-2929
www.hotelmanoirdesalpes.qc.ca

Mº Berri-UQÀM. Occupation double : à partir de 80 $. 30 chambres. Petit déjeuner inclus. Stationnement gratuit.

Avec plus de 30 ans d'expérience, un accueil professionnel et courtois, et une ambiance plus que chaleureuse, cet hôtel a tout pour vous séduire. Les chambres sont spacieuses et entièrement équipées. Et si vous comptez rester plus longtemps, des tarifs avantageux à la semaine et au mois sont également disponibles. La salle à manger, pour le petit déjeuner, est magnifique et très lumineuse. Ne vous fiez donc pas à la façade de l'hôtel car l'intérieur vous surprendra !

CARRÉ SAINT-LOUIS PRÈS DU MÉTRO SHERBROOKE © NRL

HÔTEL Y DE MONTRÉAL

1355, René-Lévesque Ouest

514-866-9942 | www.ydesfemmesmtl.org

M° Lucien-L'Allier ou Guy-Concordia. Occupation double : à partir de 60 $-85 $, quadruple : 80 $-105 $.

Cet hôtel 3-étoiles, avec une section auberge 4-étoiles, jouit d'une situation idéale, puisque en plein cœur du centre-ville et donc à proximité des restaurants, boutiques, attraits et activités. Des chambres confortables, agréables et accueillantes, ainsi que l'accès à divers services tels que l'Internet sans fil gratuit, une cuisine commune et une buanderie, feront de votre séjour un des plus agréables. Un excellent rapport qualité-prix.

MONTRÉAL ESPACE CONFORT

2050, Saint-Denis

514-849-0505

www.montrealespaceconfort.com

M° Berri-UQÀM ou Sherbrooke. Occupation double : à partir de 65 $ (salle de bain partagée) et 84 $ (salle de bain privée), petit déjeuner inclus. 25 chambres réparties en section auberge et hôtel.

Située en plein cœur du Quartier latin, cette belle auberge mise sur le confort, le cachet et la convivialité. Toutes les chambres sont très bien équipées et douillettes à souhait, et celles de la section « hôtel » ont en plus une cuisinette et une aire de travail. On s'y sent comme à la maison! Autres services offerts sur place : petite cuisine commune, buanderie, réservation pour tour de ville et location de voiture, centre d'affaires, etc.

LES GRANDS HÔTELS

ALT HÔTEL

6500, de Rome

Quartier Dix30, Brossard

450-443-1030 / 1 877-343-1030

www.dix30.althotels.ca

Tarif unique de 129 $ en occupation simple ou double. Accès wifi et stationnement intérieur gratuit. Lounge ALT. Collation matinale à emporter en vente sur place.

Le Alt Hôtel, établissement écoproactif, propose des chambres aux lignes stylées et contemporaines pour un prix très raisonnable. Œuvres d'art originales d'artistes québécois sur les murs, écran plat, couette de duvet d'oie, literie au confort exceptionnel, salle de douche moderne... Tout est là pour vous faire passer une nuit des plus agréables. Son emplacement central dans le quartier Dix30 permet un accès rapide aux différents restaurants, aux boutiques, au cinéma, à la salle de spectacle l'Étoile, à la salle de sport Gold's Gym et au Skyspa.

DELTA CENTRE-VILLE

777, University

514-879-1370 / 1 888-890-3222

www.deltacentreville.com

M° Square-Victoria, au centre-ville. Chambres à partir de 119 $ en occupation double. Internet haute vitesse sans fil, centre d'affaires, piscine intérieure, sauna, salle de conditionnement physique, terrasse.

Avec près de 40 hôtels au Canada, la chaîne Delta est l'une des plus grande du pays. Le Club Signature propose des chambres luxueuses avec Internet et appels locaux gratuits, ainsi qu'une salle Club Signature à la fois centre d'affaires et salon lounge privé.

HOLIDAY INN SELECT MONTRÉAL CENTRE-VILLE

99, Viger Ouest
514-878-9888 / 1 877-660-8550
www.yul-downtown.hiselect.com

M° Place-d'Armes, en face du Palais des Congrès. Chambres à partir de 109 $ en occupation double. Internet haute vitesse sans fil et avec prise, deux salles d'exercices, piscine intérieure, sauna et bain vapeur, jacuzzi, centre de santé Spa, bar Lotus Bleu.

À la porte du Quartier chinois de Montréal, le Holiday Inn Select a su adapter son identité à celle de ses voisins, grâce a plusieurs touches décoratives bien pensées. Un bassin zen et ses carpes séparent Le Lotus Bleu du restaurant Chez Chine et donne une note de fraîcheur au lobby. Les chambres, agrémentées d'estampes chinoises, offrent Internet sans fil gratuit et une table de travail.

CENTRE-VILLE © NRL

HÔTEL LE DAUPHIN MONTRÉAL CENTRE-VILLE

1025, de Bleury
514-788-3888
1 888-784-3888
www.hotelsdauphin.ca/montreal/

Angle de la Gauchetière. Forfaits en occupation double à partir de 159 $. Tous les forfaits incluent la nuitée et le petit déjeuner. Salle d'exercices sur place.

Le dernier-né de la chaîne hôtelière Le Dauphin a ouvert ses portes en 2007 en plein cœur du Quartier des affaires. Situé à quelques pas du Palais des Congrès, de la gare ferroviaire et des attraits du centre-ville et du Vieux-Montréal, sa localisation centrale en fait une destination de choix. L'hôtel offre 72 chambres, dont 4 suites juniors, ainsi qu'une salle de conférence et un salon VIP pour vos réunions d'affaires. Notez que même s'il n'y a pas de restaurant sur place, vous en trouverez une multitude à proximité.

HÔTEL TRAVELODGE

50, René-Lévesque Ouest
514-874-9090 / 1 800-363-6535
www.travelodgemontreal.ca

M° Place-des-Arts ou Place-d'Armes. Occupation simple ou double : à partir de 79 $, déjeuner continental (buffet) inclus. Forfaits disponibles. Stationnement intérieur payant.

Au cœur de Montréal, à deux pas du Quartier chinois et à proximité des principaux événements qui rythment la cité montréalaise, hiver comme été, l'hôtel propose 244 chambres et suites tout confort. Outre le fait que chacune des chambres dispose d'un téléviseur à écran plat câblé et d'Internet sans fil, le thé et le café sont gracieusement mis à la disposition des clients, de même que les journaux locaux. Une bonne adresse jouissant d'une excellente localisation.

LE NOUVEL HÔTEL & SPA

1740, René-Lévesque Ouest
514-931-8841 / 1 800-363-6063
www.lenouvelhotel.com

M° Guy-Concordia. Occupation double : à partir de 129 $. Hébergement en chambre standard, studio avec cuisinette et loft. Forfaits disponibles. Stationnement intérieur payant. Salle de conditionnement physique, centre de santé Spa, sauna et jacuzzis, salon de coiffure, restaurant/bistro-bar, boutique souvenirs.

Situé à quelques pas du Centre Bell et de la rue Crescent, au cœur de la vie nocturne de Montréal, cet hôtel offre des chambres confortables et très bien équipées en plein centre-ville. Les nombreux services en font une destination de choix.

LE ST SULPICE HÔTEL MONTRÉAL

414, Saint-Sulpice | 514-288-1000 / 1 877-785-7423
www.lesaintsulpice.com

Occupation double : à partir de 179 $, petit déjeuner inclus. Forfaits disponibles. Bar lounge et restaurant. Superbe terrasse en été.

Ce magnifique hôtel, situé au coeur du Vieux-Montréal, à deux pas de la basilique Notre-Dame, vous accueille dans un écrin d'élégance et de chaleur. Vous y serez choyés de votre arrivée jusqu'au départ, et profiterez d'un séjour exceptionnel au sein de votre suite… Car ici, pas de "chambre", mais seulement des suites, de 47 à 140m2, et comme il se doit, avec tout le confort dont vous pouvez rêver. Ajoutez à cela un restaurant qui satisfera les gourmets, et une des plus belles terrasses en ville, et vous conviendrez du charme indéniable des lieux. Une adresse hautement recommandée pour sa qualité de services et son personnel attentif..

LE SQUARE PHILLIPS HÔTEL & SUITES

1193, Place Phillips
514-393-1193 / 1 866-393-1193
www.squarephillips.com

Mº McGill. Studio : à partir de 146 $, suite : à partir de 161 $. 80 studios et 80 suites (1 ou 2 chambres). Petit déjeuner inclus.

En plein cœur du centre-ville, les appartements tous équipés de cet établissement 4-étoiles sont très bien conçus pour les visiteurs, les familles ou les gens d'affaire. Les unités sont très bien tenues, confortables et décorées avec sobriété. Elles offrent, entre autres, un coin cuisine avec réfrigérateur, micro-ondes, cuisinière, lave-vaisselle, ainsi que deux lignes téléphoniques et Internet haute vitesse. La piscine, la terrasse et la salle de sport sur le toit constituent un superbe espace de détente.

LES HÔTELS DE PRESTIGE

HÔTEL CRYSTAL DE LA MONTAGNE

1100, de la Montage | 514-861-5550
www.hotellecrystal.com

M° Lucien-L'Allier. Occupation double : à partir de 189 $, incluant le petit déjeuner, l'accès à la piscine d'eau salée intérieure et au centre de conditionnement physique. Forfaits disponibles. Restaurant, café-bistro sur place.

Un nouvel hôtel-5-étoiles, au centre-ville de Montréal. Il porte bien son nom puisque la façade est faite entièrement de verre. Les chambres sont très bien conçues, avec un espace bureau légèrement séparé de la partie chambre. La salle de bain vous réserve plusieurs jolies surprises dont des produits pour le corps de haute qualité. Pour prolonger la détente, faites un tour à la piscine ou au centre Izba Spa. Au rez-de-chaussée, le restaurant la Coupole, brasserie haut de gamme, est reconnu pour sa qualité.

HÔTEL GAULT

449, Sainte-Hélène
514-904-1616 / 1 866-904-1616
www.hotelgault.com

M° Square-Victoria. Occupation double : à partir de 199 $, petit déjeuner inclus. 30 chambres de style loft. Forfaits disponibles.

Dans cet imposant bâtiment se cache un hôtel-boutique des plus charmants. De style contemporain, le mobilier des chambres et du bar-salon en fait un endroit convivial et intime. L'hôtel propose plusieurs catégories de chambres, toutes aussi confortables et lumineuses les unes que les autres. Certaines disposent d'une terrasse privée et aménagée, et toutes d'une connexion Internet haute vitesse, d'un lecteur CD et DVD, d'un poste de travail pour les gens d'affaires et d'un lit Queen ou King. De plus, une salle d'exercices est à disposition de la clientèle. À proximité du centre-ville et du Vieux-Montréal, l'Hôtel Gault est un choix de qualité et des plus agréables.

HÔTEL LE GERMAIN

2050, Mansfield
514-849-2050 / 1 877-333-2050
www.germainmontreal.com

M° Peel. Occupation double : à partir de 230 $, petit déjeuner continental de luxe inclus. Deux suites (exécutive et appartement sur deux étages). Forfaits disponibles. Espace détente avec foyer et bar à espresso, salle d'exercices dans les chambres, service de voiturier, boutique et restaurant Laurie Raphaël.

L'originalité de cet hôtel est sa merveilleuse simplicité. Le concept : un hôtel design qui s'adapte au gré du temps, beau, zen, tout confort. Le luxe à l'état pur, mais pas clinquant. Trois pommes vertes à chaque étage vous rappellent que vous êtes bien dans un hôtel Germain. Les deux suites appartements sont de toute beauté, la classe et le confort deux en un, elles laissent rêveur. Notez d'ailleurs que toutes les chambres et suites ont été rénovées au printemps 2009. Pour ce qui est de la table, le réputé chef Daniel Vézina est au commande du restaurant Laurie Raphaël qui fait honneur aux produits québécois. Si vous ne savez quoi choisir, il est possible de prendre plusieurs spécialités en format « entrée » dans un même repas.

HÔTEL NELLIGAN

106, Saint-Paul Ouest
514-788-2040 / 1 877-788-2040
www.hotelnelligan.com

M° Place-d'Armes. Occupation double : à partir de 235 $. Près de 100 chambres, suites et penthouse. Petit déjeuner continental et cocktail inclus. Restaurants, bar, stationnement intérieur payant, salle de conditionnement physique, centre de massothérapie.

Cet hôtel est à deux pas de la Basilique Notre-Dame, du Palais de Justice et du Palais des Congrès. Il a vu le jour en juin 2002 et porte le nom du célèbre poète québécois Émile Nelligan. Dans les chambres règne une ambiance poétique, mêlant coin lecture, foyers et vers d'Émile. Les couleurs orangées, les murs de pierres et les plantes font du hall d'entrée l'endroit de détente idéal. La soirée commencera par un cocktail offert par la maison dans son magnifique bar à ciel ouvert, la Terrasse Nelligan, et se terminera par un dîner dans l'un des deux restaurants, dont le fameux Verses ou le Méchant Bœuf bar-brasserie. Un séjour mémorable !

HOTEL OPUS

10, Sherbrooke Ouest
514-843-6000 / 1 866-744-6346
www.opushotel.com/montreal/french/

M° Sherbrooke. Occupation double : à partir de 189 $. Forfaits disponibles. Centre de conditionnement physique, service de massage aux chambres, service de voiturier VIP.

Idéalement situé entre le Plateau et le Quartier des spectacles, cet hôtel aux lignes épurées saura séduire ses invités. Sur place, le restaurant-bar KOKO propose une cuisine inspirée d'Asie aux accents contemporains. Les lieux sont ultra tendances et des DJs de renom y mettent une ambiance du tonnerre. Lors des beaux jours, sa magnifique terrasse est très prisée. Les mardis, vendredis et samedis soirs, le Suco resto-lounge est la place en ville pour être vu. Un hôtel définitivement très branché !

INTERCONTINENTAL

360, Saint-Antoine Ouest
514-987-9900 / 1 800-361-3600
www.montreal.intercontinental.com

M° Place-d'Armes ou Square-Victoria. Occupation double : à partir de 179 $. Forfaits disponibles. 357 chambres et suites. Piscine intérieure à l'eau salée, sauna et bain vapeur, massothérapie, salle d'exercices, bar Sarah B. avec salons privés, restaurant Osco !, terrasse. Un passage souterrain relie l'hôtel au Palais des Congrès.

L'hôtel s'est refait une beauté en 2009 afin d'offrir davantage de confort et de luxe à ses hôtes. Chambres rédécorées et remeublées, nouveau restaurant et bar à absinthe, aire d'accueil restylée... Bref, une expérience rehaussée vous y attend. Idéalement situé dans le Vieux-Montréal, à 5 min de marche du centre-ville, l'Intercontinental vous propose également une gamme complète de salles pour vos réunions et vos réceptions. Ce superbe édifice avec accès sur l'attrayante ruelle des Fortifications, a été construit sur trois magnifiques voûtes en pierre de taille. Sa construction remonterait au milieu du XVIIIème siècle. Entièrement restaurées, ces voûtes constituent un cadre intime et de bon goût pour recevoir vos invités.

LE PLACE D'ARMES HÔTEL & SUITES

55, Saint-Jacques Ouest
514-842-1887 / 1 888-450-1887
www.hotelplacedarmes.com

M° Place-d'Armes. Occupation double : à partir de 168 $, cocktail de bienvenue inclus. Forfaits disponibles. Nombreux services sur place dont un centre de santé Rainspa, un restaurant et un bar-lounge.

Derrière cette façade néoclassique se cache un hôtel-boutique des plus modernes et luxueux de la ville. Les poutres et les plafonds originaux ont été conservés, les éléments décoratifs sont d'un design contemporain qui respecte l'esprit initial de cette splendide demeure. Ainsi les boiseries, les textures, le marbre et les tapisseries rappellent celle de l'époque et constitue la démarcation de cet établissement. Les chambres sont spacieuses, les couleurs sont chaudes et l'ambiance y est intime. Le lobby est d'une beauté et d'une intimité incontestables. Lors de la belle saison, les clients pourront profiter d'une magnifique terrasse qui domine le Vieux-Port. Un coucher du soleil inoubliable !

LOFT HÔTEL / ESPACE CORMIER

334, Terrasse Saint-Denis
514-868-1002 / 1 888-414-5638
514-831-8725 (espace événementiel)
www.lofthotel.ca

M° Sherbrooke. Occupation double : à partir de 289 $.

Le Loft Hôtel, c'est le grand luxe dans un des édifices art déco les plus prisés en ville, création de l'architecte Ernest Cormier dans les années 1920. Suite à une restauration complète, ce tout nouvel hôtel marie à merveille design contemporain (signé Jaime Bouzaglo), histoire architecturale et approche durable. Une cinquantaine de suites de type loft sont offertes pour des séjours de courte ou longue durée et leur taille varie entre 1 000 et 2 000 pi^2. Leurs configurations diffèrent et elles comprennent toutes de hauts plafonds et des fenêtres panoramiques. Mobilier griffé, literie de luxe, cuisine complète avec électroménagers de pointe, et installations audio et vidéo ne sont quelques-unes des commodités haut de gamme incluses. Des appartements lofts sont également offerts dans une bâtisse victorienne située juste à côté.

W MONTRÉAL

901, Square Victoria
514-395-3100 / 1 888-627-7081
www.whotels.com/montreal

M° Square-Victoria. Occupation double : à partir de 199 $. Nombreux forfaits disponibles. 152 chambres et suites, et 5 studios pour événements. Deux bars, un lounge, une terrasse et un restaurant italien. Centre de santé Spa Away.

Le W est un de ces hôtels qui charment, a

la fois par sa classe et son côté contemporain. Lignes épurées et intérieur design, formes originales et couleurs bleu électrique, rouge vif. Téléviseur à écran plat, accès Internet haut débit et lecteur DVD, ne sont que quelques-unes des commodités offertes par l'hôtel. Il regorge de lieux agréables, voués à la détente et à la rencontre, comme le living-room avec ses lumières tamisées et ses chutes d'eau, ou encore le Wunder bar avec fauteuils et banquettes relaxants, jeu de lumières et bar en verre poli. Le restaurant Otto propose une cuisine fusion à tendance italienne. Services de massage dans les chambres disponibles 24h/24.

WESTIN MONTRÉAL

270, Saint-Antoine
514-380-3333 / 1 866-837-4262
www.westinmontreal.com

M° Place-d'Armes ou Square-Victoria. Occupation double : à partir de 189 $. 454 chambres et suites. Petit déjeuner inclus. Forfaits disponibles. Restaurant, bar Reporter (menu tapas disponible), deux piscines intérieures dont une à fond de verre, salle d'exercices, service de voiturier, boutique de designers.

Tout nouveau tout beau, le Westin Montréal a ouvert ses portes en 2009. Il s'est doté des plus récentes nouveautés en matière de technologie verte, sans compter l'aménagement des chambres et des salles de réunion : tout est à la fine pointe de la technologie. Les nombreux services clé en main raviront les gens d'affaires. Le restaurant Gazette est également un lieu idéal pour déguster une fine cuisine d'inspiration québécoise ayant adopté la philosophie du « slow food », le tout accompagné d'une bonne bouteille de vin provenant de leur cave. Une nouvelle adresse qui a du chic !

HÉBERGEMENT TEMPORAIRE

HÔTEL LES SUITES LABELLE

1205, Labelle
514-840-1151 / 1 866-602-1151
www.hotellabelle.com

M° Berri-UQÀM. Occupation simple ou double : à partir de 115 $ en chambre standard, 145 $ en chambre supérieure, et 175 $ en suite. Petit déjeuner américain inclus. Promotions et forfaits disponibles.

CATHÉDRALE MARIE REINE DU MONDE© AUTHOR'S IMAGE

Situés en plein cœur du centre-ville, ces beaux studios vous rapprochent de toutes les commodités de la vie urbaine (Grande bibliothèque, UQÀM, boutiques...). Les chambres, entièrement meublées, sont toutes équipées d'une petite cuisine et d'un accès Internet. Les suites possèdent en plus un bain à remous pour deux personnes. Les logements sont spacieux et très fonctionnels, sans compter un excellent rapport qualité-prix. Un pied-à-terre vraiment bien situé !

MY STUDIO MONTREAL

514-844-0744
www.mystudiomontreal.com
Cette entreprise propose des appartements, studios et chambres meublés à louer à la nuit, à la semaine ou plus. Ils sont situés dans différents quartiers de la ville (Université de Montréal, Concordia, McGill, Plateau, etc.). La gamme de produit en location meublée est très vaste, allant du studio à l'appartement avec deux chambres, tous avec un charme différent. Le site Internet, très bien fait, permet de bien visualiser les différentes offres.

MARRIOTT RÉSIDENCE INN MONTRÉAL WESTMOUNT

2170, Lincoln
514-935-9224 / 1 800-678-6323
www.residencemontreal.com
M° Atwater. Occupation double : à partir de 99 $, petit déjeuner buffet inclus. Stationnement : 19 $ par jour. Piscine intérieure, sauna, salle d'exercices.
Les hôtels Marriott sont reconnus pour la qualité de leur hébergement et la variété de leurs services à la clientèle. Avec cette volonté de séduire et cette exigence pour l'hébergement, le Marriott Montréal Westmount vous offre un vrai environnement de travail « à domicile ». Car dans ces studios et suites spacieuses, avec cuisine toute équipée, vous êtes chez vous. De la première seconde à la dernière, le personnel bilingue sera à votre service, pour tous vos besoins. Après y avoir goûté une fois, vous songerez même à y vivre à l'année. Alors que ce soit pour un court séjour ou pour un déplacement professionnel, voici le choix futé à faire !

PARC SUITES

3463, du Parc
514-985-5656 / 1 800-949-8630
www.parcsuites.com
Angle Milton. Occupation double : à partir de 99 $. Stationnement gratuit.
Situé à quelques pas du centre-ville, Parc Suites a décidé d'embrasser l'idée des appart-hôtels. Seulement huit suites desservent les clients, ce qui permet de fournir un service plus intime et personnalisé. Les sept suites de luxe sont pleinement fournies avec cuisine et salon, et l'unique suite studio accommode les clients de la même façon, mais sans salon. Quelques-unes possèdent un petit balcon et chacune a une touche unique (draperies différentes, douche ou bain, etc.).

STUDIO MEUBLÉ MONTRÉAL

514-831-8753
www.studiomeublemontreal.com
À partir de 970 $ par mois.
Cette compagnie propose des solutions d'hébergements, principalement sur une base mensuelle, en studios et appartements entièrement meublés et équipés. La plupart ont été complètement rénovés et offrent toutes les commodités : lit double, draps et couvertures, cuisinette avec électroménagers, vaisselle et ustensiles, salle de bain avec baignoire (serviettes incluses), téléphone (gratuit pour les appels locaux), Internet gratuit et télévision couleur avec câble. Bref, rien ne manque ! La disposition et la décoration varient, et la propreté est garantie. L'équipe est sérieuse et les studios idéalement situés (sur Durocher et Sainte-Famille, au cœur du Ghetto McGill). Une recommandation futée pour les nouveaux arrivants et les touristes de longue durée !

À table

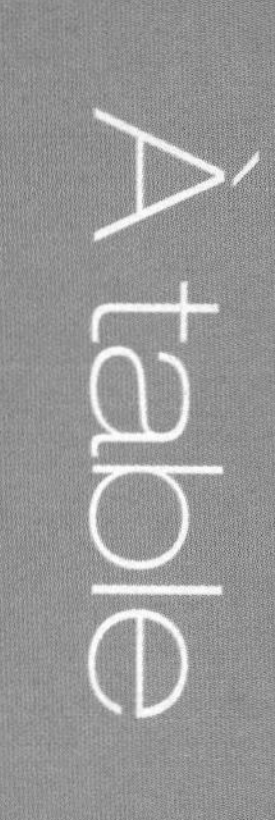

Produits frais
du Marché Jean-Talon
© NPL

PRODUITS GOURMANDS

BOULANGERIES & PÂTISSERIES

AU PAIN DORÉ

1415, Peel
514-843-3151
www.aupaindore.com
M° Peel. Lun-mer, 7h-19h ; jeu-ven, 7h-20h ; sam-dim, 8h-18h. Plusieurs succursales à Montréal.

Est-il encore nécessaire de présenter les boulangeries Au Pain Doré ? Il faut en tous cas leur réserver la place qu'elles méritent dans ce guide. Le concept a fait ses preuves au fil des ans et on se presse toujours avec enthousiasme pour acheter un pain fabriqué à la française. Baguettes, boules de campagne, pâtisseries, un choix de charcuterie et de fromages, le tout cohabitant dans une ambiance chaleureuse.

AUX PLAISIRS DU PALAIS

4977, Queen Mary
514-343-0333
M° Snowdon. Lun-mer, 7h-20h ; jeu-ven, 7h-21h ; sam-dim, 7h-19h. Terrasse.

Envie de bonnes brioches, encore chaudes, à la confiture ? Envie d'entendre croustiller la baguette fraîche sous la pression des doigts ? Par chance, Corinne et son époux ont importé leur savoir-faire traditionnel français, avec fougasses, pains aux multiples farines et céréales. Il est aussi possible de manger sur place d'excellents sandwichs, à des prix très abordables. Ce sera tout ? Non, on goûterait bien un mille-feuilles ou un éclair au chocolat !

BELA VISTA

6409, Papineau
514-227-1777
www.pasteldenata.ca
Angle Bellechasse. Lun, fermé ; mar-sam, 7h30-18h ; dim, 8h30-18h.

Cette succulente pâtisserie-boulangerie portugaise a pignon sur rue depuis près de 15 ans. Les propriétaires, tous deux d'origine portugaise, manient le beurre selon les méthodes traditionnelles de leurs ancêtres, en plus d'utiliser des farines de grande qualité pour les pâtisseries haut de gamme. Sur place, que des petits bonheurs gourmands : tuiles aux amandes, tarte aux œufs, biscuits aux épices, sablés au beurre, pains, empanadas, saucisses salées, etc. Mais la grande spécialité de la maison reste le pasteis de Nata : petit dessert qui ressemble à une crème brûlée enrobée dans une pâte feuilletée – la plus ancienne pâtisserie portugaise.

Autre adresse : 68, des Pins, 514-849-3609.

LES BAGELS DE MONTRÉAL

Les meilleurs bagels sont ceux de Montréal. Difficile de croiser un canadien qui dira le contraire. Mais comment trancher entre St-Viateur Bagel et Fairmount Bagel, deux institutions du Mile-End. Dans les deux cas, leurs bagels sont parfaits : mie pas trop dense et la croûte croquante à souhait.

ST-VIATEUR BAGEL

263, Saint-Viateur Ouest | 514-276-8044 | www.stviateurbagel.com
Angle Jeanne Mance. Ouvert 24h/24h 7 jours/7.
Autres adresses : 1127, Mont-Royal Est, 514-528-6361 ; 5629, Monkland, 514-487-8051.

FAIRMOUNT BAGEL

74, Fairmount Ouest | 514-272-0667 | www.fairmountbagel.com
Angle Clark. Ouvert 24h/24h 7 jours/7.

BOULANGER BASSIN

4293, de Brébeuf
514-525-0854 / 1 866-525-0854
www.bbassin.com
Entre Marie-Anne et Rachel.

Chez Ken, tout est apprécié : de son logis douillet à ses gâteaux aux allures de star. Même les plus sceptiques s'y laisseront prendre. Osez croquer et vous verrez ! Ces gâteaux aux fruits dont l'origine remonte à l'ancienne civilisation trypillienne de l'Ukraine avaient la réputation de soutenir les aventuriers durant de très nombreux jours... Voyageurs, cette adresse est pour vous ! Et sachez que si ces gâteaux ont été interdits au XVIIIe siècle sur tout le territoire de l'Europe continentale, considérés comme « un péché de débauche », ils ne le sont plus, alors profitez-en !

BOULANGERIE LES CO'PAINS D'ABORD

1965, Mont-Royal Est
514-522-1994
Angle Chabot. Lun-mer & sam, 7h-19h ; jeu-ven, 7h-21h ; dim, 8h-18h. Interac et comptant seulement.

Ce petit café/boulangerie/pâtisserie de quartier sent bon la Bretagne ! En effet, le patron vient de cette magnifique région et prépare des merveilles. Vous apprécierez tous les produits artisanaux, faits maison : viennoiseries pur beurre, le pain artisanal bio, soupes maison, pizzas, tourtière au millet, quiches, pâtés maison... À déguster sur place avec un bon café, ou bien à emporter dans votre nid douillet. Les produits de l'érable sont également disponibles en saison, ainsi que des confitures, marinades, cafés et crèmes glacées.

Autre adresse : 2727, Masson, 514-593-1433.

DE FROMENT ET DE SÈVE

2355, Beaubien Est | 514-722-4301
www.defromentetdeseve.com
Angle des Écores. Lun-ven, 6h-20h ; sam-dim, 6h-18h. Possibilité de manger sur place. Petite terrasse.

Cette petite boulangerie de Beaubien fait le délice des habitants du quartier. Le week-end, on se déplace pour venir chercher les viennoiseries qui rendront le déjeuner plus savoureux qu'à l'habitude. Le pain est délicieux, et les tartes, quiches et autres pâtisseries sont aussi au rendez-vous. l'ambiance y est tout à faittout à fait charmante et les clients affluent dans cette étape gourmande. Un beau choix de fromages québécois, de cafés bios et équitables ainsi que des pâtés, des terrines et saucissons locaux et importés. À consommer sans modération !

DUC DE LORRAINE

5002, Côte-des-Neiges
514-731-8081 / 514-731-4128
www.ducdelorraine.com
M° Côte-des-Neiges. Lun-ven, 7h30-18h30 ; sam-dim, 7h30-17h30.

Une pâtisserie française combinée à un chocolatier de qualité et à un salon de thé. La sélection de petites grenades chocolatées fond dans la bouche, à moins que ce ne soit la mousse chocolat, regain d'énergie bien mérité. Brioches, petits pains au chocolat, macarons, danoises au rhum, pâtisseries de toutes sortes se mirent dans la glace. Le côté salé est tout aussi appétissant avec des profiteroles aux crevettes ou poulet champignons, mini-quiches ou pizzas aux multiples saveurs. La maison propose également un service traiteur avec canapés, plateaux de charcuteries, de crudités, de fromages, pains surprises, quiches et salades assorties.

FOUS DESSERTS

809, Laurier Est | 514-273-9335
www.fousdesserts.com

Mº Laurier. Mar-mer, 7h30-19h ; jeu-ven, 7h30-19h30 ; sam, 7h30-18h. Fermé dim-lun. À emporter ou à déguster sur place.

Un lieu qui porte très bien son nom : les desserts et pâtisseries y sont follement bons ! Les croissants sont très aérés grâce leur feuilletage parfaitement réussi. La qualité est au rendez-vous, et le choix de gâteaux plus que suffisant. Les amateurs de fruits apprécieront le biscuit au fromage composé d'un biscuit croustillant, d'une crème au fromage garnie d'un coulis aux framboises. Les fans de chocolat préfèreront le phénix, un brownie au chocolat, avec une onctueuse mousse de chocolat noir et une généreuse ganache. La pâtisserie confectionne sur place de délicieuses confiseries, des tuiles aux amandes, des confitures et d'autres délices.

LE FOURNIL ANCESTRAL

4254, Beaubien Est | 514-721-6008

Entre 24ᵉ et 25ᵉ Avenue. Lun-ven, 7h30-18h30 ; sam, 7h30-18h ; dim, 8h-18h. Interac et comptant seulement.

Monsieur Gidoiu prépare son pain avec une farine biologique moulue sur pierre dans la région de la Mauricie, selon un procédé traditionnel de panification sur levain intégral et levain de pâte. Une grande variété de pains bios est cuite tous les jours. Voici quelques exemples : bagels aux grains de lin ou au blé entier, pain au seigle 100 %, épeautre et seigle, kamut et épeautre, blé entier, intégral au tournesol ou au sésame, 6 grains, 3 grains, multigrains... La liste est longue !

LE FROMENTIER

1375, Laurier Est | 514-527-3327

Entre de Lanaudière et Garnier. Lun, fermé ; mar-mer, 7h-19h ; jeu-ven, 7h-20h ; sam, 7h-18h ; dim, 7h-17h.

Farine de qualité et levain sont les principaux composants des pains fabriqués ici. Le goût s'en ressent et les miches campagnardes partent, justement, comme des petits pains. Difficile de résister aux petits pains spéciaux aux raisins, aux noix de Grenoble, chocolat noir et raisin. Rien à dire non plus sur les fougasses au thym. Les fromages et autres charcuteries accompagneront ces pains à merveille. La boulangerie partage son local avec les bonnes charcuteries de la Queue de Cochon.

Autre adresse : 2196, Mont-Royal Est, 514-525-2099.

LES GLACEURS

453, Saint-Sulpice | 514-504-1469
www.lesglaceurs.ca

Mº Place-d'Armes. Ouvert tous les jours de 11h à 18h (ou plus tard selon l'achalandage et la saison).

À quelques pas de la Basilique Notre-Dame, votre regard sera sûrement attiré par cette vitrine avec ses « cupcakes » colorés. Ça y est, la gourmandise prend le dessus et avec raison ! Il y en a pour tous les goûts et de toutes les couleurs, préparés chaque jour sur place, avec un brin de fantaisie. Les « dents sucrées » seront aussi tentées par les produits du Glacier Bilboquet. Une adresse réputée pour ses petits péchés gourmands !

LESCURIER TRADITION GOURMANDE

1333, Van Horne | 514-273-8281

Mº Outremont. Lun-mer, 7h30-18h30 ; jeu-ven, 7h30-19h ; sam, 7h30-17h30 ; dim, 8h-17h.

Une petite boutique où il fait bon entrer pour choisir un plat, des produits ou mieux, plusieurs selon vos envies et vos besoins parce que dans ce lieu, on trouve des mets préparés sur place ou issus de producteurs et artisans choisis avec rigueur. Ainsi, vous saliverez devant les 12 sortes de quiches, « faites maison » à partir de recettes traditionnelles, les superbes sandwichs composés avec des produits frais sur baguette ou fougassette, les salades composées, les chocolats, viennoiseries et autres pâtisseries. Vous pourrez même y trouver une large variété de plats cuisinés mis sous vide, de la charcuterie et des fromages, toute une gamme de produits de Charlevoix, des cafés en grain bio-équitable, des pains, des marmelades et confitures aux arômes originaux... Bref, le mieux est d'aller voir sur place car ce lieu est parfait pour les gourmands, avec des prix tout doux pour couronner le tout.

LA PÂTISSERIE BELGE

3485, du Parc | 514-845-1245
www.lapatisseriebelge.com
Angle Milton. Lun, 9h-18h ; mar-mer, 8h30-18h ; jeu-ven, 8h30-20h ; sam, 8h30-17h30 ; dim, 8h30-16h30.
Une adresse incontournable pour les amateurs de gâteaux. Le choix est vaste : Fraisier, Forêt noire, Diplomate, Moka, Truffé, Pralin... Et ils sont plus tentants les uns que les autres ! Également au menu, une foule de délices dont de savoureuses charcuteries « maison » et des pâtés fins, une vaste section boulangerie, des chocolats, des produits d'épicerie fine, sans oublier les plats cuisinés du Chef de Chez Gautier, Jean-Paul Magnier, leur restaurant adjacent. Les deux autres succursales de cette pâtisserie permettent de répondre à la demande : **La boutique du Pâtissier, 1075, Laurier Ouest, 514-279-5274 ; Gourmet Belge au Complexe Desjardins, 514-847-8393.**

MAMIE CLAFOUTIS

1291, Van Horne
514 750-7245 | www.mamieclafoutis.com
M° Outremont. Dim-lun, 7h-20h ; mar-ven, 6h30-21h ; sam, 6h30-20h.
Quant on pousse la porte de cette boulangerie-tarterie, on est de suite enveloppé par les odeurs de pains chauds et de viennoiseries. Et, face à ce comptoir, on se sent hésitant. Entre les clafoutis, les gâteaux, les macarons, les poudings, tout nous fait envie ! Et si vous préférez vous poser pour mieux les savourer, il vous sera possible de vous installer dans le coquet salon de thé. Mais Mamie

Clafoutis propose également des salades, de nombreux sandwichs dont certains sont faits avec de la bonne baguette croustillante ou bien encore, des menus du jour qui se termineront certainement par une petite gourmandise. Eh oui, chez Mamie Clafoutis, tout est plaisir, simplicité et saveurs.

PÂTISSERIE DE GASCOGNE

237, Laurier Ouest | 514-490-0235

Angle Jeanne Mance. Lun-ven, 8h-19h ; sam, 8h-18h ; dim, 8h-17h30.

Cette grande pâtisserie par la taille, mais aussi et surtout par la qualité de ses mets, est fidèle à sa réputation au fil des ans. On ne fera pas l'énumération de toutes ces belles choses bien alignées dans des comptoirs réfrigérés parce qu'elles sont vraiment trop nombreuses. C'est un peu plus cher qu'ailleurs, c'est vrai. Mais de temps en temps, on peut se faire plaisir.

Autres boutiques : 4825, Sherbrooke Ouest, 514-932-3511 ; 1950, Marcel-Laurin, 514-331-0550.

LE PALTOQUET

1464, Van Horne

514-271-4229

M° Outremont. Lun-ven, 8h-18h ; sam-dim, 9h-18h. Interac et comptant seulement. Service traiteur.

Une petite trouvaille dans le quartier Outremont, mais il faut faire vite ! On ne fabrique qu'en petites quantités et c'est tellement bon que ça disparaît en un clin d'œil. Pour apaiser des envies subites un salon de thé est disponible. D'abord reconnue pour ses pâtisseries, la maison propose une jolie petite carte pour des petits déjeuners français où pains au chocolat, croissants et brioches sont rois. Pour déjeuner, rien de mieux qu'une salade copieuse du Paltoquet ou encore les fameux sandwichs maison. Des repas santé à petit prix.

PREMIÈRE MOISSON

Plusieurs succursales dans la grande région de Montréal

www.premieremoisson.com

Cette célèbre chaîne de boulangeries a développé sa propre gamme de pains biologiques. Une farine de blé biologique, moulue sur meule de pierre, mêlée à une farine blanche bio, de l'eau filtrée, du sel de mer, du levain et un peu de levure, fait la particularité des miches et autres baguettes de blé bio. Le Kamut bio Montignac, grâce à sa haute teneur en protéines, peut être qualifié de pain complet supérieur. L'intégral bio Montignac ravira les amateurs de blé entier. Le « grains germés bio » (tournesol, trèfle rouge, millet, blé mou, sésame, germe de blé, luzerne, lin, amande de l'avoine) est probablement le plus goûteux. Le pain reste certes la spécialité de Première Moisson mais on trouve

MACARONS © NRL

aussi d'excellents plats à emporter : sandwichs, pâtisseries fines, et dans certaines succursales, des rayons de fromagerie, d'épicerie fine, de café et de chocolaterie.

RYAD

7070, Henri Julien, Marché Jean-Talon

514-777-2189

M° Jean-Talon. Lun-mer & sam, 9h-18h ; jeu-ven, 9h-20h ; dim, 9h-17h. Interac et comptant seulement.

Les personnes qui ont une faiblesse pour les pâtisseries marocaines vont être ravies ! On y propose une vingtaine de variétés de bouchées à base d'amandes et de fleur d'oranger, toutes plus succulentes les unes que les autres : cornes de gazelle, cigares au miel, kalb ellouze (cœur d'amande, spécialité algérienne), ghoriba (macarons), etc. Du jus d'hibiscus ainsi que du thé vert à la menthe (1 $ le verre) sont également proposés.

BOUCHERIES & CHARCUTERIES

LE MAÎTRE GOURMET

1520, Laurier Est

514-524-2044

Angle Fabre. Lun-mer, 9h-18h30 ; jeu-ven, 9h-20h ; sam, 9h-17h ; dim, 10h-17h.

Cette épicerie de qualité offre tous les produits de la viande, dont certaines moins communes telles que l'autruche, le cerf, le sanglier ou encore le kangourou. À noter une sélection de plusieurs viandes bio : porc, bœuf, veau, agneau, poulet. C'est aussi une petite épicerie fine avec des confitures, des tartinades, dont beaucoup proviennent de l'Île d'Orléans, du café équitable, une belle sélection d'huiles d'olive, une bonne variété de pots de crème glacée et de sorbets du Glacier Bilboquet, du chocolat, du pain artisanal, des fruits et des légumes ainsi qu'une foule d'autres produits fins. On peut donc préparer la table d'hôte complète à ses invités, de l'entrée au dessert, sans manquer d'idée. On appréciera la variété des plats cuisinés prêts à emporter comme la brandade de morue, la choucroute, le bœuf bourguignon, le rôti de veau au fromage bleu, les cailles aux olives et tomates séchées ou les salades composées pour un prix raisonnable (5 $ à 9 $), variant chaque semaine. Des produits du Québec, notamment des assaisonnements, iront à merveille avec votre viande.

TERRINES & PÂTÉS

138, Atwater, Marché Atwater

514-931-9559

M° Lionel-Groulx. Lun-mer, 8h-18h ; jeu, 8h-19h ; ven, 8h-20h ; sam, 8h-17h ; dim, 9h-17h.

Une petite boutique pour un grand choix de pâtés et terrines tous faits maison par les propriétaires des lieux, les frères Sogne. Pâtés de campagne, rillettes de porc, mousse de foie de canard et autres pâtés de lapin ou de caribou s'y partagent la vedette. Des soupes ainsi que des plats cuisinés à emporter sont en vente.

VOLAILLES & GIBIERS FERNANDO

116, Roy

514-843-6652

Angle Coloniale. Lun-mer, 8h-17h30 ; jeu-ven, 8h-19h30 ; sam, 8h-17h ; dim, fermé. Interac et comptant seulement.

Une boutique parmi les meilleures pour sa sélection de gibiers (faisan, caille, autruche, bison, cerf et sanglier), pour ses volailles nourries au grain, dont les fameux poulets fermiers Notre-Dame, réputés de grande qualité, et les chorizos, confectionnés sur place par le maître des lieux, Fernando lui-même. Et pour compléter tout cela, on prépare de jolies et appétissantes tourtières au lapin, au canard, au gibier, ainsi que des confits de pintade, de canard ou encore de sanglier. Une adresse à retenir !

WILLIAM J. WALTER SAUCISSIER

1957, Mont-Royal Est

514-528-1901

www.williamjwalter.com

Angle Chabot. Lun-mer, 8h-19h ; jeu-ven, 8h-21h ; sam-dim, 8h-18h. Interac et comptant seulement. Plusieurs succursales dans la grande région de Montréal.

Plusieurs commerces servent de détaillant pour les fameuses saucisses William J. Walter dans la grande région montréalaise. Le saucissier du Plateau Mont-Royal offre, en plus d'une cinquantaine de variétés de saucisses plus originales les unes que les autres, plusieurs produits du terroir pour accompagner ses charcuteries, son jambon ou sa viande fumée : bières de microbrasseries québécoises, ketchup aux fruits, betteraves, fèves au lard, cretons, fromage en grains, et ainsi de suite. On lui pardonnera le fait qu'il importe sa choucroute d'Allemagne…

CAFÉS & THÉS

UN AMOUR DES THÉS

1224, Bernard Ouest

514-279-2999

www.amourdesthes.com

M° Outremont. Lun-ven, 10h-18h ; sam, 9h-17h ; dim, 11h-17h.

Des boutiques toutes mignonnes aux étagères en bois remplies de jarres bleues et autres boîtes contenant plus de 200 variétés de thés en provenance d'Asie : thés verts (dont 30 variétés de thés verts japonais et chinois), blancs, rouges et noirs, thés rares et exotiques aux noms enchanteurs (Gyokuro, Oolong rouge du Hunnan, Larmes de Dragon ou Yunnan du Paradis Doré), thés biologiques, mélanges classiques et Chai, et aussi du thé russe de la marque Kousmichoff (100g à 12 $). La qualité est exceptionnelle. Également en vente : plus de 200 modèles de théières (terre cuite, verre trempé allemand, fonte, chinoise, de luxe ou de tous les jours) et accessoires pour compléter la panoplie du grand amateur de thés (infuseurs, passoires, thé-sac et bocaux). Le propriétaire propose des dégustations sur rendez-vous en entreprise ou à domicile.

Autres boutiques : 5612, Monkland, 514-369-2999 ; 2888, avenue du Cosmodôme, Laval, 450-687-4999.

AUX QUATRE VENTS

Marché Atwater, 514-932-6068

Marché Jean-Talon, 514-276-4000

Horaire variable selon la succursale. Interac et comptant seulement.

Un petit coin convivial pour savourer les divers crus de la maison ou les emporter et les apprécier chez soi. Le café est torréfié sur place et peut être vendu au poids. Les meilleurs cafés y sont proposés, en provenance du Kenya, de Colombie, du Costa Rica, du Guatemala et de bien plus d'endroits encore. De plus, des mélanges maisons sont proposés ainsi qu'une belle diversité de thés. On peut aussi y casser la croûte à l'heure du midi car des paninis, sandwichs et repas légers y sont servis.

CAFÉ RICO

969, Rachel Est

514-529-1321

www.caferico.qc.ca

Angle Boyer. Lun-mer & sam, 10h-18h ; jeu-ven, 10h-21h ; dim, fermé. Comptant seulement.

Un grand bravo à ce maître torréfacteur, situé en plein cœur de Montréal. Les produits sont tous équitables et la plupart sont issus de l'agriculture biologique. Le café provient des coopératives de petits producteurs du Sud (voir les détails sur le site web, très intéressant). Douze mélanges fins de grains latino-américains et africains (9 $ le demi-kilo) torréfiés sur place sont disponibles dans leurs versions café filtre ou espresso. Notons le prix du café sur place : 1,25 $ le café filtre et 1,50 $ pour l'espresso. Qui dit que c'est forcément plus cher quand c'est équitable ? La carte des thés ravira également les amateurs. On rapportera chez soi une sélection de tisanes, du riz thaïlandais, du sucre de canne du Paraguay et du Costa Rica, des noix de macadamia ou de cajou. Pour une petite faim, le succulent sandwich au brie et pesto avec une salade de quinoa (spécialité des Andes) vaut le détour ! Pour les gourmands, n'oubliez pas de repartir avec un carré aux dattes, tout simplement délicieux. Enfin, pour les hispanophiles, des cours d'espagnol niveau débutant et intermédiaire sont proposés en soirée.

CAMELLIA SINENSIS

351, Emery
514-286-4002
www.camellia-sinensis.com
M° Berri-UQÀM. Lun-mer, 11h-18h; jeu-ven, 11h-21h; sam-dim, 11h-18h. Salon de thé : dim-jeu, 12h-22h; ven-sam, 12h-23h. Interac et comptant seulement.

Cette boutique-salon de thé est un havre de paix et de tranquillité. La liste de thés est longue et les recettes variées (160 variétés, dont 100 d'importation privée), du Darjeeling au thé à la menthe, on savoure la maîtrise de cet art ancestral. Importateurs depuis quelques années, les propriétaires des lieux parcourent, chaque printemps, le continent asiatique (Chine, Inde, Japon et Taïwan) pour y rencontrer des producteurs de thés et finalement en ramener les meilleurs crus. À noter, une sélection de thés bio et équitables. Afin de se mettre complètement à l'heure du thé, il ne vous restera plus qu'à choisir une théière parmi celles qui vous convient le mieux (Yixing, en fonte, en argenterie ou en céramique). D'autre part, pour les intéressés, des ateliers d'initiation aux pratiques du thé sont proposés tout au long de l'année. L'ambiance est zen et Camellia Sinensis est sans aucun doute un lieu de choix pour la variété de ses produits. Achats en ligne sur le site internet.

Autre boutique : 7010, Casgrain (à emporter seulement), 514-271-4002.

CÉRAMIC CAFÉ STUDIO ART

4338, Saint-Denis
514-848-1119
www.ceramiccafestudio.com
Angle Rachel. Lun-mer, 11h-23h; jeu, 11h-minuit; ven, 11h-00h30; sam, 10h-00h30; dim, 10h-22h (ouverture tous les jours à 10h en été et lors des congés scolaires).

Prendre un repas léger, un café et un cours de peinture sur céramique en même temps, un concept tout à fait original à partager seul, en famille ou entre amis. Tout le monde met la main à la pâte. Des conseillers assistent nos créations. On peut peindre des assiettes, des tasses, des plats, des bols, etc. Ici, on laisse libre cours à votre imagination, et peut-être, qui sait, à des talents cachés. Tous les articles vont au lave-vaisselle et au micro-ondes.

Autres adresses : 565, Saint-Martin Ouest, Laval, 450-669-9399 ; 3240, Taschereau, Greenfield Park, 450-443-8582 ; 3437, de La Pinière, Terrebonne, 450-477-7770

UNE GRENOUILLE DANS LA THÉIÈRE

5940, Saint-Hubert
514-227-0473
www.unegrenouille.com
M° Rosemont. Lun-mar, fermé; mer-dim, 13h-20h. Horaire prolongé en saison estivale. Interac et comptant seulement. Ateliers de dégustation en groupe sur réservation.

Ce petit salon de thé original a ouvert ses portes il y a quelques années. Imitant à merveille le confort et l'intimité du foyer, un client peut y avoir l'impression étrange et apaisante de passer l'après-midi chez un ami. En plus des gâteaux, des pâtisseries et du thé en vrac, on y vend aussi divers articles de poterie liés à la consommation du thé et confectionnés par des professionnels des métiers d'art. Pour égayer les yeux, l'endroit présente des expositions changeantes d'œuvres d'artistes locaux. Pour distraire l'esprit, on trouve un petit coin librairie où l'on vend une diversité de livres populaires usagés. Et que dire du service ? Personnalisé, accueillant et amical !

KUSMI

3875, Saint-Denis
514 840-5445
www.kusmi.ca
M° Sherbrooke. Lun, 10h-18h; mar, 10h-19h; mer, 10h-20h; jeu-ven, 10h-21h; sam-dim, 10h-20h.

Première boutique Kusmi en Amérique, digne héritière d'une tradition qui remonte à l'installation de la marque à Paris en 1917, après 50 ans de succès en Russie... On a ici affaire à une maison de thé haut de gamme : quelques 125 variétés de thé en boîte et en vrac, à emporter chez soi ou à déguster sur place. Le design de l'endroit est recherché et rien n'a été laissé au hasard pour combler les amateurs. On y retrouve également toutes sortes d'accessoires pour le service et la consommation du thé, des coffrets-cadeaux et des livres sur le sujet.

MAISON DE THÉ CHA NOIR

4646, Wellington
514-769-1242
www.cha-noir.com
Metro De l'Église. Lun-dim, 12h-21h30. Atelier de dégustation, expositions.

Vous pourrez déguster votre thé préféré, à choisir parmi une sélection de 55 variétés de thés (noir, vert, blanc, rouge, fumé, 10 sortes biologiques) et tisanes, autour d'une petite table en bois joliment peinte, assis sur une banquette recouverte de coussins. Sinon, laissez-vous tenter par un jus de fruits frais ou par un chocolat chaud fait avec du chocolat de Cuba à 70 % de cacao. Si vous hésitez, demandez la spécialité maison, le chocolat-thé Cha noir, une symbiose des deux ! Vous satisferez également vos envies salées ou sucrées avec des petites bouchées : dim sum, raviolis japonais et chocolats Chocobel. La maison propose des ateliers-dégustation d'une heure et demie, une fois par mois, où vous partirez à la découverte des thés en dégustant 5 variétés. Une grande sélection de théières est également disponible : en terre cuite (de 30 à 60 $), fine porcelaine japonaise, céramique (8 $), japonaises en fonte (de 30 à 70 $ environ), marocaines, ainsi qu'un choix étendu de bols et tasses.

TOI, MOI ET CAFÉ

244, Laurier Ouest
514-279-9599
www.toimoicafe.com
Angle Jeanne-Mance. Lun-ven, 7h-23h30 ; sam-dim, 8h-23h30.

Toi, Moi et Café préserve le don d'entretenir une atmosphère chaleureuse et animée, enveloppée par l'odeur du café frais brûlé sur place et les ronrons passagers du torréfacteur. Dans la salle rectangulaire, des clients se prélassent, du lecteur assidu jusqu'à la petite famille. Plus d'une cinquantaine de mélanges de café sont proposés, dont la moitié sont bios et équitables. Les desserts sont monstrueusement bons et les brunchs du week-end, absolument délicieux. N'hésitez pas à demander conseil à l'un des serveurs, ils auront toujours une petite merveille à vous proposer. La terrasse, l'été, est un véritable bonheur.

Autre adresse : 2695, Notre-Dame Ouest, 514-788-9599.

CHOCOLAT & CONFISERIE

ANDRÉE CHOCOLATS

5328, du Parc
514-279-5923
Angle Saint-Viateur. Lun-ven, 10h-18h ; sam, 10h-17h ; dim, fermé. Service de livraison à domicile.

La tradition est perpétuée de grand-père à petite-fille depuis 1940. De petits chocolats trempés à la main aux fruits, à la crème et tant d'autres saveurs encore qu'il est difficile de se raisonner. Un choix de caramels, de pralines et de nougats est également disponible. Pour preuve de qualité, le chocolatier n'utilise que du chocolat avec un minimum de 64 % de cacao. Adoptez la politique du « peu mais souvent ». Vous pourrez goûter à tout sans trop vous culpabiliser. Le cadre est agréable et le service toujours courtois.

CHOCOLATS GENEVIÈVE GRANDBOIS

162, Saint-Viateur Ouest, Montréal
514-394-1000
www.chocolatsgg.com
Horaire variable selon la succursale.

Tous les amoureux de ce divin produit savent que ses chocolats fins sont des créations uniques qui représentent l'excellence en la matière. De parfaits petits carrés faits à partir de chocolat

COMMERCE ÉQUITABLE

L'AUTRE MONDE

371, Bernard Ouest | 514-273-1237

Angle du Parc. Lun-mer, 10h-18h ; jeu-ven, 10h-19h ; sam, 10h-17h.

C'est une petite boutique, avec un coin « fraîcheur » où vous trouverez entre autres des sandwichs et des pains-bagnats préparés dans la plus pure tradition. Mais l'Autre Monde, c'est aussi, une épicerie fine où les produits du Québec sont mis en valeur. Ainsi, vous trouverez des beurres parfumés, salés et sucrés, comme le beurre de caramel à l'érable, des produits à base de gibiers (de l'Île d'Orléans), ainsi que des mets cuisinés tels le canard à l'orange, des sauces, des confitures, des miels (des îles de la Madeleine)... Le tout sélectionné par les producteurs eux-mêmes. Plus de 200 sortes de thés et près de 40 sortes de cafés sont aussi proposés avec, au besoin, des cafetières italiennes, des théières et des tasses. Parfait pour confectionner un beau panier cadeau.

provenant des meilleures plantations au monde. Original et exotique, chacun se décline comme une œuvre d'art qui vous fera voyager aux quatre coins de la planète. Du carré au chocolat à la Fleur de sel, au safran, à l'huile d'olive, au piment d'Espelette, à la framboise ou à l'érable, ces bouchées de bonheur sauront vous faire vivre une expérience gastronomique forte en intensité. Faites à partir des meilleurs ingrédients, les différentes ganaches de Geneviève Grandbois ne sont pas créées au hasard ou dans le seul but d'épater. Ici, tout est réfléchi afin que chaque arôme soit marié au chocolat qui lui convient le mieux pour définir le mariage parfait. Geneviève Grandbois est sans cesse en quête de nouvelles découvertes et de nouvelles harmonies pour les sens. En plus des différentes collections de chocolat, l'entreprise concocte d'autres plaisirs savoureux comme la tartinade à la fleur de sel, du caramel croquant, du chocolat chaud, des brindilles de chocolats à l'érable ou à la fleur de sel. Lors des fêtes spéciales (comme Pâques, la Fêtes des Mères ou la St-Valentin) de nouvelles collections thématiques sont également proposées.

Autres adresses : Le Bar à Chocolat, Quartier Dix30, 9389 boul. Leduc-Place Extasia, Brossard, 450-462-7807 | Le Comptoir : Marché Atwater, Montréal, 514-933-1331

COCOA DÉLICES

123, Laurier Ouest

514 223-8897 | www.cocoadelices.com

Angle Saint-Urbain. Lun, 10h-18h ; mar-mer, 10h-19h ; jeu-ven, 10h-20h ; sam-dim, 10h-18h.

Dès qu'on franchit la porte de cette boutique pas tout à fait comme les autres, on est saisi par l'odeur de chocolat chaud. Bienvenue dans l'univers du chocolat ! Différents écrins et emballages sont posés sur des étagères toutes de blanc vêtues, des chocolats aux formes et aux couleurs variées sont présentés, tels des œuvres d'art. Fabriqués au Québec, à partir d'ingrédients naturels et en petite quantité pour garantir la fraîcheur, plus d'une quarantaine de textures, de saveurs et de couleurs sont proposées pour le bonheur du palais. Comment résister à ce « Rose rouge » avec sa ganache blanche à la framboise, parfumée à la rose ou tout simplement, au « Brésilien » avec sa ganache au caramel surmonté d'un grain de café ? Chez Cocoa Délices, le chocolat est dans tous ses états, le client aussi, pour cause de gourmandise...

CONFISERIE LOUISE DÉCARIE

4424, Saint-Denis | 514-499-3445

www.confiserielouisedecarie.com

Angle Marie-Anne. Lun-mer, 11h-18h ; jeu-ven, 11h-20h ; sam, 11h-17h ; dim, 12h-17h.

On pénètre dans cette confiserie avec

les yeux émerveillés de notre enfance. Cela ressemble à l'intérieur d'une maison, l'accueil et la cadre sont chaleureux. Des chocolats fins de toutes sortes ne demandent qu'à être dégustés, les bonbons ont le goût de fleurs. Ici, les essences naturelles remplacent tous les autres produits chimiques pour donner un goût authentique, trop souvent oublié. La propriétaire est une véritable passionnée. Si vous êtes à la recherche d'un bonbon adoré dans votre enfance, elle fera tout pour le retrouver, question de « revivre » les après-midi de bonheur après l'école.

LES DÉLICES DE L'ÉRABLE

84, Saint-Paul Est | 514-765-3456
www.mapledelights.com
M° Place-d'Armes. Dim-jeu, 10h-19h ; ven-sam, 10h-21h. Horaire prolongé en été.
Ici, le nectar est décliné sous toutes ses formes possibles et inimaginables. Situé dans le Vieux-Montréal, cette boutique bistro propose une vaste gamme de produits maison à base de sirop d'érable, à emporter ou à consommer sur place : cafés et thés, chocolats (feuilles d'érables en chocolat remplies de crème d'érable ou boisson 100 % naturelle d'érable et cacao), gâteaux et tartes, confitures (parfumées à l'érable), bonbons, et même des produits moins communs comme la moutarde au sirop d'érable ou le vinaigre d'érable. Une bonne adresse pour un cadeau ou tout simplement pour se sucrer le bec !

ROCKABERRY

4275, Saint-Denis | 514-844-9479
www.rockaberry.ca
M° Mont-Royal. Dim-jeu, 11h-minuit ; ven-sam, 11h-1h. Plusieurs succursales dans la grande région de Montréal.
Pour les amoureux de tartes à l'américaine, ne cherchez pas plus loin. On propose une trentaine de tartes faites maison (fromage Oreo, banana split, millefeuille) mais aussi, et surtout, croustades (version québécoise) aux pommes, aux bleuets, aux framboises, aux fraises et aux pêches ou aux cerises… Les prix varient entre 9,95 $ et 19,95 $. Outre les pâtisseries, la maison offre un menu pizza et bagels pour ceux qui préfèrent le salé.

ÉPICERIES & ALIMENTS NATURELS

ALFALFA

7070, Henri Julien, Marché Jean-Talon
514-272-0683
M° Jean-Talon. Lun-mer, 8h30-18h ; jeu-ven, 9h-20h ; sam, 8h30-18h ; dim, 8h30-18h.
Une quinzaine d'années d'existence pour cet espace alimentaire santé et beauté où vous trouverez des produits frais et secs, des jus, des huiles, herbes et

LA VIE EN BIO

Les marchés bios : à Outremont, sur Dollard, entre Van Horne et Lajoie, coin Lajoie. Les dimanches de la mi-août à début octobre. Au marché Maisonneuve, rue Ontario entre Pie-IX et Viau. Les samedis de la fin août à la mi-octobre. On profitera de ces quelques journées pour aller à la rencontre des producteurs de fruits, légumes et autre produits bios. Cela ne dure pas longtemps, alors notez-le sur vos calendriers !

Les paniers biologiques : une solution parfaite pour les amateurs de fruits et légumes bios qui veulent soutenir les fermes du Québec. Les paniers bios, résultat concret de l'agriculture soutenue par la communauté, permettent aux agriculteurs de planifier leurs saisons : le consommateur verse une somme en début de saison et en échange, il reçoit un panier par semaine. La totalité de la somme versée par le consommateur va au producteur. Les paniers arrivent dans un point de chute, que vous choisirez sur une liste. Pour choisir votre ferme, visitez le site d'Équiterre : www.equiterre.org ou par téléphone au 514-522-2000, poste 275.

épices biologiques, des farines biologiques moulues sur pierre, des substituts alimentaires, ainsi que du café et du thé Equita. Les produits de beauté naturels sont de plus en plus nombreux. On trouvera, entre autres, les marques Druide, Kariderme, Oris, des produits à base d'aloès, des savons faits main, du beurre de karité et d'autres délices qui raniment le corps. Les mamans dénicheront pour leurs enfants les excellents produits de la marque Souris Verte.

LES ALIMENTS MERCI

7070, Henri Julien, Marché Jean-Talon
514-274-3962 | www.alimentsmerci.com

M° Jean-Talon. Lun-mer, 9h-18h ; jeu-ven, 9h-21h ; sam-dim, 9h-18h.

De prime abord, la boutique semble être un dépôt d'aliments en vrac. D'énormes sacs de 10 kg de riz ou de semoule par ci, de 20 kg de farine par là, satisfont les amateurs de grosses quantités, moins dispendieuses au kg et sans emballages superflus. Mais les tablettes disposent aussi de plus petites quantités d'arachides, d'épices, de graines et d'innombrables autres aliments, conditionnés au poids. Outre le vrac, la boutique Aliments Merci offre en plus la qualité de produits plus traditionnels, d'importation pour la plupart (produits du monde entier), et dont une bonne proportion est biologique et parfois équitable (farines, céréales, huiles, etc.).

Autres adresses : 3623, Ontario Est, 514-528-7295 ; Marché Maisonneuve, 514-899-1066.

BIO-TERRE

201, Saint-Viateur | 514- 278-3377

Angle De l'Esplanade. Lun-mer, 9h-20h ; jeu-ven, 9h-21h ; sam-dim, 9h-19h.

Une épicerie incontournable dont les étals se composent, pour la plupart, de produits issus de l'agriculture biologique. Plusieurs sortes de céréales et des graines en vrac, des produits frais, une multitude de sachets à infuser, des fruits séchés, des huiles végétales, ouvrent de nouvelles perspectives aux cuisiniers investigateurs. Des produits de beauté ainsi que des compléments alimentaires complètent les rayons.

COOP LA MAISON VERTE

5785, Sherbrooke Ouest | 514-489-8000
www.cooplamaisonverte.com

Angle Melrose. Tous les jours de 10h à 19h.

La Maison Verte est une coopérative écologique qui propose des produits d'entretien non toxiques. Vous y trouverez tout le nécessaire pour nettoyer sans dégrader. Un coin café sert du thé et du café biologiques et équitables, ainsi que des produits organiques.

LE FRIGO VERT

2130, Mackay | 514-848-7586

M° Guy-Concordia. Lun-jeu, 12h-19h. Fermé ven-dim.

Surprenante cette minuscule boutique en plein centre-ville où l'on découvre des aliments biologiques (farines, lait de soya, huiles, sandwiches, plats préparés...), du café équitable ainsi que d'autres produits écologiques, d'hygiène féminine (en coton) ou d'entretien ménager. Autre surprise : les prix ! Grâce à l'aide des membres et des étudiants de l'université Concordia (l'adhésion au Frigo vert est incluse dans les droits de scolarité), les prix des produits bios demeurent moins élevés qu'ailleurs. Le Frigo Vert n'hésite pas à faire appel aux bénévoles dans ses activités quotidiennes et se finance grâce aux adhésions. C'est également un point de distribution des paniers de légumes, achetés directement aux agriculteurs biologiques.

RACHELLE-BÉRY

4810, Saint-Laurent | 514-849-4118
www.rachelle-bery.com

Angle Villeneuve. Sam-mer, 9h-19h ; jeu-ven, 9h-21h.

Rachelle-Béry fait office de vétéran dans le domaine de l'épicerie santé. Il est vrai que le choix est impressionnant : fruits et légumes biologiques, conserves et produits en vrac, café équitable, produits de beauté, suppléments alimentaires, matériel, conseils. Chaque point de vente, selon son espace, offre un choix abondant dans un décor agréablement

coloré. Les vendeurs ne sont pas avares de conseils et ne ménagent pas leur temps auprès des clients qui découvrent cet univers souvent méconnu.
Autres adresses des épiceries santé : 505, Rachel Est, 514-524-0725 ; 2346, Beaubien Est, 514-727-2327. Plusieurs autres succursales de boutiques santé dans la grande région de Montréal.

TAU ALIMENTS NATURELS

4238, Saint-Denis
514-843-4420 | www.marchestau.com
M° Mont-Royal. Lun-mer, 9h-19h ; jeu-ven, 9h-21h ; sam, 9h-18h ; dim, 10h-18h.
Pour ceux qui se soucient de la qualité des aliments, Tau propose en vrac sa gamme de produits organiques. Le soin apporté à l'agencement des rayons donne le goût de venir s'y approvisionner régulièrement. Qu'il s'agisse de conserves naturelles, de compléments alimentaires, de plats cuisinés, de légumes biologiques ou de miels, Tau prêche le naturel et l'équilibre alimentaire. Mais rien n'empêche de succomber à la gourmandise avec des crèmes glacées et des fromages santé !
Autres adresses : 7373, Langelier, 514-787-0077 ; 3188, Saint-Martin Ouest, Laval, 450-978-5533 ; 6845, Taschereau, Brossard, 450-443-9922.

TERRE À SOI

4696, Sainte-Catherine Est
514-759-8772 | www.terreasoi.coop
Angle Sicard. Lun-mer, 10h-18h ; jeu-ven, 10h-20h ; sam-dim, 10h-17h.
Une récente boutique écoresponsable ayant pour emblème un arbre dont les feuilles représentent les continents. Il s'agit ici d'un commerce de détail qui propose des solutions écologiques pour la maison et le bureau, ainsi que des ressources pour une consommation plus responsable. On y propose différentes gammes de produits équitables, écologiques et locaux afin de répondre à des besoins (et non d'en créer !). Futé : une carte de membre permet de profiter de rabais sur les achats et de faire partie d'un réseau qui questionne le système de consommation existant en proposant des alternatives intéressantes. La carte coût 10 $ par an et offre des rabais de 5 à 15 % sur les produits identifiés.

LE TOURNESOL

1251, Beaubien Est | 514-274-3629
M° Beaubien. Lun-mer, 9h-18h ; jeu-ven, 9h-20h ; sam, 9h-17h ; dim, fermé.
Épicerie biologique traditionnelle de quartier où se côtoient fruits et légumes, produits laitiers biologiques (marque Liberté), boissons au soja, tartinades, café équitable, céréales, une grande gamme d'épices et d'herbes biologiques, grains et farines en vrac, etc., ainsi qu'une profusion de compléments nutritionnels vendus avec les conseils des vendeurs avisés. Le Tournesol est le royaume des produits sans gluten, cette matière visqueuse de nature protidique qui se retrouve dans les farines de céréales et qui provoque chez certains des allergies. Ceux qui réagissent mal au gluten

LES JARDINS URBAINS

450-589-7814 | www.lesjardinsurbains.ca
Une solution très pratique pour les urbains pressés qui veulent néanmoins soigner leur alimentation. Avec les Jardins Urbains, vous pouvez commander par téléphone ou par internet vos fruits, légumes, viandes, poissons, produits d'épicerie, et bien d'autres choses encore. La liste est longue ! Bien entendu, les produits sont bios et écologiques. On les reçoit chez soi, 48h après avoir passé commande. Des promotions sont toujours en cours et le prix des autres produits reste raisonnable. Beaucoup des fruits et des légumes proviennent directement de la ferme des propriétaires, à Saint-Sulpice, et ces derniers vous garantissent qu'ils vous livrent ce qu'ils ont cueilli le matin même !

pourront s'alimenter ici sans difficulté grâce aux pains et galettes de riz, de maïs et de seigle.

ÉPICERIES ÉTRANGÈRES

ANDES

436, Bélanger Est | 514-277-4130

M° Jean-Talon. Lun-mer, 9h-19h ; jeu-ven, 9h-21h ; sam, 9h-19h ; dim, 10h-18h. Interac et comptant seulement.

La majorité des produits de cette institution latino arrivent directement du Mexique, du Pérou ou de Colombie. Tortillas de maïs et fruits frais exotiques abondent. Le rayon mexicain regorge de toutes sortes de sauces piquantes, frijoles et cactus en conserve. Côté Venezuela et Colombie, on trouve des bonbons à la goyave ou à la figue. L'Inca Kola côtoie les pulpes de fruits congelées. Les churros à la confiture de lait ou les petites tartelettes au yuca sortent droit du four. La boucherie propose de la viande, coupée façon latino. On peut même manger sur place.

BALKANI

7070, Henri Julien, Marché Jean-Talon
514-807-1626

M° Jean-Talon. Lun-mer, 9h-18h ; jeu-ven, 9h-20h ; sam-dim, 9h-18h.

Si vous cherchez des produits importés directement de Pologne, Bulgarie, Roumanie, Russie, Hongrie ou Croatie, vous êtes au bon endroit. Des spécialités de tous genres garnissent les étals : pindjur (ratatouille aux légumes rôtis), marinades en conserves, cornichons polonais, sprats (petits poissons baltes), confiture d'églantine roumaine, pain d'épices russes... Le shokata roumain (Fanta au sirop) ne peut être acheté qu'ici ! Ne ratez pas les fromages, comme le Ramzes fumé polonais ou le Kashkawal de brebis bulgare. Ni les authentiques charcuteries et plats cuisinés sur place. Si ce n'est pas pour les produits typiques d'Europe de l'Est, vous vous arrêterez pour l'odeur alléchante, et craquerez très certainement pour les grillades : le mici (burger roumain avec bœuf, agneau et porc) parfume délicieusement les allées voisines. Les deux propriétaires, roumain et russe d'origine, proposent également charcuteries et saucisses maison : muschi tiganesc (mi-longe, mi-cou de porc) ou trandafir (saucisson fumé et séché) sont quelques-unes des petites merveilles préparées par Pavel, selon des recettes « ancestisanales ». Tout comme les petits plats cuisinés par Daniel, tels ses fameux cigares aux choux.

Autre adresse : Marché Gourmand, 2888, du Cosmodôme, Laval, 450-680-1626.

KIEN VINH

1062 & 1066, Saint-Laurent
514-393-1030

M° Place-d'Armes. Ouvert tous les jours de 9h à 21h. Interac et comptant seulement.

Pas besoin d'aller au restaurant pour manger chinois. Cette épicerie du Quartier chinois propose des aliments difficiles à trouver chez le marchand du quartier. Ici l'exotisme n'est pas un luxe. Les nouilles en version « cup'n soup », beaucoup plus épicées, se vendent à 49 ¢. À coups de 1 $, on fait ses provisions de vermicelles et de pâtes de toutes sortes. Les aliments secs (haricots, orge) s'achètent au même montant. Même si quelques prix ne se retrouvent qu'en mandarin ou cantonnais, les légumes s'achètent sans chichi : épinards, échalotes, limes, tomates. Toutefois, attention aux cœurs sensibles ! Les viandes et poissons donnent un choc culturel. Les cœurs de porc, les boulettes de seiche et même les tiges de moutarde salée stimulent l'imagination.

MARCHÉ ADONIS

2001, Sauvé Ouest
514-382-8606
www.produitsadonis.com

Angle De l'Acadie. Lun-mer, 8h30-20h ; jeu-ven, 8h30-21h ; sam, 8h-18h30 ; dim, 8h-18h.

Le Marché Adonis est une très belle épicerie aux accents du Moyen-Orient, avec boulangerie, boucherie et fromagerie, éclairée par la lumière du jour et où il fait bon magasiner. Le tout à des prix abordables. C'est simple : on a envie de tout acheter. À noter, la succursale de Laval a complété son inventaire avec un rayon poissonnerie.

Autres adresses : Place Vertu, Ville Saint-Laurent, 514-904-6789 ; 4601, des Sources, Roxboro, 514-685-5050 ; 705, Curé Labelle, Laval, 450-978-2333.

MILANO

6862, Saint-Laurent

514-273-85

Angle Bélanger. Lun-mer, 8h-18h ; jeu-ven, 8h-21h ; sam-dim, 8h-17h.

On est dans la Petite Italie. Autant dire que si vous voulez acheter de l'authentique, c'est ici. Au départ, ce petit marché est une fruiterie, mais les importations italiennes occupent désormais une grande partie des étalages. Les huiles d'olive, les vinaigres balsamiques et les fromages sont bel et bien italiens tout comme les impressionnantes conserves de tomates « importées d'Italie », sans oublier les charcuteries et confiseries typiquement italiennes. Le rayon des pâtes, fraîches ou séchées, est particulièrement fourni... Presque un défilé de mode !

L'OLIVIER

260, place du Marché-du-Nord, Marché Jean-Talon

514-278-8910

M° Jean-Talon. Ouvert tous les jours dès 9h, 8h le week-end. Interac et comptant seulement.

Dans une ambiance de souk, vous trouverez produits et ustensiles de cuisine maghrébins. De la viande halal aux épices moulues sur place, en passant par les semoules, olives et tajines à emporter. Vous ne manquerez pas de remarquer l'odorant méchoui qui rôtit dehors (le week-end seulement en hiver, et tous les jours en été).

Autres adresses : 178, place du Marché-du-Nord (L'Olivier en Vrac) ; 234, Jean-Talon Est (Supermarché de L'Olivier).

SUPERMARCHÉ AKHAVAN

6170, Sherbrooke Ouest, 514-485-4887

15 760, Pierrefonds, Pierrefonds, 514-620-5551

www.akhavanfood.com

Lun-ven, 8h-20h ; sam, 8h-19h ; dim, 8h-18h.

Immense, cette épicerie mérite une belle visite, ne serait-ce que pour le magnifique comptoir à pâtisseries. Autre atout, la variété de viandes Halal : des cailles, un beau choix de bœuf et d'agneau. Les épices ne sont pas en reste, naturellement. Fraîches ou non, elles relèveront les sauces ou les chutneys très originaux qui sont proposés. Les amateurs de cuisine indienne trouveront aussi de quoi assouvir leur passion. Petit comptoir de fruits et rayons bazar avec, entre autres, CD de musique orientale et couscoussiers, clôturent un ensemble ravissant.

ÉPICERIES FINES

LE CANARD LIBÉRÉ

4396, Saint-Laurent

514-286-1286 | www.canardsdulacbrome.com

Entre Marie-Anne et Mont-Royal. Lun-mer, 10h-18h ; jeu-ven, 10h-20h ; sam, 10h-17h ; dim, 11h-17h.

Quelle que soit la partie du canard que vous recherchez, vous la trouverez dans cette boutique. Du foie aux œufs en passant par les pattes, confites ou crues, le canard et lui seul trône dans cette boutique. On l'achète frais, congelé ou

LE COMPOSTAGE EN HIVER

Quoi de plus naturel et efficace que le compost produit au fond du jardin ou dans un bac de l'éco-cartier ? Rien ! Mais l'hiver, la température arrête l'activité des bactéries à l'origine de ce terreau. Optez alors pour le compostage d'intérieur, ou le vermicompost : une boite sous l'évier, de la litière humide, des vers (red-wrigler) et en quelques semaines vos déchets organiques végétaux sont transformés en amendement fertile pour vos plantes d'intérieur. Matériel et conseil : La Ferme Pousse-Menu, 514-486-2345, www.pousse-menu.com.

en pâtés. La grande majorité des produits provient de la ferme du lac Brome (Cantons-de-l'Est). En cas d'envie pressante de canard, on pourra le déguster sur place, en sandwich, en soupe ou encore en saucisse !

AUX CHAMPÊTRERIES

4445, Ontario Est, Marché Maisonneuve
514-254-3541
www.distributionsescalier.com
Angle Morgan. Lun-mer & sam, 8h-18h ; jeu-ven, 8h-20h ; dim, 8h-17h.

Les produits fins québécois ont choisi cette devanture pour faire étalage des richesses de la province. Confitures, gelées, marmelades originales, miels aromatisés, chocolats, vinaigrettes et huiles aromatiques, pesto, pâtés, terrines, rillettes, savons naturels et sels de mer ne sont qu'un aperçu des articles que distribuent les fournisseurs de cette boutique. L'établissement prépare, à partir de 10 $, des paniers-cadeaux qui feront plaisir à coup sûr. Sachez que cette boutique est gérée par une entreprise d'insertion à l'emploi pour les jeunes adultes de 18 à 30 ans.

LES DÉLIRES DU TERROIR

6406, Saint-Hubert
514-678-6406
www.lesdeliresduterroir.com
M° Beaubien. Lun-mer, 11h-18h30 ; jeu-ven, 11h-21h ; sam, 11h-18h ; dim, 11h-17h30.

Les Délires du terroir, comme son nom l'indique, est une boutique qui vend uniquement des produits faits au Québec. La sélection de bières est si vaste qu'on se dit que de rassembler une telle collection, c'est plutôt délirant ! La boutique propose plus de 200 bières différentes, soit presque toutes les bières disponibles sur le marché de la microbrasserie. Elle a même deux bières faites sur mesure pour elle : la Délirante des Brasseurs du Hameau et une pilsner tchèque de Brasseurs et Frères. Niveau délices, on trouve des chocolats, des produits à l'érable, des vinaigrettes, des tartinades, des confits, etc. La sélection d'une trentaine de fromages québécois est elle aussi inspirante. Les bières, gourmandises et fromages en font une bonne place pour acheter des cadeaux et les proprios l'ont bien compris : ils vous proposent des paniers-cadeaux, mêlant bières et saveurs. À ce propos, ne manquez pas les dégustations bières et fromages du samedi après-midi. Elles sont de plus en plus populaires. De plus, il est possible d'organiser ce type de dégustation dans le confort de votre maison ou en entreprise. Tout est préparé à l'avance avec les fiches d'information sur les produits et un « animateur » peut même se déplacer pour l'événement.

AU FESTIN DE BABETTE

4085, Saint-Denis
514-849-0214
Entre Duluth et Rachel. En été : ouvert tous les jours de 10h à minuit. Le reste de l'année : lun-ven, 10h-18h ; sam-dim, 10h-19h.

Tout comme le film français, les lieux invitent à la bonne chère avec des produits raffinés, frais et à la portée de tous. Huiles d'olives de qualité, vinaigres artisanaux, confitures, gâteaux maison, confiserie, chocolats, thés... Difficile de choisir ! La maison, ouverte depuis près de 20 ans, prépare également des chocolats chauds et des thés à déguster sur place, accompagnés d'un succulent gâteau, bien entendu. En été, goûtez aux différentes variétés de glaces, sur la terrasse de préférence !

MARCHÉS PUBLICS DE MONTRÉAL

▸ www.marchespublics-mtl.com

MARCHÉ ATWATER

138, Atwater | 514-937-7754

M° Lionel-Groulx. Lun-mer, 7h-18h ; jeu-ven, 7h-20h ; sam-dim, 7h-17h.

Il existe depuis 1933 et connaît toujours le même engouement de la part des Montréalais. Par son architecture, le Marché Atwater ne manque pas d'intérêt, et à l'intérieur, c'est un véritable temple dédié aux bonnes choses : des viandes de qualité, une belle poissonnerie, des fromages, les pains de Première Moisson, des fruits et des légumes. Dès les premiers jours du printemps, l'extérieur du marché est animé par les étals des producteurs horticoles et les maraîchers de la région pour un festival de couleurs et d'odeurs enthousiasmant. Ici, on retrouve la plus grande concentration de bouchers en Amérique du Nord.

MARCHÉ JEAN-TALON

7070, Henri Julien | 514-277-1588

M° Jean-Talon. Lun-mer & sam, 7h-18h ; jeu-ven, 7h-20h ; dim, 7h-17h.

On le dit ouvert à toutes les cultures et il suffit de se rendre sur place pour constater que c'est vrai. Sans nul doute le marché le plus populaire de Montréal avec des allées impressionnantes et richement achalandées. Outre les boutiques présentes tout au long de l'année, les producteurs s'installent à l'extérieur de mai à octobre. Le marché est toujours en pleine effervescence. Les boutiques de spécialités italiennes et orientales sont nombreuses, et nous vous suggérons vivement le Marché des Saveurs, sans doute la boutique la plus complète en ce qui concerne les produits régionaux du terroir québécois. En 2004, le marché a subi des travaux d'agrandissement importants, lesquels ont permis l'ouverture de plusieurs boutiques spécialisées ainsi que l'aménagement d'un stationnement souterrain d'environ 450 places.

MARCHÉ MAISONNEUVE

4445, Ontario Est | 514-937-7754

Angle Morgan. Lun-mer & sam, 7h-18h ; jeu-ven, 7h-20h ; dim, 7h-17h.

Le plus petit des quatre et le seul à être présent dans l'est de Montréal. On y trouve des fleurs multicolores, des plantes d'un vert éclatant, des fruits et des légumes de saison à profusion, dont une bonne partie est bio, des viandes et charcuteries, des poissons, des pains frais et viennoiseries, des alcools du terroir... Tout a été étudié pour donner le goût de flâner et de remplir son panier. Aussi, une très belle ambiance qui, durant la période estivale, accompagne de nombreuses activités socioculturelles. D'août à octobre, le marché organise les « samedis bio ».

MARCHÉ DE LACHINE

1865, Notre-Dame | 514-937-7754

Angle 18e Avenue. Lun-mer & sam, 7h-18h ; jeu-ven, 7h-20h ; dim, 7h-17h.

Bienvenue au plus vieux marché public de Montréal ! À deux pas du Canal de Lachine, ce marché a tout ce qu'il faut pour que vous puissiez vous ressourcer après une balade à pied ou à vélo : fromagerie, fruiterie, boulangerie, kiosques de producteurs du Québec en saison. Le petit marché que tout le monde aimerait avoir dans son quartier.

FOLIE EN VRAC

1307, Mont-Royal Est, 514-523-4622
1254, Sainte-Catherine Est, 514-526-3689
Horaire variable selon la succursale.
Débarqué au Québec au milieu des années 1990, Fouad El Fakri a donné une deuxième vie à Folie en Vrac en devenant le propriétaire des lieux en 2002. Le mot d'ordre : fraîcheur absolue ! Un amoncellement de denrées en tous genres fera le bonheur des clients et surtout, de leur porte-monnaie. On trouve de tout dans cette caverne d'Ali Baba, allant des épices et des noix aux pâtes et cafés. Des produits rares et plus exotiques trouvent également leur place sur les tablettes du magasin. Un endroit tout indiqué pour faire de belles découvertes !

LE FOUVRAC

1451, Laurier Est
514-522-9993
Angle Garnier. Lun-mer, 8h30-18h30 ; jeu-ven, 8h30-20h30 ; sam-dim, 8h30-17h.
L'odeur de café fraîchement moulu n'échappera pas aux épicuriens venus faire un tour au Fouvrac. Le café n'est certainement pas l'unique produit en vente mais c'est sans doute le plus odorant. La spécialité ici, le thé, se voit consacrer une grande superficie des boutiques, à la fois de celle du Plateau Mont-Royal et de celle d'Ahuntsic. Alors mieux vaut avoir du temps pour choisir celui que l'on ramènera chez soi. Parce qu'entre toutes les marques de renom (Betjeman et Barton, CG et Kusmi et beaucoup d'autres) ce n'est pas facile de faire son choix. Il ne faudrait pas rater les belles collections de théières. Dans les autres rayons, on trouvera de délicieux biscuits pour accompagner notre boisson. Les gourmands apprécieront le très vaste choix de chocolats. Conseil de futé : goûter à la marque Gendron Confiserie. Pour finir, une belle collection d'huiles et de vinaigres. Bref, une boutique où l'on aime flâner et de laquelle on (se) rapporte de jolis cadeaux !
Autre adresse : 1404, Fleury Est, 514-381-8871.

MARCHÉ DU VIEUX

217 Saint-Laurent et 8 rue Saint-Paul
514-393-2772 | www.marcheduvieux.ca
M° Champ-de-Mars. Horaires BS: du lundi au vendredi 09h00 à 17h00. Samedi et dimanche de 09h00 à 22h00. HS: 08h00 à minuit 7j/7..
Une adresse très agréable pour déguster un repas sur le pouce (sandwichs, salades repas, croques maison, pizzas...) et pour acheter quelques souvenirs culinaires. Vous trouverez en effet de très beaux produits du terroir québécois, dont la gelée érable sapin, du coulis de canneberge, du beurre de pomme, etc. un incontournable tant pour les touristes que pour les locaux

LE MARCHÉ DES SAVEURS DU QUÉBEC

280, place du Marché du Nord, Marché Jean-Talon
514-271-3811 | www.lemarchedessaveurs.com
M° Jean-Talon. Sam-mer, 9h-18h ; jeu-ven, 9h-20h.
Le Marché des Saveurs est une boutique unique en son genre puisque vous

y trouverez pas moins de 2 500 produits régionaux québécois. Un véritable trésor rassemblé avec passion par les propriétaires Antonio Drouin et sa femme Suzanne Bergeron. Tout ce que le Québec a de meilleur se trouve dans ce marché : du saucisson des îles de la Madeleine au caviar de la Gaspésie, en passant par une belle gamme de confitures, de fines herbes, de produits de l'érable, et 225 fromages québécois dans un comptoir ! Belle sélection de produits biologiques et/ou équitables (thés, cosmétiques, cafés, etc.). En plus de la multitude de produits gourmands, on y découvrira une belle variété de boissons artisanales telles que le cidre, le vin, l'hydromel, les alcools de petits fruits, les boissons à l'érable et, bien entendu, la bière de microbrasserie. Et quel choix ! Au moins une vingtaine de microbrasseries sont représentées ici : À l'Abri de la Tempête, AMB Maître Brasseur, Bierbrier, Brasseurs et Frères, La Barberie, Microbrasserie Charlevoix... La liste est longue et le grand réfrigérateur, bien garni. Un endroit dont on ne ressort jamais les mains vides !

OLIVE & OLIVES

1389, Laurier Est
514-526-8989
www.oliveolives.com
Angle Fabre. Lun-mer, 10h-18h ; jeu-ven, 10h-20h ; sam-dim, 10h-17h. Livraison gratuite.

Cette boutique est un hymne à l'huile d'olive. On en trouve un large éventail (une soixantaine de variétés), rangé sur des étagères selon leur provenance (Italie, France, Espagne, Grèce, etc.), ainsi que des olives et divers accessoires comme des huiliers. Pour chaque huile, on explique avec quels aliments elle se marie le mieux. Les personnes à l'origine de ce concept, Danielle et Claudia, ne tarissent pas de conseils et ce, dans un décor des plus chaleureux. Elles proposent même des ateliers de dégustation d'huile d'olive. Une autre boutique se situe au Marché Jean-Talon (514-271-0001). Son jumelage avec Philipe de Vienne lui permet de proposer également une sélection d'une centaine d'épices, sels et poivres.

LA VIEILLE EUROPE

3855, Saint-Laurent
514-842-5773
Angle Saint-Cuthbert. Lun-mer, 7h30-18h ; jeu-ven, 7h30-21h ; sam, 7h30-18h ; dim, 9h-17h.

On adore le côté vieillot de cette épicerie avec ses longues allées de fromages fins, de saucissons, de pâtes, de chocolats, de cafés frais moulus, de confitures et de moutardes à n'en plus finir. Et puis toutes ses odeurs... Ça ouvre l'appétit ! Le genre de boutique qui donne envie de recevoir ses amis et de leur préparer une bonne choucroute et plein d'autres spécialités d'ici ou d'ailleurs. Cette épicerie, en plus d'offrir de bons produits, est un vrai spectacle quand on voit le personnel en action, toujours prêt à répondre promptement aux exigences des uns et des autres.

FROMAGERIES

FROMAGERIE COPETTE + CIE

4650 Wellington
514-761-2727 | www.fromageriecopette.com
M° Verdun. Lun, fermé ; mar-ven, 9h30-18h30 ; sam-dim, 9h-17h.

Localisée dans l'arrondissement Verdun, la Fromagerie Copette + Cie est un réel petit bijou. Il suffit de franchir ses portes une seule fois pour tomber sous son charme. Le décor coloré de la vitrine, l'accueil, les délicieux effluves de fromages et tous les merveilleux produits qui nous entourent ne sont que quelques éléments qui rendent agréable une visite de ce lieu. Couple dans la vie et dans les affaires, Cristel et Luc sont des passionnés du terroir. Soucieux d'offrir des aliments sains et authentiques à leurs clients, ils portent une attention particulière à leur sélection. Le comptoir à fromages propose des fromages d'artisan québécois et internationaux. Constamment à l'affût des produits québécois, ces deux passionnés ne s'arrêtent pas là. Copette + Cie offre aussi une belle gamme de produits d'épicerie fine : épices, beurre, yogourt, confitures, terrines et charcuteries majoritairement bio et beaucoup plus ! Très sympathiques, ils se feront un plaisir de discuter avec vous et de vous conseiller dans vos sélections. En plus, ici, on ne se gêne pas de vous faire goûter ! Cette ambiance, qui encourage la découverte des saveurs, fait de la Fromagerie Copette + Cie un incontournable.

FROMAGERIE DU MARCHÉ ATWATER

134, Atwater, Marché Atwater
514-932-4653
M° Lionel-Groulx. Lun-mer, 8h30-18h ; jeu-ven, 8h30-20h ; sam, 8h-17h ; dim, 8h30-17h.

C'est une bonne référence en la matière. L'équipe est supervisée par un passionné, Gilles Jourdenais, incollable sur le fromage. Le choix est impressionnant, les fromages québécois (une soixantaine) sont en bonne place. Dans la boutique, des produits du terroir viendront

au secours des indécis qui composent leur menu avant de rentrer à la maison.

LA FROMAGERIE HAMEL

Marché Jean-Talon, 514-272-1161
Marché Atwater, 514-932-5532
2117, Mont-Royal Est, 514-521-3333
9196, Sherbrooke Est, 514-355-6657
622, Notre-Dame, Repentigny, 450-654-3578
www.fromageriehamel.com
Horaire variable selon la succursale.

Installé à Montréal depuis 1961, ce maître fromager-affineur offre près de 600 fromages dans son étal. Provenant du terroir fleurdelisé et de l'Europe, les fromages fins de lait cru se comptent par centaines, histoire de plaire à tous les gourmets. Il existe quatre boutiques Hamel à Montréal, dont une aux abords du célèbre Marché Jean-Talon, et une autre à Repentigny. Les dégustations de fromages (patrimoine, gastronomique, internationale, classique, française, à la carte) pour cinq à douze convives sont excellentes, surtout lorsqu'on est en panne d'inspiration.

FROMAGERIE MAÎTRE CORBEAU

5101, Chambord | 514-528-3293

Angle Laurier Est. Lun-mer, 8h30-18h30 ; jeu-ven, 8h30-20h ; sam, 8h30-18h ; dim, 8h30-17h.

Une fromagerie qui gagne à être connue. Un grand choix de fromages (plus de 200 variétés) et des conseils avisés rendent la visite agréable. Le maître affineur est une référence dans le domaine et il connaît ses produits sur le bout des doigts. Du côté québécois, les incontournables s'y retrouvent tous ou presque, que l'on pense au cheddar Perron, au Riopelle, au Cantonnier de Warwick ou aux produits de la Fromagerie Blackburn. Les importations ne sont pas en reste. Du beurre, du lait et du fromage bio et du yogourt sont aussi étalés, de même que de la charcuterie artisanale, ou encore des cidres québécois, qui sont plus nombreux au Maître Corbeau que dans bien des succursales de la SAQ. La boutique offre en outre de nombreux produits du terroir, rigoureusement sélectionnés pour le plus grand plaisir des gourmands !

LA MAISON DU CHEDDAR

1311, Van Horne| 514-904-0011
www.maisonducheddar.com

M° Outremont. Lun-mer & sam, 10h-18h ; jeu-ven, 10h-19h ; dim, 12h-17h.

Située à Outremont, cette adresse est un incontournable pour les amoureux du fromage, à commencer par le fleuron québécois, le cheddar, servi frais du jour en grains dans un beau cornet, nature ou garni de succulent pesto. Dans cette belle boutique à la décoration soignée, vous trouverez également une sélection de fromages provenant des quatre coins de la province et même aussi loin que les Îles de la Madeleine. Des fromages d'importation sont également en vente ainsi que des produits de notre bon terroir : miels aromatisés, gelées de fruits diverses, produits de l'érable, café bio-équitable, etc. Pour les petits creux, essayez leur délicieux grilled cheese et concluez le tout par un café allongé.

QUI LAIT CRU!?!

7070, Henri Julien, Marché Jean-Talon
514-272-0300

M° Jean-Talon. Lun-mer, 9h-18 ; jeu-ven, 9h-19h ; sam, 8h-18h ; dim, 8h-17h.

Et oui Qui lait cru ! Qui l'eut cru ! Des grandes gammes de fromages artisanaux québécois et français vous sont ici présentées. Mais comme on parle de produits locaux, ce qui nous intéresse nous, ce sont les québécois bien entendu. Les fromagers du Québec offre un large choix, à croute fleurie, à pâte molle, de chèvre, de brebis et de vache. Coulants, crémeux, secs, forts, donc parfaits pour accompagner un bon vin rouge. Il faut

LE PIED-DE-VENT, ÎLES-DE-LA-MADELEINE © NRL

savoir que 70 % des fromages proviennent de petites fermes québécoises. Le service est appliqué et on vous conseille sur les mariages à effectuer, les tendances des fromages, les goûts… D'honnêtes connaisseurs, vraiment !

YANNICK FROMAGERIE D'EXCEPTION

1218, Bernard | 514-279-9376

M° Outremont. Lun-jeu, 9h-18h ; ven, 9h-20h ; sam, 9h-17h ; dim, 10h-17h.

La fromagerie de Yannick propose une large sélection de produits qui changent au gré des saisons. Des fromages d'exception, en provenance de producteurs québécois, mais également d'Espagne, de France et de fromageries artisanales italiennes et portugaises. Les vitrines chargées de fromages changent de l'habituel comptoir. On trouve également des délices divers qui ne manqueront pas d'attirer les gourmands gourmets : foie gras, craquelins, huiles d'olives et chocolats français. Histoire d'être bien équipé pour la dégustation, vous pouvez compléter vos achats par un couteau de la marque Laguiole ou Opinel.

GLACIERS

LE BILBOQUET

1311, Bernard Ouest | 514-276-0414

M° Outremont. Ouvert tous les jours. Mi-mars à mai : 11h-22h ; mai à octobre : 11h-minuit ; octobre à janvier : 9h-21h ; janvier à mi-mars : fermé. Interac et comptant seulement.

Lors de la balade dans le quartier, une halte s'impose dans ce temple de la crème glacée maison. Il n'est pas surprenant de voir une file d'attente se former à la porte du fameux marchand de glaces. Les cornets sont généreux et bon marché. Les sorbets pamplemousse, mangue, poire et fraise sont exceptionnels. La fantaisie est aussi au menu avec les biscuits maison et les gâteaux à la crème glacée. Les plus raisonnables choisissent les yaourts glacés. Il faut essayer le mélange audacieux de sorbet et de yaourt ou encore l'original « sandwich crème glacée ». En saison, l'érable aussi se conjugue à la mode crème glacée et à l'automne, quelques passants tentent encore la terrasse pour prendre le café, d'autres osent toujours se geler la langue. Des glaces envoûtantes et des parfums qui varient au fil des saisons, rien que du bon !

HAVRE AUX GLACES

7070, Henri-Julien, Marché Jean Talon
514-278-8696

M° Jean-Talon. Lun-mer & sam-dim, 9h-18h ; jeu-ven, 9h-20h. Fermeture à 22h en été. Interac et comptant seulement.

Une adresse incontournable pour venir déguster des glaces et sorbets, des entremets et gâteaux glacés. Les produits sont faits maison, tous préparés à base de produits frais, de fruits de saison sélectionnés avec attention. C'est pour cette raison que les parfums changent tout au long de l'année. Histoire de vous mettre l'eau à la bouche, voici quelques variétés de glaces : matcha (thé vert japonais), caramel brûlé d'érable, masala chaï (thé noir, mélange d'épices), papaye citron vert ou encore les classiques comme la framboise, l'orange sanguine, le chocolat noir, fraise et poivre noir. Allez fondre de plaisir, c'est un pur délice !

MADEMOISELLE GABRIELLE

6220, Saint-Hubert

514-759-7878

www.mademoisellegabrielle.com

M° Beaubien. Lun, fermé ; mar-mer, 11h-18h ; jeu-ven, 11h-21h ; sam, 11h-17h ; dim, 12h-17h.

Une petite chocolaterie-glacier sur la Plaza Saint-Hubert qui fait le bonheur de tous les gourmands. Pendant la belle saison, on se précipite sur les glaces maison, comme la délicieuse mangue-banane-fruit de la passion. Super légère et parfumée avec délicatesse. Les chocolats, faits sur place aussi, confirment que le bon goût règne ici en maître.

POISSONNERIES

NOUVEAU FALERO

5726, du Parc | 514-274-5541

Angle Bernard. Lun-mer, 9h-19h ; jeu, 9h-20h30 ; ven, 9h-21h ; sam, 9h-18h30 ; dim, 9h30-18h30. Interac et comptant seulement.

Que l'on cherche le homard de l'Île du Prince-Édouard ou les moules des Îles de la Madeleine, le crabe des neiges de Sept-Îles, la crevette de Matane ou l'omble chevalier de Rivière au Renard, il est bien possible que vous le trouviez en saison au Nouveau Falero, petite poissonnerie qui existe depuis 50 ans. Pas si nouveau que ça après tout. L'expérience est très bonne et le client sait qu'il sera bien conseillé pour sa préparation, et bien guidé pour faire son choix parmi la grande variété d'espèces disponibles.

POISSONNERIE LA SIRÈNE DE LA MER

1805, Sauvé Ouest

514-332-2255

Angle Acadie. Ouvert tous les jours de 12h à 22h.

Située juste à côté du restaurant (dans lequel il est possible de faire préparer vos achats pour les consommer sur place ou à emporter), cette poissonnerie offre une grande variété de poissons et fruits de mer en provenance de la Méditerranée (sardine, rouget, mérou), de l'Atlantique et du Pacifique (truite, espadon, sole, merlan, turbot). La qualité et la fraîcheur des produits ne font aucun doute et si le cœur vous en dit, vous pouvez même faire un détour par le restaurant, histoire de vérifier.

Autre adresse : 114, Dresden, 514-345-0345.

SHAMROCK FISH

7015, Casgrain

514-272-5612

M° Jean-Talon. Lun-mer, 7h-18h ; jeu-ven, 7h-21h ; sam-dim, 7h-18h. Interac et comptant seulement.

Située à deux minutes du Marché Jean-Talon, cette poissonnerie offre à ses clients plusieurs services. Tout d'abord, on peut y acheter en gros ou au détail, une liste variée de poissons étant

MADEMOISELLE GABRIELLE © NRL

proposée tous les jours. Vous avez le choix entre des poissons frais. Les fruits de mer, crevettes, palourdes, crabes, homards sont également au rendez-vous. Vous pouvez aussi y acheter des mets à emporter ou des plats congelés pré-cuisinés d'une grande qualité.

VINS & SPIRITUEUX

ENTREPÔT DE VIN EN VRAC

2021, des Futailles

514-353-1720

www.vinenvrac.ca

Au nord de Notre-Dame. Lun-mer, 9h30-18h ; jeu, 9h30-21h ; ven, 9h-21h ; sam, 9h-17h ; dim, 10h30-17h.

Pour les petits budgets, mais qui veulent continuer à se faire plaisir, ce centre de distribution est une alternative intéressante. On ne vend que du vin en vrac. Il suffit de venir avec son propre matériel, bouteilles propres non étiquetées et bouchons, et de remplir à la tirette. Selon les saisons, les types de vins peuvent varier, mais en général des crus français, italiens et chiliens sont toujours disponibles. Leur garantie est identique à celle des marques vendues dans une SAQ ordinaire.

SAQ CLASSIQUE

www.saq.com

Nombreuses succursales dans la grande région de Montréal.

La SAQ Classique propose une sélection étendue de vins, spiritueux et bières. Les succursales se trouvent dans les principaux quartiers de la ville.

SAQ DÉPÔT

1001, du Marché Central, Local A1

514-383-9954

www.saq.com

Au Marché Central. Lun-mar, 9h30-19h ; mer-ven, 9h30-21h ; sam, 9h-17h ; dim, 10h-17h.

On y embouteille soi-même des spiritueux et des vins à des prix économiques. La SAQ dépôt propose aussi des vins et des spiritueux vendus au prix de gros ainsi que plus de 150 produits commercialisés.

SAQ EXPRESS

www.saq.com

Nombreuses succursales dans la grande région de Montréal.

La SAQ Express offre un choix de plus de 400 produits les plus en demande et présente l'avantage d'ouvrir aussi ses boutiques plus tard en soirée.

SAQ SÉLECTION

www.saq.com

Nombreuses succursales dans la grande région de Montréal.

Les SAQ Sélection sont les plus vastes parmi les divers types de succursales SAQ, ce qui leur permet de proposer à la clientèle un plus grand éventail de vins, de liqueurs et de forts que les autres. Un conseiller spécialisé sur les lieux aide les néophytes à se repérer parmi tant de diversité. Un cellier renferme aussi un bon nombre de bouteilles dont la valeur dépasse 50 $. Quelques bières et des produits plus originaux, parfois très économiques, comme l'hydromel, trouvent aussi une digne place sur les tablettes. Bien sûr, les vins continuent d'occuper la majorité de l'espace, avec des affiches bien évidentes, nommant les pays d'origine, histoire de ne pas égarer un client entre deux continents. Ces indications n'empêchent cependant personne de faire appel à un des commis qui proposent toute la journée, avec la même délicate simplicité, un vin à 7 $ ou à 1000 $.

SAQ SIGNATURE

677, Sainte-Catherine Ouest

514-282-9445

www.saq.com

M° McGill. Lun-mer, 10h-18h ; jeu-ven, 10h-21h ; sam, 10h-17h ; dim, 12h-17h.

Dans ce lieu bien garni, aux dispositions impressionnantes, sont offerts à la vue des spiritueux raffinés, des vins rares et prestigieux, des champagnes réputés, des portos, des cognacs, des whiskies, des eaux-de-vie et des liqueurs fines. Tous les arrivages au Québec de 25 caisses ou moins sont distribués entre le Signature de Montréal et ceux des régions. Des conseillers en vin attendent à bras ouverts les admirateurs pleins de bonne volonté. Certains produits commencent à 40 $ mais les plus précieux, dans le cellier réfrigéré, atteignent 37 000 $ la bouteille. Naturellement, on n'accède pas librement à de telles raretés, et même les zones « permises » à la clientèle sont surveillées.

RESTAURANTS

SUR LE POUCE

L'AVENUE

922, Mont-Royal Est

514-523-8780

M° Mont-Royal. Lun-ven de 7h à 23h, sam de 8h à 23h et dim de 8h à 22h. Déjeuners : 8,50 $-20 $. À la carte : 15 $-35 $

La déco excentrique (murs de briques peints de graffitis) va de paire avec le style des serveurs, le genre boîte de nuit en plein jour. L'endroit est couru dans tout les sens : on y fait le pied de grue en attente d'un siège, le personnel circule dans les allées de gauche à droite, un vrai rallye aux assiettes. Des portions généreuses avec, au menu, œufs bénédictine (un vrai régal !), crêpes, gaufres, salades, sandwichs et fruits.

LA BANQUISE

994, Rachel Est | 514-525-2415

www.restolabanquise.com

Entre Boyer et Christophe-Colomb. Ouvert 24h/24, 7j/7. Menu à la carte : moins de 20 $. Terrasse.

À toute heure du jour ou de la nuit, on y vient surtout pour déguster une des 28 sortes de poutine figurant au menu. Plus que des frites, du fromage et de la sauce gravy, ici la créativité donne des résultats parfois surpre-nants. On y trouve aussi une sélection de sandwichs, clubs sandwichs, omelettes, burgers et autres petits plats, à accompagner d'une bière de microbrasserie. Bon choix également de petits déjeuners copieux à prix dérisoires. Un passage obligé dans la métropole !

LES BELLES-SOEURS

2251, Marie-Anne Est

514-526-1574

Angle Messier. Dim-mar de 8h à 21h, mer-sam de 9h à 22h. Déjeuner : 9 $- 15 $. Midi et soir à la carte : 10 $-15 $. TH : 20 $-25 $. Vente à emporter également.

Deux belles-sœurs de Drummondville préparent ici parmi les meilleurs hamburgers en ville. Le pain et la viande sont d'une très grande fraicheur, les frites bien croquantes et la mayonnaise maison parfumée à souhait. Le tout servi dans un cadre coloré, ultra sympathique. Niveau prix, on n'en revient toujours pas de déguster une aussi bonne qualité pour un tarif si sage. Pour un repas plus santé, on choisit une salade ou un plat de moules.

CAFÉ EL DORADO

921, Mont-Royal Est

514-598-8282

www.cafeeldorado.ca

M° Mont-Royal. Lun-mer de 7h à 23h, jeu-ven de 7h à minuit, sam de 8h à minuit, dim de 8h à 23h. À la carte midi et soir : 10 $-21 $.

Un très beau café dont la décoration illustre le mariage parfait entre modernité et convivialité. On y déguste d'excellents brunchs tant en variété qu'en qualité (servis jusqu'à 15h le week-end). Quant aux cafés, de très bons crus sont proposés. Le midi, on goûte la formule bistro : hamburgers maison, salades ou paninis croustillants. El Dorado est aussi parfait pour prendre un verre avant de sortir ou pour déguster un dessert gourmand, le tout en plein cœur de l'avenue du Mont-Royal.

Autre adresse : Centropolis, Laval, 450-688-9188.

CAFÉ HOLT

1300, Sherbrooke Ouest

514-842-5111

www.holtrenfrew.com

M° Peel. Lun-mer 10h-18h, jeu-ven 10h-21h, sam 9h30-17h30, dim 12h-17h30. Salades et plats principaux : moins de 20 $. De 15h à 18h, recevez gratuitement un café ou un thé à l'achat d'un dessert.

Sous la gouverne du chef Nicolas Garbay, originaire de la région du Sud Ouest de la France, le Café Holt est un concentré de raffinement et de bon goût. Branché mais pas trop, le cadre en fait un lieu agréable pour boire un cocktail ou un jus au cours d'une pause dans sa journée de magasinage. Pour une halte plus consistante, qui honorera les produits régionaux du Québec, demandez la tartine au Ciel de Charlevoix, poires rôties. Sur un pain venu directement de Paris, s'assemblent avec délicatesse divers produits de luxe et de saison. La carte des desserts est elle aussi alléchante. Parfait pour une pause gourmande !

CAFÉ SOUVENIR

1261, Bernard Ouest

514-948-5259

www.cafesouvenir.com

M° Outremont. Ouvert tous les jours de 7h à 23h. Terrasse.

Ici, ça sent bon le café et l'insouciance. La musique rythmée accompagne les délicieux déjeuners à base d'œufs, de croissants, baguettes ou bagels. De beaux fruits frais et des jus de fruits « maison » originaux (betterave, gingembre, pomme et carotte…) accompagnent volontiers les crêpes au chocolat belge fondant. À toute heure, on y vient aussi pour déguster des spécialités inspirées de tous les styles culinaires, et le service, courtois et agréable, n'enlève rien au plaisir de ce café qui vous laissera un heureux souvenir.

CAFÉ VASCO DA GAMA

1472, Peel

514-286-2688

www.vascodagama.ca

M° Peel. Lun-mer de 7h à 20h, jeu-ven de 7h à 21h, sam de 9h à 19h, dim de 9h à 18h. À la carte midi et soir : 10 $-15 $.

Une restauration rapide tout à fait adaptée à la clientèle d'affaires qui fréquente l'endroit le midi : salades, paninis, sandwiches... Le menu consiste essentiellement en salades, burgers, sandwiches (panini au canard et figue confite, sandwich végétarien au fromage de chèvre ou encore le burger de bœuf et foie gras). À partir de 16h, d'excellents tapas sont servis (mini pissaladières, calmars frits.). On y sert également le petit-déjeuner. Le cadre est agréable et le service sympathique. Quelques étagères proposent du café ainsi que des huiles d'olive et autres condiments. Pour prolonger ces petits plaisirs lors de vos évènements, profitez de leur service de traiteur, ou pour le déjeuner, de leurs délicieuses boites à lunch.

LE CARTET

106, McGill

514-871-8887

M° Square-Victoria. Restaurant-épicerie vente à emporter : lun-ven de 7h à 19h, déjeuner de 7h à 11h, lunch de 11h30 à 15h. Traiteur : lun-ven de 8h à 16h30. Brunch : sam-dim de 9h à 15h30 (14,95 $).

On s'y croirait dans un loft : ambiance conviviale (petites tables pour 2 personnes ou grandes tables en bois à partager), beaucoup d'espace (très hauts plafonds), couleurs claires. Confortablement installés, vous pourrez déguster l'un des brunchs proposés les fins de semaine : bio, Cantons (galette de saumon, œuf 3 minutes, salade, figues, croissant au jambon et brie, et fruits), sucré, atlantique (plutôt poisson) ou le brunch spécial du Cartet (bacon, saucisses, rillettes, jambon, pommes de terre, pain grillé, et fruits). On vous offrira une mise en bouche (compote de pomme et son sirop d'érable, par exemple) pour débuter ce repas délicieux et copieux.

AU CHAUD LAPIN

1279, Mont-Royal Est

514-522-2379

www.auchaudlapin.ca

Angle Chambord. Mar-mer de 17h30 à 23h, jeu-sam de 17h30 à minuit. TH 19 $ mar et mer toute la soirée et du jeu au sam avant 19h. Carte 18 $-30 $.

C'est dans un décor moderne et intimiste, à la décoration raffinée faite de bois, de cuir, de pierres et de peaux de vaches tapissées sur les murs, que nous nous installons, le temps d'un repas qui s'avèrera chaleureux et agréable. On apprécie l'espace entre les tables et les banquettes de cuir, tout comme l'accueil qui nous met à l'aise. Quant aux plats du jour, le choix est large, mais dit oralement, ce qui ne facilite pas la sélection ! D'autant plus que notre odorat est titillé par d'agréables effluves venant de la cuisine semi-ouverte. À l'arrivée des assiettes, nos espoirs sont comblés. La cuisine est comme l'ambiance : appréciable et séduisante, avec une carte de vins qui se marie très bien avec le gibier, spécialité de la maison.

CHEZ JOSÉ

173, Duluth Est | 514-845-0693

Angle Hôtel-de-Ville. Lun-ven de 7h à 18h30, sam-dim de 7h à 19h. Menu à la carte : moins de 15 $. Comptant seulement.

Chez José, c'est le petit coin sans prétention qui vaut le détour. La salle est minuscule et la décoration change régulièrement. L'ambiance est à l'image de la déco, pimpante et conviviale. Mais ça travaille fort dans les cuisines, on est servi en deux temps, trois mouvements. Dans les assiettes, la soupe « maison » de fruits de mer du vendredi et du samedi est tout simplement géniale. Les viennoiseries et les empanadas créent une certaine dépendance. Un bistro de quartier que l'on apprécie.

L'EMPORTE-PIÈCE

418, Gilford | 514-566-7898

www.lemportepiece.com

M° Laurier. Lun-ven de 7h à 22h, sam-dim de 8h30 à 22h. Plats principaux : moins de 20 $. Plats à emporter. Service traiteur.

Cet établissement est petit et chaleureux. Les décors sont faits en matériaux recyclés avec des anciens sièges d'autobus. C'est l'endroit idéal pour aller chercher un petit plat à emporter ou pour y déguster un repas accompagné d'un bon verre de vin. Vous trouverez d'excellents « grilled cheese » ainsi que des plats cuisinés type « comfort food ». C'est au Marché Jean-Talon que Mathieu Bonneau et Marc-André Paradis conceptualisent leur menu toutes les semaines. En général, on y trouve des recettes classiques québécoises revisitées, comme « le pâté chinois hypothermique » avec des pommes de terre bleues ou encore d'autres surprises. Une bonne sélection de vins.

GREASY SPOON

160, Laurier Ouest | 514-495-7666

M° Laurier. Mar-dim de 18 h à minuit. Carte : 16 $-25 $.

Avant tout, une ambiance et un décor. Les hautes tables de bois issues d'une ancienne ferme, les tabourets de cuir vieilli reposant sur des poutres, une lumière que les larges baies vitrées laisse pénétrer et qui, au fil de la soirée, est remplacée par un éclairage doux… Les mets du jour sont inscrits sur des tableaux noirs ornés de bois, et la musique pop-rock des années '70 se fait douce et enveloppante. Tout est conçu pour vous transporter le temps d'un repas au cœur d'un concept original. Chaque jour, la carte est renouvelée : 5 entrées, 5 plats et 2 nouveaux desserts sont proposés selon les produits du marché pour une cuisine simple aux résonances américaines. Ainsi, la surprise est toujours de mise !

JULIETTE & CHOCOLAT

1615, Saint-Denis | 514-287-3555

www.julietteetchocolat.com

M° Berri-UQÀM. Dim-jeu, 11h-23h ; ven-sam, 11h-minuit (dès 10h le week-end sur Saint-Laurent et Laurier). Menu à la carte : moins de 20 $.

Juliette et chocolat, c'est l'histoire d'un succès basé sur le chocolat. Né sur la rue Saint-Denis, le premier bar à chocolat-crêperie très Art déco avec ses boiseries, ses briques apparentes et ses chaises en rotin a eu un succès monstre. À tel point que Juliette a ouvert deux autres adresses. C'est le choix de chocolat, sous toutes ses formes, qui fait la réputation de Juliette : chocolat chaud ou froid, chocolat à boire alcoolisé, chocolat dans les crêpes, dans les glaces ou en fondues. On vous propose en plus tout un choix d'appétissantes salades et crêpes salées. En partant, vous pourrez acheter quelques chocolats faits maison, c'est une recommandation.

Autres adresses : 377, Laurier Ouest, 514-510-5651 ; 3600, Saint-Laurent, 514-380-1090.

MARCHÉ 27

27, Prince-Arthur Ouest
514-287-2725
www.marche27.com

Angle Clark. Lun-mar de 10h à 23h, mer & dim de 11h à 22h, jeu-sam de 11h à 23h. Carte : moins de 20 $.

Un café-restaurant au design soigné : des carreaux de céramique bien blancs qui contrastent avec le noir des ardoises. Sur celles-ci sont annoncées les nombreuses boissons alcoolisées ou non et les spécialités maison. Parmi celles-ci, nommons le large choix de tartares (thon, saumon fumé, bœuf, cheval, canard, etc.) que l'on assaisonne d'une sauce au choix comme l'italienne (huile de truffe et copeaux de parmesan) ou l'asiatique (huile de sésame, soya et graines de sésame). Les fans de cette cuisine relativement inventive viendront aussi bruncher et ainsi goûter au pain de figue.

OLIVE + GOURMANDO

351, Saint-Paul Ouest | 514-350-1083
www.oliveetgourmando.com

M° Square-Victoria. Mar-sam de 8h à 18h. Compter moins de 20 $. Très achalandé le midi.

Une des boulangeries les plus branchées de Montréal. Pour le cadre, la musique lounge, les murs colorés, les belles tables en bois et les menus écrits à la craie sur des ardoises attirent les jeunes professionnels du quartier. À l'entrée, un comptoir boulangerie vend un assortiment de pains, dont des grosses miches au levain et des pains ronds grillés. Au fond, le comptoir de sandwichs et de salades confectionne de délicieux repas santé, à base de produits biologiques pour la plupart. Le choix des mets varie régulièrement : leur qualité et leur originalité ne déçoivent jamais. Un délicieux café ou un thé concluent admirablement un bon repas. Les fans repartent avec de la confiture maison, des mélanges de noix, une bouteille d'huile d'olive ou une pâtisserie. Les prix sont raisonnables, vu la qualité supérieure des produits.

LE PLACARD

2129, Mont-Royal Est | 514-590-0733

Angle de Lorimier. Lun-mer de 8h à 18h, jeu-ven de 8h à 20h, sam-dim de 9h à 18h. Carte : moins de 15 $.

Vous devez vous rattraper sur votre magasinage et la faim vous tenaille? Ne cherchez plus! Ce petit café écolo doublé d'une friperie offre une nourriture simple et abordable, ainsi que des trouvailles vestimentaires originales à prix tout aussi petits. Des montagnes de vêtements et costumes rétro, de bijoux et d'articles de coiffure bon marché tapissent les murs, envahissent les comptoirs, les tables, les allées. Un fourre-tout extraordinaire qui donnerait de l'urticaire aux maniaques de l'ordre! Pour manger sainement, sur le pouce et sans chichi. La nourriture est faite maison et on y sert du café équitable.

CRÊPE CHÈVRE, POIRES ET MIEL - JULIETTE ET CHOCOLAT © NRL

LA SALLE A MANGER

1302, Mont-Royal Est

514-522-0577

www.lasalleamanger.ca

Angle Chambord. Lun-dim de 17h à minuit. Carte : 10 $-30 $

Si vous recherchez un cadre feutré et reposant, passez votre chemin. Ici, entre une musique dynamique, une grande salle largement ouverte sur l'extérieur, des banquettes avec de longues tables pouvant accueillir une douzaine de personnes, le ton est donné. Il s'agit surtout d'un lieu où on se retrouve, essentiellement en soirée. D'ailleurs, plus tôt, vous pourriez avoir l'impression d'être seul dans ce vaste espace avec un personnel qui se prépare à une soirée bien animée. Mais la Salle à Manger, c'est aussi une cuisine fine, subtile, faite avec des produits de qualité. On apprécie la ceviche de pétoncles aux agrumes. C'est frais, léger et goûteux. On n'y vient cependant pas pour se rassasier, mais pour déguster une cuisine créative et apprécier un bon vin, sélectionné dans une carte digne de ce nom.

LES SANDWICHS VOLANTS

5054, du Parc

514-845-2347

www.sandwichsvolants.com

Angle Laurier. Lun de 7h 30 à 18h, mar de 7h30 à 19h, mer-sam 20h, dim 9h30-18h. Carte : moins de 10 $.

C'est parce que toutes les livraisons sont faites à vélo, quelque soit le temps et la saison, que ce nom a été donné. Mais ne vous y trompez pas, Les Sandwichs Volants, c'est avant tout un traiteur qui vous propose 30 variétés de plats et des menus mijotés, cuisinés et préparés sur place à partir de produits frais et de qualité. Ici, tout est « fait maison » et ce, jusqu'à la rillette de canard de votre sandwich ! Alors, si vous voulez que votre boîte à brunch reprenne couleurs et saveurs, ou si vous prévoyez organiser un buffet, venez dans cette boutique-café aux couleurs vitaminées pour y faire votre choix et, pourquoi pas, prendre le temps de savourer une viennoiserie ou un « petit sucré » du jour, tout juste sorti du four. Le tout accompagné d'un bon café, thé, tisane ou chocolat et d'un accueil chaleureux et attentionné et ce, à prix tous doux.

SCHWARTZ'S

3895, Saint-Laurent

514-842-4813 | www.schwartzsdeli.com

Angle Napoléon. Lun-jeu et dim de 8h à 00h30, ven de 8h à 1h30, sam de 8h à 2h30. Tarifs : 4,95 $- 16,95 $. Comptant seulement. Vente à emporter également.

Connu et reconnu pour le goût unique de leur smoked meat, un pastrami spécialement préparé de fa-çon traditionnelle avec un mélange d'épices et d'herbes, Schwartz's fait profiter sa clientèle de l'am-biance de La Main, avec ses longues files d'attente. En le prenant avec un brin d'humour, on finit par s'y habituer et cela en vaut vraiment la peine. La viande fumée est servie en version maigre, mi-maigre ou pas maigre du tout !

SOUPESOUP

80, Duluth Est

514-380-0880

www.soupesoup.com

Angle Coloniale. Lun-sam de 11h à 17h. Comptant seulement. Combo demi sandwich & petit bol de soupe : 11 $. Terrasse.

Une enseigne pleine de charme. On vous propose de découvrir ses soupes, chaudes ou glacées, ses sandwichs et ses desserts plus attirants les uns que les autres. Rafraîchissantes en été, parfumées à la menthe, au concombre et mangue, à la courge, les soupes sont délicieuses dans cet établissement des plus accueillants. Les saveurs sont à l'honneur et les produits d'une grande fraîcheur. Côté décor, c'est mignon et agréable, avec une note de musique pour ajouter à l'ambiance. Un endroit qui plaira aux amateurs des choses simples et bonnes.

Autres adresses : 174, Saint-Viateur Ouest, 514-271-2004 ; Marché Jean-Talon, 514-903-2113 ; 2800, Masson, 514-315-5501 ; 2183, Crescent, 514-903-8628 ; 649, Wellington, 514-759-1159.

STELLINA

758, Beaubien Est | 514-274-2228

M° Beaubien. Lun-mer de 6h30 à 20h, jeu-ven 6h30 à 21h, sam-dim de 7h à 20h. Carte : moins de 15 $.

Ce café très design propose des plats légers dont la présentation fait preuve de beaucoup d'originalité. La pizza au poulet, par exemple, est joliment découpée et posée dans un plat long. La qualité des combinaisons fait des sandwichs des ensembles fort intéressants. Le sandwich au saumon est servi sur du pain noir et il est accompagné d'aïoli. La Stellina est aussi un excellent endroit pour s'arrêter boire un café ou prendre son déjeuner, à deux pas de la Plaza Saint-Hubert.

STUDZIO

4147, Saint-Denis

514-843-0407 | www.studzio.com

Entre Rachel et Duluth. Lun-ven de 11h à 23h, sam-dim de 10h30 à 23h. Brunch jusqu'à 16h le week-end (8 $-12 $). TH midi et soir : 30 $. Carte : 9 $-20 $.

À l'origine un appartement de la rue Saint-Denis, c'est aujourd'hui un café restaurant très tendance. Les propriétaires ont tenu à conserver les ambiances de la salle à manger, du salon et même de la chambre à coucher. Résultat : un des lounges les plus intimes en ville. Les plus pressés prendront un sandwich et laisseront aux autres le temps de déguster la cuisine savoureuse du bistro. Comment résister au jarret d'agneau confit ou au saumon en croûte de pistaches ? Les lève-tard du weekend seront séduits par les brunchs sur la terrasse.

SUR BLEURY

1067, de Bleury

514-866-6161 | www.surbleury.com

M° Square-Victoria ou Place-d'Armes. Lun-ven de 11h30 à 15h (la cuisine ferme à 14h). Fermé le week-end. Carte : moins de 15 $. Terrasse.

Un restaurant à la décoration très réussie, avec une alliance d'un mur en brique, d'un plancher en béton et d'un mobilier en bois. La carte est simple et efficace : choix de quatre sandwiches et de quatre salades. Les combinaisons sont harmonieuses à l'exemple de la salade au poulet grillé et à la mangue, ou le sandwich légumes grillés et fromage de chèvre. Chaque jour, le chef prépare deux plats chauds différents. Bon choix de vins, servis au verre sur demande.

BISTROS & CUISINE FRANÇAISE

CHEZ ALEXANDRE ET FILS

1454, Peel

514-288-5105 | www.chezalexandre.com

M° Peel. Lun-dim, 12h-2h. Menu midi : moins de 30 $, plats le soir : 20 $-40 $, brunch 26,50 $. Très belle carte des vins. Pub au 2e étage jusqu'à 3h. Terrasse.

Cette magnifique brasserie parisienne nous transporte littéralement vers les beaux quartiers de la ville lumière : service stylé, banquettes en cuir, boiseries, tables en granit et chaises en rotin importées de France. Le distingué Alain Creton illumine de sa présence les deux salles luxueuses, où l'on apprécie os à moelle au sel de Guérande, escargots de bourgogne, choucroutes au champagne Moët & Chandon, cassoulets toulousains et confits de canard à la périgourdine, sans oublier la traditionnelle bavette à l'échalote avec ses frites maison, épluchées à la main pour plus de croquant ! Suprême audace, la maison abrite au deuxième étage un authentique pub anglais le « John Sleeman Pub » avec foyer et cigar lounge. Tout simplement le meilleur des deux mondes à la même adresse.

L'APPARTEMENT

600, William

514-866-6606 | www.lappartement.ca

M° Square-Victoria. Lun-ven dès 11h45, mar-sam dès 17h. Fermé dim. Menu midi : à partir de 18 $, TH : à partir de 35 $.

Ce restaurant porte bien son nom. L'ambiance décontractée, la décoration épurée et moderne, le mobilier simple et design pourraient être ceux que l'on trouve dans un loft. Sauf qu'ici, la cuisine allie de bons produits, un savoir-faire et une créativité certaine. Chacun y trouvera son bonheur sous la forme d'un TV Dinner servi dans une assiette à compartiments. Vous préférez une cuisine plus fine ? Vous apprécierez le quatuor de tartare ou bien encore le filet mignon de bœuf Angus certifié, sauce au poivre vert de Madagascar, sauté de rapini et champignons sauvages, purée de Yukon gold au proscuitto et ciboulette accompagné pourquoi pas, d'un bon verre de vin que vous aurez préalablement sélectionné dans le vaste choix qu'offre la carte. Enfin, pour les amoureux de chocolat fort en goût, le mi-cuit au chocolat amer vous ravira.

L'ARRIVAGE (MUSÉE POINTE-À-CALLIÈRE)

350, place Royale

514-872-9128 | www.pacmusee.qc.ca

M° Place-d'Armes. Lun de 11h30 à 14h, mar-dim de 11h30 à 16h. TH : à partir de 10,50 $. Réservation indispensable. Terrasse.

Un de ses secrets bien gardés du Vieux-Montréal ! Situé au deuxième étage du musée Pointe-à-Callière, la salle à manger est baignée de lumière. En été, la terrasse offre une belle vue sur Montréal. Le chef propose tous les jours un nouveau choix de viande, de poisson ou de pâtes. Tout est cuisiné avec une grande finesse et des ingrédients de qualité. Les accompagnements relèvent le met à merveille. Ainsi l'espadon peut être accompagné de grenade et de mangue, d'épinards et d'une purée de navet. Un vrai bonheur pour des prix plus que raisonnables.

L'ASSOMMOIR

112, Bernard Ouest

514-272-0777 | www.assommoir.ca

Angle Saint-Urbain. Lun-mer et dim de 11h à 1h, jeu-sam de 11h à 3h. TH midi : à partir de 13 $. Carte : moins de 30 $. Brunch branché les dimanches de 10h à 16h : 8 $-22 $. Tous les mardis soir, soupers de femme : réservez en ligne, apportez votre coupon et obtenez gratuitement un repas deux services. DJs.

Un resto-bistro avec une personnalité. L'accueil chaleureux et convivial, l'ambiance tamisée, la présence du bois, cette petite fleur blanche posée sur chaque table reflètent bien l'âme de cet endroit où il fait bon être. Quand on nous présente la carte, un livre avec une couverture vêtue de bois, on pénètre dans l'univers de l'Assommoir : choix de cocktails impressionnant, tapas variées, plats à partager… Et si l'Assommoir du soir vous attire, sachez que vous y trouverez une toute autre ambiance. Celle d'un lieu animé, musical et branché où ceviches, tartares, grillades et poissons frais accompagnent harmonieusement les libations des joyeux convives.

Autre adresse : 211, Notre-Dame Ouest, 514-564-8177. Service traiteur : Nana traiteur, 209, Notre-Dame Ouest, 514-270-8883.

L'ATELIER

5308, Saint-Laurent | 514-273-7442

Angle Maguire. Mer-ven, midi et soir ; mar & sam-dim, soir seulement. Apportez votre vin. Table aux saveurs du terroir certifiée.

Les portraits des producteurs sont affichés sur le pan d'un mur. Des rondins de bois, de différentes tailles, tapissent une autre paroi. Un mobilier fait de bois franc et épais. Un accueil convivial. Le ton est donné. L'Atelier est un lieu où le naturel et la simplicité ont leur importance. Ici, rien n'est superficiel et superflu. Tout se concentre dans la cuisine. Tout est dans la finesse, dans la qualité des produits, dans l'art de les marier et de les présenter. Ainsi, nos yeux et nos papilles se souviennent de la saveur, de l'onctuosité et de la beauté de ce velouté de carottes agrémenté d'une fleur de crème fraîche, d'un fin filet de sirop d'érable et de quelques morceaux de carottes croquantes. Un moment de bonheur…

BEAVER HALL

1073, Côte du Beaver Hall
514-866-1331 | www.beaverhall.ca
M° Square-Victoria. Lun-sam de 11h30 à 22h30. Fermé le lun en après-midi. Menu midi : 15-25 $, menu à la carte le soir : 15-30 $, formule du soir : 35,50 $. Atelier culinaire de l'Europea. Belle carte des vins.

Un bistro dans toute sa splendeur : de belles banquettes en cuir, des serveurs bien accoutrés, des boiseries distinguées. Niveau cuisine, on sent bien la touche de Jérôme Ferrer, chef de l'Europea et maître d'œuvre de l'endroit. Le tartare coupé au couteau est joliment présenté sur une planche en bois avec un petit bol de frite. La salade repas au chèvre chaud est généreusement garnie. Le foie de veau est cuit à la perfection, une prouesse à souligner ! Autre originalité appréciable : la suggestion du verre de vin assorti au plat.

BEURRE NOISETTE

4354, Christophe-Colomb
514-596-2205
www.beurrenoisette.ca
M° Mont-Royal. Mer-sam de 17h30 à 22h. Carte : moins de 30 $. Apportez votre vin.

Un petit resto du Plateau qui respecte toutes les règles de l'art : une atmosphère conviviale et une cuisine du marché aux saveurs recherchées. Le soir de notre visite, nous avons goûté à une crêpe au canard délicatement assaisonnée au curry, à un pavé de cerf accompagnée d'une délicieuse sauce au porto. La tourte au chocolat était une belle façon de finir ce repas. Un conseil : consultez le site Internet avant votre visite. Vous y trouverez le menu du soir avec des conseils pour l'assortiment de vins.

BISTRO L'AROMATE

Hôtel Le Saint-Martin
980, de Maisonneuve Ouest
514-847-9005
www.laromate.com
M° Peel ou McGill. Lun-mer, 11h30-22h ; jeu-ven, 11h30-23h ; sam, 12h-23h ; dim, fermé. Menu à la car-te : 16-35 $, menu midi : 20-30 $, table d'hôte du soir : 22-40 $. Belle carte des vins et au verre. Terrasse.

Garçon choc pour bistro chic, le chef Jean-François Plante a posé ses valises aromatiques en plein cœur du cen-tre-ville dans le tout nouvel hôtel Le Saint-Martin. Élégance et convivialité sont de mise, avec les tons blancs sur vert amande, l'acier et le bois. La mezzanine et le grand bar aux lignes épurées procurent une agréable sensation d'espace. Un resto qui a de la personnalité ! Dans l'assiette aussi, car le chef travaille les salades, les poissons frais, les pâtes et les viandes, qu'il fait mariner pour leur donner ce goût unique ; ce qui lui donne le plaisir de changer la carte régulièrement. Une excellente adresse en plein cœur du centre-ville. Autre restaurant du chef Jean-François Plante : Plaisirs Coupables (1410, rue Peel).

Autre adresse : 2981, Saint-Martin Ouest (Centro-po-lis), Laval, 450-686-9005.

BISTRO JUSTINE

1231, Lajoie
514-277-2728 | www.bistrojustine.com
M° Outremont. Mar-ven de 11h à 14h30 et de 17h à 22h, sam de 17h45 à 23h. Fermé dim et lun. Menu midi express : 11,50 $, carte : moins de 20 $.

C'est un petit resto au style épuré et où seulement une trentaine de personnes peuvent être reçues. Mais c'est surtout un bistro où la cuisine est composée de saveurs qui, en bouche, prennent toutes leur ampleur. La terrine de sanglier faite maison et accompagnée d'une petite salade, de croutons bien grillés et surtout, d'un chutney de canneberges parfumé et peu sucré, est un pur délice. Et c'est ainsi tout au long du repas. Rien de bien sophistiqué, mais justement, tout est subtilité, jusqu'à ce gâteau au fromage recouvert d'une fine couche de gelée de fruits et entouré d'un coulis de fruits rouges frais. Si léger, si onctueux et si goûteux qu'on aurait aimé que ce plaisir ne cesse jamais. Délice, sourire, le Bistro Justine, c'est tout cela à la fois.

Autres adresses : Bistro à vin, 4517, Saint-Denis, 514-287-2552.

BISTRO OLIVIERI

5219, Côte-des-Neiges

514-739-3303 | www.librairieolivieri.com

M° Côte-des-Neiges. Lun-mar de 11h30 à 21h, mer-ven de 11h30 à 22h, sam-dim de 10h à 17h (fermeture de la cuisine à 16h). Carte : 20 $ et moins.

Au fond d'une mignonne librairie du même nom, ce bistro réalise le plus purement du monde le mythe du café intello. Des étudiants et des personnages au profil de grands auteurs viennent y passer le temps. La nourriture de l'esprit ne suffisant pas à forcir le corps, la cuisine propose un menu santé, au parfum français, gravé sur tableau noir. Le service et les plats correspondent à l'endroit par leur subtilité sans prétention. Les portions sont généreuses et les produits utilisés de grande qualité. Les causeries que la librairie tient chaque semaine attirent une certaine clientèle qui fourmille autour d'un café et d'un copieux morceau de gâteau.

BISTRO TOI & MOI

5153, Wellington

514-903-9939

www.bistrotoietmoi.com

Angle Desmarchais. Mar-ven, 11h-22h ; sam, 9h30-22h ; dim, 9h30-16h. Fermé lun sauf pour service trai-teur. Menu snack, brunch et table d'hôte : 20 $ et moins. Vernissages, cours de cuisine, service traiteur.

Un charmant petit bistro de quartier qui privilégie le terroir, tant dans l'assiette que dans ses succulents petits plats à emporter. Un coin épicerie fine vous permettra de rapporter quelques bons produits d'ici. Le week-end, de 10h à 14h, c'est le rituel du brunch et nous vous conseillons fortement d'essayer leurs crêpes maison. En été, savourez le tout sur leur jolie terrasse fleurie.

LE BLEU RAISIN

5237, Saint-Denis

514-271-2333

M° Laurier. Mar-sam, 17h30-22h30, fermé dim-lun. Apportez votre vin. Terrasse. Table aux saveurs du terroir certifiée.

Un cadre sobre et élégant pour ce restaurant de cuisine française qui vous propose une ardoise axée sur les produits du terroir québécois, en tenant compte des saisons et du marché. Les plats sont généreux, bien présentés, et préparés avec talent par le chef-propriétaire, Frédéric Mey. On vous recommande les gibiers, et aussi les desserts, notamment la crème brûlée et le Tiramisu. L'ambiance est chaleureuse et souvent animée, quant au service, il est tout à fait à la hauteur. Bref, une adresse intéressante sur le plateau, qui accueille agréablement ses habitués... Et les nouveaux venus !

BORIS BISTRO

465, McGill

514-848-9575

www.borisbistro.com

M° Square-Victoria. Mai à septembre : ouvert tous les jours midi et soir. Le reste de l'année : lun-ven, 11h30-14h ; mar-sam, 18h à tard le soir. Terrasse. Plats principaux à la carte : 17-25 $.

On va chez Boris Bistro pour la terrasse, l'ambiance et les bons plats. Que diriez-vous de déguster un savoureux repas dans un jardin, en plein cœur de Montréal ? C'est ce qu'on vous propose ici, mais pas seulement, car la salle est très agréable elle aussi. Que choisir entre un carpaccio de bison, le grand gravlax Boris ou des raviolis nappés d'une sauce à la sauge ? Une tarte sablée amandes et miel conclura ce repas de façon bien agréable. La carte des vins est étoffée, les bières servies bien fraîches et les cocktails variés. Ajoutez à cela un service aussi courtois qu'attentionné, et vous comprendrez pourquoi le Boris Bistro est une des adresses les plus futées du Vieux-Montréal. Nouveau depuis 2010 : les tapas du soir et les 5 à 8 musicaux (mercredi jazz et vendredi latino).

BRASSERIE T!

1425, Jeanne-Mance
514-282-0808
www.brasserie-t.com

M° Place-des-Arts. Ouvert tous les jours dès 11h30. Menu à la carte : 10-30 $.

La petite sœur du réputé restaurant Toqué! du chef Normand Laprise a ouvert ses portes récemment en plein cœur du Quartier des spectacles. L'endroit connaît déjà un franc succès et offre un menu typique des brasseries européennes avec une touche québécoise. L'architecture du restaurant vaut à elle seule le déplacement : un lieu au design résolument urbain qui ressemble à un long abri de bus moderne... Vous vous retrouvez donc en plein cœur de l'action du quartier avec une vue directe sur la grande place centrale.

CAFÉ CHERRIER

3635, Saint-Denis
514-843-4308 | www.cafecherrier.ca

M° Sherbrooke. Lun-ven de 7h30 à 23h, sam-dim de 8h30 à 23h. La cuisine ferme à 22h30. TH soir : moins de 30 $. Brunch sam-dim. Carte : 10 $ -40 $. Terrasse.

Une belle brasserie, classique et réputée depuis son ouverture en 1931. On raconte qu'aujourd'hui, les vedettes du monde des arts et des sports aiment s'y retrouver pour grignoter un morceau. Autour d'une table en marbre, sous les pales du ventilateur et dans le brouhaha caractéristique des bistros, il est agréable de regarder discuter les gens d'affaire, les amis et les amoureux. En hiver, on vous conseille la soupe à l'oignon qui réchauffe bien comme il faut! En été, la salade aux foies de volaille, dégustée en terrasse est fort appréciable. Les spécialités de la maison conviennent à toutes les saisons : tartare de bœuf, rumsteck, boudin aux pommes. Le service est très efficace.

CAFÉ DU NOUVEAU MONDE

84, Sainte-Catherine Ouest
514-866-8669
www.tnm.qc.ca

M° Place-des-Arts. Ouvert lun de 11h30 à 20h, mar-ven de 11h30 à minuit, sam de 13h30 à minuit. Fermé dim. Menu midi : 10 $-15 $, plats principaux à la carte : 15 $-22,50 $.

Tout comme le théâtre du même nom, le Café du Nouveau Monde allie modernité et élégance. Le bar ainsi que le restaurant de la mezzanine, avec leurs belles tables en bois, les ardoises présentant le menu du jour, et l'agréable musique d'ambiance, ravissent les artistes et leurs amis. La variété et la qualité des mets proposés donnent à ce restaurant une allure de bistro français. La carte du bar, disponible jusqu'à 20h, offre des encas originaux tels que le proscuitto figues, le tartare de saumon et les crevettes poêlées. À partir de 20h et jusqu'à minuit une table d'hôte de propose des plats plus consistants et met en avant de bons produits comme la bavette à l'échalote ou le jarret d'agneau, cuisinés avec soin. Bref, le Café du Nouveau Monde devient une halte idéale après une journée de shopping mais surtout, avant ou après une soirée culture.

CAFÉ GRIFFINTOWN

1378, Notre-Dame Ouest
514-931-5299
www.griffintowncafe.com
Entre Versailles et de l'Aqueduc. Mar, 18h-22h ; mer-ven, 11h30-22h ; sam, 10h-22h ; dim, 10h-15h. Plats principaux : 15 $-30 $, menu brunch : moins de 20 $ le plat.

Situé dans Griffintown, un quartier historique en pleine revitalisation, ce restaurant est fort réputé pour ses succulents brunchs le week-end. Au menu, des plats qui sortent de l'ordinaire comme le burger de bœuf, agneau et canard avec œuf frit et cheddar âgé, ou encore le parfait au yogourt et granola maison avec noix, fruits d'hiver, crème sucrée et sirop d'érable. Le soir, on a droit à des plats finement apprêtés avec une bonne dose de produits régionaux. Une adresse à retenir !

LE CAVEAU

2063, Victoria
514-844-1624
www.lecaveau.ca
M° McGill. Lun-ven de 11h30 à 23h, sam de 17h à 23h. TH midi et soir : moins de 30 $. Carte : 18 $-35 $. Stationnement intérieur gratuit le soir. Terrasse.

Au cœur du centre-ville, érigé aux pieds des gratte-ciels, ce restaurant persiste et signe depuis près de 60 ans dans le domaine de la très bonne table. Des plats traditionnels de cuisine française sont revisités pour notre plus grand bonheur. La serveuse fait l'éloge du cassoulet de Toulouse, ville d'origine du chef. Le carré d'agneau enrobé d'herbes fraîches appelle les papilles gustatives. Que dire du tartare de bœuf ou encore de la sole meunière, autant de pièces soigneusement choisies ? À noter : la maison datant du début siècle qui dénote agréablement dans le quartier, et la terrasse très agréable dès les beaux jours. Un accord parfait entre saveur et bonheur.

LE CHIEN FUMANT

4170, de Lanaudière
514-524-2444
www.lechienfumant.com
Angle Gilford. Mar-dim de 18h à 2h. Brunch le dim de 10h à 14h. Plats principaux : 25 $-40 $.

Ce bistro vous séduira par sa cuisine et son cadre. Si vous vous installez au bar, vous pourrez voir comment sont confectionnés vos plats grâce à la cuisine ouverte. La décoration est originale : bouteilles accrochées au plafond, serviettes blanches et rouges en tissus, assiettes ornées façon « grand-maman ». Les brunchs du dimanche sont agréables et copieux. La tarte aux pommes, foie gras au sel, proscuitto de canard et œuf poché est à conseiller pour les ripailleurs, et le gravlax de saumon sur blinis pour les becs plus fins. Une cuisine du marché et de très bons tartares.

CHRISTOPHE

1187, Van Horne
514-270-0850 | www.restaurantchristophe.com
M° Outremont. Mar-sam de 18h à 22h. TH : 37 $-43 $. Menu découverte : 60 $. Menu champignons : 55 $. Apportez votre vin.

La discrétion, la tranquillité et la constante de la qualité nous font revenir régulièrement chez Christophe. Le menu en cinq services est remarquable : la trilogie de saumon (confit, gravlax et tartare) suivi du rôtisson de cerf rouge de la « ferme de Boileau », aux petits fruits des champs. Superbe foie gras poêlé au caramel de bleuets. Un beau choix de fromages parfait notre expérience gastronomique des produits locaux.

LA COLOMBE

554, Duluth Est | 514-849-8844
Angle Saint-Hubert. Mar-sam de 17h30 à 22h. Fermé lun. TH : 50 $. Apportez votre vin.

Une atmosphère feutrée, tranquille, pas de musique, juste le léger brouhaha des conversations et des bons petits plats qui mijotent. La bourgeoisie gourmande vient ici s'adonner aux plaisirs de la chair avec simplicité. La carte est courte, une vingtaine de plats tout au plus, mais quelle cuisine ! L'humilité, la gentillesse et la rigueur du chef propriétaire, Mostafa Rougaibi, se retrouvent dans les assiettes, sans effets de styles superflus. La touche du chef : ces contrastes épicés, ces couleurs et ces parfums qui rappellent discrètement son Maroc natal. On a coutume de dire qu'il faut apporter son meilleur vin… C'est vrai !

CONTINENTAL BISTRO

4007, Saint-Denis

514-845-6842 | www.lecontinental.ca

M° Mont-Royal. Mer-sam de 17h30 à 1h, dim-mar de 17h30 à minuit. Plats principaux à la carte : 15 $-25 $. Terrasse.

Le Continental jouit d'un succès mérité. Les habitués, dont un nombre important d'artistes, apprécient les mélanges sucrés-salés tels le carpaccio de figues et fromage de chèvre rôtis, ou encore la bavette de bœuf et échalotes confites. Les classiques sont également fidèles à l'appel, et le tartare comme les calmars sauront satisfaire les plus exigeants. Le tout est accompagné d'un beau choix de vins, dont plusieurs importations privées de qualité. Un restaurant qui plaît autant pour l'ambiance qui y règne que pour sa cuisine toujours bien exécutée, sans se prendre au sérieux. Réservez et tentez l'expérience, ça vaut le coup, d'autant que la cuisine reste ouverte tard !

CUISINE ET DÉPENDANCE

4902, Saint-Laurent

514-842-1500 | www.cuisineetdependance.ca

Angle Saint-Joseph. Ouvert tous les soirs de 17h à 23h. Jeu-ven de 11h30 à 14h30. TH midi : moins de 30 $, à la carte le soir : compter 40 $.

Chocolat et vert anis sont les couleurs prédominantes de ce lieu nommé « Cuisine et Dépendance ». Et à vrai dire, ce nom a tout son sens. Entre la pétillante et chaleureuse Danielle Matte, qui accueille ses hôtes, et son comparse, le chef Jean-Paul Giroux, qui a l'art de marier les saveurs et les produits, pas étonnant que l'antre des gourmets se nomme ainsi. Que dire de ce saumon saisi autour et si tendre dedans. De ce mélange de couleurs, de saveurs et de textures... Ah, on en salive encore ! Tout est fait avec finesse, passion et simplicité. Et, pour les Dépendants de cette Cuisine, des prêts à emporter sont disponibles.

LES DEUX SINGES DE MONTARVIE

176, Saint-Viateur | 514-278-6854

Angle de l'Esplanade. Mer-ven de 11h30 à 14h, dim-mer de 18h à 22h, jeu-sam de 18h à 23h. Carte : 24 $-35 $.

Un bistro de cuisine française bien sympa au cœur du Mile-End. Les lieux sont chaleureux grâce à un mariage entre le bois et la brique qui est franchement réussi. Au menu, des spécialités de fruits de mer qui vous feront faire un véritable voyage gastronomique. Sachez qu'il est possible de prendre le vin au verre à un prix très raisonnable, question d'accorder le tout à chacun de vos plats. Une adresse qu'on prend plaisir à découvrir ou redécouvrir !

LE FLAMBARD

851, rue Rachel Est | 514-596-1280
www.leflambard.com

Angle Saint-Christophe, près de Saint-Hubert. Dim-ven de 17h30 à 22h, 2 services le samedi : 18h00 et 20h30. TH : 34$ et menus 25-40 $: moins de 30 $. AVV.

Une cuisine française toute en saveurs, réalisée avec des produits de saison, dans une carte qui vous met l'eau à la bouche... Les ingrédients sont réunis pour passer une belle soirée. La table d'hôte, généreuse, vous invite - côté viande ou côté poissons - à découvrir des recettes simples mais bien exécutées. Plusieurs menus vous sont aussi offerts, avec une palette de plats plus attirants les uns que les autres, souvent issus des régions de France; on vous suggère par exemple le feuilleté de champignons sauvages au fromage de chèvre ou encore le foie gras poêlé, pommes et pain d'épices en entrée, puis les rognons de veau à la moutarde de Meaux ou les pétoncles sautés émulsion de cidre de glace pour le plat... Il y en a vraiment pour tous les goûts, et tout est bon! Pour finir en beauté cette si bonne bouteille que vous aurez apportée, une sélection de fromages ou un savoureux dessert vous sont proposés, et il serait dommage de refuser. Une bonne note pour ce petit resto décontracté et au service chaleureux, au coeur du plateau, mais qui n'a pas pris la grosse tête en 20 ans d'existence.

LES ENFANTS TERRIBLES

1257, Bernard Ouest | 514-759-9918

M° Outremont. Ouvert tous les jours de 11h30 à minuit. TH midi : moins de 25 $, à la carte le soir : compter 40 $. Terrasse.

C'est une brasserie au charme fou aux murs recouverts de bois, tout en relief, où les tableaux noirs affichent les menus, et où le moderne se mêle au rustique. Les Enfants Terribles, c'est tout à la fois un lieu où il fait bon être et manger. Parce qu'ici, la nourriture occupe une place de choix. C'est d'ailleurs en regardant la vie outremontaise défiler derrière les larges baies vitrées et teintées que l'on déguste un délicieux tartare de bœuf à l'huile de truffe accompagné d'un mesclun. Fin, frais et copieux, à l'image des autres plats de la carte. Quant au moelleux au chocolat, quelle douceur... Les habitués ne se trompent guère. Ils viennent à la brasserie pour la qualité des produits, pour l'ambiance des lieux et pour ce supplément d'âme que les propriétaires ont su créer. Une réussite !

L'ENTRE-MICHE

2275, Sainte-Catherine Est | 514-521-0036

Angle Fullum. Lun-sam de 18h à 22h. Fermé dim. Carte : 20 $-25 $. Traiteur Pareira ouvert lun-ven de 8h à 17h.

Dans un quartier où les bonnes tables

ne courent pas les rues, en voilà une qui mérite qu'on s'y arrête. À midi, clientèle d'affaires et télévisuelle pressée. Mais le soir, l'ambiance réconfortante séduit gourmands en tous genres. Le joli cadre et le service efficace ajoutent au plaisir que procure la savoureuse cuisine du chef. Des plats soignés, des produits frais, une carte bien ficelée… Le choix du vin ne sera pas aisé, tant la carte est alléchante. Côté desserts, ce ne sera pas plus facile, à la vue des créations du chef, on en demanderait encore !

L'EXPRESS

3927, Saint-Denis | 514-845-5333

M° Sherbrooke. Lun-ven de 8h à 2h, sam de 10h à 2h, dim de 10h à 1h. Carte midi-soir : 15 $-50 $.

On ne le présente plus. La cuisine est toujours impeccable : la mousse de foie blond aux pistaches, le saumon au cerfeuil, le pot-au-feu, les os à moelle et les îles flottantes. Le souci de la qualité est le maître mot des propriétaires. La convivialité du lieu et le respect pour la clientèle font de ce bistro un endroit charmant et incontournable pour les amoureux de la bonne cuisine et du bon vin.

LA FABRIQUE

3609, Saint-Denis

514-544-5038 | www.bistrotlafabrique.com

M° Sherbrooke. Mar-sam de 17h30 à 22h30, dim de 17h30 à 21h30. Brunch le dim de 10h à 14h30. Carte : 10 $-30 $.

C'est un lieu d'ambiance fait de bois clair, de pierres et de briques dans lequel on se sent bien. L'accueil y est chaleureux et donne l'impression d'être attendu comme un hôte. La cuisine, située au centre du restaurant, est délimitée par des bocaux à conserves. Tout est montré, tout est vu, tout est révélé. Ainsi, on voit les plats se constituer et nos papilles commencent à s'éveiller. Ce mélange de couleurs et d'odeurs, on l'appréciera dans notre assiette avec un tartare de légumes qui est une véritable explosion de saveurs. Quel plaisir ! Les desserts et les brunchs créatifs sont également à découvrir. Une adresse à laquelle on revient volontiers !

CHEZ GAUTIER

3487, du Parc | 514-845-2992

www.lapatisseriebelge.com

Angle Milton. Lun-mer de 11h30 à 23h, jeu-ven de 11h30 à 23h30, sam de 9h à 23h30. Fermé dim. Brunch de 9h à 14h le sam. Menu midi : moins de 20 $, TH : moins de 30 $. Terrasse.

Un restaurant dont on ne parle pas assez souvent, sans doute parce qu'il est là depuis longtemps, pour le plus grand plaisir de ses habitués, toujours nombreux. L'accueil est impeccable. La décoration rassure, avec son petit côté rétro français, et contraste avec le design de la plupart des nouvelles tables de la métropole. L'assiette n'est pas en reste. Toujours très correcte, en table d'hôte ou à la carte, vous y retrouverez des spécialités françaises travaillées avec soin. Le foie de veau poêlé est un délice, la délicieuse andouillette à la moutarde bien saisie. Essayez le saumon fumé maison en entrée, il est fondant à souhait. Et pour les desserts, sachez que La Pâtisserie Belge partage les locaux ! Une référence qui a tout pour le demeurer encore longtemps !

LE GARDE-MANGER

408, Saint-François-Xavier
514-678-5044
M° Place-d'Armes. Lun-ven de 12h à 15h et de 17h30 à minuit, sam-dim de 17h30 à minuit. TH midi : 15 $-20 $, soir : 20 $-30 $.

Ne cherchez pas l'enseigne du Garde-Manger, vous ne la trouverez pas. Pourtant, ce petit restaurant à la décoration atypique est un lieu convoité. Il faut dire aussi qu'ici, la bonne humeur, la convivialité, la musique et la bonne cuisine se conjuguent à merveille. Voir les cuisiniers s'activer, les serveurs aller et venir, le barman qui prépare les boissons, gère les couverts et à l'occasion la musique, révèle bien un rythme survolté. Pourtant, on apprécie. Serait-ce dû à l'ambiance feutrée et chaleureuse, au vin et autres cocktails, à la qualité des plats ? Certainement tout ça à la fois. Cuisine solide et ambiance branchée, voilà pourquoi l'endroit a ses fidèles et séduit tant !

L'INCRÉDULE, BISTRO CONTEMPORAIN

288, Saint-Charles Ouest, Longueuil
450-674-0946
www.lincredule.ca
Angle Saint-Thomas. Lun-mer de 11h à 21h, jeu-ven de 11h à 22h, sam-dim de 9h-22h. TH midi : moins de 20 $, soir : moins de 30 $. Menu saisonnier : 38 $. Brunch le week-end de 9h à 15h.

Toujours une adresse très convoitée, tant le midi (clientèle d'affaires) que le soir. L'Incrédule propose une cuisine française contemporaine avec un vaste choix d'entrées, d'abats, de gibier, de moules servies avec des vraies frites. Grande sélection de bières du monde et de vins importés. L'ambiance, le cachet, le service généreux et convivial font de ce restaurant un endroit abordable où l'on aime revenir parce qu'on s'y sent bien accueilli, souvent reconnu et enveloppé de beaucoup d'attention. En été, deux raisons supplémentaires pour s'y attarder : deux terrasses vertes et coquettes.

LE JARDIN NELSON

407, Place Jacques-Cartier
514-861-5731
www.jardinnelson.com
M° Champ-de-Mars. Ouvert de la mi-avril à fin octobre : lun-ven de 11h30 à 2h, sam-dim et les jours fériés de 10h30 à 2h. Carte : moins de 20 $. Cour intérieure.

Le Jardin Nelson propose tous les jours une programmation musicale live. En été, l'immense cour intérieure donne une impression d'évasion totale. Musique pop jazz, grandes ombrelles à l'allure art déco, quelques arbres qui laissent glisser une brise chatouillante, que demander de plus ? On se berce en entendant parler de feuilleté de chèvre et son coulis de tomate, d'éventail de poissons fumés à l'érable composés de saumon, thon et espadon servis en salade, ou encore de pizza aux crevettes marinées à l'ail, à l'aneth et au vin blanc et ses trois fromages. Pour prolonger ce doux moment, on commande une de leurs crêpes desserts aux fruits de saison, crème pâtissière et coulis de baies fraîches.

LEMÉAC

1045, Laurier Ouest
514-270-0999 | www.restaurantlemeac.com
Angle Durocher. Lun-ven, 12h-minuit; sam-dim, 10h-minuit (brunch le week-end de 10h à 15h). Plats principaux : 20 $-40 $. Menu 22h à 24 $. Terrasse.
Saveurs, élégance et bavardages joyeux sont au rendez-vous. La réputation de ce resto n'est plus à faire. Excellente cuisine, comme ces quelques bouchées de tartare de saumon et de bœuf. On en redemande, tellement c'est bon ! Délicieux carré d'agneau, gratin savoyard et petits pois à la française ou jolie côte de veau grillée, polenta crémeuse à la purée de carotte. Une belle carte des vins et des desserts réussis montrent bien qu'ici on a le souci du détail. Message reçu par la clientèle bourgeoise et décontractée de Montréal, et on la comprend !

LE LOCAL

740, William | 514-397-7737 | www.resto-lelocal.com
Angle Prince. Lun-ven de 11h30 à minuit, sam de 17h30 à minuit, dim de 17h à 23h. Plats principaux : 20 $-35 $. Terrasses.
Propriété du chef réputé Louis-François Marcotte, Le Local fait salle comble depuis son ouverture en 2008. Les lieux, à la déco plutôt tendance, occupent un espace au look industriel où le béton et l'acier se marient à merveille avec la brique et le verre. Aux commandes de la cuisine, Charles-Emmanuel Pariseau qui a fait ses premières armes dans des restaurants réputés tels que Toqué ! et Leméac. Son menu se compose de plats bistro réinventés avec une touche internationale pleine de fraîcheur. La carte des vins qui accompagne le tout est méticuleusement choisie par la sommelière Élyse Lambert, récipiendaire en 2009 du titre de « Meilleur sommelier des Amériques », rien de moins.

M SUR MASSON

2876, Masson | 514-678-2999
www.msurmasson.com
Angle 6e Avenue. Lun-ven de 11h30 à 17h et de 17h30 à 23h, sam de 17h30 à 23h, dim de 10h à 15h30. TH midi : 20 $-25 $, soir : 35 $-40 $. Terrasse.

Encensé par la critique, et pour cause ! Les mets comme le croustillant d'épaule de porcelet confit et laquée et sa chaudrée d'escargots à la fleur d'ail, embeurré de choux de Bruxelles, ou les côtes levées de porc au BBQ, salade de rattes, cresson et betterave Chiogga, sauce gribiche, sans oublier les desserts, sont finement travaillés. Le service est courtois et personnalisé. Le menu complet est expliqué à chaque client. Malgré un agrandissement, la salle est presque toujours pleine. Les réservations sont donc fortement recommandées. S'il y a du bon à cet achalandage, c'est que les délicieux effluves de la cuisine imprègnent rapidement l'endroit. Pour deux personnes, venez vous régaler avec le Koulibiac de saumon biologique, cèpes, jambon Serrano et beurre au citron dans un décor sympathique. Étant donné la variété de vins, les amateurs seront comblés. Un service de traiteur est aussi offert. Un peu excentré, mais sans doute le meilleur choix dans l'Est de la ville.

CHEZ MA GROSSE TRUIE CHÉRIE

1801 rue Ontario | 514-522-8784
www.chezmagrossetruiecherie.com
Dim-lun Fermé; mar-jeu 17h–22:30h; ven-sam 17h–23h. Terrasses. TH 24-32$, Carte 36-52$.

Difficile de manquer ce restaurant tout de rouge vêtu, avec sa cochonne (pardon, sa truie!) qui déborde du mur… Et pourtant, il serait dommage d'en rester là, tant vous serez bien reçu à l'intérieur. Service courtois et carte maîtrisée sur le bout des doigts par une équipe qui sait recevoir. Des produits du terroir, travaillés de façon moderne et rigoureuse, et qui sauront régaler tous les gourmets. On y sert bien d'autres choses que du cochon, mais ça reste la spécialité de la maison : Le « Méga tout cochon » à partager vous permettra de vous régaler de côtes levées, de côtes de porc mi-fumé grillées, de jarrets braisés… Une découverte des plus savoureuses, surtout si vous l'agrémentez d'une option « encore plus cochonne » de foie gras poêlé… Vous l'aurez compris, on parle d'ici d'un paradis pour les gourmands, qui ne manqueront pas de revenir.

LE MARGAUX

5058, du Parc | 514-448-1598
www.lemargaux.com
Angle Laurier. Mar-ven 11h30-14h, mer-sam 17h30-22h. Fermé dim-lun. TH midi : 14,50 $-20,50 $. Carte : 25 $ et moins. Terrasse.

Un bistro au style épuré, qui propose des plats du Sud-Ouest de la France, avec une pointe d'imagination. La cuisine que nous propose le chef Jérôme Chatenet est une invitation à la découverte. Les textures et les saveurs s'y combinent malicieusement, pour le plus grand plaisir des gourmets. La sélection d'entrées et de plats est courte, mais suffisante en raison de la qualité du choix. On trouve des plats typiques du Périgord, comme le magret de canard rôti au pain d'épices ou la salade landaise de gésiers et foie gras. Les assiettes sont bien présentées et les accompagnements fort intéressants. L'ambiance est reposante, avec une musique feutrée et un service aussi doux qu'efficace. Ajoutons à tout cela un rapport qualité-prix très correct et des vins bien sélectionnés, et on obtient une adresse qui se distingue, pour notre plus grand plaisir.

LE PARIS BEURRE

1226, Van Horne | 514-271-7502
www.leparisbeurre.com
M° Outremont. Lun-ven de 11h30 à 14h30 et de 17h30 à 22h, sam-dim de 17h30 à 22h. TH midi : moins de 20 $, soir : 25 $ et moins. Terrasse.

Ce restaurant aux couleurs ocres et à l'ambiance chaleureuse a une carte restreinte, mais des plats succulents. Des recettes typiquement françaises : lapin fermier, ris de veau aux poires, filet mignon sauce roquefort, côte de bœuf au jus pour 2. Pour les indécis, la bavette de bœuf est exquise. Les serveurs sont parfaits, on voit rarement pareil service à Montréal. Enfin pour le dessert, nous vous conseillons fortement la tarte aux pommes qu'il faut commander au début du repas, fondante à souhait !

PÉGASE

1831, Gilford | 514-522-0487 | www.lepegase.ca
Angle Papineau. Mar-dim de 17h30 à 23h30. Carte : 30 $ et moins. TH gourmande : 33 $-42 $. Menu dégustation : 55 $. Apportez votre vin.

Dans un décor de maison privée, encadré de superbes fresques murales, on retrouve l'atmosphère rassurante des foyers d'antan. De savants arômes émanent des chaudrons, les assiettes sont joliment présentées, et les desserts aussi beaux que bon. Une cuisine française de qualité où les gibiers et les viandes en sauce sont délicieux, avec une présentation soignée.

PLEIN SUD

222, Mont-Royal Est
514-510-6234 | www.pleinsud-restaurant.com
Métro Mont-Royal. Mar-mer de 11h à 14h et de 17h à 22h, jeu-ven de 11h à 14h et 17h à 23h, sam de 17h à 23h. TH midi : 15 $, soir : 18 $-32 $. Grande TH : 29 $-42 $.

William et Dominique vous reçoivent

dans leur restaurant, élégant, chaleureux et convivial. Ils vous proposent une cuisine du Sud qui s'adapte au gré des saisons, sans fioritures, mais tout en finesse. Venez vous délecter d'un carré d'agneau aux herbes, de Calmars à la provençale, ou encore du poisson du marché... Un voyage tout en couleur au pays des saveurs !

LA PETITE ARDOISE

222, Laurier Ouest

514-495-4961

www.lapetiteardoise.com

Entre de l'Esplanade et Jeanne-Mance. Dim-mer de 9h à 20h, jeu-sam de 9h à 22h. Brunch le week-end de 9h à 15h. TH midi : moins de 20 $, soir : 15 $-25 $. Jardin, terrasse.

Une bonne cuisine française, de marché, qui se renouvelle tous les jours dans un cadre chaleureux. On lit sur l'ardoise les suggestions du jour comme le Portobello au saumon fumé et chèvre frais à la ciboulette, ou une belle bavette à l'échalote qui connaît un franc succès. On apprécie les formules « à la parisienne », servies à toutes heures et composées des plats les plus appréciés par la clientèle. Le personnel, vêtu élégamment de noir et de blanc, est souriant et garde la cadence, surtout à l'heure du midi. Du vin au verre, de la bière à la pression, toutes les conditions sont réunies pour passer un bon moment et se régaler de bonnes choses sans dépenser une fortune. Le week-end, les brunchs sont aussi très courus, surtout si on a la chance d'avoir une place dans le jardin intérieur.

AU PETIT EXTRA

1690, Ontario Est

514-527-5552 | www.aupetitextra.com

Angle Champlain. Lun-ven de 11h30 à 14h30, lun-mer de 18h à 22h, jeu-sam de 18h à 22h30, dim de 17h30 à 21h30. TH midi : 12 $-17 $. TH soir : 15 $-30 $.

Une véritable ambiance de bistro français règne au Petit Extra, animée et chaleureuse, avec le magnifique bar inspiré du photographe René Jacques. La table d'hôte change tous les jours et suit le rythme des saisons. La carte des vins, avec plus de 180 références, est excellente. Il est aussi possible d'organiser des réceptions au Lion d'Or attenant au bistro (superbe salle de spectacles art déco).

AU P'TIT LYONNAIS

1279, Marie-Anne Est

514-523-2424 | www.aupetitlyonnais.ca

Angle Chambord. Mar-jeu de 18h à 22h, ven-dim de 18h à 22h30. TH gourmande : 28 $-40 $.

La gastronomie lyonnaise jouit d'une réputation sans faille auprès des connaisseurs. Ce petit restaurant au cœur du Plateau propose une carte où spécialités lyonnaises et fine cuisine française sont à l'honneur. Ambiance, cuisine, prix : tous les ingrédients sont réunis pour passer un moment délicieux. Le service est impeccable, ce qui ajoute une note d'élégance à ce bel ensemble. Depuis ses fourneaux ouverts sur la salle, le chef nous offre un moment de grâce avec ses suggestions du jour : jarret d'agneau aux fines herbes, lapin farci au gibier, carré de cerf rôti aux pleurotes. Une cuisine française inspirée, aux saveurs franches et délicates. Tout est

tellement fondant que le beau Laguiole paraît presque inutile! Avec des desserts invitants, de l'amour de cacao à la crème brûlée saveur vanille, et des vins au prix de la SAQ judicieusement conseillés (ou encore des vins d'importation privée tel l'excellent Côte de Bourg 2000 du Château Terrefort Bellegrave), Au P'tit Lyonnais est un secret bien gardé du Plateau Mont-Royal, qu'on se plait à partager avec vous!

LES PYRÉNÉES

320, Saint-Paul Ouest
514-842-5566 | www.pyrenees.ca

M° Square-Victoria. Lun-ven de 11h30 à 22h30, sam-dim de 16h à 22h30. Menu express du midi (jusqu'à 14h) : moins de 15 $. TH : 20 $ et moins, carte : moins de 30 $.

En franchissant la porte de ce restaurant, on part à la découverte des Pyrénées, de ses odeurs, de ses senteurs, de sa gastronomie. L'accueil chaleureux et convivial nous donne déjà les prémices de ce voyage, jusqu'au décor qui valorise les couleurs et la culture catalane. C'est sûr, ce lieu a une âme. Mais cette invitation au voyage, à l'éveil des sens, prend toute sa grandeur lorsque les plats arrivent. Les parfums nous enivrent, et les plats sont goûteux et savoureux. Voilà donc le secret : des produits de qualité mariés à des recettes traditionnelles de la mère et de la grand-mère du patron, le savoir-faire d'un chef catalan passionné par son coin de pays, l'histoire accompagnant chaque plat, et une carte des vins adaptée à cette cuisine ensoleillée.

CHEZ QUEUX

158, Saint-Paul Est | 514-866-5194
www.chezqueux.com

M° Champs-de-Mars. Mar-ven de 11h30 à 14h30 et de 17h à 22h, sam de 17h à 22h. Fermé dim-lun. Plats principaux à la carte : 27 $-42 $, TH soir : 28 $-44 $.

Allez faire un tour chez Queux pour déconnecter de l'atmosphère surchargée de la Place Jacques-Cartier. À peine le seuil de la porte de bois massif franchi, l'épaisse moquette rouge amortit le pas, les yeux courent sur les murs de pierre caressés par une lumière tamisée. On dirait un décor de théâtre, mais ici, tout est authentique : les lustres, les poutres, le piano, les rideaux, les boiseries. Assis dans un confortable fauteuil, on est prêt pour une cuisine de qualité servie par un personnel très professionnel. Poêlée de foie gras de canard au Calvados et pomme caramélisée ; langoustines grillées à la provençale ; magret de canard rôti, jus naturel au thym frais et baies sauvages ; et crème brûlée à l'orange confite pour terminer, ne sont que quelques exemples puisés dans une carte étoffée.

RESTAURANT DE L'ITHQ

3535, Saint-Denis | 514-282-5161 / 1 800-361-5111
www.ithq.qc.ca

M° Sherbrooke. Lun-ven de 7h à 9h30 et de 12h à 13h30 et de 18h à 21h30. Fermé le sam et dim midi et dim et lun soir. Réservation obligatoire. Menu du midi express : 18 $. Menu du soir : 48 $, avec vins 80 $. Carte : moins de 40 $. Pour l'école de cuisine (Salle Paul-Émile-Lévesque) : de 11h45 à 12h15 et de 16h45 à 17h45. TH et à la carte : à partir de 12 $. Salon de thé le sam de 13h à 16h.

L'Institut du Tourisme et de l'Hôtellerie du Québec se sert de cette table pour offrir à ses étudiants une expérience concrète de cuisine de haute voltige. Utilisant un maximum de produits du terroir québécois, le menu est en fluctuation constante, tendant à un raffinement difficile à imaginer ailleurs, surtout à ce prix. Un effort de recherche constant en matière culinaire propulse cette adresse en recommandation incontournable, à défaut d'éclipser bien des poids lourds de même catégorie. Le service est impeccable, quant aux plats, ils sont confectionnés comme de petites merveilles.

ROBIN DES BOIS

4653, Saint-Laurent
514-288-1010 | www.robindesbois.ca
Angle Villeneuve. Lun-ven de 11h30 à 23h, sam de 17h à 23h. Plats principaux : moins de 20 $.
Un restaurant pas tout à fait comme les autres. Un cadre grandiose, décoré avec subtilité, dans lequel on ressent une ambiance à la fois sereine et animée. Serait-ce dû aux couleurs chatoyantes et apaisantes ? À ce grand tableau blanc sur lequel des dessins et témoignages d'enfants ont pris vie ? À cet accueil chaleureux et si particulier ? C'est probablement tout cela à la fois, puisqu'en fait, nous sommes dans un restaurant au concept noble : des bénévoles viennent s'unir au personnel pour que les profits de la vente des repas soient reversés à des œuvres caritatives. Mais qu'en est-il de la carte ? Là aussi, c'est une belle surprise. Concoctée à partir de produits de saison et, si possible bio, c'est une cuisine de création, généreuse et parfumée. Alors, pourquoi s'en priver ?

VALLIER

425, rue McGill | 514-842-2905
www.restaurantvallier.com
M° Square-Victoria. Lun et mar 11h à 22h. Merc au sam 11h à 23h. Dim 10h à 22h. Brunch 12-16$. Midi 20-30$. Soir 21-50$.
Un restaurant de quartier qui réinvente les classiques avec brio, et saura vous mettre dans l'ambiance. Mariant style et saveurs, le menu vous invite à déguster une cuisine colorée et goûteuse, sous forme de burgers, de plats traditionnels revisités, ou de type bistro.Un programme sans fioritures, mais parfaitement maîtrisés et avec juste ce qu'il faut d'originalité. Essayez le pâté chinois au confit de canard, le flétan poêlé ou la côte de veau du Québec pour vous en convaincre. Le Brunch vaut lui aussi le détour. Une étape où il fait bon s'arrêter, pour un verre ou un repas, lors d'un passage dans le Vieux!

VENTS DU SUD

323, Roy Est | 514-281-9913
M° Sherbrooke. Mer-dim de 17h30 à 22h. Fermé lun-mar. TH : 25 $-41 $. Carte : moins de 25 $. Apportez votre vin. Magicien humoriste mer et jeu de 18h30 à 20h30.
La cuisine basque utilise des bons produits du terroir : tomates, ail, huile d'olive et surtout, le fameux piment d'Espelette. Les plats mijotés en sauce sont toujours équilibrés, à l'image du cassoulet, fierté du chef! Autres spécialités maison : l'axoa (prononcez « Achoa »), le thon, le boudin

et la côte de veau gargantuesque, à l'image de l'appétit des Basques. Le carré d'agneau vient du Québec. Bien sûr, tous les plats sont faits maison. On ne part pas sans avoir goûté au fameux gâteau basque. La main sûre du chef Gérard Couret fait des merveilles, et ce dernier sait accueillir ses clients avec chaleur.

VERTIGE

540, Duluth Est | 514-842-4443
www.restaurantvertige.com

Angle Saint-Hubert. Lun-jeu de 17h à 22h, ven-dim de 17h à 23h. TH : à partir de 25 $, menu découverte (4 services) : 39 $, menu dégustation (6 ou 7 services) : 59 $-69 $.

Une cuisine de qualité, d'inspiration française, mais pas traditionnelle pour autant. Aux commandes, le chef Thierry Baron, dont quelques-unes des spécialités sont les joues de veau braisées à la moutarde, le carpaccio de bœuf ou les fromages travaillés. Côté déco, on choisit son ambiance : l'immense bar plutôt lounge d'où l'on peut observer les celliers bien fournis, les jolies tables nappées aux chaises originales, ou les banquettes confortables, plus intimistes. L'alliance de l'ancien et du design, les lumières chaudes et le foyer à trois faces créent une atmosphère élégante et décontractée. Belle carte des vins judicieusement pensée et abordable.

CHEZ VICTOIRE – BISTRO DE QUARTIER

1453, Mont-Royal Est | 514-521-6789
www.chezvictoire.com

M° Mont-Royal. Dim-lun de 17h30 à 22h ; mar-sam de 17h30 à minuit. Brunch le dim de 11h30 à 14h30. Plats principaux : 15 $-45 $.

Chez Victoire, c'est un incroyable spectacle des sens. Le personnel du restaurant est à vos petits soins et vous apporte de précieux conseils. À croire qu'ils arrivent à lire dans vos pensées pour vous aider à effectuer les meilleurs choix, notamment dans l'accord mets et vins. Les portions sont généreuses pour des prix raisonnables. La joue de veau est magique, accordée avec champignons shitake, purée d'aubergine et pancetta grillée : un vrai festival des saveurs dans votre bouche. La spécialité de la maison, le jarret de porcelet de Gaspor, accompagné de petits oignons et choux rouge, vous exalte jusqu'à la dernière bouchée. Le décor est chic. Une bistronomie de qualité !

Cuisine du monde

CUISINE MÉTISSÉE

COCAGNE

3842, Saint-Denis | 514-286-0700
www.bistro-cocagne.com

M° Sherbrooke. Dim-mer de 17h30 à 22h30, jeu-sam de 17h30 à 23h30. Carte : 30 $ et moins. Menu 2 services à 20 $ à partir de 21h30. Menu thématique 6 services : 65 $. Menu dégustation 6 services : 60 $, avec vins 110 $.

Logé dans les anciens locaux du fameux Toqué ! dont l'esprit plane toujours sur les lieux, ce magnifique « bistrot orgueilleux » offre une déco ultra léchée, avec une ambiance chic et décontractée. En cuisine, le chef Alexandre Loiseau perpétue le grand art de son mentor et ami, Normand Laprise, en y insufflant sa touche propre. Gourmands anonymes et célèbres viennent y déguster des plats soignés. Avec du pain maison, un cellier recelant de trouvailles et un bon jazz, la vie est belle au pays de Cocagne ! À noter que le menu thématique change chaque semaine.

CONFUSION TAPAS DU MONDE

1635, Saint-Denis | 514-288-2225
www.restaurantconfusion.com

M° Berri-UQÀM. Dim-lun de 17h30 à 22h, mar-sam de 17h30 à minuit. Tapas : 5 $-18 $, plats : 16 $-29 $. Menus pour deux : 49 $-99 $. Carte des vins recherchée. Deux salles privées pour groupe. Terrasse.

Convivialité et partage sont ici à l'honneur. Un vaste choix de tapas à partager, d'inspiration française et du monde. On pioche dans la Thalassa (succulents pétoncles poêlés et tendrissime pieuvre grillée au naturel), la Bouffe snob et ses déclinaisons de foie gras, les Grand crus de tartares et carpaccio de cerf à l'huile de truffe. Les carnivores opteront pour les surprenants pop-corn de ris de veau, ou pour la côte de bœuf braisée et fumée maison, aussi gargantuesque que délicieuse, et les végétariens pour le crumble de chèvre aux tomates et romarin. Les menus pour deux sont une aubaine et les solitaires pourront profiter du bar ou des tables... avec balançoires! Très belle décoration, section lounge, service qualifié, courtois et efficace. Le meilleur restaurant du Quartier latin.

AFRIQUE

ABIATA

3435, Saint-Denis | 514-281-0111
www.ethiopianrestaurant.com
M° Sherbrooke. Lun de 18h à 23h, mar-dim de 11h30 à 23h30. Carte : 25 $ et moins. Terrasse.

D'une facture élégante, le décor évoque volontiers les horizons lointains : couleurs chaudes, briques, tissus et sculptures afro. Tout contribue au dépaysement, particulièrement la cuisine, à la fois goûteuse et épicée. Et pour couronner le tout, un service attentif, qui prendra le temps d'expliquer les mets : légumes en sauces, viandes mijotées, succulent tartare épicé au Cayenne fort, mais aussi quelques plats végétariens. Et si vous avez l'âme d'un guerrier, ne repartez pas sans avoir bu un café typique (cardamone, girofle et sel)... De quoi regarder un lion droit dans les yeux!

LE PITON DE LA FOURNAISE

835, Duluth Est | 514-526-3936
www.restolepiton.com
Angle Saint-Hubert. Mar-dim de 17h30 à 21h (et plus...), ven-sam 2 services, 17h30-18h ou 20h30-21h. Menu dégustation 3 services : moins de 40 $. TH : 30 $ et moins. Apportez votre vin.

On y dévoile les trésors gastronomiques de l'Île de la Réunion. Un savant mélange d'arômes et de parfums des cuisines asiatiques, indiennes et européennes. Un petit lexique des termes culinaires et des expressions locales agrémente la carte. Pour découvrir la cuisine réunionnaise, on opte pour l'assiette créole composée de petits samoussas, de bonbons piments (beignets épicés) et salade d'achards. La pieuvre en civet mariné dans le vin rouge ravira les plus curieux. Service aux petits oignons et ouvert à la discussion sur les mystérieux légumes ou fruits de cette île. Musique créole en fond sonore.

MAGHREB

AU COIN BERBÈRE

73, Duluth Est | 514-844-7405
www.aucoinberberre.com

Angle Coloniale. Mar-mer de 17h à 23h, jeu de 17h à 22h, ven-dim de 17h à minuit. TH : moins de 30 $. Couscous : 12,25 $-23,50 $. Apportez votre vin.

Un fier représentant de l'Algérie à Montréal, depuis une trentaine d'années. « LA » spécialité des lieux, le couscous, a fait ses preuves depuis bien longtemps et se déguste avec toutes les viandes savoureuses et fondantes du Maghreb. L'agneau, le lapin, le poulet et les merguez sont autant d'invitations au voyage au pays où la nourriture est un art de vivre à elle seule. Si vous pensez à apporter un petit vin de ces cépages, la soirée filera doucement, comme sous les étoiles. Le service est chaleureux et les plats plus que copieux.

L'ÉTOILE DE TUNIS

6701, de Châteaubriand | 514-276-5518

Angle Saint-Zotique. Lun-ven de 11h à 14h et de 17h à 22h, sam-dim de 17h à 22h. Fermé dim en été. Menu midi : 15 $ et moins, soir : 38 $-50 $ pour deux personnes.

Une jolie surprise qui semble peu à sa place dans ce quartier, avec ses teintes bleutées sur fond blanc. Une cuisine familiale, toute en douceur, pour raviver l'envie du désert et de ses mélopées crépusculaires. Des salades aux relents fruités, des couscous parfaitement cuits et assaisonnés, des bricks succulentes, et des desserts qui laissent un arrière-goût suave avec chaque gorgée de thé à la menthe. On y retrouve aussi des plats moins pittoresques, mais tout aussi délectables comme le « surf & turf » et autres assiettes de fruits de mers. Des prix abordables, une carte des vins parfaitement adaptée. Le service des familles Abderrahman et Zrida semble tout droit sorti de l'hospitalité maghrébine. Comment résister à la tentation de revenir aussi souvent que possible ?

KAMELA

1225, Marie-Anne Est | 514-526-0881

Angle de Brébeuf. Restaurant/traiteur. Mar-dim de 17h à 22h. Pizza : 10 $-20 $. Thé à la menthe offert. Pas d'alcool. Interac et comptant seulement. Service de livraison.

La façade de ce petit restaurant ne manque pas d'attirer l'œil : ce n'est pas partout que l'on voit une caravane de chameaux traverser le désert. Dépaysant! Tout comme l'intérieur du petit local décoré avec de belles lampes et des tissus colorés. Bien agréables à regarder en attendant de se faire servir le délicieux couscous. La semoule est bien fine, les viandes bien grillées et les légumes fort goûteux. Les portions sont gargantuesques! Le chef a deux autres spécialités : les pizzas et les bricks, des sortes de galettes farcies au fromage, aux légumes, au thon et servies avec salade.

RESTAURANT SU

5145, Wellington
514-362-1818 | www.restaurantsu.com

Angle Desmarchais. Mar-ven de 11h à 22h, sam-dim de 17h à 23h. Mézès : à partir de 6,50 $ l'unité. Menu à la carte : 17 $-27 $. Menus découvertes 4 services : 50 $, 5 services : 60 $. Spéciaux le midi et lors du 5 à 7. Service traiteur.

On vous propose ici toutes les saveurs de la Turquie, un savant mélange d'Orient et d'Occident. Sa cuisine, à la fois historique et moderne, a su influencer bon nombre de nos recettes telles la salade de yaourt ou le poisson à l'huile d'olive. Chez Su, c'est l'authenticité et la simplicité qui priment. Vous serez invités à débuter votre repas par les « mézès », spécialité incontournable et s'il vous reste une petite place après le repas, optez pour un dessert maison accompagné d'un café turque ou d'un thé, symboles d'un peuple à l'accueil légendaire.

MOYEN-ORIENT

AUX LILAS

5570, du Parc
514-271-1453
www.auxlilasresto.com

Angle Saint-Viateur. Mar-sam de 17h à 22h. Fermé dim et lun. TH : 16,50 $-35,50 $. Carte : moins de 20 $. Service traiteur.

La cuisine libanaise y révèle son originalité, ses influences diverses. Un mariage de parfums et de saveurs préparé par la patronne, Christine Faroud. Couscous, tabbouleh (salade de persil), Hummus (purée de pois-chiche), Yabraq (feuilles de vigne farcies au bœuf et riz) et baba ghannouge (purée d'aubergines) ne sont que quelques uns des classiques, préparés selon la tradition et avec des produits frais de qualité. La carte des vins propose des bouteilles en provenance du Liban essentiellement, de quoi faire de belles découvertes ! Le décor est absolument charmant, petites tables, miroirs. L'ambiance y est orientale, toute en douceur. Et pour ceux qui veulent continuer le voyage, quelques recettes sont affichées sur le site Internet…

BYBLOS

1499, Laurier Est
514-523-9396

Angle Fabre. Mar-dim de 9h à 23h. À la carte le midi : 15 $, soir : 20 $-25 $.

Le Byblos est une excellente « place à brunch » pour qui aime se délecter de thé à la menthe et de douceurs orientales. La déco est une belle réussite : deux salles se partagent l'espace, une grande, sobre et aérée, ornée d'une collection de narguilés et une petite, plus enclavée, plus intime. Sur la carte, un résumé historique de la culture gastronomique iranienne raconte au gourmet la philosophie gourmande de cette civilisation. Le menu se découpe en six chapitres et un épilogue, permettant de se faire une bonne idée de la variété des produits à goûter. C'est sans conteste le petit déjeuner traditionnel qui est le mieux réussi ici. Une suite de petits plats, tous plus succulents les uns que les autres. Le Petit Byblos accueille une clientèle plutôt en quête de tranquillité.

LE QUARTIER PERSE

4241, Décarie
514-488-6367

Angle Monkland. Lun-ven de 11h30 à 22h30, sam-dim de 17h à 22h30. Comptez 15 $ par pers. Terrasse. Vente à emporter.

Près de l'autoroute Décarie, retrouvez la magie de la cuisine perse, ou encore iranienne, dans une ambiance tamisée et agréable. Au programme, des spécialités à base de viande grillée, de riz safrané et d'épices légères qui se marient pour notre plus grand plaisir. Contrairement à ses homologues, on peut boire de l'alcool dans ce restaurant et on se laissera tenter par des brochettes de viande hachée à l'origan et à la cannelle accompagnées de riz, tandis qu'on apprécie la tranquillité du lieu. Une cuisine à découvrir et un restaurant qui vous donnera bien du plaisir.

RUMI

5198, Hutchison
514-490-1999 | www.restaurantrumi.com

M° Outremont. Mar-jeu et dim de 11h30 à 22h, ven-sam de 11h30 à 22h30. Brunch du mar au dim de 11h à 15h (moins de 15 $). TH midi : moins de 20 $, carte le soir : moins de 30 $. Terrasse. Service traiteur.

Situé dans le quartier Outremont, ce restaurant café porte le nom d'un grand poète perse, Mawlana El Rumi, et il chante l'amour et l'ivresse que prône cet auteur. Les couleurs chaudes, les canapés reposants et le thé à la menthe nous enivrent dans ce havre de paix et de tranquillité. Les mets sont d'influences perses essentiellement. La vaisselle, d'une grande beauté, vient de Fès. Le menu est riche et varié. Nos préférences portent sur les grillades d'agneau, de poulet et la fameuse épaule braisée. Le service est convivial. Chez Rumi, on ne vient pas juste pour manger, mais pour se relaxer et savourer chaque instant de notre journée, de notre vie en lisant les vers de ce génie.

Amériques

AMÉRIQUE LATINE

LE JOLIFOU

1840, Beaubien Est

514-722-2175

www.jolifou.com

Angle Cartier. Lun-jeu de 17h à 22h, ven-sam de 17h à 23h, dim de 17h à 21h. Carte : 14 $-42 $. Menu dégustation : 55 $-67 $.

Le service est à l'image des plats, chaleureux et empli de soleil. Un savoureux mélange des genres dans cette cuisine aux accents du Sud. Un poulet de Cornouailles à la mole poblano, un duo d'agneau en crépinette, des classiques agrémentés d'un soupçon de jalapeño… La créativité latino à l'état pur, qui se retrouve aussi dans un décor très sobre, où des jouets mexicains colorés sont déposés sur les tables. Un petit fou bien joli, qui s'amuse à nous surprendre.

RAZA

114, Laurier Ouest

514-227-8712

www.groupemnjr.com

Entre Saint-Urbain et de l'Esplanade. Mar-sam de 17h30 à 22h. Menus dégustations 5 services : 59 $, avec vins 99 $, 7 services : 70 $, avec vins 120 $. Carte : 40 $. Terrasse.

Le chef Mario Navarrete propose une relecture racée de la cuisine latino, dans un décor au design contemporain épuré, allégé et rafraîchissant. Les entrées sont de belles invitations au spectacle des saveurs avec les délicieux pétoncles, purée de maïs, poudre de truffe et caviar. De quoi ouvrir l'appétit sur l'agneau, chumichurri, purée d'aubergine, quinoa sauté et tomates cerises. La minuscule terrasse est très agréable lors des beaux jours, à une minute à pied de l'un des brasseurs les plus divins en ville (Dieu du Ciel !).

BRÉSIL

LÉLÉ DA CUCA

70, Marie-Anne Est

514-849-6649

www.leledacuca.com

Angle Saint-Laurent. Dim-jeu de 12h à 23h, ven-sam de 12h à minuit. TH midi et soir : moins de 25 $. Carte : moins de 20 $. Apportez votre vin.

Une institution dans le quartier portugais, pour s'initier aux classiques mexicains et, surtout, brésiliens. Edvaldo, homme à tout faire, drôle et chaleureux, est à l'image de son resto coloré : « Lele da Cuca », c'est-à-dire un peu zinzin… Dans une ambiance animée, il viendra servir ses délicieux burritos et mole de pollo (poulet au cacao). Côté Brésil, la goûteuse feijoada calmera les ventres criant famine. Pour des plats plus légers, goûter à la vatapa ou aux crevettes baiana. Il est conseillé de réserver et attention, mauvaise humeur non autorisée… Deux services le week-end : à 18h, ambiance paisible avec guitariste.

TORTILLAS © NRL

LE MILSA

1445 A, Bishop
514-985-0777 | www.lemilsa.com
M° Guy-Concordia. Ouvert tous les jours de 17h30 à 21h30. Carte : 30 $ et moins. Terrasse. Quelques succursales dans la grande région de Montréal.
Ce restaurant est une rôtisserie brésilienne (churrascaria). C'est au retour d'un voyage en Amérique du Sud que son propriétaire, Sam Tadros, a eut la bonne idée d'ouvrir cet établissement de spécialités brésiliennes. Ici on vous propose un vaste choix de dix viandes grillées sur charbon de bois (dinde, bœuf, poulet, porc, agneau, etc.) et des légumes comme accompagnement. Pour 29,95 $, nous vous recommandons d'essayer le tourniquet, une ronde des viandes que vous pouvez déguster à volonté. Et pour couronner le festin, l'ananas rôti comblera les plus gourmands. Excellente ambiance avec spectacle brésilien.

MEXIQUE

GUADALUPE

2345, Ontario Est | 514-523-3262
M° Frontenac. Mar-mer de 11h à 21h, jeu-ven de 11h à 23h, sam de 17h à 23h, dim de 17h à 21h. TH midi : moins de 15 $. Carte : moins de 20 $. Réservation conseillée le soir.
Un peu excentré, mais l'endroit vaut le détour! Dans un cadre typiquement mexicain fait de chaises en bois sculpté, nappes en dentelle, grandes photos de la plage, vous y dégusterez une cuisine traditionnelle servie avec un grand sourire. Les portions d'enchiladas et de tortillas sont très généreuses. Le rapport qualité-prix-exotisme y est très raisonnable.

EL ZAZIUMMM

4581, du Parc, 514-499-3675
1276, Laurier Est, 514-598-0344
www.elzaziummm.com
Dim-mer de 15h à 22h30, jeu-sam de 11h30 à 23h30. Menu midi : moins de 20 $. TH : moins de 30 $. Carte : 10 $-35 $. Menu spécialité pour 2 : 38 $-45 $. Terrasse.
Une « folle cuisine de plage » y est proposée (inspirations mexicaine et californienne), dans un décor insolite composé d'objets excentriques en provenance du monde entier. La carte est délirante, aussi drôle que difficile à déchiffrer, mais les serveurs sont là pour éclairer notre lanterne. Poulet mastodonte, ceviche et chili figurent à la carte. Pour les intrépides, un sandwich « monstrueux » (demandez « le Monstre ») vous est proposé : si vous en venez à bout, on vous permettra de repartir avec un T-shirt! Et pour les superstitieux : lecture de carte lun-mer pour 8 $ les 20 min.
Bar : 4297, Saint-Denis, 514-288-9798.

PÉROU

MOCHICA

3863, Saint-Denis | 514-284-4448
www.restaurantmochica.com
M° Sherbrooke. Lun-dim de 15h à 23h, jeu-ven de 11h30 à 14h pour le midi d'affaires. Carte : moins de 30 $. TH : moins de 40 $.
Les Moches, avant l'invasion Inca, sont à l'origine d'une civilisation andine très créatrice à bien des niveaux. Leur cuisine était faite principalement à base de fruits de mer, de poissons et de produits agricoles. C'est donc dans cet esprit que la carte de ce restaurant de spécialités péruviennes se décline : bouillabaisse péruvienne aux fruits de mer, poissons et vin blanc ; viande de lama de Campton biologique mariné au Chimichurri ; ou encore la morue saumurée lavée de son sel et pochée à l'ancienne avec ses oignons. Les couleurs rouge et crème, les masques et les pans de bois sculptés sur les murs, font de ce restaurant un lieu convivial et authentique. Une cuisine qui vous surprendra agréablement, accompagnée de quelques alcools et vins du pays.

PUCAPUCA

5400, Saint-Laurent | 514-272-8029
Angle Saint-Viateur. Mar-sam de 17h30 à 23h. TH midi : moins de 10 $, soir : 15 $. Vins au prix de la SAQ plus 5 $. Interac et comptant seulement.
Un authentique restaurant péruvien avec un menu vaguement familier aux habitués de l'Amérique latine, quoique le boudin du pays en étonnera plusieurs.

À la carte, les fruits sont à l'honneur, le poisson frais est savoureux, et les épices sont raisonnablement présents. Le service est drôlement sympathique, le personnel est prêt à convertir quiconque à la valeur intrinsèque de la cuisine péruvienne. D'ailleurs, à condition de commander 24 heures à l'avance, le cuisinier est prêt à vous refaire « LE » plat qui aura fait la magie de vos vacances. Avec un décor quelque peu kitsch pour parfaire la séduction, les week-ends amènent leur lot de musiciens traditionnels pour transformer cette accueillante adresse en une véritable fiesta.

AMÉRIQUE DU NORD

LA CANTINE

212 av. Mont-Royal E | 514-750-9800
www.lacantine.ca

Café : Mar-ven 11h-19h. Sam 9h-18h. Dim 9h-15h. Brunch : ven-dim 9h-15h. La Cantine : Mar-sam 17h30-22h30. Mardi et mercredi "bonne franquette" : TH à 18$

Un bistro au décor et à l'ambiance « funky-kitch-rétro » qui revisite les classiques québécois avec une touche d'originalité en soirée, mais aussi un café-boutique agréable pour une pause pendant la journée. La Cantine vous reçoit dans un cadre original : banquettes oranges, lampes et papier peint des années 70... Tout pour vous plonger dans une ambiance décalée, et propice à la redécouverte de la cuisine populaire du Québec. Au menu, pouding Chômeur, pâté « presque » chinois, jambon à la Nana... Un savoureux voyage aux accents d'ici, pour le plus grand plaisir des hôtes de cette cantine bien accueillante!

LE DINER

4710, de Lanaudière | 514-510-4710
www.lediner.ca

Angle Gilford. Mar-dim de 16h à 22h30. Brunch sam-dim à partir de 10h. TH midi : moins de 20 $. Carte le soir : moins de 25 $. Terrasse.

Une petite salle à manger, décorée avec beaucoup de style : les couleurs et les formes des tables et des chaises sont inspirées des diners des années 1950 mais remises brillamment au goût du jour. Dans l'assiette, c'est le même principe qui prévaut : des classiques de la cuisine américaine, légèrement revisités et préparés avec de bons ingrédients. Résultat, des plats qui étonnent comme le hot chicken à la pintade, ou encore un hamburger dont la viande est en fait en tartare saisi à vif.

MEATMARKET

4415, Saint-Laurent | 514-223-2292
www.meatmarketfood.com

Angle Mont-Royal. Lun de 11h30 à 16h, mar-mer de 11h30 à 22h, jeu-sam de 11h30 à minuit. Fermé dim. Carte midi : moins de 20 $, soir : moins de 30 $.

La viande est ici à l'honneur. L'originalité aussi. D'abord le concept, longuement pensé par les deux jeunes propriétaires, un peu bouchers sur les bords à l'heure de la mode végé! Et puis la place aussi, avec les grandes toiles de Jean-François Lantagne, banquettes en cuir, écran plasma, portes de saloon. La cuisine est simple mais très imaginative. Les excellentes viandes sont marinées, et les sandwichs accompagnés de pain bio et épices maison. Et pour moins de 10 $, vous repartirez avec les délicieuses sauces maison (chutney d'aubergines, ketchup menthe mangue..). Un « casse-croûte de luxe » dans une ambiance décontractée.

CAJUN

LA LOUISIANE

5850, Sherbrooke Ouest
514-369-3073 | www.lalouisiane.ca

Angle Regent. Dim-jeu de 17h30 à 22h30, ven-sam de 17h30 à 23h. Carte : 30 $ et moins, TH : moins de 35 $. Terrasse.

Un menu cajun pur et dur, avec tout l'épice des bayous et des ragoûts qui défrisent. Pourquoi ne pas y aller à fond et s'immerger dans la jambalaya de crevettes et de poulet, divinement exquise ? Et le poisson grillé, qui enflamme les papilles et revigore la chaleur ambiante... Un sage tour d'horizon de la cuisine cajun avec les spéciaux du chef.

Asie

AZIATIK

626, Marguerite-d'Youville | 514-843-8388
www.aziatik.ca

M° Square-Victoria. Lun-jeu de 11h à 22h, ven de 11h à 23h, sam de 17h à 23h, dim de 17h à 22h. Carte : moins de 30 $.

L'Aziatik s'est identifié et adapté au style branché de la Cité du multimédia. Moderne, avec un espace vaste mais zen, une décoration épurée où les pans de taules finement ciselées deviennent des œuvres d'art. Les couleurs dominantes sont sombres. Pourtant, les grandes baies vitrées apportent lumière et ouverture, entre des compositions florales aux couleurs chaudes. Avec une cuisine diversifiée, allant du rouleau de printemps au sushi, de la viande aux fruits de mer, chacun y trouvera son bonheur. D'autant plus que les saveurs, les textures, les produits, finement et subtilement associés, font de cette expérience un vrai régal.

AFGHANISTAN

KHYBER PASS

506, Duluth Est | 514-844-7131
www.restaurantkhyberpass.com

Angle Berri. Ouvert tous les jours de 17h à 23h. Carte : moins de 20 $. TH : moins de 30 $.

Du nom de la célèbre passe montagneuse reliant les provinces de Jalalabad et Peshawar, le seul resto afghan en ville permet de découvrir les traditions culinaires de ce pays à la jonction de l'Asie et du Moyen-Orient. Le décor est charmant et typique, les tentures et la musique traditionnelle renforcent le dépaysement promis par une carte de spécialités légères et savamment épicées. Délicieux ashaks (poireaux, tomates et bœuf haché), classique kabuli palaw (riz basmati avec agneau ou poulet, raisins secs et julienne de carottes), kofta chalaw et excellents kabâbs. Les desserts sont à l'eau de rose, et le thé vert brûlant accompagne tous les plats.

CHINE

CHEZ CHINE

99, Viger Ouest (Holiday Inn Sélect)
514-878-9888
www.yul-downtown.hiselect.com

M° Place-d'Armes. Lun de 11h30 à 14h, mar-ven de 11h30 à 14h et de 18h à 22h, sam de 12h à 14h et de 16h à 22h, dim de 12h à 14h. Lun-sam, déjeuner de 6h30 à 10h et dim 7h à 11h. TH : moins de 30 $. Carte : 15 $-50 $. Menu pour 2 : 72 $, pour 4 : 178 $.

On se croirait dans un décor de cinéma asiatique, mais le cadre a été conçu dans le respect des préceptes du Feng Shui. Les chefs, puisqu'ils sont plusieurs, proposent une sélection des incontournables classiques de la Chine, y compris de délicieux dim sum, ainsi qu'un buffet varié. Le succès de ce restaurant est indéniable, et il vaut mieux réserver. Idéal pour les banquets ou pour des occasions exceptionnelles car le décor est unique !

L'ORCHIDÉE DE CHINE

2017, Peel | 514-287-1878

M° Peel. Lun-ven de 11h30 à 14h30 et de 17h30 à 21h, sam-dim de 17h30 à 21h30. Plats : 20 $-30 $. Terrasse.

Le midi, plusieurs gens d'affaires se réunissent sur la terrasse ou dans ce décor délicieusement raffiné. Les serveurs se donnent toute la peine du monde pour les satisfaire. Leur traditionnelle soupe won-ton garde une touche maison fort agréable. Le poulet à la citronnelle introduit une note très piquante avant de rappeler, en douce, la saveur de la citronnelle, entourée d'un subtil dosage d'assaisonnements. Le bœuf à l'orange est également recommandé Un très bel endroit à découvrir si ce n'est déjà fait.

LE PIMENT ROUGE

1170, Peel | 514-866-7816
www.pimentrouge.com

M° Peel ou Lucien-L'Allier. Ouvert tous les jours de 11h à 23h. TH midi : 17 $-30 $. Soir à la carte seulement : 30 $ et moins.

Établie depuis une trentaine d'années, cette adresse est hautement prisée par la critique internationale : prix d'excellence des « Distinguished Restaurants of North America », prix Quatre Étoiles de Mobil et membre de la « chaine des rôtisseurs », un label français. Une cuisine se spécialisant dans la tradition széchuanaise, avec une cave à vins offrant quelques 20 000 bouteilles ! Une atmosphère de grande classe, avec une clientèle d'affaires, ce Piment Rouge dépasse sa concurrence. Le raffinement de ses plats induit un état de grâce, purement et simplement.

RESTAURANT BEIJING

92, de la Gauchetière Ouest
514-861-2003 | www.restaurantbeijing.net

M° Place-d'Armes. Ouvert tous les jours de 11h30 à 3h. TH midi : à partir de 4,25 $, soir : compter 15 $-30 $ pour un repas copieux.

Un restaurant qui attire beaucoup de monde, c'est bon signe. Voilà ce qu'on se dit quand on passe devant cet établissement du Quartier chinois. En ressortant, on n'est certainement pas déçu, bien au contraire. On a le choix entre les plats indiqués sur la carte et les spécialités de saison, dont le nom est affiché au mur. Bref, une grande variété. Le crabe Dungeness et le homard à la thaïlandaise servis aux clients de la table d'à côté nous ont fait saliver. Mais les plats plus classiques ne sont pas en reste : le bœuf aux deux champignons et le canard barbecue. Un régal ! Sans doute une des meilleures adresses du Quartier chinois.

DIM SUM

LA MAISON KAM FUNG

1111, Saint-Urbain
514-878-2888
www.lamaisonkamfung.com

M° Place-d'Armes. Ouvert tous les jours de 7h à 15h et de 16h30 à 22h. Menu pour 2 personnes : 38 $-48 $, pour 4 personnes : 42 $-138 $. Carte : 10 $-20 $.

Le brunch chinois, par son ambiance survoltée et son choix de saveurs, nous transporte bien loin de Montréal. Le fonctionnement est bien différent des autres brunchs : on est amené à choisir avec les yeux, parmi les délices de la cuisine cantonaise. Une foule de serveurs font le tour des tables, en poussant de petits chariots contenant mille merveilles. Dim sum vapeur, calmars frits, petites sèches à l'ail, travers de porc, etc. Et si vous n'êtes pas expert de cuisine chinoise, pas d'affolement : le choix est vaste, les prix petits. On se risque volontiers à prendre des mets insolites !

SOY

5258, Saint-Laurent | 514-499-9399
www.restaurantsoy.com

Angle Fairmount. Lun-mer de 11h30 à 22h, jeu-ven de 11h30 à 23h, sam de 17h à 23h, dim de 17h à 22h. TH midi : moins de 15 $, soir : moins de 30 $. Menu dégustation : 35 $.

Soy vous accueille dans un décor de récréation avec des couleurs gaies qui ensoleillent jusqu'à la salade. Des plats originaux préparés par la chef, Suzanne Liu, comme le poisson croustillant et poisson à la vapeur qui nous donnent envie de revenir. Les pains blancs très légers, qui remplacent le riz ordinaire ou riz gluant sur demande, sortent des sentiers battus pour accompagner les mets de Chine plus modernes et plus évolués. Il n'y a pas de terrasse ici mais l'ouverture non-stop, du lundi au dimanche, et l'accueil chaleureux des patrons en font une adresse très sympathique.

CORÉE

KAGOPA

6400 B, Saint-Jacques | 514-482-3490

Près de Cavendish. Ouvert tous les jours de 11h30 à 22h30, sauf le mardi (fermé). Compter 15 $ pour le repas. Interac et comptant seulement.

La cuisine traditionnelle coréenne, délicieuse et très exotique, est préparée avec soin dans ce restaurant. Pour les néophytes, aller manger chez Kagopa peut prendre des allures d'aventure urbaine. L'établissement se situe le long d'un grand boulevard, dans une zone plutôt industrielle, et pour être francs, pas très invitante. Mais une fois sur place, on est accueilli par un personnel très souriant et prévenant. Les serveurs se font un plaisir de vous expliquer les différents plats. Nous avons beaucoup apprécié la fondue coréenne ainsi que les diverses soupes. Enfin, les prix sont si doux que vous voudrez sûrement recommander l'expérience à vos amis qui aiment sortir des sentiers battus.

LAOS

BAN LAO THAI

930, Décarie | 514-747-4805

M° Côte-Vertu. Lun-sam de 11h à 21h. Fermé dim. Compter moins de 10 $ le midi et environ 15 $ le soir. Comptant seulement. Apportez votre vin.

Dur de battre le rapport qualité-prix de ce restaurant laotien. La cuisine laotienne est assez rare à Montréal. Cela ne fait qu'accroître notre enthousiasme pour cette petite adresse. Certes, le cadre demeure fort simple. Les quelques affiches accrochées au mur, surtout des photos de Laotiennes, ne font pas du Ban Lao Thai un lieu stylé. C'est vraiment dans l'assiette que ça se passe! On a le choix entre des plats assez classiques de la cuisine du Sud-Est asiatique comme la viande sautée avec des légumes (8 $), du poisson au gingembre ou encore des tartes au poisson. Pour découvrir des spécialités laotiennes, prenez les saucisses au porc avec la salade de papaye. Autre option, la fondue laotienne, proche de la fondue chinoise mais avec un bouillon légèrement différent. Bref, un bon petit menu permettant de découvrir une cuisine goûteuse et raffinée.

INDE

BUFFET MAHARAJA

1481, René-Lévesque Ouest | 514-934-0655
www.buffetmaharaja.com

M° Guy-Concordia. Ouvert tous les jours de 11h30 à 15h30 (lunch) et de 15h30 à 23h (souper). Lun-mer : 12,99 $ le midi et 16,99 $ le soir, jeu-dim : 13,99 $ le midi et 18,99 $ le soir. 10 % de rabais pour les ainés et les étudiants, moitié prix pour les enfants de 4 à 10 ans.

Un immense buffet aux produits variés (plus d'une cinquantaine en tout temps) et toujours frais. Le cadre est agréable en dépit de l'affluence, et les prix tout doux combinés à un accès immédiat aux plats en font un incontournable. Un succès qui ne se dément pas et une adresse futée pour découvrir la richesse de la cuisine indienne sans risque de s'ennuyer ou de se ruiner.

GANDHI

230, Saint-Paul Ouest | 514-845-5866
www.restaurantgandhi.com

M° Square-Victoria. Lun-ven de 12h à 14h, lun-dim de 17h30 à 22h30. TH midi : 20 $ et moins, soir : moins de 30 $. Vente à emporter.

Discrètement situé dans le Vieux-Montréal, ce resto propose une cuisine fine et non grasse, variée et très parfumée. Le tandoori King Prawn (crevettes marinées grillées et épicées) et l'agneau tikka massala (agneau mariné dans des épices et cuit dans un four d'argile) sont frais et allient un subtil mélange de saveurs. Côté dessert, le chef prépare un très bon phirini (pudding au riz), ainsi que le kulfi (sorbet à la mangue et aux pistaches). Le service est souriant et attentif.

MIRCHI

365, Place d'Youville | 514-282-0123

M° Square-Victoria. Lun-ven de 11h à 14h, tous les soirs de 17h à 22h30. TH midi : moins de 20 $, soir : 25 $ et moins.

Le Mirchi propose une cuisine indienne

parfumée, généreuse et variée, dans un cadre agréable, typique du Vieux-Montréal. Le style est épuré, mais décoré avec finesse et élégance. Les couleurs vieux rose et blanc crème soulignent les quelques objets or et les fines compositions florales aux couleurs de l'Inde. Et c'est sous l'œil protecteur d'une divinité hindoue et d'une musique mélodieuse que vous choisirez vos mets aux saveurs douces et/ou épicées, aidé si vous le souhaitez, par un des serveurs. Le soir, la magie des lieux, l'ambiance plus feutrée, et le choix des mets et des vins vous emmèneront un peu plus loin dans ce voyage au cœur de l'Inde.

RESTAURANT PUNJAB PALACE

920, Jean-Talon Ouest

514-495-4075 | www.punjabpalace.ca

M° Acadie. Lun de 17h à 22h, mar-dim de 11h à 23h. Compter à partir de 10 $ le midi et de 15 $ le soir, taxes et pourboire inclus. Apportez votre vin.

Vous allez vous régaler autour d'un des meilleurs currys de la ville. Le Punjab Palace concocte des festins adaptés aux budgets les plus modestes. Le poisson tikka, parfumé à merveille, le plat de saag (épinards et viande dans une sauce au curry) généreusement épicé, et le curry d'agneau nous ont fait voyager dans un monde de saveurs délicates. La décoration très simple, les serveurs ne parlant qu'en anglais confirment que le centre-ville est bien loin. On n'a pas besoin d'un billet d'avion pour se dépayser quand on vit à Montréal.

TABLA

1329, Sainte-Catherine Est

514-523-6464 | www.tablarestaurant.com

M° Beaudry. TH complète pour 2 : 30 $ à 35 $. Carte : moins de 20 $. Menu disponible à emporter ou livraison gratuite.

C'est la combinaison des épices qui produit les plats les plus merveilleux. En Inde, la préparation de la nourriture est un art qui s'est perfectionné au fil du temps autour de ce principe. Tabla s'inspire de cette richesse et offre une des meilleures tables indiennes à Montréal. Que vous soyez végétariens, amateur de viande ou de fruits de mer, vous y trouverez votre bonheur pour un délicieux voyage au pays des saveurs. Pour ne rien gâcher, le cadre est enchanteur, et l'ambiance propice pour apprécier ce repas en toute quiétude. À essayer !

LE TAJ

2077, Stanley | 514-845-9015

www.restaurantletaj.com

M° Peel. Lun-ven de 11h30 à 14h30 et de 17h à 22h30, sam de 17h à 23h, dim de 12h à 14h30 et de 17h à 22h30. Plats principaux : 25 $ et moins. Menu Festin Daavat : 32,95 $. Buffet du midi : 11,95 $.

Un des indiens les plus chics de la ville ! Vous pourrez constater que la décoration est soignée, avec entre autres choses une immense fresque murale en pierre, vestige de l'Expo 67. Pour ce qui est du menu, très varié, il est haut en couleur en diversité, épicé mais peu pimenté, avec également un choix de plats végétariens. D'ailleurs, vous pourrez observer le chef préparer votre festin depuis son tandoor (four d'argile). Le buffet du midi permet de parfaire ses connaissances sur la gastronomie indienne et de faire de belles découvertes. Les currys sont excellents et le poulet tandoori parfait. Quant aux prix, ils sont plus que décents. Plats à emporter (15 % de rabais), service traiteur.

INDONÉSIE

NONYA

151, Bernard Ouest | 514-875-9998 | www.nonya.ca

M° Outremont. Mar-sam de 17h30 à 23h (tous les jours et plus tôt en été). Plats : 25 $. Menu dégustation : 40 $.

Le seul restaurant Indonésien du Grand Montréal ! Une cuisine typique de l'île de Java, servie dans un décor intime, avec ses lumières tamisées et ses statuettes indonésiennes. On se laisse séduire par le menu découverte, avec entre autres merveilles les brochettes de poulet sate ayam, le savoureux rendang (ragoût de bœuf au lait de coco), et les kerupuk maison, fins craquelins de crevettes. En dessert, rien de mieux que le lapis legit, un gâteau au beurre parfumé au clou de girofle et à l'anis étoilé.

JAPON

ISAKAYA

3469, du Parc

514-845-8226 | www.bistroisakaya.com

Entre Sherbrooke et Milton. Lun fermé, mar-ven de 11h30 à 14h, mar-jeu de 18h à 21h30, ven de 18h à 22h30, sam de 17h30 à 22h, dim de 17h30 à 21h. TH midi : moins de 15 $. Carte : Moins de 30 $. Réservation conseillée.

Un vrai bistro à la japonaise avec son comptoir de sushi et une belle liste de maki et sashimi. Mais on peut pousser la curiosité un peu plus loin avec des sashimis tièdes de sole à la manière d'Isakaya. Décor simple et accueillant avec une terrasse l'été.

KAIZEN SUSHI BAR & RESTAURANT

4075, Sainte-Catherine Ouest | 514-707-8744

www.70sushi.com

M° Atwater. Lun-ven, 11h30-14h30 & 17h30-23h ; sam-dim, 12h-15h (brunch) & 17h30-23h (jazz live dim-mar, 19h-22h30). Entrées : 7 $-45 $, sushis : 26 $-100 $. Vente à emporter et livraison à domicile également. Dégustations de vins et sakés, bar à huîtres. Terrasse.

Une adresse haut de gamme suivie par une foule d'amateurs, et qui ne lésine ni sur les moyens, ni sur la qualité. Le décor soigné nous rappelle qu'on est ici dans une véritable institution. La présentation des plats et des assortiments est magnifique. Côté fraîcheur, c'est à peu près l'idéal… Mais la qualité a un prix. La rigueur du chef donne des sushis, sashimis et autres trouvailles impeccables et délicieux. Essayez les Lambas, des tartares de poissons servis en rouleau de feuilles de riz…. Délicieux ! Le cadre joue aussi sa part dans notre émerveillement. Une excellente table nippone avec plusieurs années au sommet.

KANDA SUSHI BAR-RESTAURANT

5240, Queen-Mary | 514-483-6388

www.kanda-sushi.com

M° Snowdon. Lun-ven 11h30-14h30 et 17h-22h30, sam-dim 17h-23h. Formule à volonté. Midi : 15 $, soir : 21.50 $ (dim-mer), 25 $ (jeu-sam). Hors dessert et boissons. ATM sur place. Plusieurs succursales dans la grande région de Montréal.

Pour un festin frais, coloré et très abordable, Kanda est le restaurant de sushis préféré des petits futés. Toujours plein de monde, cet établissement élégant et confortable ne vous décevra jamais. Le service est d'une rapidité impressionnante, le choix des spécialités plus que suffisant, et contrairement à d'autres adresses, on n'essaye pas de vous gaver de riz… Nos suggestions : les sashimis de Saumon, sushis de thon, la pizza sushi, le tofu frit, les crevettes tempura. Et parmi les makis, le spécial Kanda !

MAIKO SUSHI

387, Bernard Ouest | 514-490-1225

www.maiko-sushi.com

Angle Hutchison. Lun-ven de 11h30 à 14h30 et de 17h à 23h, sam-dim de 15h à 23h. Midi : moins de 20 $, soir : 15 $-40 $.

Un restaurant qui pousse l'originalité dans la cuisine et le décor : des sections fermées sont disponibles avec tatami pour une soirée entre amis ou amoureux. Certes, on y sert des makis, des sushis et des sashimis mais surtout, le chef officie en cuisine avec des recettes originales, décorant toujours ses plats de façon somptueuse. Sa créativité est sans cesse renouvelée, les rouleaux réinventés et les sauces relevées. Bonne soupe miso, excellents tempura et desserts « branchés ».

Autre adresse : 3339D, des Sources, Dollard-des-Ormeaux, 514-684-3131.

MIKADO

399, Laurier Ouest | 514-279-4809

www.mikadomontreal.com

Angle Hutchison. Lun-ven de 11h30 à 14h30, tous les soirs de 17h30 à 22h (jeu-sam jusqu'à 23h). TH midi : moins de 20 $, soir : 25 $- 40 $. Carte : 16 $ -25 $. Menu dégustation 6 services. Service de traiteur, commandes à emporter et livraison disponibles.

Un restaurant japonais des plus orthodoxes, combinant la qualité à un respect intégral du nigiri et du sashimi en tant qu'art de fraîcheur, véritable poème à la vie. L'atmosphère de ce restaurant semble inviter à la méditation et au recueillement. Le sushi prend ici toute sa raison d'être, devient un mode de vie plutôt qu'un symbole de consommation, une danse rituelle que rien ne saurait troubler. Un restaurant sophistiqué qui cultive l'art de la table d'une manière extrême-orientale.

Autres adresses : 1731, Saint-Denis, 514-844-5705 ; 5515, Monkland, 514-369-3659.

ODAKI

3977, Saint-Laurent | 514-282-1268
www.odakisushi.com

Angle Bagg. Lun-ven de 11h à 14h30, sam-dim de 12h à 15h, lun-jeu & dim de 17h à 22h30, ven-sam de 17h à 23h. Midi : 15,99 $. Sushis à volonté : 21,99 $ en semaine et 26,99 $ le week-end. Service de livraison de 17h à 22h.

La spécialité : les sushis à volonté. Contrairement à ce qu'on pourrait attendre de ce genre de formule, chez Odaki, les sushis sont impeccablement frais et bons. Le principe : vous cochez vos choix sur une petite liste et on vous les apporte dans un court délai. Notre recommandation : demandez un peu de tout au premier service et ensuite, commandez ce que vous avez préféré. Possibilité de choisir à la carte également.

SHODAN

2020, Metcalfe | 514-987-9987 | www.sho-dan.com

Mº Peel. Lun-ven, 11h30-14h30 & dès 17h ; sam, dès 17h. Fermé dim. Compter autour de 20 $ le midi et 40 $ le soir.

Dès qu'on rentre dans ce grand restaurant, notre œil se pose sur le bar à sushi derrière lequel s'affairent des cui-siniers expérimentés. Ils y préparent des combinaisons inusitées comme le sexy sushi que l'on vous laissera dé-couvrir par vous-même. Les tempuras sont vraiment exceptionnels : la pâte à beignet est d'une légèreté remar-quable. Les sashimis sont d'une grande fraicheur. En dessert, le Romeo et Juliette est un sushi… sucré. Des spécialités que l'on voit rarement ailleurs et qui valent sans aucun doute une dégustation.

SUSHI SHOP

www.sushishop.com

Plusieurs succursales dans la région de Montréal. Livraison disponible via « À la carte express ». Menu Midi express : 5,9 5 $-7,95 $, le soir express : 8,95 $-22,95 $. Service traiteur.

La chaîne du sushi et des plats froids d'inspiration japonaise, à consommer sur place ou à emporter. Présente au Québec et en Ontario, et disposant de plus d'une trentaine de succursales à Montréal. Des produits toujours frais, et qui réussissent à se renouveler. Rien de trop « fancy » dans les boites préparées d'avances, mais quelques belles surprises quand on commande à la carte. Essayez les makis de tartare pour une expérience différente !

TOROLI

421, Marie-Anne Est | 514-289-9292
www.toroli.com

MºMont-Royal. Mar-dim de 17h30 à 22h30. TH : 35 $-50 $. À la carte : 20 $-40 $.

Si l'envie vous prend de vouloir voyager au Japon à Montréal, c'est au Toroli qu'il faut aller. Mais attention, au Toroli on retrouve une cuisine fusion japonaise de type gastronomique, pas des sushis. Ce sont les saveurs raffinées de la cuisine japonaise mélangées avec celles de la cuisine traditionnelle française. Les senteurs et les saveurs sont incroyables, de la soupe miso à la fraicheur du poisson cru cuisiné avec des oranges japonaises ou la morue grillée avec des fleurs de lotus... Et que dire du magret de canard aux pommes et à l'huile de truffe blanche avec ses petits légumes croquants et riz au balsamique tellement c'est merveilleux ? Que d'étonnements et d'explosions jusqu'au dessert : mousse de thé vert aux framboises. Le service est impeccable, tout sourire et discret. Une belle sélection de sakés et de thés.

TRI EXPRESS

1650, Laurier Est
514-528-5641
www.triexpressrestaurant.com

Angle Marquette. Mar-mer de 11h à 21h, jeu-ven 11h-22h, sam-dim de 16h à 22h. TH midi : moins de 20 $, soir : 21,50 $-41 $. Sur place et à emporter. Comptant seulement. Terrasse.

Le Tri Express a trouvé la recette gagnante : allier un cadre raffiné à une cuisine de grande qualité. Et puis, une grande intimité car il n'y a que quatre tables. Ajoutons à cela l'ambiance très « Plateau ». Le poisson est très frais et les sushis originaux. Le chef, Tri, qui a longtemps travaillé dans un grand restaurant, est ravi de se retrouver derrière un comptoir ouvert et d'avoir un contact direct avec sa clientèle. Il ne manquera pas de vous conseiller d'opter pour la formule « Omakase » (du japonais : « laisse le chef décider »). Vous indiquez la somme que vous souhaitez dépenser et il vous concocte ce qu'il y a de meilleur. Aussi offert : le menu « omakase III » 5 services (41 $ / personne).

ZEN YA

486, Sainte-Catherine Ouest, 2e étage
514-904-1363
www.groupzenya.com

M° McGill. Lun-ven de 11h30 à 14h30 et de 17h30 à 22h30, sam-dim de 17h30 à fermeture (variable selon l'affluence). Deux salles avec tatami. TH midi : 16 $-22 $, soir : 25 $ - 35 $.

Une agréable surprise au 2e étage d'un bâtiment qui cache bien son jeu ! Un bar à sushis, où s'affairent les chefs, domine la salle aux lignes fluides et aérées. Avec des tables et chaises couleur bois d'ébène, des lumières tamisées et quelques bambous pour la décoration, vous y trouverez calme et intimité. Le menu vous propose une sélection d'entrées chaudes ou froides, de grillades, et des assiettes de sushis et sashimis. Pour les inconditionnels, vous pouvez faire votre propre sélection sur une belle liste de makis. Une cuisine japonaise soignée et un service discret. Futé : si la salle est pleine, rendez-vous au Grappa Lounge, en face, qui partage la même cuisine. La déco y est aussi très agréable.

THAÏLANDE

THAÏ GRILL

5101, Saint-Laurent
514-270-5566

Angle Laurier. Jeu-ven de 12h à 14h30, lun-dim de 17h30 à 23h. À la carte : moins de 25 $.

Bienvenue en Thaïlande ! C'est dans un décor fait de bois ciselé, de gravures, de statues et d'un immense bouddha, que vous serez accueilli. Ici, tout est raffinement et douceur (jusque dans le service, un peu long). La cuisine typiquement thaï permet de découvrir des saveurs, des parfums et des mélanges surprenants mais si agréables au palet. Les produits frais, les épices et les textures sont subtilement utilisées pour offrir des mets de qualité et superbement bien décorés. La soupe Tom Kha au poulet et lait de coco avec galanga, jus de lime et citronnelle, est un régal. Le « favori du Thaï Grill » (crème à la noix de coco frit recouverte d'une sauce chocolat) est un délice. Bref, une véritable invitation au voyage, jusque dans les toilettes où cascade, galets et décorations nous rappellent qu'ici, tout est luxe et volupté.

THAILANDE

88, Bernard Ouest
514-271-6733
www.restauranttailande.com

Angle Saint-Urbain. Ouvert tous les jours de 17h à 22h. TH : 28 $-40 $. Carte : 11,95 $- 26,95 $. Plats à emporter.

En apparence, ce petit resto semble très simple. Pourtant, les connaisseurs s'y pressent pour savourer une authentique cuisine thaïlandaise. Les plats sont excellents, l'ambiance ultra conviviale, les prix des menus vraiment raisonnables et le personnel fait preuve d'une rare gentillesse. Le canard Kaeng Panaengau lait de coco est un must. Les vrais thaïlandais de Montréal en ont fait leur quartier général. Nous aussi, pour un voyage dépaysant à petit prix.

THALAY THAI

5697, chemin de la Côte-des-Neiges
514-739-2999

M° Côte-des-Neiges. Lun-ven 11h-22h, sam-dim 16h-22h. TH midi : 10,50 $, soir : moins de 20 $.

L'excellent rapport qualité-prix, la fraîcheur des produits et la générosité des assiettes expliquent le grand succès de ce restaurant thaïlandais. Situé à deux pas de l'Université de Montréal, il attire à la fois les étudiants, les professeurs et les professionnels du quartier. Bien sûr, tout ce monde crée une joyeuse cacophonie, surtout le midi. Pour satisfaire la foule qui se précipite sur les classiques de la cuisine thaïe, le service est ultra rapide. Quelques minutes seulement pour voir arriver notre curry vert accompagné d'une belle salade de mangue légèrement aromatisée à la menthe, et l'incontournable pad thaï qui vous sera servi avec poulet, crevettes et tofu.

TAÏWAN

YUAN

400, Sherbrooke Est

514-848-0513

M° Sherbrooke. Lun-ven de 11h30 à 15h et de 17h30 à 22h, sam-dim de 11h à 22h. TH midi : moins de 15 $. Buffet à volonté le soir : moins de 20 $. Pas de licence d'alcool.

Chez Yuan, on déguste une « cuisine végétarienne créative » d'excellente qualité. Le soir, l'entrée est composée d'algues, de tofu grillé et d'une petite salade de chou. Très original et raffiné. On retrouve le soin porté à la présentation dans tous les plats, souvent assortis de tofu ou de protéines de légumes texturés, accompagnés de légumes sautés et de riz. Le service est assuré par un personnel souriant, irréprochable. Demandez une place sur les tatamis, cachés au fond du restaurant.

TIBET

CHEZ GATSÉ RESTAURANT TIBÉTAIN

317, Ontario Est

514-985-2494

Angle Sanguinet. Lun-ven de 11h à 22h, sam-dim de 17h à 22h. TH midi : moins de 10 $, soir et Spécial Yeti : moins de 15 $. Terrasse.

Ce resto de quartier propose une cuisine rassurante, délicieusement rustique, parfaitement conforme aux traditions tibétaines. L'ambiance est simple et authentique, on s'y sent tout à fait bien. Les plats familiaux sont concoctés avec des viandes et des légumes finement coupés, à la mode tibétaine. Le plat typique est le momo, gros ravioli farci à la viande, fromage ou légumes. Choisir absolument le menu du Yeti qui propose un assortiment copieux des spécialités de la maison. De quoi se requinquer avant de planifier, pourquoi pas, un raid dans l'Himalaya !

SHAMBALA

3439, Saint-Denis

514-842-2242

M° Sherbrooke. Mar-ven 12h-15h, lun-dim de 17h à 23h. Carte : moins de 15 $.

Le Shambala propose une carte diversifiée puisque l'on retrouve des plats typiques de la cuisine tibétaine (momos, soupe thenthuk) à base de bœuf ou de poulet, ainsi qu'une belle sélection de plats végétariens. Préparez-vous donc pour un voyage culinaire exotique, dans un lieu simple et agréable, à des prix tout à fait abordables.

VIETNAM

PHO LIEN

5703 B, Côte-des-Neiges

514-735-6949

M° Côte-des-Neiges. Mer-lun de 11h à 22h. Fermé mar. Carte et menus : 15 $ et moins. Comptant seulement. Terrasse.

Installé en face de l'hôpital juif, ce petit restaurant toujours plein de monde propose des spécialités vietnamiennes composées de produits rigoureusement sélectionnés. On se laissera tenter par des rouleaux printaniers ou une soupe tonkinoise (dont c'est la spécialité). La combinaison « C » est un must ! Un excellent rapport qualité-prix et un endroit où l'on aime revenir.

RESTAURANT CRISTAL DE SAIGON

1068, Saint-Laurent

514-875-4275

M° Place-d'Armes. Ouvert tous les jours de 11h30 à 22h. À la carte : 10 $ et moins. Comptant seulement.

Ce bistro simple et authentique sur la principale du Chinatown ne change pas de décor depuis des années. Les soupes pho, nouilles ou bo bun et même les plats sautés et grillades sont de bon goût. Les gens qui visitent le Quartier chinois pour faire des emplettes hebdomadaires prennent toujours le temps de venir dans ce restaurant modeste, parfois en compagnie de toute la famille. Les habitués aiment bien l'accueil sympathique du personnel qui propose toujours un bon dessert che ba mau (dessert aux trois couleurs) à base de tapioca vert, haricots rouges et crème de coco blanche (au printemps seulement). Un vrai délice !

SOUVENIRS D'INDOCHINE

243, Mont-Royal Ouest
514-848-0336
Angle Jeanne-Mance. Mar-sam de 11h à 14h et de 17h à 21h. TH midi : moins de 15 $, moins de 30 $. Service traiteur. Terrasse.
Monsieur Hà ne semble en rien nostalgique, mais pourtant sa cuisine émane des temps révolus où l'art culinaire servait à rendre hommage aux ancêtres par une méditation active lors de la préparation des repas. Il nous en tisse une cuisine simple et raffinée, dont les dosages des diverses saveurs semblent savamment orchestrés. Les poissons et les viandes sont cuits à un degré précis, et les sauces viennent semer l'émoi, purement et simplement. Essayez les cubes de bœuf au soja ou les nems pour en prendre toute la mesure ! Une adresse qui se démarque des autres.

Europe

BELGIQUE

LE PETIT MOULINSART

139, rue Saint-Paul O. | 514-843-7432
www.lepetitmoulinsart.com
Lun-ven 11h30-14h30; lun-sam 17h-22h. Terrasse.
Un indémodable qui n'a pas attendu Spielberg pour célébrer le héros d'Hergé. Déjà dans le Vieux-Montréal avant que ça ne soit à la mode, ce restaurant saura vous régaler avec une cuisine maîtrisée, dans un cadre agréable et original, tout droit tiré des aventures de Tintin. La Belgique est à l'honneur, avec les moules frites, la carbonnade ou les chicons gratinés, accompagnés d'une carte des vins et bières étoffée. Les ingrédients sont réunis pour passer un bon moment, et le service attentionné complète admirablement le tableau. Une bonne adresse, qui a su se renouveler, et qu'on a toujours plaisir à retrouver.

ESPAGNE ET PORTUGAL

CASA MINHOTA

3959, Saint-Laurent | 514-842-2661
Angle Napoléon. Ouvert tous les jours de 11h30 à minuit. TH : à partir de 25,95 $, spéciaux du jour (5 choix) 12,95 $.
Pour retrouver les saveurs traditionnelles portugaises, inutile de réserver un billet d'avion pour Lisbonne. Un passage par cette institution montréalaise suffit car depuis 1979, la maison ne sert

que de bons petits plats typiques, généreux et à prix très sages. Sur un air de fado, le chef propose des spécialités qui changent au gré des saisons, mais dont la qualité demeure au long de l'année. L'évasion est totale lors des « dimanches portugais » (une semaine sur deux), où petit cochon de lait et autres surprises sont apprêtés avec soin.

CASA TAPAS

266, Rachel Est

514-848-1063 | www.casatapas.com

Angle Henri Julien. Mar-sam de 17h à la fermeture (variable selon l'affluence). Fermé dim-lun. Tapas : moins de 15 $.

Un antre intimiste entièrement dédié, vous l'aurez deviné, aux tapas, ces petites merveilles de la gastronomie espagnole. Un menu on ne peut plus simple où ces perles jettent tous leurs feux. Les portions sont plus que généreuses, les goûts assez dynamités pour éveiller la nostalgie de l'Ibérie... Avec une carte des vins où domine le xérès, on sirote son spleen délicieusement. Il vaut mieux songer à réserver, on ne sait jamais.

FERREIRA CAFÉ

1446, Peel

514-848-0988 | www.ferreiracafe.com

M° Peel. Lun-ven, 11h45-15h ; lun-mer & dim, 17h30-23h ; jeu-sam, 17h30-minuit. Compter 70 $ avec vin. Terrasse. Service traiteur.

Comme son Portugal natal, cette cuisine est entièrement dédiée au poisson. Les arrivages constants assurent une fraîcheur à toutes épreuves. Carlos Ferreira, le propriétaire, aura au fil des ans monté une cave à vins de plus de 20 000 bouteilles, dont plusieurs d'importation privée, qu'il nous invite à découvrir. Et non seulement des vins, mais aussi des portos aussi savoureux qu'exquis. Le tout dans un joli resto qui se démarque. Chapeau !

PINTXO

256, Roy Est | 514-844-0222 | www.pintxo.ca

M° Sherbrooke. Mer-ven de 12h à 14h et tous les jours de 18h à 23h, fermeture à 22h le dim. TH midi : moins de 20 $. Menu dégustation : 32 $. Carte : 16 $-38 $.

Pour ceux qui connaissent le pays basque, Pintxo leur rappellera ces mille et une petites bouchées qui tapissent les comptoirs des bistrots les week-ends. Pour les autres, appelez immédiatement des amis et courez prendre un verre de tinto autour de ces bijoux savoureux, plus sophistiqués que leurs cousines espagnoles. Le chef Alonso élabore de véritables merveilles miniatures, trésors de créativité et de fraîcheur. En salle, le guapo José se fera un plaisir de vous conseiller. Une ambiance jeune, décontractée, chaleureuse, un rien branchée, dans un beau décor.

SALA ROSA RESTAURANT ESPAGNOL

4848, Saint-Laurent

514-844-4227 | www.casadelpopolo.com

Angle Saint-Joseph. Mar-dim de 17h à 23h. Tapas : 10 $ et moins. Plats : 25 $ et moins.

Ce club social fait partie des meilleures endroits à Montréal pour manger de savoureux tapas et des paellas safranées. Au menu figurent d'excellentes cailles rôties, de délicieux calmars à l'ail, des tortillas… Bref, toutes les merveilles de la cuisine espagnole. Côté ambiance, on s'y croirait : des spectacles de flamenco ont lieu tous les jeudis soirs. Tous les soirs, les membres du club ont leur table réservée pour jouer aux cartes et parler du pays.

TAPEO

511, Villeray | 514-495-1999

www.restotapeo.com

Entre Lajeunesse et Berri. Mar-ven de 12h à 15h et 17h30 à 23h, sam de 17h30 à 23h, dim de 17h30 à 22h. Fermé lun. TH midi : moins de 20 $. Paella pour deux : 25 $. Tapas : moins de 15 $. Service traiteur.

Un restaurant chaleureux, au décor soigné, qui vous propose des dégustations diverses de tapas (chaudes ou froides) aussi généreuses que savoureuses. Une cuisine authentique et assez abordable si vous venez à plusieurs pour partager l'ambiance et les plats. Les vins proposés accompagnent agréablement le repas, qui verra se succéder selon vos envies d'excellents calmars frits, du chorizo, du jambon cru, de la paella, choisis sur l'ardoise ou en suivant les conseils du serveur. Pour le dessert, les incontournables churros à tremper dans le chocolat sauront parfaire l'expérience. Est-il nécessaire d'en rajouter ?

GÉORGIE

GEORGIA

5112, Décarie | 514-482-1881

M° Snowdon. Ouvert tous les jours de 11h à 22h. À la carte : 10 $-25 $.

Ambiance feutrée, tons chauds, aménagement géorgien bourgeois, le décor de ce petit resto de quelques tables est chaleureux et invitant. La cuisine a des similitudes avec ses cousines polonaise, roumaine ou russe : satsivi, khinkali, grillé de saumon à la géorgienne avec fromage et sauce pimentée. Le classique kharcho est à découvrir : fondants morceaux d'agneau cuits dans une sauce à l'oignon et revenus avec carottes et épices. Impossible de repartir sans avoir goûté au tchourtchkhela, à base de noix et de raisins... Pour finir bien rassasié !

GRÈCE

BAR À MEZZE TASSO

3829, Saint-Denis

514-842-0867 | www.tassobaramezze.com

M° Sherbrooke. Mar-mer de 11h à 22h, jeu de 11h à 23h, ven-sam de 11h à minuit. Mezze : 9 $-15 $. Menu découverte 6 mezzes : 38 $; 9 mezzes : 46 $. Terrasse.

Un restaurant de cuisine Grecque réinventée, offrant une belle sélection de tapas et autres spécialités méditerranéennes, le tout dans un cadre simple et élégant. Ici, l'accent est mis sur les plats, dont la variété et les saveurs sauront charmer les gourmets. Tout est frais, coloré, et goûteux. Une belle carte des vins vous permettra de parfaire l'expérience, qui s'annonce délicieuse !

MILOS

5357, du Parc | 514-272-3522 | www.milos.ca

Angle Fairmount. Lun-ven de 12h à 15h, lun-dim de 17h30 à 00h30. TH midi : 20 $. Menu dégustation : 75 $. Menu de fin de soirée entre 22h et minuit : 20 $ (lun au sam). Menu spécial du dim de 17h30 à la fermeture : 45 $.

Le restaurant par excellence des poissons et des fruits de mer à la grecque. Pour les papilles, un régal, voire une expérience unique ! Une pieuvre presque tendre, du thon succulent, du crabe à faire rêver, et une assiette de sardines qui transformera le menu en expérience difficile à oublier ! La note sera cependant à la hauteur.

CAVA

5551, du Parc | 514-273-7772

www.cavarestaurantmontreal.com

Angle Saint-Viateur. Lun-ven de 12h à 15h et de 17h30 à minuit, sam 17h30 à minuit, dim 17h30 à 23h. Midi : Menu à 20.11 $ Soir : Carte : 75 $ et plus. Vendredi "vins et fromages" dès 21h : 20 $. Voiturier gratuit.

Le propriétaire de ce resto n'en est pas à son galop d'essai. Avec le Milos, il avait placé la barre assez haut, et ce nouveau Cava se positionne d'emblée comme l'un des meilleurs Grecs en ville. On a ici mis l'accent autant sur la qualité de la cuisine et des vins (Grecs bien sûr, et disponibles via l'agence d'importation Cava Spiliadis) que sur le service et la décoration. L'ambiance estlumineuse, avec un bar en bois et une cuisine ouverte sur la salle. Côté nourriture, on est invité à partager les plats, spécialités grecques et savoureuses grillades. Tout est délicieux. Une adresse haut de gamme qui vous promet de belles découvertes !

PHILINOS DÉLICES MÉDITERRANÉENS

4806, du Parc | 514-271-9099
www.philinos.com

Entre Villeneuve et Saint-Joseph. Lun-jeu de 12h à 23h, ven-sam de 12h à minuit, dim de midi à 23h. À la carte : 20 $-40 $.

Un restaurant qui vous propose de partir à la découverte d'authentiques recettes méditerranéennes, préparées avec les meilleurs ingrédients. Le nom « Philinos » signifie « amis du vin », et résume à lui seul l'esprit de convivialité et dégustation qui règne en ces lieux, très bien aménagés. Laissez-vous emporter au grès des spécialités grecques, des produits de la mer, de l'agneau grillé et des nombreux hors d'œuvres proposés. Accompagnez le tout d'un vin choisi parmi une belle sélection, et vous aurez réunis tous les ingrédients d'un moment sous le signe du plaisir de déguster et de partager.

ITALIE

LA BUONA FORCHETTA

2407, Mont-Royal Est | 514-521-6766
www.labuonaforchetta.ca

Angle Fullum. Lun de 11h à 15h, mar-jeu de 11h à 22h, ven de 11h à 23h, sam-dim de 17h à 23h. TH midi et soir : 23 $-50 $. Carte : 12 $-32 $.Cours de cuisine de 4 à 8 personnes : 110 $ pour 2h.

Ce restaurant possède une particularité qui sort des conventions habituelles. La carte est en effet bien italienne : spaghettis, linguines, poissons, grillades et autres spécialités, mais cuisinés au beurre de cacao Mycryo. C'est une matière grasse d'origine naturelle trop peu connue, qui isole le produit, capture l'eau, pour mieux révéler l'excellence des aliments. Dès qu'on goûte à cette nouvelle façon de cuisiner, on est incroyablement surpris et séduit. Les calamaris cotti Mycryo, les vongoles et les pétoncles sont d'une fraîcheur à comparer à des crustacés tout droit sortis de la mer. Cette impression de vivacité sublime les légumes plus croquants et colorés les uns que les autres ainsi que les viandes, servies généreusement, comme le veau de lait, la côte de bœuf d'un kilo ou le carré d'agneau. Le service est discret et l'espace assez grand pour se sentir en toute intimité. Le chef-propriétaire,

Roberto Petrella, est un vrai passionné. On le voit tout de suite à la façon dont il parle de ces produits qu'il choisit lui-même. C'est un homme proche de la terre, de la nature, de la forêt et des bons vins. La carte des vins est exceptionnelle. Une belle découverte !

CUCINA DELL'ARTE

5134, Saint-Laurent | 514-495-1131

Angle Fairmount. Lun-mer de 11h30 à 23h, jeu-sam de 11h30 à minuit, dim de 16h30 à 23h. TH midi : moins de 15 $. Carte : 8,50 $-15,50 $. Terrasse.

Cette pizzeria toute simple, à quelques pas de l'Espace Go, devient un endroit parfait pour se recueillir avant ou après une soirée majestueuse. L'étage supérieur est tapissé de posters de théâtre ou de ballet. Le tact des serveuses est sûrement l'élément le plus caractéristique du coin. La bonne pâte à pizza tendre sortant du four à bois ne passe pas non plus inaperçue. On relève le carpaccio cucina, le feuilleté d'escargot, les cannellonis farcis maison et en dessert, le tartufo ou le tiramisu, faits maison eux aussi. Quelques vins italiens sont disponibles pour accompagner le repas. En été, la baie vitrée transforme le trottoir en terrasse pour y déguster une bonne crème glacée.

MISTO

929, Mont-Royal Est

514-526-5043 | www.restomisto.com

M° Mont-Royal. Ouvert lun-mer, 17h-minuit ; jeu-ven, 11h30-minuit ; sam-dim, 10h30-minuit (menu brunch et petite carte de plats réguliers). Menu midi : à partir de 9 $ (jusqu'à 16h30). Focaccia : 10,25 $-14,50 $, plats : 12,25 $-24,25 $.

LA trattoria du Plateau ! Décor design : acier et bois, briques apparentes, beau comptoir animé. À midi, intellos et jeunes professionnels se retrouvent pour savourer de très bons focaccias. Le soir, l'ambiance est plus festive, voire électrique les week-ends. La place est branchée, décontractée, le personnel très avenant et d'une bonne humeur contagieuse. De quoi oublier les soucis, mais certainement pas Paul, charmant propriétaire qui compose lui-même la carte. Au menu, une bonne cuisine italienne et méditerranéenne, très abordable. La très belle carte des vins accompagne merveilleusement le tout. À ne pas manquer : le brunch du week-end !

LE PETIT ITALIEN

1265, Bernard Ouest | 514-278-0888

www.lepetititalien.com

M° Outremont. Lun-mer de 17h à 22h, jeu-ven de 11h30 à 23h, sam de 9h30 à 23h et dim de 9h30 à 22h. TH : 14 $-26 $. Carte : moins de 25 $. Dim sum italien le dimanche : bouchées de 1,50 $ à 6,75 $. Terrasse.

Alain Starosta et son équipe ont tout mis en œuvre pour nous offrir un moment agréable, dans un décor au design particulièrement soigné. Le chef veille à offrir une cuisine italienne moderne, qui allie saveurs, authenticité et fraîcheur, à prix compétitifs. Les classiques de la cuisine italienne tels que les pâtes, l'osso bucco, les risottos et le saumon au balsamique, sont préparés avec aisance. En dessert, le tiramisu maison vaut bien une infidélité à la balance. Le DJ prend soin de nos oreilles, pendant que le sommelier se charge de nos papilles, en suggérant l'un des nombreux vins disponibles. Pour un bon moment entre amis ou en couple.

PIZZERIA NAPOLETANA

189, Dante | 514-276-8226 | www.napoletana.com

M° De Castelnau. Lun-mer de 11h à 23h, jeu-sam de 11h à minuit, dim de 11h à 23h. Pizza : 9,50 $-17,50 $, pâtes : 10,50 $–17,50 $. Prix taxes incluses. Apportez votre vin.

Des pizzas fines, cuites à la perfection, depuis 1948 ! Ça en attire des familles et des groupes d'amis. Mais l'attente en vaut vraiment la peine, que ce soit pour manger une pizza aux ingrédients bien choisis, des pâtes (ravioli, cannelloni, gnocchi, spaghetti, farfalle, fettucine, etc.) ou une assiette d'antipasti. Le cadre est très simple et le niveau sonore assez élevé mais très sympathique. Et si vous avez aimé votre expérience, vous repartirez à la maison avec de la sauce à spaghetti faite sur place ou du café moulu ou en grains à emporter.

PIZZERIA ROMEO

285, Mont-Royal Est
514-987-6636 | www.pizzeriaromeo.com
M° Mont-Royal. Sam-mer, 17h-minuit ; jeu-ven, 17h-2h. Plats et pizzas : moins de 20 $.

Après le succès du Misto, Paul Soucie lance une nouvelle formule gagnante au Romeo. Les clés de la réussite : un lieu branché, une carte bien pensée et des prix très sages. Si le Misto doit sa célébrité à ses pâtes, chez Ro-meo, c'est la pizza qui fait venir du monde. Ceci dit les petits plats sont eux aussi bien sympathiques : carpaccio de saumon ou de bœuf, lasagne, salades intéressantes et de bons desserts. La carte des cocktails est elle aussi très bien fournie.

STUZZICHI

358, Notre-Dame Est
514-759-0505 | www.stuzzichi.com
M° Champ-de-Mars. Lun-dim les midis et à partir de 18h le soir jusqu'à fermeture. Carte : moins de 30 $.

Le Stuzzichi propose une cuisine italienne simple mais de qualité, inspirée d'une tradition sans cesse revisitée. Dès l'entrée, on sait qu'on est arrivée au cœur de cette Italie où il fait bon vivre. L'accueil chaleureux à l'accent chantant, le décor mêlant le bois et la pierre, une cheminée suspendue, et cette immense étagère enrichie de produits italiens fins (en vente) ajoutent une touche particulière et animée à ce lieu. À la carte, rizottos, pâtes sous toutes ses formes, salades et stuzzichis froids et/ou chauds sont proposés. La bruschetta, modernisée pour devenir stuzzichi, est accompagnée de légumes confits et de salade, et arrosée d'un filet d'huile d'olive et de vinaigre balsamique. Des petits plaisirs, simples mais tellement agréables.

POLOGNE

STASH CAFÉ

200, Saint-Paul Ouest
514-845-6611
www.stashcafe.com
M° Place-d'Armes. Lun-ven de 11h30 à 23h, sam-dim de 12h à 23h. Menu midi : 10,75 $. Carte : 9,25 $-16,95 $.

« Rien n'accompagne aussi bien un repas polonais qu'une bonne vodka ». Parfait, on s'exécute. La vodka est à la cuisine polonaise ce que le saké est au sushi japonais. Avec un Krokiety (crêpes farcies de viande) ou un Bigos (ragoût traditionnel), on la boirait presque comme du petit lait. La recette de sanglier vaut vraiment le détour. À la carte, une vingtaine de spécialités donnent l'occasion de revenir souvent car c'est une cuisine aux saveurs inattendues et rares. Un menu débutant permet de découvrir la richesse de la cuisine polonaise. De plus l'accueil est excellent, et le décor splendide avec des belles reproductions d'œuvres d'artistes polonais.

CAFÉ HOLT © NRL

RUSSIE

TROÏKA

2171, Crescent
514-849-9333
M° Peel ou Guy-Concordia. Lun-sam de 17h à 23h, lunch sur réservation pour min 8 pers. Fermé dim. Plats : 23,50 $-44 $. Menu dégustation : 95 $. Service traiteur. Musiciens ven et sam.

Cette institution de la rue Crescent, ouverte depuis 1962, a vu défiler plusieurs générations d'amateurs de caviars et vodkas. Les musiciens y déambulent de table en table, diffusant des hymnes russes et tziganes, parsemés de classiques italiens et français. L'ambiance romantique cède parfois la place à une ambiance plus folle. Au menu, un caviar succulent ou des plats plus populaires comme la marmite de poissons de la mer caspienne et son bouillon safrané. Un choix de vodkas et de vins est offert pour accompagner cette expérience gastronomique hors pair.

SUISSE

ALPENHAUS

1279, Saint-Marc
514-935-2285
1 866-935-2285
www.restaurantalpenhaus.com
M° Guy-Concordia. Jeu-ven de 11h30 à 14h30, lun-jeu et dim de 17h30 à 22h, ven de 17h30 à 22h30, sam de 16h30 à 22h30. TH midi : 7,95 $-14,95 $, soir : 28,95 $-54,95 $. Fondues pour 2 : 18,95 $-76,95 $. Carte : 11,95 $-31,95 $. Service traiteur.

La Suisse et sa splendeur culinaire. Des fondues à la tonne, une bourguignonne à faire frémir, et aussi curieusement un choix de fondues chinoises. Dans un décor pour le moins rustique, une sélection de viandes à l'européenne telles les escalopes à la viennoise, à la zurichoise, ou des carrés d'agneau pour le moins délectables. Pour terminer la soirée, une fondue au chocolat où la Suisse apparaît à son meilleur avec les vaches à lait portant leurs grosses cloches entre les pics enneigés. L'Alpenhaus nous transporte jusqu'en des sommets gustatifs depuis 1967.

LA RACLETTE

1059, Gilford | 514-524-8118
M° Laurier. Mar-dim de 17h30 à minuit. Fermé lun. Petite TH : 23 $-28 $. Grande TH : 35 $-40 $. Apportez votre vin. Terrasse.

En Suisse, la raclette se déguste tranquillement, autour d'un bon feu de foyer. Ici, c'est dans une ambiance chaleureuse et animée, prisée par les gourmands affamés. En été, c'est même sur une belle terrasse qu'on vous accueille. Les cuisines sont accessibles à l'œil et au nez. Au menu, la raclette évidemment, avec jambon et viande des Grisons, ou encore une fondue au fromage suisse. Pour les gastronomes allergiques au fromage, la maison suggère des plats en formule table d'hôte (volaille, poisson, abats et grillades). Le tout à déguster avec le vin que vous aurez ramené. Depuis plus de 20 ans, La Raclette connaît un succès mérité, il est donc conseillé de réserver.

Restaurants par thèmes

LES GRANDES TABLES

APOLLO

1333, Université | 514-274-0153 | www.apolloglobe.com
Angle De Maisonneuve. TLJ de 7h30 à 10h30, de 11h30 à 14h30, et de 17h30 à 22h30.Réservation conseillée. À la carte : 35 $-50 $. Terrasse.

La nouveauté et la créativité sont votre tasse de the ? Vos papilles ont envie de surprise ? Alors ne ratez pas ce restaurant qui se distingue par le talent et les idées de ses chefs, sous la direction de Giovanni Apollo. Menus du midi, du bar, ou terrasse sont proposés pour des expériences distinctes. En soirée, le gourmet est invité à se laisser guider en faisant confiance aux mains expertes qui fourmillent en cuisine. On choisit un ingrédient (qui varie au gré du moment : champignon, foie gras, thon…) qui sera décliné en trois temps. Des variations sur un même thème donc, toutes délicieuses et très bien présentées. A découvrir !

À L'OS

5207, Saint-Laurent | 514-270-7055 | www.alos.ca

Angle Fairmount. Mardi-dimanche, 18h-22h. Plats : 25-45 $. Menu dégustation : 55 $. Apportez votre vin.

Un petit restaurant de grande qualité. Le chef Sambas Herman et ses cuisiniers s'affairent en noir derrière le comptoir intégré à la salle. On a vraiment à cœur d'offrir un moment d'exception aux clients. Le plat emblématique de la maison, le filet mignon de black Angus et os à la moelle, grelots rôtis au romarin et réduction de veau au porto, surmonté ou non d'une escalope de foie gras poêlée, est un pur moment de bonheur. À déguster avec l'une des treize sortes d'eaux minérales de la carte. Le tout accompagné d'un service aimable et efficace. Au dessert enfin, tout est fait pour combler les gourmands. Les prix pratiqués peuvent sembler prohibitifs, mais si l'on considère les mets servis, ils sont plutôt raisonnables, d'autant qu'on apporte son vin. Une belle découverte sur le boulevard, à visiter sans tarder !

LE BEAVER CLUB

900, René-Lévesque Ouest

514-861-3511, poste 2448

www.fairmont.com

M° Bonaventure. Jeu-sam 18h à 22h30, fermé dim-lun. Menu bon vivant : 69,50 $. Menu bon vivant « petit appétit » : 59,50 $. Menu gourmet 4 services : 76 $, menu découverte 5 services : 88 $ (145 $ avec vin).

Le Beaver Club est une référence en matière de haute gastronomie. De l'assiette au service, pas de doute, vous êtes dans un grand restaurant. À chaque étape du repas, on prendra le temps d'apprécier les petites attentions qui tiennent en éveil tous nos sens. Ensuite, on déguste chaque bouchée en fermant les yeux, en trempant ses lèvres dans un nectar sélectionné pour vous : escalope de foie gras de canard de Marieville poêlée à la compotée de tomates vertes aux fraises ; rôtisson de homard gaspésien au bouillon crémeux d'asperges blanches du Québec et de morilles ; canon d'agneau du Bas-Saint-Laurent rôti au chutney de menthe et jus au cari. La gourmandise ne peut pas être un pêché !

CHEZ LA MÈRE MICHEL

1209, Guy

514-934-0473

M° Guy-Concordia. Lun-sam de 17h30 à 22h30. Fermé dim. Carte : moins de 30 $. Menu des grands espaces : 48 $. Cave champenoise pour les groupes.

On aime cette adresse d'exception, grande table et fine cuisine dans l'environnement feutré d'une maison bourgeoise. Gentiment surnommée « La mère Michel », Micheline Delbuguet veille sur son petit monde, faisant son marché toujours en quête de produits rares et frais. Les mets respirent la tradition en perpétuelle évolution : crabe soufflé sur riz safrané, gigot d'agneau en croute à la sarriette, grenadins de veau au citron vert, feuilleté aux fraises maison… Essayez le menu des grands espaces, à base de produits québécois : coquilles des Îles de la Madeleine, tournedos de bison servi avec une sauce poivrade et canneberges confites pignon de pin et flan de céleri, salade de saison avec un croûton de migneron gratiné. Superbe cave, service haut de gamme, petit solarium clôturent ce tableau alléchant. Réservation recommandée.

CHEZ L'ÉPICIER

311, Saint-Paul Est

514-878-2232

www.chezlepicier.com

M° Champ-de-Mars. Jeu-ven de 11h30 à 14h, lun-dim de 17h30 à 22h. TH midi : 15 $-25 $. Carte : 30 $ et moins. Service traiteur.

Quel beau pari que celui du brillant chef et propriétaire de ces lieux, Laurent Godbout ! Une cuisine cosmopolite avec un menu élaboré à partir de produits du terroir. Un restaurant avec de la personnalité à revendre, sans toutefois sombrer dans le branché vide. Ici, tout est chaleur et bon goût, discrétion jusque dans les assiettes savamment concoctées, comme autant de mines gustatives que seule une gorgée de vin saura désamorcer. De plus, une épicerie fine complète cette réussite, avec des plats cuisinés à emporter et plus de 600 produits du Québec et du monde. Coup de cœur enflammé !

EUROPEA

1227, de la Montagne

514-397-9161 | www.europea.ca

M° Peel. Mar-ven, ouvert le midi ; lun-dim, ouvert tous les soirs

La réputation du chef Jérôme Ferrer n'est plus à faire et la qualité de ses nombreuses autres tables (Beaver Hall, Andiamo et Birks Café) non plus ! L'Europea, c'est la finesse de l'art culinaire avec une cuisine inventive et intuitive qui fait voyager tous nos sens. Coté 4 diamants, c'est une des meilleures tables en ville et l'expérience gustative est franchement à la hauteur. En soirée, laissez-vous tenter par le menu dégustation ou découverte, des incontournables et savoureux classiques de l'Europea. La carte des vins qui accompagne le tout est un hymne au bonheur. Pour pousser plus loin l'expérience, réservez la Table du Chef afin de vivre l'arrière-scène des cuisines et de voir le chef à l'œuvre !

LAURIE RAPHAËL

2050, Mansfield | 514-985-6072

www.laurieraphael.com

M° Peel. Lun-ven, 11h30-14h ; lun-dim, 18h-22h30. Menu midi : 24-26 $ ou le menu « chef-chef » 4 services : 35 $. Table hôte du soir : 60 $.

Ouvert en 2007, pour faire suite à son succès mérité à Québec, ce restaurant a tout pour plaire. Délicate, parfumée et raffinée, la table du Laurie Raphaël marie savamment les produits du terroir avec une pincée d'exotisme et des sauces qui, loin de dénaturer les éléments, les subliment. Une grande table qui excelle par sa créativité sans cesse renouvelée selon l'inspiration du moment et les arrivages. Que demander de plus ?

CHEZ LÉVÊQUE

1030, Laurier Ouest

514-279-7355 | www.chezleveque.ca

Angle Hutchison. Lun-dim de 11h30 à minuit. Menu spécial à partir de 21h à 21 $. Carte : 15 $-40 $. Service traiteur. Terrasse.

Pierre et Patricia Lévesque nous accueille ici tout sourire, et nous proposent une carte changeante et alléchante. La salle est éclairée par une belle verrière qui donne sur la rue Laurier. On y déguste de bons petits plats mijotés, comme le filet mignon de bœuf poêlé sauce Madère, la grande assiette de poisson façon bouillabaisse ou encore un mille-feuilles de foie gras aux figues façon Lévesque. Le chef-pâtissier, David, vous donne le choix parmi de succulents desserts : gâteau gaulois au chocolat amer et Grand Marnier, tartelette au citron meringuée et sa tuile à la noix de coco, etc.

LA CHRONIQUE

99, Laurier Ouest | 514-271-3095

www.lachronique.qc.ca

Angle Saint-Urbain. Mar-ven, 11h30-14h ; lun-dim, 18h-22h. Menu midi : à partir de 25 $. Plats principaux : à partir de 35 $. Menu dégustation : à partir de 100 $. Service de traiteur.

Ici on vous propose une carte haute en couleurs qui tend à explorer les limites mêmes de la cuisine française. On la réinvente en une explosion de saveurs aux relents inédits. Bonne bouffe, peut-être, mais plus encore : une très grande bouffe, qui pousse les arômes et les saveurs à un degré tel que le palet en perd ses repères traditionnels. De la haute cuisine qui se libère des carcans typiques et qui s'évade ainsi de toute caractéristique nationale quelque peu contraignantes : chaudrée de la mer comme il se doit avec pétoncle rôti, moules, palourdes et crevettes de Matane, crème de caviar fumée et flétan de l'Atlantique, homard poché au beurre, pomme de terre ratte à la truffe et asperges vertes et son écume de mer... Lorsque la cuisine devient un matériau si hautement artistique, on parle sans contredit de l'une des meilleures tables de Montréal.

LE CLUB CHASSE ET PÊCHE

423, Saint-Claude | 514-861-1112

www.leclubchasseetpeche.com

M° Champ-de-Mars. Mar-sam, 18h-22h30. Ouvert le midi à certaines périodes de l'année. Plats principaux le midi : moins de 25 $, soir : à partir de 30 $.

Cette pourvoirie urbaine offre un nouveau territoire pour pêcher de bonnes chairs. Presque une chasse gardée.

DÎNER EN BLANC

www.dinerenblanc.info

Tout comme Paris, Montréal a son « dîner en blanc » et ce, depuis 2009. Le concept : une grande réunion est organisée dans un lieu public tenu secret jusqu'au dernier moment. On pourrait d'ailleurs la qualifier de « chic pique-nique » ! Le mot d'ordre : s'habiller tous en blanc et jouer le jeu de l'élégance, tant dans le comportement que l'habillement. C'est une excellente occasion pour prendre un savoureux repas et rencontrer des gens d'origines et de milieux différents. Et que dire de l'étonnement des passants qui assistent à une véritable convention toute blanche ?! Pensez toutefois à vous inscrire plus de six mois à l'avance si vous voulez une place. Sinon, il y a toujours la liste d'attente…

Aucune signe extérieur, tout juste un sigle de ralliement pour les initiés gourmands : du bouche à oreille principalement. Un décor ultra léché fait de pierres, de poutres, de cuir, mélange cosy de sophistication et d'authenticité. Un concept avant-gardiste : dandysme et rusticité contemporaine. Dans ce design à couper le souffle, Claude Pelletier, considéré à juste titre comme l'un des meilleurs chefs en ville, élabore une cuisine puissante, animale, esthétique, instinctive. Tout en finesse et en élégance, Hubert Marsolais veille à conserver en salle l'eurythmie unique qui caractérise si bien les créations de cette équipe gagnante. Durant la saison estivale, vous pouvez profiter de cette cuisine de qualité dans un très beau cadre : la terrasse du Château Ramezay, juste en face.

LA PORTE

3627, Saint-Laurent | 514-282-4996
www.restaurantlaporte.com

M° Sherbrooke. Mar-ven de 12h à 14h. Mar-sam de 18h à 22h. TH midi : 20 $-25 $. Menu découverte : 55 $, menu gourmand : 75 $, menu gourmet dégustation 8 services : 90 $. À la carte : 20 $-41 $. Service traiteur. Stationnement privé disponible.

Cette adresse de haute voltige a ouvert ses portes pour le plaisir des adeptes de La Main et de la bonne chair en général. Le raffinement des plats et leur originalité sont assez exceptionnels. Nous avons goûté à une aile de raie, servie avec une émulsion de poireau, et cuite à la perfection. La joue de bœuf était aussi tendre que mémorable. Le midi, les prix sont très raisonnables, d'autant que la table d'hôte comprend des amuses-bouches, une entrée, un plat et un dessert. Le cadre, très distingué, met en valeur une magnifique porte digne d'un décor des mille et une nuits.

RESTAURANT AIX CUISINE DU TERROIR

711, Côte de la Place d'Armes
514-904-1201 | www.aixcuisine.com

M° Place-d'Armes. Lun-ven, 11h30-14h30 ; lun-mer, 17h30-22h ; jeu-sam, 17h30-minuit ; dim, 11h-15h & 17h30-22h30. Menu à la carte : 29-45 $, table d'hôte : 48 $. Brunch le week-end. Table aux saveurs du terroir certifiée. Terrasse sur le toit en saison estivale.

Un restaurant gastronomique avec un décor chic et discret. Éric Kopp, chef d'origine française, cuisine des aliments provenant à 80 % du terroir québécois et ajoute une touche de créativité à tous les plats. Les menus sont présentés de façon à ce que le client sache de quel endroit provient l'aliment. Par exemple : la morue de Nouvelle-Écosse, le veau de Charlevoix, le bison du Bas-Saint-Laurent, les huitres du Nouveau-Brunswick... Les élus du menu sont l'agneau de Kamouraska (côtes premières braisées 7 heures, écrasé de pommes de terre rattes), le veau de Charlevoix, le confit de canard du Lac Brome, le filet de bœuf AAA, le foie gras poêlé et les truffes. On ne peut que se régaler devant cette richesse, ces trésors du patrimoine gastronomique du Québec. Une table incontournable à Montréal.

S LE RESTAURANT

125, Saint-Paul Ouest

514-350-1155 | www.slerestaurant.com

M° Place-d'Armes. Ouvert tous les jours de 7h à 22h. TH midi : 25 $. À la carte : 27 $-39 $.

Une ambiance feutrée règne dans ce restaurant, qui sert une cuisine du marché à base de produits du terroir. Le chef offre des mélanges harmonieux qui changent au gré des saisons. Ainsi les accompagnements des plats principaux diffèrent, permettant au client de vivre une expérience différente. Mais ce qui est invariable, c'est le service impeccable et la gastronomie raffinée de ce grand restaurant. Pour vous mettre l'eau à la bouche : fricassée de petits gris et champignons, joue de veau braisée à la moelle, purée de pommes de terre huile d'olive basilic et chorizo, bouillabaisse, rouille légère et croutons parfumés, petit coquelet au vin à la bourguignonne... Dès que les beaux jours arrivent (mai à octobre), la terrasse des jardins intérieurs est l'un des endroits les plus agréables de la ville.

TOQUÉ !

900, place Jean-Paul-Riopelle

514-499-2084 | www.restaurant-toque.com

M° Square-Victoria. Mar-ven, 11h30-14h ; mar-sam, 17h30-22h30. Menu midi : à partir de 25 $, plats principaux le soir : à partir de 40 $.

Le nec plus ultra en matière de cuisine française. Normand Laprise, Grand Chef Relais & Châteaux, est au gou-vernail et veille à ce que la réputation du Toqué ! soit irréprochable. Le menu est d'une rigueur incroyable, met-tant en valeur une cuisine de marché fraîche et raffinée. Pas de faux-fuyants, les plats sont confectionnés tels des œuvres d'art, combinés à une carte des vins époustouflante. Tout est démesuré, chez Toqué !, le décor est raffiné et le service tout simplement parfait. Il est recommandé de réserver longtemps à l'avance.

VERSES

100, Saint-Paul Ouest

514-788-4000| www.versesrestaurant.com

M° Place-d'Armes. Lun-dim de 6h30 à 10h30, de 12h à 14h30 et de 17h30 à 22h30. À la carte le soir : 18 $-38 $. TH midi : 18 $-36 $. Menu midi lounge-lunch : 13 $-18 $. Brunch : 14 $-28 $. Terrasse. Service de valet disponible.

Verses est le restaurant de l'hôtel-boutique Le Nelligan. Ici, on ne se perdra pas au milieu d'une carte longue car le menu est court mais d'une grande qualité. Le Chef prépare une cuisine contemporaine française élaborée à partir de produits québécois : crabe et velouté de courge en cappuccino, sabayon parfumé au piment d'Espelette, pétoncles, endives caramélisées, jus à l'érable, céleri rave et relish d'écorces d'agrumes, tartare de bison, fruits rouges au sirop et croustille de légumes, cerf des Appalaches, cromesquis de foie gras d'oie, canard braisé en raviole, jus au vin jaune... L'ambiance est chic et le service courtois. On passe une soirée à se faire chouchouter.

GRILLADES ET STEAK

BÂTON ROUGE

180, Sainte-Catherine Ouest

514-282-7444

www.batonrougerestaurants.com

M° Place-des-Arts. Dim-jeu de 11h à 23h, ven-sam de 11h à minuit. TH midi : 14 $-20 $, soir : 20 $-37 $. Terrasse.

L'hôtesse jongle avec les files d'attente, assez volumineuses le week-end. Un resto tout en teintes rougeâtres et en bois sombre, idéal pour les familles ou les tête-à-tête. Un menu de grillades classique, rapport qualité-prix admirable, surtout compte tenu des portions. Les côtes levées (LA spécialité de la maison, fondantes à souhait) s'accompagnent de pomme de terre au four ou frites, avec salade du chef. À moins d'opter pour le sandwich au poulet de Louisiane, avec fromage et bacon, ou pour les amateurs, la côte de bœuf au jus parfaitement assaisonnée. Si l'appétit est toujours au rendez-vous, un choix de gâteaux et de tartes complèteront le repas.

L'ENTRECÔTE SAINT-JEAN

2022, Peel | 514-281-6492
www.lentrecotesaintjean.com

M° Peel. Lun-ven de 11h30 à 23h, sam-dim de 17h à 23h. TH : 25,95 $. Spécial entrecôte : 19,95 $. Les réservations sont acceptées seulement le midi.

Pour déguster une belle entrecôte dans un décor bistro, grandes glaces à l'appui, rendez-vous à l'Entrecôte Saint-Jean. Le menu est on ne peut plus simple, entrecôte et pommes allumettes à la française avec salade aux noix et toujours cette sauce secrète qui fait le succès de la maison. Pour partir en pleine gloire, les profiteroles au chocolat donnent un dessert de choix. Pour tout dire, on en redemande !

L'ORIGNAL

479, Saint-Alexis | 514-303-0479
www.restaurantlorignal.com

M° Champ-de-Mars. Lun-dim de 18h30 à 3h. À la carte : 25 $-40 $. Menu du chef : 26 $-38 $.

Rustique, folklorique et chaleureux, tels sont les premiers mots qui nous viennent à l'esprit lorsque l'on découvre ce restaurant, situé dans un demi sous-sol d'une rue du Vieux-Montréal. Tartare d'omble de l'arctique, lasagne aux homards mais surtout une large variété de viandes sauvages. Ainsi, vous pourrez apprécier l'osso bucco de bison braisé au vin rouge et chipotle, risotto au safran, légumes du marché, gremolata. Et peut-être qu'à ce moment-là, vous vous sentirez l'âme d'un aventurier, le tout sous l'œil bienveillant d'un orignal.

LA QUEUE DE CHEVAL

1221, René-Lévesque Ouest
514-390-0090 | www.queuedecheval.com

M° Lucien-L'Allier. Lun-ven, 11h30-14h30 ; dim-mer, 17h30-22h30 ; jeu-sam, 17h30-23h30. Grillades : 40-135 $, classiques « Q » : 35-50 $. Terrasse.

Caviar français Petrossian, homard Persan, mélange de luxe et de convivialité, avec pour décor des boiseries et un salon à cigares qui font tout le charme des lieux. Depuis le grill immense surmonté de sa hotte de cuivre et ouvert sur la salle, les cuisiniers préparent à merveille les fruits de mer, les poissons et surtout les viandes. Les pièces proposées sont toujours impeccables, et de qualité très supérieure, comme ce bœuf en provenance du Midwest américain, catégorie USDA « Prime ». La Queue de Cheval est réputée pour servir les meilleures côtes de bœuf de la ville parfaitement vieillie. Un tel régal a évidemment un prix…

POISSONS ET FRUITS DE MER

POISSON ROUGE

1201, Rachel Est | 514-522-4876
www.restaurantlepoissonrouge.ca

Angle De la Roche. Mar-sam à partir de 17h jusqu'à la fermeture (variable selon l'affluence). TH : 37 $. Réservation conseillée jeu-sam. Apportez votre vin.

La salle aux couleurs saumonée est noyée de lumière, toute en longueur, sobre et invitante. Rien de trop sophistiqué : ici on mise sur la qualité de la nourriture et pas sur les frous-frous. On s'en doute, la maison est spécialisée dans le poisson et les fruits de mer apprêtés selon la fantaisie du chef. Une bonne marinade alanguit les chairs. La cuisson délicate met en valeur la texture du poisson. La fraîcheur des poissons confirme qu'on a fait un bon choix en venant ici. Les sauces originales relèvent la saveur et les plats sont relativement légers. Le chef travaille toutes sortes de poisson avec toujours le même raffinement et la même passion.

QUÉBEC

AUBERGE LE SAINT-GABRIEL

426, Saint-Gabriel | 514-878-3561
www.auberge1754.com

M° Place-d'Armes. Mar-ven, 11h30-15h ; mar-sam, 18h-22h30. Fermé dim-lun. Table d'hôte le midi : 19-28 $. Plats principaux à la carte : 28-42 $.

Situé dans le Vieux-Montréal, c'est l'un des rares restaurants où l'on peut admirer une décoration si sur-prenante. À l'entrée, une colonne vertébrale de baleine flotte dans les airs. Au bar, certains tabourets sont recouverts de vestes de chasse dont une touffe de poil sort du col. Puis, plus loin, une lampe est décorée par deux orignaux empaillés, sans têtes et fusionnés par le cou. Dans la salle, on peut voir un immense frigo où sont suspendues des pièces de viande en processus de vieillissement contrôlé, ainsi qu'une rôtissoire où tournent de beaux poulets dorés. Les poissons et les viandes sont cuits à la braise. Côté entrée, vous serez séduit par les croquettes de cochon aux asperges cuites et crues, vinaigrette à l'huile de truffe et émulsion de crustacés. Côté braise, l'entrecôte 350 g veillie 30 jours vous charmera assurément et côté cuisine, la morue charbonnière est confectionnée avec soin. Pour finir, un incroyable dessert dont vous ne ferez qu'une bouchée : le mi-cuit au chocolat, crumble de noisettes et glace au Bailey's. Un parfait équilibre entre rusticité et raffinement.

AU PIED DE COCHON

536, Duluth Est | 514-281-1114
www.restaurantaupieddecochon.ca
Angle Saint-Hubert. Mar-dim, 17h-minuit. Plats principaux à la carte : 20-50 $. Ventes à emporter également.
Ça c'est de la cuisine généreuse ! Martin Picard ne lésine pas sur les bons produits frais et les accompagnements qui nourrissent son homme. Ici, on vient ripailler entre gastronomes à la bonne franquette, et dans la bonne hu-meur. En hiver, les plats mijotés et les « heureuses » cochonnailles vous feront renier toute envie de végétarisme, sans parler de la fameuse poutine au foie gras. On ne fera pas régime, mais quel délice ! Pour ne pas faiblir du-rant l'été, cette joyeuse institution propose de magnifiques plateaux de fruits de mer.

FOURQUET-FOURCHETTE

265, Saint Antoine Ouest (Palais des Congrès)
514-789-6370 | www.fourquet-fourchette.com
M° Place-d'Armes. Lun-mer, 11h30-16h ; jeu-ven, 11h30-22h ; sam, 17h30-22h ; dim, fermé. Ouvert en tout temps pour les groupes sur réservation. Table d'hôte le midi : 10-20 $, le soir : 23-35 $. Terrasse.
Le temple de la gastronomie québécoise à la bière ! L'appendice culinaire du Fourquet Fourchette est une halte incontournable, que l'on soit ou non amateur de bières. Et si vous ne l'êtes pas, vous le deviendrez ! Situé en plein cœur du quartier des affaires, à deux pas du Vieux-Montréal, ce restaurant aux airs de Neuve France et de légendes amérindiennes propose des plats cuisinés où l'harmonie des saveurs et des goûts vous fera vivre une expérience unique. À la carte, des plats extraordinaires comme la salade tiède de pétoncles et de saumon fumé à la « Raftman », le ragoût de caribou à la gelée de cèdre et à la « Trois pistoles », ou encore le pot-au-feu du Bas du Fleuve à la « U ». Une expérience haute en saveur dans une atmosphère hors du temps !

LES ÎLES EN VILLE

5335, Wellington | 514-544-0854
www.lesilesenville.com
Entre Melrose et Argyle. Mar-dim, 11h-22h. Menu à la carte : 9,95-24,95 $, table d'hôte : 18-28 $.
Vous retrouvez ici l'esprit des Îles de la Madeleine. On y prépare, selon la tradition, de délicieux homards, cuits à la vapeur et au sel de mer. On raffole du pot-en-pot de fruits de mer, de la galette de morue, du loup marin, du phoque préparé en filet ou en saucisse. Il y a aussi l'assiette de dégustation « tour des îles » qui regroupe toutes les spécialités en petite quantité. Tout les produits sont locaux et sont donc préparés à la façon des Îles de la Madeleine.

MANGER SUR L'EAU

BATEAU-MOUCHE

Quai Jacques-Cartier, Quais du Vieux-Port
514-849-9952 / 1 800-361-9952
www.bateau-mouche.ca
M° Champ-de-Mars. En opération de la mi-mai à la mi-octobre. Soupers-croisières (départ 19h, embarquement 30 min avant). Durée : 3h30. Les tarifs incluent la croisière, la TH, l'animation musicale et le pourboire. TH 5 services du dim au ven : 90 $, sam : 95 $, feux d'artifice : 145 $. TH 7 services (menu prestige incluant l'apéritif, le choix des vins

rouges et blancs, le porto ou cidre des glaces) du dim au ven : 153 $, sam : 158 $, feux d'artifice : 208 $. TH 7 services menu gourmet du dim au ven : 128 $, sam : 133 $, feux d'artifice : non disponible.

Il y a des facettes de Montréal qui ne se découvrent qu'en bateau. Celui-ci est particulier, et grâce à son faible tirant d'eau, il emprunte un parcours inaccessible aux bateaux traditionnels. En soirée, les soupers-croisières sont très prisés, avec une cuisine recherchée (aux commandes, le chef du Fairmont Le Reine Élizabeth) et un cadre original. De quoi se laisser aller pour un agréable moment au rythme du fleuve !

CROISIÈRES AML

Quai King-Edward, Quais du Vieux-Port
1 866-856-6668
www.croisieresaml.com

M° Place-d'Armes. En opération de juin à octobre. Soupers-croisières (départ 19h, embarquement 60 min avant). Durée : 4h. Les tarifs n'incluent pas la TH. Adulte : 49 $, étudiant et ainé : 45 $, enfant : 35 $. TH 5 services : 32 $-54 $.

Vous combinerez gastronomie et vues grandioses à bord du Cavalier Maxim. L'ambiance qui règne à l'intérieur des salles à manger et sur les terrasses est à la hauteur. Vous y dégusterez des mets raffinés en table d'hôte, et pour l'animation, musiciens et piste de danse vous attendent. Plusieurs formules sont proposées, comme le « Classique », sur fond de musique classique, ou encore le « Nouvelle-Orléans » qui vous transporte en Louisiane le temps d'un repas aux saveurs cajuns sur des rythmes « jazz ragtime » et « blues ». Vous succomberez au charme de la ville illuminée et de ses îles au soleil couchant. Des brunchs sous forme de buffet y sont aussi servis, pour une découverte différente !

INSOLITE

L'AUBERGE DU DRAGON ROUGE

8870, Lajeunesse
514-858-5711 | www.oyez.ca

M° Crémazie. Lun-jeu, 11h30-22h ; ven, 11h30-23h ; sam-dim, 9h-14h & 16h30-22h (23h le samedi). De janvier à mai, fermé les lundis et mardis. Terrasse.

Oyez, oyez ! À l'auberge, on fait bombance et ripaille dans une ambiance médiévale des plus festives, avec bien sûr, une froide cervoise à la main ! La boustifaille, axée sur les produits du terroir, est un heureux mariage de cuisine médiévale et gourmande. Ici, pour commander une chope, il faut taper sur la table en s'écriant « Aubergiste, à boire ! », et on choisit ensuite entre les produits Boréale ou Les Brasseurs RJ, pour ne nommer que ceux-ci. Sinon, on se laisse tenter par du cidre, de l'hydromel, du

LE VIEUX MONTRÉAL VU DU FLEUVE © NRL

calvados ou par un de leurs nombreux élixirs. Lors de soirées moins achalandées, vous aurez peut-être la chance de mettre la main sur la marmite de bières tant convoitée. Pas de verres ni de chopes, on boit directement à la louche ! Préparez-vous à attendre un peu pour votre table les vendredis et samedis car à l'auberge, c'est premier arrivé, premier servi. Mais entre nous, l'attente en vaut vraiment le coup.

RESTAURANT CABOTINS

4821, Sainte-Catherine Est
514-251-8817
www.restaurantcabotins.wordpress.com

Angle Théodore. Dim-jeu, 17h30-21h ; ven-sam, 17h30-22h. Brunch le week-end de 10h à 15h. Ouvert le midi sur réservation. Plats principaux : 20 $ et moins, table d'hôte : 20-30 $. Brunch : 17 $. Terrasse. Service de traiteur.

Un des endroits les plus fous à Montréal ! Il suffit de voir les lampes à l'envers suspendues au plafond pour comprendre qu'ici, tout est possible, tant au niveau de la déco, que du service ou de l'assiette. Occupant une ancienne mercerie, les proprios ont décidé d'en garder les traces : ici on trouve de vieux mannequins, des murs décorés de boutons et des t-shirts d'enfants… sur la tête des serveurs ! Une grande majorité du personnel est liée au monde du théâtre, ce qui explique leur sens de l'humour et du jeu. Côté assiette, la créativité n'est pas en reste. Les subtiles alliances de sucré-salé, l'utilisation du foie gras, du canard, du gibier, raviront les gourmets.

O.NOIR

1631, Sainte-Catherine Ouest
514-937-9727 | www.onoir.com

M° Guy-Concordia. Lun-dim, 17h30-minuit. 1er service à 17h45 et 2e service à 21h. Table d'hôte 2 services : 32 $, 3 services : 39 $.

Ici, les clients mangent dans la noirceur totale afin d'expérimenter ce que toute personne aveugle vit au quotidien. « Et si le serveur renversait une assiette bien saucée sur mon beau chandail neuf ? », vous dites-vous. Les accidents peuvent arriver, mais toutes les mesures sont prises pour les limiter, les serveurs étant eux-mêmes aveugles. Outre le concept qui se veut novateur et socialement responsable, la nourriture n'est pas à négliger. De bons petits plats auront un goût encore plus intense, puisque ne dit-on pas que la perte d'un sens exacerbe les autres ? Les plats, les textures et les odeurs sont diverses avec des combinaisons intéressantes d'ingrédients. Ceux qui veulent pousser l'expérience plus loin peuvent choisir le dessert ou l'entrée surprise. Malheureusement, l'effet de la perte d'un sens semble entraîner les gens à hausser le ton à un point parfois cacophonique.

RESTAURANTS VÉGÉTARIENS

AUX VIVRES

4631, Saint-Laurent
514-842-3479 | www.auxvivres.com

Angle Villeneuve. Lun-dim de 11h à 23h. Compter autour de 15 $ le repas, comprenant un plat et un jus santé. Terrasse en été. Pas d'alcool. Interac et comptant seulement.

Un temple végétalien qui s'attache à rendre ses plats originaux, goûteux et exotiques. Les bols, ces grands plats de légumes, bien assaisonnés, sont un régal. Les préparations servies sont très savoureuses tout en étant hautement nutritives et en grande majorité d'origine biologique. Le chapati, ces galettes indiennes qui tiennent lieu de pain, est étonnant. Le « beurre » qui les accompagne est mystérieusement réussi. La décoration, sobre et élégante, est égayée par une exposition d'artiste qui change tous les mois. Pour étancher sa soif : beau choix de tisanes, de jus de fruits pressés sur place ou de café équitable. Un paradis pour les gourmands, végétariens ou non !

CAFÉ SANTROPOL

3990, Saint-Urbain

514-842-3110 | www.santropol.com

Angle Duluth. Ouvert tous les jours de 11h30 à 22h. Sandwiches : moins de 10 $.

La réputation des sandwichs de ce superbe café n'est plus à faire. Été comme hiver, vous pouvez y déguster votre sandwich sur la magnifique terrasse agrémentée d'un très beau jardin. Exemple de sandwich parmi tant d'autres : celui composé de noix, de gingembre et de coriandre que l'on accompagnera d'un jus frais au Ginseng. D'autres plats, comme le chili végétarien maison, les tartes salées ou les salades, sont également offertes. Bon et copieux... Les prix restent abordables pour des portions aussi généreuses pour assouvir vos envies végétariennes... Sans oublier que la maison vend aussi des cafés certifiés biologiques et équitables.

CASA DEL POPOLO

4873, Saint-Laurent

514-284-3804

www.casadelpopolo.com

Angle Saint-Joseph. Ouvert tous les jours de 12h à 3h. Sandwichs : 7,50 $, tous servis avec nachos et salsa. Salades : 4,50 $. Spécial soupe, salade et sandwich : 10,50 $.

La Casa Del Popolo (« la maison du

NOURRIR LES MOINS NANTIS...

CAFÉ L'ITINÉRAIRE

2100, de Maisonneuve Est (administration) | 514 597-0238, poste 226 | www.itineraire.ca

Vous voulez offrir à manger à une personne dans le besoin autrement qu'en lui donnant de l'argent ? Pour 4 $ seulement, achetez des cartes repas prépayées (par téléphone, internet, ou sur place) distribuez-les vous-même dans la rue ou laissez un des intervenants de l'organisme le faire pour vous. En plus de bien manger au Café L'Itinéraire (angle de Lorimier et Ontario), les gens de la rue ont la possibilité d'être aidés sur place. Offrir à manger en brisant l'isolement, c'est le début de quelque chose de positif pour ces personnes. Il est aussi possible d'y servir des repas ou de faire du bénévolat pour soutenir l'Itinéraire.

CENTRE D'ACTION BÉNÉVOLE DE MONTRÉAL

2015, Drummond, bureau 300 | 514-842-3351 | www.cabm.net

Fondé en 1937, ce centre reçoit de nombreuses demandes de bénévoles venant de plus de 850 organismes œuvrant dans des domaines aussi variés que la santé, le développement communautaire, les sports et loisirs, l'éducation, l'environnement, les arts et la culture, etc. Vous pouvez consulter les offres sur Internet ou vous rendre sur place où vous serez aiguillés par des conseillers qui vous mettront en contact avec un ou plusieurs organismes.

CENTRAIDE DU GRAND MONTRÉAL

493, Sherbrooke Ouest | 514-288-1261 | www.centraide-mtl.org

Centraide assure une double mission. L'organisme collecte des fonds dans les entreprises et chez les particuliers afin de les redistribuer aux associations qui en ont besoin. Centraide fait en même temps connaître les différents organismes œuvrant pour le bien-être de la communauté.

peuple ») est en premier lieu un café végétarien. En plus d'être un café original, c'est aussi une galerie d'arts et une salle de concerts qui présente des spectacles toutes les semaines, dont deux soirées DJ les lundis et mardis. Soirées à thèmes tout au long du mois.

CHU CHAI

4088, Saint-Denis

514-843-4194 | www.chuchai.com

Angle Duluth. Lun-jeu de 17h à 22h, ven-sam de 17h à 23h, dim de 17h à 21h. Traiteur dim-mer de 11h à 22h, jeu-sam de 11h à 23h, sans interruption. Menu dégustation : 35 $. À la carte : moins de 20 $.

Un établissement qui remporte la victoire du végétarisme exotique. Les propriétaires du restaurant, Lily et Patrick, ont rapporté de leur séjour en Thaïlande leur savoir-faire culinaire. Ils ont élaboré des plats originaux qui séduiront les amateurs de fine cuisine végétarienne. Après vous être mis en appétit avec les algues de mer panées croustillantes, à la sauce sucrée et épicée, ou encore les rouleaux à la vapeur aux pousses de bambou, vous goûterez avec ravissement les plats poêlés au gingembre frais, au brocoli, aux épinards croustillants et à la sauce d'arachide. Un traiteur logé à la porte voisine, Chu Végéthai Express, vous propose quelques-unes des préparations du resto à consommer sur place ou à emporter.

LE COMMENSAL

1720, Saint-Denis

514-845-2627 | www.commensal.com

M° Berri-UQÀM. Lun-jeu de 11h à 22h30, ven-sam de 11h à 23h, dim de 10h à 22h30. Buffet au poids : 2,15 $/100g. Service traiteur végétarien. Mets pour emporter. Plusieurs succursales dans la grande région de Montréal.

C'est l'endroit idéal pour s'initier au végétarisme. Pas de gaspillage, pas d'attente, chacun mange à sa faim et selon son budget. Le tofu s'immisce subtilement au menu : le fricassé de tofu, le tofu à la grecque ou au gingembre, ou bien le gâteau de soya qui ressemble à s'y méprendre au gâteau au fromage. Les soupes, les gratins de légumes ou la pizza rassureront les plus craintifs alors que d'autres tenteront l'expérience des algues marinées, de la salade quinou, des quesadillas ou encore de la salade japonaise au gingembre. Au total, plus de 100 mets sélectionnés.

CRUDESSENCE

105, Rachel Ouest

514-510-9299

www.crudessence.com

Angle Saint-Urbain. En été : ouvert tous les jours de 10h à 22h. Le reste de l'année : dim-mer de 11h à 21h, jeu-sam de 11h à 22h. Carte : moins de 20 $. Assiette découverte : 22 $ à deux, 38 $ à quatre. Cours de cuisine. Service traiteur. Mets à emporter. Service de livraison.

Une entreprise éco-responsable qui propose à son resto-boutique une fine cuisine « vivante », des plats prêt-à-manger, des jus frais et des smoothies, ainsi qu'une foule de produits spécialisés. La cuisine végétalienne est sans cuisson afin de préserver le maximum de vitamines, de minéraux et d'enzymes, en plus d'être exempte de gluten, de produits animaux, d'additifs chimiques ou d'OGM.

Autres adresses : 2157, Mackay, 514-664-5188 ; Bar à jus Crudessence, 1584, Laurier Est, 514-528-9559.

RESTAURANTS BIOS

LES DÉLICES BIO

1327A, Mont-Royal Est

514-528-8843

Angle de Lanaudière. Lun-mer de 9h à 18h, jeu-ven de 9h à 19h, sam de 9h à 17h. Menu midi : 9,25 $ Service de traiteur. Interac et comptant seulement.

Une vraie cuisine maison comme on en trouve rarement ! Quelques tables donnant sur l'avenue du Mont Royal, une cuisine ouverte au fond et un service souriant sont les composantes des Délices Bio. Pour se délecter de façon végétarienne et santé, la patronne invente ses propres recettes et propose un menu du jour à déguster sur place ou à emporter à des prix d'amis. Légumineuses, algues, pâtisseries à base de sucre non raffiné forment l'ordinaire des Délices Bio.

Sorties gourmandes

BARS À VIN

ASZU

212, Notre-Dame Ouest

514-282-2020

M° Place-d'Armes. Lun-ven de 11h30 à 14h, tous les soirs de 17h30 à 22h30. TH midi : 18 $- 25 $. Le soir à la carte : 20 $-30 $. Terrasse.

Aszu est un lieu où les passionnés de vins aiment se retrouver. Ainsi, dès notre entrée, on est mis dans l'ambiance. Tout un pan de mur est tapissé de grands crus. D'ailleurs, même les plats sont élaborés autour du vin. Et pour les plus curieux, plus de 50 vins peuvent être servis au verre, permettant ainsi d'approfondir cette exploration entre les goûts et les mets et ce, dans un cadre à la fois traditionnel et moderne, fait de bois, de pierre et de verre. Entre des mets de qualité (tel ce succulent thon en croûte d'épices, mini pakchoy et réduction sanguine), un bon verre de vin, un décor raffiné et une musique aux sonorités chaudes, on se sent bien. Et pourquoi ne pas se laisser tenter par les 5 à 7 « Bar », spécial œnologie, proposés en semaine ?

BU - BAR À VINS

5245, Saint-Laurent

514-276-0249

www.bu-mtl.com

Angle Fairmount. Dim-mer de 17h à 23h, jeu-sam de 17h à minuit. À la carte : 5 $-28 $. Vin au verre : 8,50 $-21 $. Plats à emporter. Chaque semaine, découvrez un nouveau met régional de l'Italie.

Une décoration aux lignes épurées, quelques tables avec des fauteuils confortables et surtout, une belle sélection de vins comprenant environ 400 références, majoritairement européennes mais aussi californiennes, sud-américaines et québécoises. BU est non seulement un bar à vins où l'on peut déguster le nectar divin au verre ou à la bouteille, mais aussi un bistro qui propose une carte aux accents italiens. Bruschetta, carpaccio de bœuf ou risotto

MONTRÉAL ENNEIGÉE DEPUIS LE MONT-ROYAL © NRL

sont quelques-unes des suggestions du menu, simple et bon à la fois. Enfin, on peut y trouver des huiles d'olives, les chocolats Amedei et du café. Ambiance décontractée, ce bistro a été crée par des passionnés du vin pour des amoureux du vin !

GRANGE VIN + BOUFFE

120, McGill | 514-394-9463
www.grangeresto.ca
Angle Wellington. Mar-ven de 11h30 à 1h, sam de 17h à 1h, dim de 10h à 22h. Brunch servis de 10h à 15h le dim. TH midi et le soir à la carte : 20 $ et moins.
Les murs blancs, faits de pierres et de briques parfois cassées, apportent à ce lieu un côté urbain, tandis que le bois, largement utilisé, et dont une partie vient d'une vieille grange, apporte le côté rustique. Le bar central, fait de planches épaisses et entouré de hauts tabourets, accentue cette tendance. Et la cave à vin, toute de verre vêtue, dévoile une réserve à découvrir. Le ton est donné. La Grange est un lieu convivial où bouffe rime avec vin. Parce que la cuisine n'est pas oubliée. Elle est originale et généreuse et c'est d'abord avec les yeux qu'on l'apprécie. Ensuite, les mélanges de textures et des saveurs suivront. L'éclairage tamisé et la disposition des lieux, séparée en trois petites salles ouvertes (dont une avec coin lounge), facilitent les rencontres. Un lieu que les gourmets apprécieront même si la musique est parfois un peu envahissante.

PULLMAN

3424, du Parc
514-288-7779 | www.pullman-mtl.com
M° Place-des-Arts, angle Sherbrooke. Lun-dim, 16h30-1h. Accueil de groupe en salons privés en mezzanine (20 à 25 personnes), en lounge (30 personnes) ou au bar (60 personnes). Menu thématique, cocktail dinatoire, menu accord mets et vins. Dégustations animées pour les groupes d'au moins 12 personnes.
C'est dans un décor accueillant et chaleureux à souhait que vous dégusterez de bons crus (à admirer, le lustre fait entièrement de verres) ! En plus d'être un bar à vins, Pullman est de ces endroits qui arrivent à concilier la bonne bouffe à un choix judicieux de bouteilles (environ 200 références, européennes pour la plupart). La maison offre une cuisine qui mélange plusieurs tendances culinaires, de l'Italie à la France, en passant par l'Espagne et les produits du terroir québécois. Bien que la sélection de vins au verre soit l'idéal pour goûter quelques petites merveilles, la bouteille sera un meilleur choix (et moins dispendieux) si vous êtes plusieurs. Un bel endroit pour passer une agréable soirée !

Traiteurs

Pour une réception ou une fête, pour vous éviter de vous tracasser, faites appel à un traiteur ! Nous vous en suggérons quelques-uns.

AGNUS DEI

514-866-2323
www.agnusdei.ca / www.avecplaisirs.com / www.origine-bistro.com / www.scena.ca
Agnus Dei fait partie de La Maison Traiteurs qui chapeaute également trois autres entités : Avec Plaisirs (traiteur livrant des repas d'affaires), Origine Bistro (bistro-terrasse-lounge au Quai King-Edward des Quais du Vieux-Port), et Scena (espace événementiel au Pavillon Jacques-Cartier des Quais du Vieux-Port). Le point commun au quatre services : des prestations haut de gamme, un service personnalisé pour organiser dîners, repas à l'assiette, livraison de repas, buffets, cocktails dînatoires ou tout autre événement exceptionnel. Des services complémentaires sont offerts : personnel de service, locations, décors et animation, recherche de salles, développements thématiques... Plus de 20 ans d'expérience et c'est loin d'être terminé !

APOLLO-GLOBE TRAITEUR

514-616-8601/ 514-966-4446
www.apolloglobe.com
Le service traiteur de ce restaurant renommé prépare des repas et des canapés de très haute qualité, livrés à

Montréal et dans les régions environnantes. Étant donné le talent des chefs, il sera difficile de choisir : préfère-t-on les tapas dont les saveurs s'inspirent des cuisines du monde entier ou les canapés sortant de l'ordinaire, à l' exemple des bouchées de figue et mozzarella di buffala à l'huile de noix ? Des repas complets, faisant preuve d' une grande créativité, sont préparés en fonction des goûts et besoins du groupe, qu'il soit corporatif ou privé, livrés en salle ou chez vous. La location du matériel et l' achat du vin sont aussi disponibles.

L'AUBERGE SUR LA ROUTE

426, Saint-Gabriel | 514-954-1041
www.aubergesurlaroute.com
M° Place-d'Armes ou Champ-de-Mars.
Affilié au restaurant Le Saint-Gabriel depuis quelques années, ce traiteur, auparavant connu sous le nom « Primavera », est un hymne aux plaisirs de la table et à la gourmandise. Dorénavant sous la gouverne du renommé chef exécutif Éric Gonzalez, cette compagnie s'est forgée une solide réputation au fil des ans grâce à sa créativité et son grand professionnalisme. Que ce soit pour un cocktail dînatoire, un lunch d'affaires, un banquet, un party de bureau ou un mariage, L'Auberge sur la Route trouvera la formule gagnante convenant tant à vos désirs qu'à votre budget. Corporatif, événementiel ou à domicile, ici tout est possible et gageons que ce ne sera pas la dernière fois que vous ferez affaires avec eux. Une grande référence en la matière !

AU DÉSIR

825, Saint-Laurent Ouest, Longueuil
450-463-0774 | www.audesir.com
Lun-mer de 8h à 18h, jeu-ven de 8h à 21h, sam de 8h à 17h, dim de 9h à 17h.
Le vrai, l'unique, le frais! Ce pâtissier, charcutier et traiteur joue dans les ligues majeures. L'essayer, c'est l'adopter. La dégustation donne le ton. Les croissants sont « pur beurre » et les chocolatines confectionnées avec un chocolat à 62% de cacao. Les sables et les meringues maison sont excellents. Tous les fromages proviennent des pays d'origine. Par exemple, l'emmental est importé de Suisse. Les gâteaux sont confectionnés à partir de pulpe de fruits : pas question de ternir le goût avec des essences artificielles. La plupart des produits ont une saveur européenne. La propriétaire, d'origine normande, a beaucoup voyagé et c'est tout un amalgame d'accents qui colore son commerce. Quelques tables sont disponibles pour savourer les incontournables croutons cuisines sur place. On peut même travailler en dégustant le tout grâce à la connexion WIFI. On peut aussi choisir de les commander et de les déguster chez soi. Une saveur authentique, à l'image de la propriétaire.

DENISE CORNELIER TRAITEUR

5354, Saint-Laurent
514-272-8428 | www.cornelliertraiteur.com
Entre Maguire et Saint-Viateur.
Choisir Denise Cornellier, ce n'est pas seulement opter pour la qualité de la cuisine, mais pour un service et une organisation impeccables du début à la fin de votre évènement, que ce soit un repas d'affaires, une fête de bureau ou un cocktail. Sa réputation n'est plus à faire, et l'expérience est là. L'équipe s'inspire de toutes les cuisines (méditerranéenne, québécoise, asiatique, californienne ou moyen-orientale) et l'adapte à toutes les demandes (selon les thèmes que vous désirez). Vous avez même la possibilité d'organiser un évènement au Loft Denise Cornellier avec location de la salle accompagnée d'un buffet ou menu.

DIABOLISSIMO

1256, Mont-Royal Est | 514-528-6133
www.diabolissimo.com

M° Mont-Royal. Lun, 12h-18h ; mar-mer, 10h30-18h30 ; jeu-ven, 10h30-21h ; sam, 10h-18h ; dim, 12h-17h30.

Sitôt entré dans cette boutique-traiteur, les odeurs viennent chatouiller les papilles. Et quel accueil ! Celui-ci est aussi chaleureux et généreux que ces mets exposés à notre convoitise, qui nous invitent à un voyage culinaire en Italie. Comment résister à ces plats cuisinés sur place et prêts à emporter tels que les antipasti, prosciutto, pancetta, focaccia... ; le large choix de pâtes fraîches, sauces et pesto faits eux-aussi, « maison » avec des produits frais... ; les fromages, charcuteries, desserts et autres pâtisseries ? Tout est si tentant et parfumé ! De nombreux produits sont aussi disponibles dans le côté épicerie fine.

IAN PERREAULT

1248, Bernard Ouest | 514-948-1248
www.ianperreault.com

M° Outremont. Lun-ven, 11h-20h ; sam, 10h-19h. Entrées : à partir de 6 $. Plats : à partir de 11 $.

Jouxtant le théâtre d'Outremont, la boutique-comptoir de Ian Perreault propose des menus prêts-à-manger élaborés par ce chef connu et reconnu. Ces mets cuisinés à partir de produits bio et de qualités satisferont les plus exigeants d'entre vous. Tout est fait pour que le plaisir du palet ne rime pas avec contrainte. Ainsi, des menus de la semaine sont proposés. Ou bien, si vous optez pour le « frigo rapide », vous y trouverez un large choix de soupes maison, sandwichs, salades et plats cuisinés. Le « frigo gastronomique » vous tente davantage ? Alors n'hésitez pas à composer votre menu. Pour cela, un large choix d'entrées, de poissons, de viandes, de légumes et de desserts composent la carte. Et, si vous désirez vous offrir une soirée romantique à la maison, il vous sera toujours possible de choisir un magret de canard mariné au vin de cotto ainsi qu'une tourte mi-cuite au chocolat noir. Le chef s'occupe de tout !

LE TOUR DU CHEF

5151, du Parc | 514-544-9656
www.letourduchef.com

Angle Fairmount. Mer-sam de 9h à 19h, jeu-ven de 9h à 21h.

Jusqu'à présent, c'était le chef Antoine Lemay et deux de ses comparses qui officiaient à domicile, emmenant avec eux, produits fins, minutieusement sélectionnés, et ustensiles pour confectionner le repas gourmand choisi. Depuis c'est aussi un magasin où l'on voit un des chefs cuisiner les soupes et mets du jour « prêts-à-emporter », tout en échangeant avec un client, un curieux. Le Tour du Chef boutique, c'est également la possibilité de choisir et d'acheter des produits frais et de qualité tels que des légumes bio, des fromages, des huiles, des pains... Et si l'envie de manger une viennoiserie, de boire un des cafés bio et équitable ou encore d'apprécier un des sandwichs proposés vous tente, un coin bistro arrosé de lumière naturelle ou un coin terrasse pourra vous accueillir. Le tout, avec le sourire !

TRADITION GAUTIER – LA PÂTISSERIE BELGE

3485, du Parc | 514-845-1245
www.lapatisseriebelge.com

Angle Milton. Lun, 9h-18h ; mar-mer, 8h30-18h ; jeu-ven, 8h30-20h ; sam, 8h30-17h30 ; dim, 8h30-16h30.

Une excellente adresse pour votre prochain cocktail dînatoire ou événement d'affaires. Au menu, une foule de délices dont de savoureuses charcuteries « maison » et pâtés fins, des plateaux de charcuteries, de fromages, de salades et crudités, des feuilletés, des canapés, des quiches, des tourtières... Sans oublier les nombreux plats cuisinés du Chef de Chez Gautier, Jean-Paul Magnier, leur restaurant adjacent, ou encore les délicieuses créations de La Pâtisserie Belge. Bref, le choix est large et les possibilités infinies, car ici on s'adapte à vos demandes et besoins avec des conseillers professionnels qui vous aideront à faire un choix des plus judicieux pour votre événement, quelle que soit l'occasion.

YAMAHA

Sortir

Jack Johnson
au Festival Osheaga
© Patrick Beaudry

BARS

DÉCONTRACTÉS

ABREUVOIR

403, Ontario Est

514-843-5469 | www.abreuvoir.ca

M° Berri-UQÀM. Ouvert tous les jours de 15h à 3h. Terrasse. Menu gourmand pour les petits creux.

Ce qui fut pendant longtemps l'adresse du Baloo's, bar culte des amoureux du rock-alternatif, est dorénavant un bar-terrasse assidûment fréquenté par une clientèle étudiante et les esprits festifs en quête d'une bonne soirée entre amis. Les lundis soirs, la relève musicale locale s'empare des lieux alors que le mercredi, l'humour vient égayer la soirée. Bien entendu, les fans de hockey ne seront pas déçus car les matchs y sont retransmis afin de suivre nos « glorieux » en saison. Le week-end, la discothèque située à l'étage inférieur fait salle comble et les spéciaux au bar sont au rendez-vous. Une nouvelle adresse à retenir !

BIFTECK

3702, Saint-Laurent

514-844-6211

Angle des Pins. Ouvert tous les jours de 14h à 3h. Happy hour jusqu'à 20h30, 7j/7.

L'endroit parfait pour boire dans un authentique « bock » de bière comme on en retrouve en taverne. Et que dire de l'atmosphère, estudiantine et festive à souhait ! C'est LE bar le plus visité par la gent universitaire anglophone sur « La Main ». La pinte, très abordable, côtoie d'autres spéciaux imbattables : 2 cocktails pour le prix d'un, 5 shooters pour 10 \$... Vous comprendrez pourquoi la moyenne d'âge se situe dans la vingtaine. Des téléviseurs retransmettent religieusement les matchs de hockey et on y va en grande partie pour cette raison ! Malgré les deux étages (le 2e n'est ouvert que du mercredi au samedi en soirée), l'endroit est petit et on s'accroche les coudes fort souvent, mais c'est peut-être là un petit jeu recherché...

LE BOUDOIR

850, Mont-Royal Est

514-526-2819

M° Mont-Royal. Ouvert tous les jours de 13h à 3h.

Chaque jour, une partie de la jeunesse du Plateau vient s'attabler autour d'une pinte. En fait, la majorité de la clientèle du Boudoir se déplace pour un verre de houblon (5 à 7 sur la bière en semaine). Les autres profitent des spéciaux sur le scotch pour tester la sélection complète qui compte une centaine de variétés. Certains préfèrent encore les jeux d'échecs ou de connaissances pour se dégourdir l'esprit. Le billard fait aussi partie des activités ludiques. Cependant, c'est la table de babyfoot qui semble l'attraction principale de l'endroit. Les débutants doivent s'attendre à des parties courtes car le niveau de jeu est élevé.

IN VIVO – BISTRO CULTUREL ENGAGÉ

4264, Sainte-Catherine Est

514-223-8116 | www.bistroinvivo.coop

Entre de la Salle et Fafard. Lun-mer, 11h-22h ; jeu, 11h-23h ; ven, 11h-minuit ; sam, 9h-minuit ; dim, 9h-15h. L'horaire peut varier hors saison. Exposition d'art visuel. Brunch le week-end.

Comme son nom l'indique, ici l'engagement est pris au sérieux ! Engagement musical d'abord, car ici les spectacles se succèdent sans temps mort. C'est presque chaque soir qu'un artiste différent monte sur scène. La programmation favorise les auteurs-compositeurs de la relève québécoise. Autre engagement : la consommation locale. Ainsi, au menu des bières, les microbrasseries québécoises ont l'exclusivité (Brasseurs de Montréal, Dieu du Ciel !, Brasseurs et Frères, La Barberie, Le Bilboquet, etc.). Autres délices alcoolisés du Québec : l'hydromel et le cidre. Enfin, engagement gastronomique avec un menu abordable (plats à moins de 15 \$, table d'hôte offerte) qui comprend des savoureux plats inspirés des traditions d'ici et d'ailleurs, composés entièrement de produits frais et de saison.

LA DISTILLERIE

300, Ontario Est, 514-288-7915 (Mº Berri-UQÀM)
2047, Mont-Royal Est, 514-523-8166
(angle de Lorimier)
2656, Masson, 514-528-9846
(entre 2e et 3e Avenue)
www.pubdistillerie.com

Les trois adresses sont ouvertes tous les jours de 16h à 3h.

Les lieux n'ont plus besoin de présentation ! Véritable laboratoire à cocktails, chacun trouveras ici son bonheur. La liste est longue mais le personnel se fera un plaisir de vous guider dans votre choix, selon vos goûts et votre humeur. Pour notre part, nous avons adoré Le Hurricane, mélange de Bacardi Superior et Bacardi Black, purée de fruit de la passion, jus de lime, sirop simple, grenadine et jus d'orange… Délicieux et pas trop sucré. Pour les grandes soifs, demandez votre cocktail dans un pot Masson, question de doubler le plaisir. Pendant que vous y êtes, jetez un œil aux dix règlements du bar affichés sur le mur… Bref, un endroit convivial et bien apprécié de la clientèle !

LE MASSILLIA

4543, du Parc | 514-678-1862

Angle Mont-Royal. Ouvert tous les jours, les heures d'ouverture varient selon les événements et l'affluence.

Le Massillia a célébré son 4e anniversaire en mai 2010 et va probablement en fêter beaucoup d'autres ! Une déco bleu et jaune aux arômes d'anis, un terrain de pétanque, un billard, une terrasse ensoleillée, une bonne ambiance, et surtout, l'accent du Sud de Hugues, l'heureux propriétaire des lieux et fier supporter de l'OM ; c'est tout cela qui nous rappelle une petite partie du Sud de la France. Et que dire de la programmation : présentation des matchs de foot et de rugby sur écran géant, soirées karaoké 100 % français (un samedi sur deux), soirées chansons françaises, barbecue… Avons-nous mentionné qu'ici, le Ricard est roi ? Essayez-le en mètre !

LE SAINT-SULPICE

1680, Saint-Denis | 514-844-9458
www.lesaint-sulpice.com

Mº Berri-UQÀM. Ouvert tous les jours de 12h à 3h. Programmation culturelle et musicale. Spéciaux sur l'alcool tous les jours.

Avec ses huit bars répartis sur quatre étages, son restaurant, sa terrasse avant, son jardin-terrasse arrière et sa musique pour tous les goûts, le Saint-Sulpice est le plus grand bar en ville. L'endroit est pratiquement bondé tous les week-ends. Chaque jour, l'ambiance est à la fête, mais pour ceux qui se sentent l'âme plus philosophe, il y a toujours un petit coin pour discuter dans un des salons. Sans oublier l'attrait principal en été que constitue son jardin-terrasse (avec bars !), le plus grand à Montréal !

LES BOBARDS

4328, Saint-Laurent
514-987-1174 | www.lesbobards.qc.ca

Angle Marie-Anne. Ouvert de 15h à 3h. Fermé lundi.

Les Bobards est surtout connu pour ses spectacles et ses soirées qui portent chacune un thème : les mardis salsa, les mercredis swing (cours gratuits offerts à partir de 20h), des spectacles du jeudi au samedi, et les dimanches brésiliens. Si l'envie vous prend de vous secouer un peu les hanches, les DJs assurent aux platines du jeudi au dimanche vers minuit, et enflamment les lieux jusqu'à 3h du matin. À noter : les 3 @ 8 où les spéciales imbattables attirent une clientèle en quête d'une bonne ambiance pour trinquer entre amis.

MISS VILLERAY

220, Villeray
514-658-3969
www.missvilleray.com
Angle Henri Julien. Ouvert tous les jours de 15h à 3h.

La grande enseigne à néon, toute droit sortie d'une autre époque, nous indique que nous sommes au bon endroit. Une fois à l'intérieur, difficile de croire que l'endroit abreuve ses clients depuis 60 ans. La nouvelle déco donne un ton branché sans toutefois perdre le côté « bar du peuple ». Au 5 à 7, on vient y casser la croûte et boire un verre dans une ambiance relaxe et sympa alors que le soir, les lieux s'emplissent et la musique monte d'un cran. Une adresse qui ne se démode pas !

RIVE-NORD

RESTO PUB CITY

20 820, chemin Côte-Nord, Boisbriand
450-419-4995
www.restopubcity.com
Autoroute 15, sortie 23. Lun-ven, 11h30-3h ; sam-dim, 17h-3h. La cuisine ferme à 23h. Menu à la carte : 10 $-55 $. Menu midi : moins de 25 $, table d'hôte du soir : 20 $-40 $. Belle carte des vins.

De l'extérieur, l'immense bâtisse grise isolée au milieu d'un stationnement semble bien terne. À la limite, elle fait penser à une maison hantée, surtout sous la pluie. À l'intérieur cependant, la décoration est plus joyeuse et les teintes chaudes et colorées. L'été, une immense terrasse de 250 places vous plonge tout de suite dans une ambiance très tropicale grâce aux palmiers géants et à l'atmosphère très « sudiste » ! Ce restaurant branché propose un menu international, mais aussi une variété de divertissements : groupes de musique live, Soirée des dames (jeu), Hit List avec DJ (ven-sam), etc.

PLUS BRANCHÉS

BARRACA

1134, Mont-Royal Est
514-525-7741
www.barraca.ca
Mº Mont-Royal. Ouvert tous les jours de 15h à 3h. Petite terrasse arrière.

Le concept « rhum et tapas dans une ambiance électro-jazz » du Barraca attire la clientèle de jeunes branchés du Plateau Mont-Royal. Ses propriétaires ont développé à la fois une carte effarante de rhums (plus d'une cinquantaine) et un menu digne des bars à tapas barcelonais. Pour accompagner votre Mojito ou Margarita, nous vous conseillons de goûter les assiettes combinées de tapas (à partager sur la table : 17,50 $-55 $). Tous les soirs, des DJs s'occupent de l'ambiance musicale dès 22h.

© NRL

BÍLÝ KUN

354, Mont-Royal Est
514-845-5392
www.bilykun.com
M° Mont-Royal. Ouvert tous les jours de 15h à 3h.

Bílý Kůň signifie « cheval blanc » en tchèque. L'idée vient de l'un des patrons du bistro qui auparavant, œuvrait rue Ontario au Cheval Blanc. Seuls le nom et le style du bistro du Centre-Sud ont été importés, le reste ayant subi les modifications indispensables pour s'adapter au standing de l'Avenue Mont-Royal, essentiellement, l'espace requis pour assouvir de grandes ambitions. Mission accomplie : presque tous les soirs, les gens sont debout. Un DJ est sur place du mardi au samedi dès 22h, et des musiciens de jazz et de classique s'exécutent cinq fois par semaine pour le 6 à 8. Côté boisson, laissez-vous tenter par les produits de la République Tchèque !

BLIZZART'S

3956A, Saint-Laurent
514-843-4860
Angle Napoléon. Ouvert tous les jours de 21h30 à 3h.

Vous êtes déjà probablement passé devant l'endroit sans le remarquer. Pas d'enseigne lumineuse, peu d'éclairage, que le nom du bar qui apparaît discrètement sur les fenêtres extérieures. Les lieux sont de style lounge avec de grandes banquettes en demi-cercle et, au fond, la petite piste de danse et le podium du DJ de la soirée (après 22h). De la dub au techno minimal, chaque soirée est ponctuée d'un style musical différent. L'adresse parfaite pour les adeptes de musique urbaine et électronique.

BURGUNDY LION

2496, Notre-Dame Ouest
514-934-0888
www.burgundylion.com
M° Lionel-Groulx. Lun-ven, 11h30-3h ; sam-dim, 9h-3h. Programmation d'événements et de soirées.

Situé dans le quartier Petite Bourgogne dans le sud du centre-ville, le Burgundy Lion n'est pas un pub traditionnel. Les propriétaires misent sur un produit supérieur, tant au niveau de la nourriture et des boissons que du service et de l'ambiance. La carte des whiskey et des bières en surprendra plus d'un, sans oublier une belle carte des vins et cocktails. Côté restauration, c'est un véritable gastro-pub et nous vous recommandons particulièrement le Toad in the Hole (pâté Yorkshire farci de saucisses). Bref, une adresse plus haut de gamme où on ne lésine pas sur la qualité et la diversité !

GAINZBAR

6289, Saint-Hubert
514-272-3753
www.gainzbar.com
M° Beaubien ou Jean-Talon. Ouvert tous les jours de 15h à 3h. Soirée jazz du dimanche au mercredi dès 20h30. Soirée poésie le 1er dimanche du mois. Salle indépendante à l'étage à louer pour les groupes de 80 personnes max.

Un bar à l'ambiance vraiment unique. Les murs rouges, la lumière tamisée et les boiseries créent une atmosphère intime qui nous plonge presque dans l'intrigue d'un film romantique. Pour rendre le tout encore plus agréable, on écoute une programmation sonore tout en douceur. Pour se fondre dans l'ambiance, on opte pour un porto ou un verre de vin.

GOGO LOUNGE

3682, Saint-Laurent
514-286-0882
Entre Prince-Arthur et des Pins. Ouvert tous les jours jusqu'à 3h, DJ tous les soirs.

Le Gogo Lounge est la preuve vivante que le rétro ne se démode pas. La devanture, la décoration et le mobilier, la musique et même le nom des cocktails nous transportent dans le monde d'Austin Powers. La spécialité de la maison : les martinis avec un choix de plus de 25 recettes différentes. Attendez-vous à faire la queue les soirs de week-end mais l'attente n'est jamais très longue et franchement, ça vaut le coup !

LAÏKA

4040, Saint-Laurent
514-842-8088
www.laikamontreal.com
Angle Duluth. Ouvert tous les jours du matin au soir. Brunch le week-end.

Son originalité se voit partout, aussi bien dans la décoration et l'ambiance que dans le menu. Le Laïka est un bar de quartier aux prix très raisonnables qui a aussi une vocation de café-resto. Une excellente cuisine (répétons-le, les prix sont abordables) créative et diététique. Vous n'éprouverez pas le besoin d'aller ailleurs, surtout quand les meilleurs DJs en ville viennent faire un tour pour mettre un peu d'ambiance et que ça ne vous coûte rien du tout. Le programme des soirées se trouve sur le site web.

LA QUINCAILLERIE

980, Rachel Est
514-524-3000
www.laquincaillerie.ca
Angle Boyer. Lun-sam, 17h-3h.

Reconvertir une quincaillerie géante en bar branché : c'était le pari de la compagnie Cabot Champagne (le National, la Tulipe, etc.). Et, au vu du monde qui fréquente ce bar le week-end, l'objectif a été atteint ! L'espace immense, qui ressemble plus à un entrepôt de périphérie qu'à un bar, a été très bien aménagé. Tables immenses (idéales pour faire des rencontres), fresques démurées au mur et un long bar meublent l'espace à merveille. En semaine, les soirées « Dans le iPod de... » vous permettent de découvrir ce qui se cache dans le baladeur de nombreux artistes, personnalités ou journalistes. Les spéciaux y sont particulièrement intéressants.

LOBBY BAR LOUNGE

4538, Papineau
514-523-1710 | www.lobbybar.tv
Angle Mont-Royal. Mer-sam, 16h-3h. Terrasse.

Un endroit relativement récent sur la carte des bars branchés, avec menu tapas jusqu'à 23h et bar à martini. Le Lobby Bar Lounge mise sur des soirées thématiques hors de l'ordinaire : le mercredi « milieu de semaine », table d'hôte à seulement 12 $ dès 16h ; le jeudi « Lobby Ladies » avec des offres intéressantes pour les dames ; le vendredi « double dose », 2 oz d'alcool pour le prix de 1 oz ; et le samedi « super funky », un DJ assure aux platines pour enflammer la piste de danse.

PLAN B

327, Mont-Royal Est
514-845-6060
www.barplanb.ca
Mº Mont-Royal. Ouvert tous les jours de 15h à 3h.

La décoration, signée Zebulon Robert Perron de Materia Design, donne des airs de raffinement, de bon goût, dans un espace convivial et sans prétention. Sa spécialité est l'absinthe importée de République Tchèque mais son menu d'alcool est bien garni en respectant les traditions du Vieux continent. Le restaurant Continental prépare des amuse-gueules pour le bar, qui sont servis dans des pots Masson. L'été arrivé, sa jolie terrasse verdoyante devient le lieu de prédilection. À noter : une visite sur leur site Internet s'impose.

SARAH B.

360, Saint-Antoine Ouest

514-847-8729 | www.barsarahb.com

Mº Place-d'Armes ou Square-Victoria. Ouvert tous les jours de 16h à minuit. Situé dans l'Hôtel InterContinental.

Ce nouveau bar à absinthe doit son nom à Sarah Bernhardt, reine de la tragédie française, qui donna sur ces lieux une représentation mémorable en 1880... 130 ans plus tard, elle est immortalisée en leurs murs. L'absinthe, aussi appelée « fée verte », règne ici en maîtresse des lieux. D'autres cocktails figurent au menu, à accompagner d'une sélection de bouchées provençales préparées finement sur place. Une adresse à découvrir lors de votre prochain 5 à 7.

LARGE SÉLECTION DE BIÈRES

LE PHARAON LOUNGE

139, Saint-Paul Ouest

514-843-7432

www.lepetitmoulinsart.com/pharaon/

Mº Place-d'Armes. Ouvert tous les jours dès 16h (l'horaire peut varier selon la saison). Terrasse avec bar.

Attenant au restaurant Le Petit Moulinsart, Le Pharaon nous transporte dans l'univers de Tintin. La bière y est donc majoritairement belge et ce n'est pas le choix qui manque : plus d'une trentaine de produits importés en fût et en bouteille, dont la Kwak, la Mort Subite, la Duvel et la Chimay. Les plus prisées sont la Leffe Blonde et la Stella Artois mais la clientèle semble aussi avoir un penchant pour les produits de microbrasseries tels que la Blanche et la Noire de Chambly d'Unibroue. En plus de l'ambiance « musique française », on y présente aussi des spectacles de musique latine, folk, jazz et autres. À noter : les sarcophages sur les murs sont des casiers à bouteilles. Le client doit impérativement faire l'achat d'une bouteille sur place (n'importe laquelle) et prend un casier pour l'y installer. Ce sarcophage devient donc la « propriété » du consommateur en question et sera disponible à chaque fois qu'il le désire. Une façon astucieuse de fidéliser la clientèle !

PUB L'ÎLE NOIRE

1649, Saint-Denis

514-982-0866

www.ilenoire.com

Mº Berri-UQÀM. Ouvert tous les jours de 15h à 3h.

L'Île Noire est la Mecque des scotchs, des scotchs rares, pouvant atteindre les 500 $ le verre ! Mais les amateurs d'un houblon plus doux ne sont pas en reste et n'ont qu'à choisir parmi la Blanche de Cheval Blanc, la Guinness ou les bières des Brasseurs de Montréal pour ne nommer que celles-ci. L'ambiance est chaleureuse et nous invite à y retourner souvent. Se la couler douce par quelques beaux après-midi et profiter du décor rappelant le pays du chardon avec en main, sa boisson alcoolisée préférée, l'Île Noire est réellement une destination idéale. Pour les soirées, il faut soit arriver tôt et se cramponner à sa chaise, soit accepter de jouer du coude pour se tailler une place sur cet îlot de qualité suprême.

PUB SAINT-CIBOIRE

1693, Saint-Denis

514-843-6360

www.pubsaint-ciboire.com

Mº Berri-UQÀM. Ouvert tous les jours de 14h à 3h (dès 11h d'avril à octobre). Terrasse.

Le Pub Saint-Ciboire, c'est d'abord et avant tout une ambiance franchement québécoise, tant par sa programmation musicale que sa variété de bières « bien de chez nous » ! Aux pompes, douze produits locaux et autant en bouteilles. Si on préfère les bières du Vieux continent, quelques sortes s'offre à nous et pour quelque chose d'un peu plus corsé, une quinzaine de whiskies et scotchs figurent au menu. Et comme on aime bien rire au Québec, pourquoi ne pas aller découvrir ces bons produits locaux lors de leurs soirées d'improvisation ou d'humour !

SAINTE-ÉLISABETH

1412, Sainte-Élisabeth

514-286-4302 | www.ste-elisabeth.com

Mº Berri-UQÀM. En été : lun-dim, 15h-3h. Le reste de l'année : lun-ven, 16h-3h ; sam-dim, 18h-3h.

Sa superbe terrasse emmurée, couverte de plantes grimpantes et parsemée d'arbres, fait la réputation de ce bar. Les bières de la microbrasserie Boréale sont en vedette et particulièrement les lundis et mardis où le prix de la pinte chute à 3,75 $! Pour ce qui est des bières importées, l'Irlande et la Belgique sont rois et maîtres. En bouteille, certains amateurs seront ravis d'apprendre que la Délirium Tremens figure au menu, une bière corsée aux arômes d'abricot !

VICES & VERSA

6631, Saint-Laurent

514-272-2498 | www.vicesetversa.com

Angle Saint-Zotique. Dim-lun, 15h-1h ; mar-sam, 15h-3h. Items à l'effigie du bistro et CD d'artistes de la relève québécoise en vente sur place.

Un bistro québécois et fier de l'être ! L'endroit propose un vaste choix de produits de microbasseries avec au menu une trentaine de bières différentes et toutes locales, à déguster à l'unité ou en « carrousel ». Un véritable tour de la Route des bières du Québec au cœur même de Montréal ! L'équipe de Vices & Versa se fait également la vitrine d'artisans d'ici en mettant à l'honneur les produits du terroir (belle sélection de fromages québécois) pour un mariage admirable aux bières proposées. Ajoutez à cela une agréable terrasse à l'arrière et des spectacles et vernissages qui rendent l'endroit plus agréable encore, et vous comprendrez notre engouement pour cette adresse.

RIVE-NORD

LE SAINT-PATRICK

774, Saint-Pierre, Vieux-Terrebonne

450-964-7418 | www.barstpatrick.com

À proximité des routes 125 et 344. Lun-dim, 15h-2h.

Le pari d'ouvrir, il y a une quinzaine d'années, un pub de bières importées dans le Vieux-Terrebonne était audacieux. Selon Pierre, le propriétaire, « les choix étaient très limités » et il y avait une tradition de Molson et Labatt fortement implantée dans la région. Mais rapidement, les 4 à 7 du Saint-Patrick sont devenus un incontournable pour les amateurs de bières de Terrebonne et des villes avoisinantes. Question de fidéliser la clientèle, le patron propose à chacun un verre identifié à son nom et réservé à son usage exclusif ! Le pub dispose d'une gamme de vingt-cinq bières en fût et une dizaine en bouteille. De l'étudiant jusqu'au col blanc, la clientèle très hétéroclite cherche avant tout un endroit pour discuter et se la couler douce après une journée de travail.

BRASSERIES ARTISANALES

BENELUX

245, Sherbrooke Ouest

514-543-9750

www.brasseriebenelux.com

Mº Place-des-Arts. En été : lun-ven, 11h-3h ; sam-dim, 14h-3h. Le reste de l'année : lun-mer, 14h-3h ; jeu-ven, 11h-3h ; sam-dim, 15h-3h. Grande terrasse avant de plus de 100 places assises.

Le menu est axé autour de bières d'inspiration américaine, dominées par le houblon et bien sûr, de quelques spécialités belges. Près d'une trentaine de recettes sont brassées de façon cyclique et quotidiennement, douze bières maison figurent au tableau, avec une rotation selon les saisons et l'humeur des brasseurs. Avec une adresse aussi stratégique, entre le campus de l'UQÀM et celui de l'Université McGill, à deux pas du Quartier des Spectacles, le Benelux est vite devenu le port d'attache des étudiants et professionnels du secteur. Ses atouts : design et décoration innovateurs, Internet sans fil gratuit, repas de style bistro (ses hot dogs européens sont classés parmi les meilleurs en ville selon le site UrbanSpoon) et bien sûr, de la bière de première qualité brassée sur place.

BRASSEURS DE MONTRÉAL

1485, Ottawa

514-788-4505 | www.brasseursdemontreal.ca

Angle Guy. Ouvert tous les midis en semaine et les soirs du lundi au samedi. Terrasse.

Le dernier né en matière de bières artisanale a fait son apparition en mars 2008 dans le quartier historique de Griffintown. Depuis l'ouverture, son succès ne se dément pas. Six bières maison y sont brassées avec amour, allant de la blanche non-filtrée à la brune pur malt de style Scottish Ale. Des saisonnières font également leur apparition selon l'humeur du brasseur. Leurs produits sont disponibles à travers la province mais pourquoi ne pas venir sur place les découvrir ? Un resto-bar, annexé au lieu de brassage, est ouvert à l'année et permet en plus de savourer de délicieux petits plats comme la salade de chèvre chaud, la cuisse de canard grillée, la choucroute royale ou le fameux smoked meat de Montréal. Et que dire des frites maison qui valent à elles seules le déplacement ! Une adresse qui rime à merveille avec plaisirs gourmands !

BROUE PUB BROUHAHA

5860, de Lorimier

514-271-7571 | www.brouepubbrouhaha.com

Angle des Carrières. Lun-dim, 15h-3h. Salle de réception avec fumoir à viande, scène, projecteur, éclairage et système de son disponible pour location.

C'est LA brasserie artisanale de Rosemont et le point de rendez-vous officiel des bièrophiles du quartier. Ouvert « officiellement » depuis juin 2008, l'endroit ne désemplit pas et pour cause. Le menu propose d'excellentes bières maison d'inspiration belge, ainsi qu'une sélection des meilleures bières artisanales de la province et d'importation privée. En plus du houblon, le calendrier des événements est fort chargé : soirées du hockey sur écran géant, ateliers et conférences sur la bière, vernissages, spectacles musicaux, etc. À ne pas manquer : le « Lundi Douteux » (www.douteux.org) où est présenté chaque semaine un film curieux et questionnable... En guise d'appréciation, vous êtes alors conviés à lancer ce que vous voulez (ou presque) sur l'écran. Tout simplement unique !

BRUTOPIA

1219, Crescent

514-393-9277 | www.brutopia.net

Mº Lucien-L'Allier. Ouvert tous les jours de 15h à 3h (le vendredi à partir de 12h). Trois terrasses.

Brutopia est devenue une petite institution sur la populaire rue Crescent. On y vient pour sa IPA, sa blonde au framboise, sa Chocolate Stout mais surtout pour cette si agréable atmosphère, un endroit où il fait tout simplement bon déguster une bière maison entre amis. Pour les petits creux, jetez un coup d'œil au menu de Brutapas, de quoi faire gronder votre estomac ! Avons-nous besoin de mentionner les nombreux spectacles gratuits, les dimanches « open mic », les lundis « trivia night » (en anglais seulement), les fêtes et soirées bénéfices, et la terrasse chauffée à l'arrière... ?

© NRL

LES 3 BRASSEURS

1658, Saint-Denis, 514-845-1660
105, Saint-Paul Est, 514-788-6100
732, Sainte-Catherine Ouest, 514-788-6333
1356, Sainte-Catherine Ouest, 514-788-9788
www.les3brasseurs.ca

Dim-mer, 11h30-minuit ; jeu, 11h30-1h ; ven-sam, 11h30-2h (horaire variable selon l'affluence et la saison).

La brasserie fonctionne à plein régime depuis son ouverture en 2002. Il n'est pas rare de voir des clients debout à attendre une place pour les 5 à 7. En été, ne ratez pas l'occasion de prendre l'apéro sur l'une de leurs terrasses bondées, rue Saint-Denis, St-Paul Est, Ste-Catherine Ouest (coin McGill College) et Quartier Dix 30 à Brossard. Au menu des bières, choisissez parmi la Blonde, l'Ambrée, la Brune ou la Blanche, brassées devant vos yeux et si vous hésitez, optez pour l'Etcetera : une palette de saveurs parmi lesquelles vous trouverez votre préférée ! En groupe, vous préfèrerez le spectaculaire « mètre de bières » vous offrant dix verres de bières variées, accompagnés d'une Flamm, spécialité culinaire des 3 brasseurs. La diversité est au menu, avec des plats comme les moules et les hamburgers à la bière maison, la choucroute, des salades et grillades, mais surtout les Flammekueches, spécialité des 3 brasseurs. On les apprécie en plat principal, nappées de crème et d'une variété de garnitures : lardons, poulet, légumes variés et fromages du Québec, ou en dessert, garnies de pommes, bananes et chocolat. Chaque restaurant offre une atmosphère bien distincte, intégrée à son milieu et toujours accueillante pour sa clientèle composée tant d'étudiants que gens d'affaires et professionnels, dans une ambiance décontractée.

Comme vous l'aurez compris, le concept fonctionne fort bien et la région de Montréal compte maintenant six établissements plus à un Toronto (Ontario). En effet, un nouvel emplacement a ouvert ses portes en 2010, soit à Laval (2900, Pierre-Péladeau, Centropolis, 450-988-4848) et un autre devrait voir le jour sous peu à Sainte-Foy (Québec).

CHEVAL BLANC

809, Ontario Est
514-522-0211
www.lechevalblanc.ca

M° Berri-UQÀM. Lun-dim, 15h-3h.

Le Cheval Blanc, c'est avant tout un lieu où depuis 1924 les artistes, les gens d'affaire qui travaillent au centre-ville, les étudiants et les citoyens du quartier se retrouvent en fin de journée pour boire des bières de qualité et refaire le monde. C'est aussi le premier brasseur artisanal de Montréal. Cette page d'histoire s'ouvrit en 1987 lorsque Jérôme Denys décida d'y brasser de la bière. En plus de brasser d'excellentes bières, avec une constante de huit produits aux pompes dont quelques-unes changent au fil des saisons et selon l'humeur du brasseur, le Cheval Blanc a toujours offert une place de choix aux artistes émergents. Spectacles, lancements de livres et de disques, et expositions d'œuvres d'artistes locaux font entre autres partie de la programmation des lieux. En plus d'être active au niveau culturel, la brasserie met l'emphase sur les produits régionaux dans la conception de son menu : saucissons Fou du Cochon, kaiser au smoked meat, grilled cheese au cheddar Perron… Des petits plats sur le pouce qui accompagneront à merveille votre pinte de houblon. Le Cheval Blanc est un exemple remarquable de mariage entre taverne de quartier, pub étudiant et brasseur artisanal.

DIEU DU CIEL!

29, Laurier Ouest
514-490-9555
www.dieuduciel.com

Angle Clark. Ouvert tous les jours de 15h à 3h.

En mars 1993 naissait la bière Dieu du Ciel, produit mûri et brassé à la maison par Jean-François Gravel. Puis en septembre 1998, c'est l'ouverture de la brasserie artisanale portant le même nom et plus de 300 personnes sont présentes sans qu'aucune publicité n'ai été faite. Faute de place à l'intérieur, la police doit même tolérer les gens qui boivent sur le trottoir! Sur les 70 recettes différentes élaborées depuis les débuts de la brasserie, une quinzaine de bières sont au menu. Notre recommandation : l'assiette de fromages québécois accompagnée d'une de leurs excellentes bières blanches. Un pur délice! La réputation de Dieu du Ciel! n'est plus à faire! C'est ce gage de qualité et de diversité qui attire les amateurs de bières, venant parfois même de très loin.

HELM BRASSEUR GOURMAND

273, Bernard Ouest

514-276-0473 | www.helm-mtl.ca

Angle du Parc. Dim-mar, 16h-1h ; mer-sam, 15h-3h (horaire sujet à changements sans préavis ; la cuisine ferme à 22h du dimanche au mercredi et à minuit du jeudi au samedi).

Voici une brasserie artisanale sans prétention qui reflète bien l'essor du quartier Mile-End, attirant de plus en plus d'étudiants et de jeunes professionnels. HELM, pour Houblon-Eau-Levure-Malt, occupe les locaux de l'ancien Fûtenbulle, une adresse fort bien connue, voire même mythique, des nombreux bièrophiles de la métropole. Le HELM encourage l'économie locale en misant sur les produits du terroir québécois : bières artisanales brassées presque exclusivement avec des céréales d'ici, l'assiette de poissons fumés sur place ou celle de cochonnailles des Îles-de-la-Madeleine, etc. Son décor à la fois brut et recherché, son grand bar central, sa lumière, et ses DJs curieux et discrets font du HELM un endroit convivial, propice à la discussion et aux rencontres.

L'AMÈRE À BOIRE

2049, Saint-Denis

514-282-7448

www.amereaboire.com

M° Sherbrooke. Pub : dim-mer, 14h-fermeture (selon l'affluence) ; jeu-ven, 12h-3h ; sam, 14h-3h. Cuisine : dim-lun, 16h-21h ; mar-mer, 16h-22h ; jeu-ven, 12h-23h ; sam, 16h-23h.

L'illustre brasserie artisanale de la rue Saint-Denis est une sorte de lieu culte pour les bièrophiles de passage dans le Quartier latin. Toujours en quête d'excellence, les propriétaires se sont inspirés des styles allemands et tchèques pour développer leur menu de bières. L'Amère à Boire se spécialise dans le brassage de bières à fermentation basse (lagers), avec quelques ales également, et elle a su bâtir un menu de repas de style bistro, adapté aux bières offertes. Ouvert depuis 1996, cette brasserie artisanale a gagné une fidèle clientèle grâce à la qualité de ses produits.

LE SAINT-BOCK

1749, Saint-Denis

514-680-8052

www.lesaintbock.com

M° Berri-UQÀM. Lun-ven, 11h-fermeture ; sam-dim, 13h-fermeture (selon l'affluence).

Cette brasserie artisanale a vu le jour en octobre 2006, en plein cœur du réputé Quartier latin. Depuis, sa popularité grandissante ne se dément pas. En plus d'offrir d'excellentes bières brassées sur place, le Saint-Bock se fait également fier représentant des microbrasseries québécoises (Le Naufrageur, La Barberie, Brasseurs de Montréal, Le Trou du Diable, Dieu du Ciel!, Microbrasserie Charlevoix, etc.), sans compter sa carte exhaustive de bières importées. C'est en tout plus de 250 bières qui figurent au menu alors il se pourrait que vous mettiez un certain temps à vous décider… Pour les fringales, vous dénicherez sans aucun doute votre plaisir gourmand dans une des douze pages composant le menu et prenez note que la cuisine reste ouverte tous les soirs jusqu'à 2h du matin!

RÉSERVOIR

9, Duluth Est

514-849-7779

www.brasseriereservoir.ca

Angle Saint-Laurent. Lun, 15h-3h ; mar-ven, 12h-3h ; sam-dim, 10h30-3h.

Au niveau de l'affichage, l'enceinte du Réservoir ne paie pas de mine. Le petit logo est très discrètement apposé sur la façade de l'établissement mais, c'est l'odeur du malt et des céréales qui se charge d'éveiller les sens lorsqu'on arrive au coin des rues Saint-Laurent et Duluth. Question déco, le Réservoir joue la carte de la sobriété : quelques photographies égayent les murs de briques et les grandes cuves de fermentation se chargent de l'arrière plan. C'est simple et réussi ! Le soir, la luminosité provenant des lampadaires de la rue Duluth traverse l'immense fenêtre qui sert de façade avant et confère au pub une ambiance typique des pubs européens de quartier. Les propriétaires qui ont fondé cette brasserie artisanale en 2002 ont gagné leur pari : le Réservoir a une âme et on prend vite goût à y retourner fréquemment. Est-ce sa noire digne des stouts d'Irlande, ses découvertes houblonnées à chaque saison ou son menu qui font de cette brasserie le lieu idéal des 5 à 7 ?

JAZZ, RHYTHM N'BLUES

BISTRO À JOJO

1627, Saint-Denis
514-843-5015
www.bistroajojo.com
Mº Berri-UQÀM. Ouvert tous les jours de 13h à 3h.
Le temple du blues à Montréal, et non sans raison ! Depuis 1975, le Bistro à Jojo a accueilli des centaines de musiciens blues de tous genres. Ici, c'est le blues pur, celui qui vient nous chercher dans les tripes. Amateurs : c'est l'adresse à retenir !

HOUSE OF JAZZ

2060, Aylmer
514-842-8656
www.houseofjazz.ca
Mº McGill. Lun-mer, 11h30-00h30 (jusqu'à 1h30 le jeudi et 2h30 le vendredi) ; sam, 18h-2h30 ; dim, 18h-00h30. Des frais de 5 $ sont applicables les soirs de spectacles.
House of Jazz, connu sous d'autres noms à l'époque, est depuis plus de 40 ans La Mecque du jazz dans la métropole. Des spectacles tous les soirs avec les grands du jazz mais aussi les artistes de la relève. Pour ceux qui veillent tard, le menu « faim de soirée » viendra combler les petits creux.

UPSTAIRS JAZZ BAR & GRILL

1254, Mackay
514-931-6808
www.upstairsjazz.com
Mº Guy-Concordia. Lun-ven, dès 12h ; sam-dim, dès 17h30. Réservation fortement conseillée les week-ends.
Une ambiance feutrée mais décontractée où le jazz vibre, explore de nouveaux territoires. Très fréquenté pendant le Festival de Jazz. Le Grill sert tapas, salades, mets italiens, continentaux (New Orleans filet mignon, New York New York, Tennessee Salmon...) et de type bistro. Carte des vins pour agrémenter votre plat de « cajun Mahi Mahi » et sélection de portos, cognacs, scotchs et bières.

LOUNGES & CIGAR LOUNGES

PHILLIPS LOUNGE

1184, place Phillips
514-871-1184
www.phillipslounge.com
Mº McGill. Ouvert pour le lunch lun-ven, 11h30-14h30. Lounge : mar-ven, dès 16h ; sam-dim, sur réservation.
Un lounge résolument tendance, niché dans une ancienne maison privée du XIXe siècle. Tout le cachet des lieux a été conservé lors des travaux de restauration : moulures, corniches, cheminées d'époque... L'endroit est divisé en deux atmosphères distinctes : le bar-resto, très éclairé, au décor contemporain avec œuvres d'art aux murs ; le salon, très « cozy », à l'éclairage tamisé pour une ambiance plus intimiste. Soirées à noter : soirée des dames mardi et mercredi entre 16h30 et 19h30, DJ live vendredi et samedi de 17h30 à 20h30.

STOGIES CIGAR LOUNGE

2015, Crescent
514-848-0069 / 1 877-848-0069
www.stogiescigars.com
Mº Guy-Concordia. Lun-dim, 14h-3h.
Situé au premier étage, le Stogies accueille une clientèle d'affaires dans la trentaine. Du haut de la terrasse, on peut admirer le va-et-vient de la foule

environnante qui se presse dans une rue dont l'activité essentielle est la détente dans un bar dès 17h. Une salle vitrée contient tout plein de cigares et la carte des martinis n'affiche pas moins de 101 choix différents, en plus d'une impressionnante sélection de scotchs. Les clients peuvent apporter leurs propres cigares ou s'en procurer sur place. Notez que les prix ne sont pas gonflés et correspondent au prix de détail.

WHISKY CAFÉ

5800, Saint-Laurent
514-278-2646
www.whiskycafe.com
Angle Bernard. Lun-ven, 17h-3h; sam, 18h-3h; dim, 19h-3h.
Dans une atmosphère très tamisée, l'amateur fait son choix parmi une sélection de whiskys d'Écosse (plus d'une centaine), whiskys d'Irlande (huit) et whiskys d'Amérique (quatorze) et autres délices alcoolisés (portos, grappas, etc.). Il peut aussi savourer un bon cigare dans la salle des fumeurs, où l'on en vend, ou déguster un café au mélange d'alcool. Pour prolonger le plaisir, la maison propose aussi des dégustations qui agencent les différents alcools entre eux ou avec des aliments fins comme le foie gras, le fromage, le chocolat ou le saumon fumé.

PUBS IRLANDAIS

HURLEY'S IRISH PUB

1225, Crescent
514-861-4111 | www.hurleysirishpub.com
M° Lucien-L'Allier. Ouvert tous les jours de 11h à 3h. La cuisine est ouverte tous les jours jusqu'à 22h. Terrasse, spectacles musicaux.
Le Hurley's c'est d'abord et avant tout l'esprit de la musique celte traditionnelle mais surtout, une ambiance chaleureuse et authentique d'un vrai pub irlandais. Il va sans dire qu'ils ont un excellent menu de bières irlandaises en fût, sans oublier les brasseries anglaises, belges, françaises, hollandaises, danoises et canadiennes. On ne pourrait passer sous silence la liste hallucinante de whiskies d'Irlande et de scotchs de Seysides, d'Islay, de Lowland et d'autres régions. Définitivement un lieu toujours aussi populaire !

McKIBBIN'S IRISH PUB

1426, Bishop, 514-288-1580
3515, Saint-Laurent, 514-282-1580
6361, Autoroute Transcanadienne, Complexe Pointe-Claire, 514-693-1580
www.mckibbinsirishpub.com
Ouvert tous les jours (heures d'ouverture variables à chaque adresse).
Le magnifique bâtiment abritant ce pub irlandais plus que légendaire au centre-ville date de 1904 et est l'œuvre

© NRL

de l'architecte Robert Findlay. On ne compte plus les décennies qui ont vu défiler les discussions autour d'une bonne pinte et la tradition est loin de changer. Étudiants et Irlandais de souche ou de cœur fréquentent avec assiduité le McKibbin's. Son menu de bières fait bien évidemment honneur au pays du trèfle et le choix aux pompes fait définitivement l'unanimité. On peut rassasier sa faim avec les spécialités du chef, comme le fameux Irish Stew maison, se déhancher au son des nombreux groupes de musique et DJs de passage au pub, ou encore profiter des soirées à thème organisées aux trois adresses. Le McKibbins du centre-ville vaut définitivement le détour lors des festivités de la Saint-Patrick, ne serait-ce que pour l'ambiance authentique qui y règne et son immense farfadet à l'extérieur. On dit d'ailleurs que de frotter son ventre porte bonheur.

OLD DUBLIN

636, Cathcart
514-861-4448
ww.dublinpub.ca
M° McGill. Lun–sam, 11h30-3h (cuisine : 11h30-21h30) ; dim, 16h30-3h (cuisine fermée).
Le Vieux Dublin est une excellente halte pour les bièrophiles de Montréal avec au menu une vingtaine de bières en fût provenant d'Angleterre, d'Irlande, de Belgique, d'Hollande, d'Allemagne et du Canada. Plus de 50 scotchs et whiskies sont également disponibles, dont certains « single malt » âgés d'une trentaine d'années. Pendant la journée, l'endroit est surtout fréquenté par une clientèle de gens d'affaires, mais le soir venu, étudiants et jeunes professionnels s'emparent du pub pour discuter autour d'un verre et écouter les groupes de musique qui s'y produisent tous les jours de la semaine à partir de 21h, sans compter leur fameuse soirée « open mic » du lundi soir. La cuisine offre entre autres une grande sélection d'appétissants hamburgers grillés sur charbon de bois. Bon appétit… et à la vôtre !

YE OLDE ORCHARD

5563, Monkland, 514-484-1569
1189, de la Montagne, 514-874-1569
20, Prince-Arthur Ouest, 514-845-7772
www.yeoldeorchard.com
Ouvert tous les jours (horaires variables à chaque adresse).
Une rumeur circule au sujet de Ye Olde Orchard… Il semblerait qu'on y serve la meilleure pinte de Guinness en ville ! Non seulement la meilleure, mais versée selon les règles de l'art. On entend d'ailleurs souvent les habitués dire qu'il vaut la peine d'attendre un peu pour cette pinte tant désirée. Les trois pubs ont par contre leur propre identité, une atmosphère qui leur bien est distincte. Pour une ambiance digne des pubs celtiques, on opte pour Monkland, question de savourer sa pinte au son des « violoneux ». On peut d'ailleurs y voir certains employés arborer fièrement le kilt ! Au centre-ville, le pub est situé dans un magnifique bâtiment d'époque, mais on y retrouve une clientèle qui reflète davantage le cœur de Montréal : les gens d'affaires et les touristes. Pour une ambiance plus étudiante à l'image des pubs de La Main, la troisième adresse ouverte en mars 2007 sur le Plateau est toute indiquée. Spectacles et événements présentés régulièrement aux trois pubs.

HUMOUR

COMEDY WORKS

1238, Bishop
514-398-9661 | www.comedyworksmontreal.com
M° Lucien-L'Allier. Ouvert tous les soirs. Heures des spectacles : lun « open mic » 20h30, mar-mer « On the spot improv » 20h30, jeu-sam, « international headliners » 20h30 & 23h (ven-sam). Réservation requise. En anglais seulement.
L'adresse par excellence pour se dilater la rate ! Depuis près de 20 ans, les humoristes défilent sur les planches du Comedyworks qui a accueilli de grands noms tels que Ray Romano, Jon Stewart, Norm McDonald, etc. La salle compte 90 places assises et un bar à l'arrière. Surveillez la liste des spectacles durant le Festival Juste pour Rire.

CLUBS ET DISCOTHÈQUES

DÉCONTRACTÉS

AU DIABLE VERT

4557, Saint-Denis
514-710-5021 | www.lesitedudiable.com
M° Mont-Royal. Mar & jeu-sam, 21h à 3h. Ouvert certains dimanches pour soirées spéciales.

Ne vous laissez pas influencer par tout ce rouge, car malgré son nom, vous êtes bien Au Diable Vert! Un bar et une discothèque à l'ambiance jeune et décontractée où le hip hop, l'électro et le rock à la mode s'agrémentent d'un vaste choix de consommations pour le plus grand plaisir des clients. La piste est petite mais on s'y amuse bien et l'endroit demeure très fréquenté surtout le week-end. Quelques soirées à thème rythment la semaine : lady's night le mardi, old school le jeudi…

CAFÉ CAMPUS

57, Prince-Arthur Est
514-844-1010 | www.cafecampus.com
M° Sherbrooke. Mar, 20h-3h ; jeu-sam, 20h30-3h ; dim, 20h-3h. Droits d'entrée, admission gratuite avant 22h. Concerts fréquents les autres soirs. 500-600 places.

Fréquenté par de jeunes étudiants friands de nouveautés, le Café Campus est un des lieux ultra connus à Montréal ! On parle sans arrêt de son ambiance et de la qualité de sa programmation musicale. Le Café Campus se divise en deux parties : le Petit Campus, en bas, salle de taille moyenne et le Campus du haut, un grand espace équipé d'une scène et d'une mezzanine. Quand ce n'est pas une salle de concert, c'est un bar-discothèque à l'ambiance survoltée qui fait la joie d'une clientèle jeune et dynamique. Certains soirs de la semaine ont un thème ; mardi : « rétro » (musique des années 1950 à 1980), jeudi : « Hits-moi » (les hits des années 1990 à aujourd'hui), vendredi et samedi : week-ends X-Large (bonne musique pour danser). Si vous n'avez pas peur de bouger, essayez les mardis rétro et vous comprendrez l'ambiance du Café Campus !

ELECTRIC AVENUE

1469, Crescent
514-285-8885
www.clubsmontreal.com
M° Guy-Concordia. Jeu-sam, 22h-3h.

La clientèle du Electric Avenue se distingue de celle des clubs de la rue Crescent : elle est majoritairement francophone, pas trop snob, plutôt jeune. La foule s'y presse chacun des trois soirs d'ouverture. Le secret est probablement la musique des années 1980 qui a conservé ses fans. Une fois l'endroit bien rempli, on s'amuse franchement dans cette belle salle aux reflets bleu électrique.

EL ZAZ BAR

4297, Saint-Denis
514-970-7433 | www.zazbar.com
Angle Marie-Anne. Lun-dim, 15h-3h. Droits d'entrée selon les soirées.

Après le succès obtenu avec El Zazium, un restaurant mexicain parmi les plus beaux et originaux en ville, quoi de plus normal que d'ouvrir un bar, pour finir la soirée en beauté. Et, là aussi, c'est une réussite. Forcément, avec une déco aussi sympa, la foule se précipite. On vient également pour la qualité de l'ambiance et de la musique. Car ici, on danse tous les soirs, même en début de semaine. La clé de cette fiesta garantie ? L'éclectisme musical proposé par de talentueux DJs : musique latine mais aussi disco, techno et électro chauffent la piste enflammée dès 22h !

FOUFOUNES ÉLECTRIQUES

87, Sainte-Catherine Est
514-844-5539 | www.foufounes.qc.ca
M° Saint-Laurent. Ouvert tous les jours de 16h à 3h. Entrée au 2e étage : mar 3 $, jeu-ven 5 $, sam 8 $. Spectacles plusieurs fois par semaine (gratuit ou payant).

Bienvenue dans ce temple de la musique underground qui a su attirer avec le temps les plus marginaux des

Montréalais. Les Foufounes demeurent l'un des endroits où l'originalité domine sur tous les plans. Soirées thématiques : les mardis à GoGo (Rock'n'roll, old-school, 80's), les jeudis Lady's night (4 consommations offertes pour les dames) et les samedis Éclectiques où la bière est à 1 $ seulement. Les Foufounes sont également synonymes de spectacles. Les contacter ou visiter le site Internet pour le calendrier.

JELLO MARTINI LOUNGE

151, Ontario Est
514-285-2009
www.jellomartinilounge.com
M° Saint-Laurent. Mar, 21h-3h ; mer-sam, 17h-3h (l'horaire peut varier, vérifier le calendrier des spectacles). Entrée : 7 $-10 $ selon la soirée.

Anciennement connu sous le nom de Jello Bar, les lieux n'ont pas perdu leur vocation. Le Jello Martini Lounge se distingue des autres bars par la qualité de son décor, sa carte de boissons et sa musique. Pour commencer, parlons déco. Ici, c'est le rétro qui revient, qui triomphe même : fauteuils, lampes, décoration murale... Tout date d'une autre époque ! Côté boissons, jetez un coup d'œil sur la carte qui propose plus de 35 martinis. Les thèmes des soirées et les styles musicaux changent sans cesse, question de nous faire toujours apprécier quelque chose de nouveau.

TH' CLUB

1449, Crescent
514-288-5656
www.thursdaysbar.com/fr/thclub/
M° Guy-Concordia. Dim-mer, 22h-3h ; jeu-sam, 21h30-3h. Entrée gratuite. Tenue de ville obligatoire.

Un des clubs les plus fréquentés sur Crescent et un arrêt quasi obligé des touristes anglophones de passage dans la métropole. La moyenne d'âge est un peu plus élevée, mais l'esprit est à la fête et aux rencontres. La musique, entraînante à souhait, est variée et saura plaire à tous. Soirées : salsa-rengue les lundis (cours de danse latine), 2 pour 1 les mardis et mercredis.

RIVE-NORD

FUZZY

1600, Saint-Martin Est, Laval
450-669-2404
www.fuzzylaval.com
Mar & jeu-sam, 22h-3h. Droits d'entrée. Entrée gratuite pour les femmes toute la soirée le mardi et avant 23h30 le samedi.

Ouvert depuis 1990 et rénové en 2009, ce club pour les 18-30 ans se vante d'accueillir les plus beaux gars et les plus belles filles de la Rive-nord. Les spécialités : musiques hip hop, house, dance et R&B. Le décor comprend une vaste piste, des cages pour danser et des jeux de lumière. Des écrans de projection géants diffusent divers extraits vidéo et un DJ anime la soirée. L'endroit est très grand et comprend même une salle avec des tables de billard. Le Fuzzy est assurément un des clubs les plus connus et les plus populaires sur l'île de Laval.

PLUTÔT SÉLECT

ALTITUDE 737

1, Place Ville-Marie,
niveau PH2, suite 4340
514-397-0737
www.altitude737.com
M° McGill. Ven-sam, 22h-3h (ouvert également le jeudi en été).

Suspendues entre ciel et terre, les terrasses du 737 offrent une vue imprenable sur le bouillant centre-ville montréalais. Reconnu pour ses 5 à 7 estivaux, du mardi au samedi au bar du restaurant, le 737 accueille également une foule internationale tous les week-ends. Le lounge spacieux et confortable qui sépare les terrasses en surplomb propose des rythmes hip hop et R&B pendant que la discothèque au-dessus suggère une ambiance plus dynamique où les sons techno et latins vibrent sous un éclairage recherché. Le 737 est donc un lieu unique où l'on doit se présenter avec une tenue vestimentaire correcte.

CLUB 1234

1234, de la Montagne

514-395-1111 | www.1234montreal.com

M° Lucien-L'Allier. Jeu-dim, 22h-3h plus événements spéciaux.

Ce très beau club peut accueillir, paraît-il, environ 1 500 personnes ! Il faut avoir 21 ans et plus pour y être admis et, surtout, arborer une belle tenue vestimentaire. Le club s'étend sur trois niveaux : salle principale au premier étage avec piste de danse, mezzanine avec lounge (la Salle rouge) et un autre lounge au rez-de-chaussée, près de l'entrée. Non seulement vous y écoutez un son super (Hip hop, R&B, House et hits du moment), mais les effets visuels créent aussi une atmosphère des plus électrisantes. Le Club 1234 organise régulièrement des soirées à thèmes et des DJs de renom, tels Bob Sinclair et Manny Ward, y ont fait escale.

IVY NIGHTCLUB

3556, Saint-Laurent | 514-439-1212 / 514-815-3145
www.ivynightclub.com

M° Saint-Laurent, entre Prince-Arthur et Sherbrooke. Jeu-sam, 22h-3h. Entrée payante selon la soirée. Tenue de ville requise.

L'un des derniers nés du milieu de la nuit montréalaise, et déjà une référence pour la jeunesse dorée de la métropole. Idéalement localisé, en plein cœur de La Main et à deux pas de l'Ex-Centris, ce club a tout pour séduire la clientèle nocturne. Un bel établissement aux vastes proportions, parfait pour les jeunes branchés. D'excellents DJs, un cadre agréable, 4 bars et une belle clientèle, tout ce qu'il faut pour profiter de sa soirée !

RADIO LOUNGE

3553, Saint-Laurent

514-281-6913 | http ://mtl.radiolounge.ca/

Angle Prince-Arthur. Ouvert tous les soirs sauf mardi. Entrée payante certains soirs.

Ce club a pignon sur La Main avec trois étages exceptionnels pour vos soirées endiablées. Des promotions sont offertes chaque soir et il est possible de se mettre sur la guest list sauf le jeudi alors que l'entrée est gratuite pour tous. La déco et la sono sont à la fine pointe de la technologie, les DJs assurent aux platines, et l'ambiance est à la fête. Plusieurs événements y sont organisés au fil des mois.

RYTHMES AFRO-LATINS

CLUB BALATTOU

4372, Saint-Laurent

514-845-5447 | www.balattou.com

Angle Marie-Anne. Mar-dim, 21h-3h : soirée dansante vendredi et samedi, spectacles les autres soirs. Droits d'entrée.

Suzanne Rousseau et Lamine Touré ont eu la bonne idée de conquérir une petite partie de La Main avec des rythmes tropicaux. Le Balattou est donc vite devenu le pionnier des musiques du monde et merci à tous ceux qui ont contribué au succès de cet endroit exotique qui compte maintenant plus de 20 ans d'existence. Le Balattou, c'est la diversité culturelle par la musique, l'enchantement des découvertes, l'abolition des frontières. « Le tour du monde en une soirée. »

SALSATHÈQUE

1220, Peel

514-875-0016 | www.salsatheque.ca

M° Peel. Mer-dim, 22h-3h. Entrée payante certains soirs.

Véritable institution de la salsa à Montréal depuis 30 ans. Qu'on en soit à ses premiers pas de danse latine ou professionnel en la matière, chacun use de ses charmes dans ce cruising bar. Inutile de préciser que vous n'avez pas besoin d'un partenaire : vous en trouverez plusieurs sur place... Nombreux miroirs, néons et plancher de danse illuminé : on se croirait presque dans le décor de Saturday

Night Fever. DJs et orchestres livre animent les soirées. Une piste de danse bondée, une ambiance survoltée : parfait pour sortir entre amis et faire la fête !

AFTERHOURS

CIRCUS

917, Sainte-Catherine Est

514-844-3626 | www.circusafterhours.com

Mº Berri-UQÀM. Jeu & dim, 2h-8h ; ven, 2h-10h ; sam, 2h-11h. Entrée : selon les soirées et les DJs invités.

Trois salles pour vous faire bouger jusqu'aux petites heures du matin au son de musiques house, trance, techno et électronique. De nombreux DJs de renom y font escale. Bref, on n'est jamais déçu par le son et l'ambiance, et côté espace, il y a de la place pour tous sur l'immense plancher de danse.

STEREO

858, Sainte-Catherine Est

514-658-2646 | www.stereo-nightclub.com

Mº Berri-UQÀM. Ouvert vendredi et samedi soir et selon les événements.

Ça y est ! Après l'incendie qui avait ravagé le club à l'été 2008, Stereo renaît de ses cendres. Il a célébré en grand sa réouverture lors du week-end de la Fête du Travail en septembre 2009, avec nul autre que son fondateur Angel Moraes aux platines pour une soirée privée des plus éclatées. Une scène et des places assises ont été ajoutées pour les spectacles. La piste de danse est plus grande que jamais, les équipements audio et vidéos surréalistes… Attendez-vous à retrouver les nuits endiablées qui ont fait la réputation du Stereo !

RIVE-NORD

RED LITE

1755, de Lierre, Laval | 450-967-3057

www.red-lite.com

Ouvert jeu (l'été seulement), ven-sam, 2h-10h ; dim, minuit-8h. Entrée : ven-sam 25 $, dim 5 $ pour les femmes et 20 $ pour les hommes.

Comme dans tous les « afterhours », on est inspecté de la tête aux pieds avant d'entrer. Reste qu'une fois à l'intérieur, les DJs en résidence assurent magistralement la soirée dans la salle principale (house, tech…) et la salle hip hop. Cinq sections réparties sur deux étages, du Chill Room au Vip House. De nombreux événements y sont organisés durant l'année.

BOÎTES À CHANSONS

LA BOÎTE À MARIUS

5885, Papineau

514-274-9090

www.laboiteamarius.com

Angle Rosemont. Ouvert tous les jours. Chansonniers du jeudi au samedi à 21h30 (droits d'entrée lors de spectacles). Mercredi improvisation (20h). Jeudi « soirée étudiante » avec spéciaux de 4 à 8.

En 1991, la Taverne de Fleurimont changeait de vocation… Non plus une taverne de quartier mais une boîte à chansons aux reflets de notre identité culturelle. Depuis ce temps, chansonniers de tout acabit ont défilé dans ce bar du quartier Rosemont et ont fait chanter et swinguer jeunes et moins jeunes. Définitivement l'endroit pour passer une bonne soirée entre amis !

LE DEUX PIERROTS

104, Saint-Paul Est | 514-861-1270

www.lespierrots.com

Mº Champ-de-Mars. Ven-sam (et la veille des fêtes, histoire de bien débuter ce long congé !), 20h30-3h.

Le Deux Pierrots est incontournable si vous voulez plonger dans une atmosphère enivrante et joyeuse, sur fond de standards québécois comme de tubes internationaux. Pour avoir une chance de vous asseoir, prévoyez de venir en avance tellement l'endroit grouille de monde : jeunes et moins jeunes, Québécois et touristes à la recherche de spectacles « pure souche ». Les serveurs font un travail impressionnant pour satisfaire tout le monde, du grand sport avec un sourire omniprésent. Une référence pour les éternels fêtards. Toujours d'actualité ! Également sur place : bar sportif et resto-terrasse.

BARS À SPECTACLES

CABARET DU MILE-END

5240, du Parc | 514-563-1395 | www.lemileend.org

Angle Fairmont. Ouvert en fonction de l'horaire des spectacles. Les tarifs varient selon les spectacles (voir le site Internet pour la programmation).

Ouvert depuis mars 2010, le Cabaret du Mile-End, installé dans les anciens locaux du Kola Note et du Club Soda, est une coopérative de solidarité vouée à la diffusion culturelle et artistique. Véritable tremplin pour les jeunes artistes, le cabaret accueille également des spectacles dans le cadre de festivals, notamment Nuits d'Afrique et Pop Montréal, sans compter les nombreux événements spéciaux organisés tout au long de l'année.

CASA DEL POPOLO & SALA ROSSA

4873 (Casa) & 4848 (Sala), Saint-Laurent
514-284-3804 (Casa) / 514-284-0122 (Sala)
www.casadelpopolo.com

Angle Saint-Joseph. Les heures d'ouverture varient d'un endroit à l'autre ainsi que les tarifs pour les spectacles.

Deux excellentes adresses de la scène culturelle à Montréal ! La programmation musicale marque la diversité car tous les genres ou presque viennent se mêler : Pop, Rock, Jazz, Rock alternatif, Folk ou Électro. La Casa del Popolo propose une cuisine végétarienne à des prix tout à fait abordables pour ceux qui souhaitent y manger, tandis que la Sala Rossa offre un menu tapas et paella (spectacle de flamenco les jeudis, 514-844-4227).

L'ALIZÉ

900, Ontario Est | 514-807-8895 | www.lalize.net

Métro Berri-UQÀM. Ouvert en fonction de l'horaire des spectacles. Les tarifs varient selon les spectacles (voir le site Internet pour la programmation).

L'Alizé est un espace de diffusion d'événements multidisciplinaires dans des domaines aussi variés que la danse, la musique, le théâtre, les projections visuelles, etc., avec des soirées thématiques ponctuant la semaine (soirées urbaines, shows rock ou acoustiques par exemple). Sa salle, à la fois intime et conviviale, peut accueillir jusqu'à 250 personnes et en fait un lieu idéal pour l'organisation de lancements, d'événements corporatifs ou privés, de soirées étudiantes et autres.

LE DIVAN ORANGE

4234, Saint-Laurent
514-840-9090 | www.divanorange.org

Angle Rachel. Mar-dim, 16h-3h. Comptant seulement. Coût des spectacles : de gratuit à 15 $.

Ce sympathique bar à concerts-expos-festivals-contes-etc. invite le monde à s'affaler dans l'un de ses divans au vécu bien entamé pour se détendre ou écouter de la musique. Chaque soir est différent, des musiciens tziganes, folk, jazz, rock, en passant par le reggae, se partagent ce chaleureux endroit. Cela fait plusieurs bonnes raisons pour s'y retrouver entre amis !

L'INSPECTEUR ÉPINGLE

4051, rue Saint-Hubert | 514-598-7764

Lun-dim : 12h-3h

Tout à la fois bar, taverne et lieu de spectacle, c'est une place pas comme les autres que cet Inspecteur Épingle, ainsi nommé en hommage à un personnage de roman, et qui semble tout droit sorti du patrimoine montréalais. Loin des bars branchés, on retrouve ici une ambiance authentique, et on se sent bien. La carte des des bières vaut le détour, et saura vous inspirer. De nombreux spectacles y ont lieu, qui sont l'occasion pour des artistes locaux de se produire dans un cadre qui a gardé son caractère. Une référence depuis longtemps, et c'est tant mieux!

LE PETIT MEDLEY

6206, Saint-Hubert
514-271-7887 | www.lepetitmedley.ca

Angle Bellechasse. Ouvert tous les jours de 15h à 3h.

Petit frère du défunt Medley, ce bar-lounge propose régulièrement des spectacles de grande qualité (programme sur le site Internet) : des spectacles de type cabaret, des ligues d'impro, des soirées culturelles, des groupes musicaux… Les mardis Swing et les samedis Beat 80/90, c'est eux ! Pour déguster un martini ou une bière de microbrasserie, il suffit d'aller au lounge. Et puis, si vous avez un petit creux, la carte propose un menu sur le pouce à petits prix.

O PATRO VÝŠ

356, Mont-Royal Est
514-845-3855 | www.opatrovys.com
Mº Mont-Royal. Consulter le site Internet pour connaître l'horaire des événements.

Ne pas rater cette annexe culturelle du Bílý Kůň, le O Patro Výš, qui se trouve à l'étage supérieur. On y assiste à des expositions et vernissages, des performances diverses (danse, théâtre, etc.), des concerts, des projections de courts et longs métrages…

P'TIT BAR

3451, Saint-Denis | 514-281-9124
www.ptitbar.com
Mº Sherbrooke. Ouvert tous les jours.

Cet endroit ne connaît pas vraiment l'angoisse de la salle vide, et on comprend pourquoi. Une vingtaine de places assises seulement, un espace minuscule en guise de scène, on se sent un peu comme dans son salon un soir de party. Il faut avouer que l'exiguïté du lieu permet de mieux apprécier les spectacles intimistes : pas de brouhaha du public, les chahuteurs seraient vite repérés. Ce sont les chansonniers francophones qui ont fait la légende de cet endroit indémodable. Des artistes nourris aux Brassens, Brel, Leclerc, Barbara et autres grands se produisent ici, pour la première fois ou pour le plaisir.

QUAI DES BRUMES

4481, Saint-Denis
514-499-0467 | www.quaidesbrumes.ca
Mº Mont-Royal. Ouvert tous les jours de 15h à 3h. Spectacles à 21h30.

Le Quai des Brumes est devenu, par son ambiance agréable, son cachet et sa situation géographique enviable, l'un des bars à spectacles incontournables du Montréal francophone. Il a d'ailleurs fêté son 25e anniversaire en 2010. Ouvert sur le trottoir de Saint-Denis, impossible de rater la faune urbaine qui s'y assoit sans relâche. On est certain de ne jamais être seul. Certain aussi d'assister à d'excellentes performances visuelles, théâtrales, littéraires, poétiques ou musicales.

RIVE-NORD

CAFÉ D'EN FACE

292, du Palais, Saint-Jérôme
450-432-2727
www.cafedenface.com
Ouvert tous les jours. Entrée payante certains soirs.

Ce bar-restaurant situé en face du Cégep de Saint-Jérôme ne dessert pas seulement la population étudiante. Le changement de propriétaires il y a quelques années a redonné un coup de jeune à l'endroit. Des spectacles de musique live alternent avec des shows d'humour. L'ambiance est conviviale et les employés sont chaleureux. Même les patrons servent aux tables, parlent aux clients. Restez-y pour vous dégourdir les jambes sur la piste de danse ou simplement pour vous imprégner de l'atmosphère.

…URELLE

CONCERTS

CENTRE BELL

1260, de la Gauchetière Ouest
514-790-2525 / 1 877-668-8269
www.centrebell.ca
M° Bonaventure ou Lucien-L'Allier. Achat de billets sur place ou par téléphone.

C'est le plus vaste complexe de la grande région montréalaise avec une capacité totale de 21 273 sièges. Lieu de rassemblements de masse lors des matchs de hockey, mais aussi des spectacles à grand déploiement comme ceux de Céline Dion, des tournées des stars du rock, des divers cirques ou ballets sur glace. Pour les aventuriers, il est toujours possible de se procurer des billets de dernière minute à la porte auprès de revendeurs à la sauvette.

CLUB SODA

1225, Saint-Laurent
514-286-1010 | www.clubsoda.ca
Mo Saint-Laurent. Billetterie ouverte : lun-ven, 10h-18h ; sam, 12h-17h.

Cette scène est incontournable dans la vie culturelle montréalaise. Des systèmes de son et d'éclairage sophistiqués lui permettent de s'adapter à l'ambiance du spectacle. Spectacles musicaux et événements spéciaux se partagent la vedette sur cette scène.

MÉTROPOLIS

59, Sainte-Catherine Est
514-844-3500 | www.metropolismontreal.ca
Mo Saint-Laurent. Billetterie ouverte : lun-mer, 12h-18h ; jeu-ven, 12h-21h ; sam, 12h-17h. Billetterie ouverte jusqu'à 21h les soirs de spectacles. Membre du Réseau Admission.

Situé en plein cœur de la ville, le Métropolis est une salle immense qui peut accueillir 2 300 personnes. Les travaux de rénovations en 2002 et 2003 ont inclus entre autres la reconstruction du balcon en gradins afin d'avoir une meilleure vue sur la scène, l'achat d'un nouveau système de son, la construction de nouveaux bars et points de services et la rénovation des loges. Les grands noms de la chanson tels que David Bowie, The Wailers, Les Rita Mitsouko, INXS, ou encore Björk s'y sont produits.

MONUMENT-NATIONAL

1182, Saint-Laurent
514-871-2224 / 1 866-844-2172
www.monument-national.qc.ca
Mo Saint-Laurent. Billetterie ouverte : lun-mer, 12h-18h ; jeu-sam, 10h-18h ; dim et jours fériés, 2h avant le spectacle s'il y a représentation.

Le Monument-National compte trois salles de spectacles et de multiples espaces pour divers événements. Pièces de théâtre, spectacles musicaux et d'humour, soirées de conte, etc.

PLACE DES ARTS

260, de Maisonneuve Ouest
514-842-2112 / 1-866-842-2112
www.pda.qc.ca
Mo Place-des-Arts. Billetterie sur place : lun-sam, 12h-20h30 ou une demi-heure après la levée du rideau. Dim et jours fériés, selon l'horaire des spectacles en salle. Billetterie par téléphone : lun-sam, 9h-20h.

Le plus grand complexe culturel de la métropole. Cinq salles sont réunies à la Place des Arts : le Théâtre Maisonneuve (grand théâtre), le Studio-théâtre (petit théâtre), la Salle Wilfrid-Pelletier (salle immense qui reçoit les orchestres symphoniques et les opéras), le Théâtre Jean-Duceppe (grand théâtre) et la Cinquième Salle (plus petite salle avec les spectacles de la relève). Musiciens,

ORCHESTRES SYMPHONIQUES

La musique symphonique a sa place et surtout, ses grands amateurs, dans la région de Montréal. Petits et grands sauront apprécier la variété et la qualité des concerts. Surveillez les répétitions grand public, les concerts en plein air, les matinées jeunesse, etc.

I Musici Montréal (orchestre de chambre)

279, Sherbrooke Ouest, bureau 404 | 514-982-6038 | www.imusici.com

Billetterie ouverte : lun-ven, 9h-17h. Achat possible sur Réseau Admission.

Orchestre Métropolitain

486, Sainte Catherine Ouest, bureau 401 | 514-842-2112 / 1-866-842-2112
www.orchestremetropolitain.com

Voir horaire de la billetterie de la Place des Arts.

Orchestre Symphonique de Laval

3542, de la Concorde Est, Laval
450-667-2040 (billetterie de la Salle André-Mathieu) | www.osl.qc.ca

Billetterie ouverte : lun-sam, 12h-20h.

Orchestre Symphonique de Montréal

260, de Maisonneuve Ouest, 2e étage | 514-842-9951 / 1 888-842-9951 | www.osm.ca

Billetterie sur place : lun-ven, 9h-17h. Billetterie par téléphone : lun-ven, 9h-19h ; sam, 10h-16h.

chanteurs, comédiens ou humoristes se retrouvent dans un formidable complexe culturel où les salles sont toutes reliées entre elles par un réseau souterrain. Travaux en cours pour y aménager la salle de concert Adresse Symphonique et le Grand Foyer Culturel.

THÉÂTRE CORONA

2490, Notre-Dame Ouest
514-931-2088 | www.theatrecorona.com

Mº Lionel-Groulx. Billetterie ouverte : lun-sam, 12h-18h et jusqu'au début des spectacles (sauf événements privés).

Ce théâtre mythique du quartier du Sud-Ouest de la ville, inauguré en 1912, accueille des musiciens-compositeurs-interprètes, des groupes musicaux en tous genres, des spectacles multidisciplinaires et des artistes d'ici et de l'étranger en résidence. Des événements spéciaux et privés y sont également organisés.

THÉÂTRE ST-DENIS

1594, Saint-Denis
514-849-4211 | www.theatrestdenis.com

Mº Berri-UQÀM. Billetterie ouverte : lun-sam, 12h-18h. Pour les jours de spectacle, la billetterie est ouverte à partir de 12h jusqu'à 30 minutes après le début du spectacle.

Avec ses deux salles, le Saint-Denis est un des théâtres les plus beaux et les plus populaires de la ville, qui accueille bon nombre d'humoristes, d'artistes de la musique d'ici et d'ailleurs et de comédies musicales.

THÉÂTRES

CENTAUR THEATRE

453, Saint-François-Xavier
514-288-3161 | www.centaurtheatre.com

Mº Place-d'Armes. Billetterie ouverte tous les jours de 12h à 17h.

Situé dans le magnifique bâtiment de la Vieille Bourse, le Centaur présente des pièces de théâtre en langue anglaise depuis 1969. En plus de la programmation annuelle, il y a aussi le Wildside Festival, les séries pour enfants… Du classique au contemporain, avec une grande place pour les pièces d'ici et notre relève, le Centaur divertit par ses pièces innovatrices et actuelles.

ESPACE LIBRE

1945, Fullum

514-521-4191 | www.espacelibre.qc.ca

Mº Frontenac. Billetterie ouverte : mar-ven, 12h30-19h30 ; sam, 13h-19h30. Salle de spectacle de 200 places et 2 salles de 50 places.

D'abord caserne de pompier, puis fief de la troupe de danse Carbone 14, l'Espace Libre est maintenant occupé par la compagnie Omnibus et le Nouveau Théâtre Expérimental. L'originalité du lieu est de remodeler l'espace pour chaque nouvelle production. Une salle pour les shows d'envergure et deux petites salles, utilisées pour les soirées plus intimistes de lecture publique, poésie, petites productions théâtrales ou ateliers.

GESÙ CENTRE DE CRÉATIVITÉ

1200, de Bleury | 514-861-4378 | www.gesu.net

Mº Place-des-Arts. Billetterie ouverte : mar-sam, 12h-18h (jusqu'à 20h les soirs de spectacle) ou sur Réseau Admission.

Le centre possède une salle de spectacle de 425 sièges, un hall d'exposition, des ateliers ainsi que des salles de conférence. Lieu de création et de diffusion, le Gésù offre une programmation dynamique et riche, des expositions d'art visuel et de nombreux concerts, spectacles de danse, d'humour et de pièces de théâtre.

THÉÂTRE D'AUJOURD'HUI

3900, Saint-Denis

514-282-3900 | www.theatredaujourdhui.qc.ca

Entre Roy et Duluth. Billetterie ouverte : lun-jeu, 13h-17h ; ven, 13h-16h.

La vie sur scène, dans toute sa nudité, définie mais surtout redéfinie, à travers le regard d'auteurs d'aujourd'hui, voilà ce qu'entend présenter le théâtre dirigé pendant de longues années par René Richard Cyr, remplacé en 2004 par Marie-Thérèse Fortin. Depuis 1968, les textes qui brûlent la scène de cet ancien cinéma du carré Saint-Louis sont tirés exclusivement de la dramaturgie québécoise et canadienne d'expression française, que ce soit des créations ou des reprises du répertoire. Des travaux ont eu lieu en 2010 afin, notamment, d'ajouter une salle de répétition, de changer les sièges et le plancher de scène de la salle principale.

THÉÂTRE DENISE-PELLETIER

4353, Sainte-Catherine Est

514-253-8974 | www.denise-pelletier.qc.ca

Angle Morgan. Billetterie ouverte : lun-sam, 12h-17h ou sur Réseau Admission.

Le spectacle est déjà dans la salle avant la représentation. Les motifs des éléments décoratifs qui ornent la salle rappellent les grands textes mythiques présentés par ce théâtre et sont autant de références au répertoire classique. Sous les projecteurs, les acteurs jouent aussi bien Dumas que Goldoni ou Molière. Le théâtre héberge également la salle Fred-Barry, dédiée quant à elle aux pièces plus contemporaines, parmi lesquelles Satie, Ionesco, Garcia Lorca, et celles de la relève.

THÉÂTRE ESPACE GO

4890, Saint-Laurent

514-845-4890 | www.espacego.com

Angle Saint-Joseph. Billetterie ouverte : mar-sam, 12h-18h, et jusqu'à 20h les soirs de représentations.

Ce théâtre a choisi de rencontrer le public, voire de nouer des liens avec les spectateurs. Il possède une scène amovible qui se transforme d'une pièce à une autre. Le genre de détail qui rappelle l'approche pamphlétaire du Théâtre Expérimental des Femmes, précurseur du genre en 1976. Aujourd'hui, la compagnie poursuit la recherche de nouvelles formes esthétiques. Elle donne la parole aux auteurs contemporains d'ici et d'ailleurs. Quelques classiques restent aussi à l'affiche.

THÉÂTRE DE L'ESQUISSE

1650, Marie-Anne Est

514-527-5797 | www.theatredelesquisse.qc.ca

Angle Marquette.

Depuis près de vingt ans, le Théâtre de l'Esquisse offre des spectacles pour petits et grands : contes du monde, pièce de théâtre de la relève, chansons et musique. Ce lieu intimiste peut accueillir entre 80 et 100 spectateurs.

RÉSERVATION CONCERTS ET SPECTACLES

RÉSEAU ADMISSION

514-790-1245 / 1 800-361-4595 | www.admission.com

Ouvert tous les jours de 8h à 22h.

Incontournable, la façon la plus simple de réserver sa place pour plusieurs spectacles et événements en tous genres au Québec.

TICKETPRO

514-790-1111 / 1 866-908-9090 | www.ticketpro.ca

Ouvert tous les jours de 9h à 22h.

De nombreuses salles Montréalaises se sont associées à ce système de réservation de spectacles : Club Soda, Le Lion d'Or, Métropolis, Théâtre Outremont et encore beaucoup d'autres. Les abonnés à l'infolettre pourront profiter de certains avantages comme des primeurs et des préventes exclusives.

VITRINE CULTURELLE

145, Sainte-Catherine Ouest | 514-285-4545 / 1 866-924-5538 | www.lavitrine.com

Plus qu'une simple billetterie, elle présente la diversité de l'offre culturelle de la région. Profitez des tarifs avantageux sur les offres de dernière minute.

THÉATRE JEAN DUCEPPE

175, Sainte Catherine Ouest
514-842-2112 / 1 866-842-2112
www.duceppe.com

M° Place-des-Arts. Billetterie ouverte : lun-sam, 12h-20h30. Tarif « deux pour un » offert les jeudis, à compter de 19h, pour la représentation du soir même, au guichet du théâtre (argent comptant).

« Le théâtre est un miroir qui favorise le sentiment d'appartenance » selon le maître d'œuvre Michel Dumont. Les productions de cette compagnie présentent la vie sous toutes ses coutures, amusante et triste à la fois. La tradition veut que les fidèles aient leur siège tout confort, réservé de saison en saison.

THÉÂTRE DU NOUVEAU MONDE

84, Sainte-Catherine Ouest
514-866-8668 | www.tnm.qc.ca

M° Place-des-Arts. Billetterie ouverte : lun, 10h-18h ; mar-sam, 12h-20h. En période de relâche : lun-sam, 12h-18h.

Les classiques deviennent de superbes productions dans cette salle de 846 places. Le plancher de la scène peut se démonter et s'ouvrir dans tous les sens, permettant ainsi les mises en scène les plus ambitieuses. Par leur envergure, les classiques comme « Tristan & Yseult », « Un tramway nommé Désir », « Homère » prennent des allures de blockbuster. Les abonnés de la saison bénéficient même de l'occasion de rencontrer les metteurs en scène et l'équipe de production après le spectacle.

THÉÂTRE OUTREMONT

1248, Bernard Ouest | 514-495-9944
www.theatreoutremont.ca

M° Outremont. Billetterie ouverte : lun, 16h-20h ; mar-ven, 12h-18h ; sam, 12h-17h. Ouvert le dimanche s'il y a un spectacle et jusqu'au début de la représentation les soirs de spectacles. Achat possible avec le Réseau Admission.

Rampe de lancement de nombreux chanteurs et haut lieu du cinéma de répertoire dans les années 1970 et 1980, le Théâtre Outremont a accueilli en ses murs des artistes de renom comme Félix Leclerc, Paul Piché, Beau Dommage et Diane Dufresne. Fermé à la fin des années 1980 et rouvert en 2001, il est dédié à la chanson, à la musique, à l'humour, au théâtre et aux représentations cinématographiques.

THÉÂTRE PROSPERO

1371, Ontario Est | 514-526-6582
www.laveillee.qc.ca
M° Beaudry. Billetterie ouverte : mar-sam, 12h-19h30 lors des représentations, 12h-17h lors des relâches.
Le spectateur, en toute intimité, participe au travail de l'acteur sur la scène. La directrice artistique utilise un « matériel » théâtral tiré de sources littéraires inhabituelles. Elle accueille également des compagnies à la recherche d'un lieu de production. Avis aux intéressés, l'équipe de La Veillée propose des ateliers de formation pour acteurs.

THÉÂTRE DE QUAT'SOUS

100, des Pins Est | 514-845-7277
www.quatsous.com
M° Sherbrooke. Billetterie ouverte : lun-ven, 12h-17h ou sur Réseau Admission. Le Quat'Sous s'est refait une beauté en 2008 avec une nouvelle salle de spectacle, une salle de répétition et un café.
Lentement, la petite salle se remplit, donnant au lieu une chaleur confortable, propice à la réflexion et aux cerveaux en ébullition. Sur scène, les acteurs prennent possession de textes originaux d'auteurs d'ici et d'ailleurs. Les spectateurs sont invités à discuter à chaud de leurs impressions avec les auteurs. Activités parallèles à la programmation régulière : l'heure du conte, les lundis découvertes, les noctambules, etc.

THÉÂTRE DU RIDEAU VERT

4664, Saint-Denis
514-844-1793 | www.rideauvert.qc.ca
M° Laurier. Billetterie ouverte : lun-ven, 10h-19h ; sam, 10h-17h (jusqu'à 19h30 les soirs de représentations).
Confortablement assis dans son quartier depuis plus de 50 ans, ce théâtre a vécu de grands moments qui l'ont fait connaître jusqu'à l'étranger. Antonine Maillet, Michel Tremblay, Gratien Gélinas, Marie-Claire Blais et plusieurs autres grands noms ont fait leurs classes sur les planches de cette scène. Encore aujourd'hui, ce théâtre attire un grand auditoire avec son répertoire classique et sa filière contemporaine.

THÉÂTRE DE VERDURE

Parc Lafontaine | 514-872-4041
www.ville.montreal.qc.ca/theatredeverdure
En plein cœur du Parc Lafontaine, le grand amphithéâtre de 2 500 places présente des spectacles de qualité tout l'été. Gérées par le service culturel de la ville de Montréal, toutes les activités du Théâtre de Verdure sont gratuites. Un programme à saveurs multiples où tout le monde trouvera son bonheur : des spectacles de danse (Grands ballets canadiens), de la musique classique (Orchestre de Montréal, Orchestre de chambre I Musici), du cinéma et des événements multiculturels (Vues d'Afrique, longs-métrages canadiens...). Certains spectacles sont si populaires qu'il faudra s'attendre à faire la queue. Prévoir chaise pliante et citronnelle en juillet.

USINE C

1345, Lalonde
514-521-4493
www.usine-c.com
Angle Panet. Billetterie ouverte : mar-sam, 12h-18h. Lors des représentations, achat en personne de 18h à 20h pour le soir même.
La cheminée de cette ancienne usine de confitures Raymond témoigne de l'histoire de ce quartier industriel. Dans cet univers de béton, des danseurs déambulent sur une scène où les gradins sont configurables. Tantôt les sièges se font face, tantôt ils prennent un air à l'italienne. Ce lieu de création et de diffusion pluridisciplinaire a établi sa renommée grâce à la compagnie de création Carbone 14. Théâtre, opéra, performance artistique,

danse et spectacles de compagnies étrangères viennent animer la salle. Le Café de l'Usine, au décor très minimaliste mais accueillant, vous permettra de vous rafraîchir ou vous restaurer avant ou après la représentation (ouvert mardi à vendredi de 11h30 à 14h30 et tous les soirs de représentation à partir de 17h30).

RIVE-NORD

LA MAISON DES ARTS

1395, de la Concorde Ouest, Laval
Billetterie générale : 450-667-2040
www.salleandremathieu.com
Mº Montmorency. Billetterie ouverte : lun-sam, 12h-20h (475, de l'Avenir).
Majestueuse bâtisse aux lignes droites et à l'architecture moderne, La Maison des Arts est un musée doublé d'une salle de spectacle. Cette institution culturelle de renom est entièrement dédiée à la promotion de l'art sous toutes ses formes et offre plusieurs activités pour tous les groupes d'âge. On y présente des expositions d'arts visuels avec visite commentée. Des artistes, professionnels et amateurs, y brûlent les planches avec des spectacles d'humour, de musique et de théâtre pour tous les âges.
▶ Autre salle : salle André-Mathieu, 475 de l'Avenir, Laval.

IMPROVISATION

LIGUE NATIONALE D'IMPROVISATION

514-286-1010 (billetterie du Club Soda)
www.lni.ca
Représentations au Club Soda (1225, Saint-Laurent). Billets aussi disponibles avec Ticketpro.
Depuis maintenant 30 ans, la Ligue Nationale d'Improvisation est bien établie dans le monde du théâtre québécois. Le jeu se déroule sur une patinoire de hockey miniature (et sans glace), et l'arbitre donne les thèmes et règlements. L'idée est venue de Robert Gravel et d'Yvon Leduc de faire de l'impro en reproduisant la forme et la structure d'un match de hockey. Le succès n'est pas démenti depuis tout ce temps et bon nombre de comédiens ont fait leur premiers pas avec la LNI.

LE VIVIER

Née en 2007, cette corporation regroupe 22 ensembles et organismes musicaux et a pour mission de « favoriser le développement de musiques nouvelles et d'offrir à tous une porte ouverte sur la culture ». La première saison a eu lieu en 2009-10 sous le thème « Les Défricheurs » avec une quinzaine de concerts de musiques contemporaine, actuelle et électroacoustique. En plus de sa programmation musicale, Le Vivier propose également des activités de sensibilisation, des programmes d'accessibilité, et des projets de développement et de rayonnement. Les concerts ont pour l'instant lieu à différents endroits à Montréal mais en 2013, Le Vivier aura son « camp de base » permanent à la Bibliothèque Saint-Sulpice, en plein cœur du Quartier latin. Pour toute information sur les concerts et les billets : www.levivier.ca

DANSE

AGORA DE LA DANSE

840, Cherrier
514-525-1500
www.agoradanse.com
Mº Sherbrooke. Billetterie ouverte : mar-sam, 12h-18h (fermée de fin juin à fin août).
Haut lieu pour les créateurs et amateurs de danse contemporaine, l'Agora de la Danse est le seul endroit au Canada entièrement dévoué à ce type de danse. Le Studio du l'Agora peut accueillir jusqu'à 241 sièges dans cette salle à géométrie variable. Plus d'une centaine de spectacles sont présentés chaque année. Le Fonds de création de l'Agora permet d'investir l'argent recueilli à la création d'œuvres chorégraphiques par les artisans et artistes de la danse d'ici.

CIRCUIT-EST

2022, Sherbrooke Est
(studios Jeanne-Renaud et Peter-Boneham)
1881, Saint-André, #100 (studios A et B)
514-525-1569 | www.circuit-est.qc.ca

Ce centre chorégraphique est un lieu de perfectionnement, de recherche, de création, de partage, de rassemblement et d'ouverture. En plus de sa saison régulière de représentations, Circuit-Est œuvre à plusieurs niveaux : le perfectionnement et ressourcement (classes de maître, ateliers spéciaux, ateliers chorégraphiques, etc.), le soutien à la création (espaces de création pour les danseurs et chorégraphes, résidences, commandites de services), et événements publics (classes de danse contemporaine, journées de la culture, classes de gyrokinesis, etc.).

LES GRANDS BALLETS CANADIENS

4816, Rivard
514-849-8681 | www.grandsballets.qc.ca

Les spectacles ont lieu à la Place des Arts (salle Wilfrid-Pelletier ou Théâtre Maisonneuve), 514-842-2112 ou 1 866-842-2112.

L'arrivée du directeur artistique Gradimir Pankov a orienté davantage la compagnie vers la création et l'innovation. On peut assister à des représentations de grands classiques tels que « Casse-noisettes » ou « Giselle ».

CIRQUE

CIRQUE DU SOLEIL

1 800-450-1480 | www.cirquedusoleil.com

Dès le 16 juin 2011, sous le Grand Chapiteau aux Quais du Vieux-Port (Totem) ; dès le 2 octobre 2011 au Centre Bell (Michael Jackson – The Immortal Tour). Le spectacle Dralion devrait également être présenté à Montréal en 2011. Achat des billets sur leur site Internet ou via le Réseau Admission.

On ne présente plus le Cirque du Soleil, figure mythique des arts de la scène québécois. À l'origine, une petite troupe d'amuseurs publics dans les rues de Baie-Saint-Paul, menée par Guy Laliberté, et près de 30 ans plus tard, une machine à rêves. Le siège social est toujours basé au Québec, où la compagnie ne manque pas de se produire plusieurs fois par an. À l'année, elle parcourt également le monde entier avec divers spectacles aussi féeriques que novateurs. Modernisateur de l'univers « circassien », le Cirque du Soleil réinvente cet univers au moyen de décors majestueux, de costumes somptueux et de numéros magiques. Des spectacles à ne rater sous aucun prétexte !

TOHU, LA CITÉ DES ARTS DU CIRQUE

2345, Jarry Est
514-376-8648 / 1 888-376-8648 | www.tohu.ca

Angle d'Iberville. Billetterie ouverte tous les jours de 9h à 17h et jusqu'à 30 minutes après le début des représentations. Billets disponibles sur Réseau Admission.

La TOHU, regroupement national des arts du cirque, a été fondée par les trois principaux acteurs de ce milieu : Le Cirque du Soleil, l'École nationale de cirque et En Piste. Souhaitant réhabiliter le Quartier St-Michel, la TOHU propose dans son pavillon, au centre de la cité, des spectacles mêlant toutes les disciplines du cirque : équilibrisme, contorsionnisme, jonglage, trapèze ainsi que des expositions, des conférences, et même des événements indépendants comme la Fête Éco-Bio paysanne. Riche programme alternant

spectacles de troupes venues de tous les horizons et démonstrations des élèves de l'école du cirque.

CINÉMAS

Afin d'obtenir tous les horaires ainsi que les programmations de chaque cinéma de la ville, visitez le site :
www.cinemamontreal.com

AMC FORUM 22

2313, Sainte-Catherine Ouest | 514-904-1250

M° Atwater. Adulte : 13,50 $, aîné : 11 $, enfant : 8 $, matinée : 10 $, ven-dim avant midi : 6 $. Films en 3D ou ETX : ajoutez 4 $.

Le complexe de divertissement AMC Forum offre une vingtaine de salles de cinéma, des restaurants et bien d'autres attractions. D'ailleurs, en plus d'être un cinéma en tant que tel, on pourrait définir l'endroit comme un petit parc d'attraction urbain au cœur de la ville. Une majorité de films en anglais, présentés avec les dernières technologies disponibles.

CINÉMA BANQUE SCOTIA MONTRÉAL

977, Sainte-Catherine Ouest

514-842-0549 | www.cineplex.com

M° Peel. Adulte : 12,50 $, enfant et aînés : 9,99 $, supplément pour les films IMAX et en 3D.

Ce cinéma correspond plus que jamais à la nouvelle version des salles de cinéma revues et corrigées. Une dizaine de salles de projection dont des films en 3D, des restaurants et des jeux vidéo réunis dans cet immense complexe.

CINÉMA BEAUBIEN

2396, Beaubien Est

514-721-6060 | www.cinemabeaubien.com

Angle Louis-Hébert. Adulte : 11,50 $ (en semaine avant 18h : 10 $, tous les jours avant midi : 8,50 $), 13 ans et moins : 8 $, 14-17 ans et aîné : 9,50 $. Carte cinéma : 6 films pour 48 $. Programmation spéciale : ciné-conférences des Aventuriers Voyageurs, Festival international du film pour enfants, etc.

Flash back dans les années 1960, les néons clignotants de la façade de ce cinéma de quartier, et la guérite à l'entrée auprès de laquelle on achète ses billets, nous transportent instantanément dans « Happy Days ». Gagnant du prix Jutra 2004 du meilleur exploitant de salle au Québec pour son soutien au cinéma québécois, le cinéma Beaubien met à l'affiche des films d'auteur. Pleins feux sur les réflexions intimes de réalisateurs de tous horizons. À noter : seul cinéma à accueillir à toutes les séances les familles avec bébés (gratuit pour les 3 ans et moins).

CINÉMA DU PARC

3575, du Parc

514-281-1900 | www.cinemaduparc.com

Angle Prince-Arthur. Adulte : 11 $ (mardi 8 $), 13-25 ans et aîné : 8 $, enfant : 8 $. Stationnement (entrée Jeanne-Mance) 2 $ pour 3 heures sur présentation du coupon.

Le Cinéma du Parc est un lieu de diffusion de films étrangers sous-titrés, indépendants, de répertoire, et de rétrospectives. Il participe activement aux nombreux festivals de cinéma et de documentaires. Avec des billets à des prix très abordables, un stationnement à prix dérisoire pour les spectateurs, des coupures de presse sur tous les films projetés, la nouvelle direction donne toute satisfaction.

CINÉMA DU QUARTIER LATIN

350, Emery

514-849-2244 | www.cineplex.com

M° Berri-UQÀM. Ouvert tous les jours. Consultez le site Internet pour l'horaire des films. Restauration sur place.

Dix-sept salles de projection de films européens, québécois et américains (version originale en français ou en v.f. - certains films étrangers sont sous-titrés). Les salles sont de grandeur moyenne avec écrans incurvés, haut-parleurs de basses fréquences et sièges confortables.

CINÉMA ONF – CINÉROBOTHÈQUE

1564, Saint-Denis

514-496-6887 | www.onf.ca/cinerobotheque/

M° Berri-UQÀM. Mar-dim, 12h-21h. Tarifs : variables selon les projections (certaines sont gratuites). Visionnage sur place gratuit (séances de 2h, selon disponibilité). Ateliers de groupe, activités familiales et grand public, location et achat de films aussi disponibles.

L'Office National du Film du Canada est un organisme public qui produit et distribue des films canadiens. On peut également y assister à des projections de courts-métrages, des films étrangers, des ciné-débats… On y trouve une salle de visionnement ultramoderne équipée d'un robot gérant les vidéocassettes que l'on peut visionner individuellement. Le catalogue propose plus de 10 000 documents. Confortablement installé, le spectateur visionne le film à son rythme. Les groupes peuvent bénéficier de séances de visionnement privées. L'ONF organise également des ateliers sur le cinéma d'animation, la production vidéo, l'animation en pâte à modeler…

CINÉMA PARALLÈLE DE L'EX-CENTRIS

3536, Saint-Laurent

514-847-2206 | www.cinemaparallele.ca

Angle Milton. Ouvert tous les jours, consultez le site Internet pour l'horaire des films. Adulte : 11 $, étudiant et aîné : 8,50 $, 12 ans et moins : 6 $. Lundi spécial : 9 $. Semaine avant 18h : 9 $. Ciné carte (6 séances) : 44 $.

Le Cinéma Parallèle mène le bal du cinéma de répertoire à Montréal sur un ton très sérieux. Sa programmation se tient même à l'écart des grands festivals cinématographiques. Un café chic, le Café Méliès, a pris la place du marchand de friandises. Certaines idées très originales, comme celle de poser des hublots où est projetée l'image de la guichetière, contribuent à accentuer le style « Métropolis ».

CINÉMATHÈQUE QUÉBÉCOISE

335, de Maisonneuve Est

514-842-9763 | www.cinematheque.qc.ca

Mº Berri-UQÀM. Billetterie : mar-ven, dès 12h ; sam-dim, dès 16h. Expositions (gratuit) : mar, 12h-18h ; mer-ven, 12h-20h ; sam-dim, 16h-20h. Médiathèque : mer-ven, 13h-20h. Adulte : 7 $, étudiant et aîné : 6 $, 6-15 ans : 4 $, gratuit pour les 5 ans et moins.

Il est recommandé de consulter le site Internet pour les séances et films proposés. La Cinémathèque québécoise abrite en son sein 35 000 titres d'archives cinématographiques et télévisuelles ainsi que des nouveautés expérimentales dans le domaine du multimédia. Elle projette chaque année plus de 1 500 films, émissions de télévision ou vidéos. Beaucoup d'hommages, de rétrospectives, de festivals divers (Rendez-vous du cinéma québécois, Festival du film sur l'Art, etc.) et d'expositions sont organisés dans ce lieu dédié au patrimoine cinématographique et télévisuel.

DOLLAR CINÉMA

6900, Décarie

514-739-0536

www.dollarcinema.ca

Mº Namur. Consultez le site Internet pour l'horaire des films (représentations tardives les ven et sam).

Le Dollar Cinéma est la parfaite alternative lorsqu'il nous reste peu de sous dans le portefeuille. Une représentation coûte seulement 2 $! Boissons, bonbons, chocolats et popcorn sont au modique prix de 1 $. Ça sent définitivement la bonne affaire… Environ six films par semaine, pas nécessairement récents et tous en anglais ou sous-titrés en anglais, qui changent selon leur popularité. Prévoyez de l'argent liquide car aucune carte n'est acceptée.

RIVE-NORD

CINÉMA GUZZO

1055, des Laurentides, Laval

450-967-4455 | www.cinemasguzzo.com

Consultez le site Internet pour l'horaire des films. Adulte : 10 $ (11 $ pour les présentations numériques), enfant et aîné : 7,50 $. Mardi : 5 $. Matinées avant 18h : 7,50 $. Films en 3D : ajoutez 3 $.

Ce mégaplex, un des plus grands cinémas de Laval, comprend 16 salles et se spécialise dans la projection de films de traduction française. Une arcade de jeux est accessible au deuxième étage pour vous aider à patienter pendant que vous attendez. Pour connaître les adresses des dix autres succursales dans la région de Montréal, visitez leur site Internet.

Activités

Ski de fond dans
le parc du Mont Royal
© NRL

CUISINER COMME UN CHEF

ACADÉMIE CULINAIRE

360, Champ-de-Mars
514-393-8111 / 1 877-393-8111
www.academieculinaire.com
M° Champ-de-Mars. Activités corporatives disponibles.

Une adresse bien connue de tous les curieux désireux de parfaire leurs connaissances culinaires. Le programme de l'Académie comprend une multitude de cours : techniques de base, cuisine végétarienne, cuisines du monde, poissons et fruits de mer, sauces, boulangerie, desserts, etc. Les différentes saisons apportent également leur lot de cours thématiques. Pour les amoureux des produits de la vigne, des cours spécialisés plongent l'amateur dans la découverte, la dégustation et l'harmonie des mets et vins. Pour les plus jeunes, des camps de cuisine sont offerts ainsi que des cours parent/enfant. Les cours sont également proposés dans le magasin La Baie à Laval.

ATELIERS & SAVEURS

444, Saint-François-Xavier
514-849-2866 | www.ateliersetsaveurs.com
M° Place-d'Armes.

Cette école « nouveau genre » œuvre autour de trois thèmes rassemblant les plaisirs de la table, du bon vin et des cocktails. Pour les groupes privés et les entreprises, plusieurs activités participatives sont offertes : Food & Coach (cours de cuisine collectif suivi d'une dégustation, démonstration de cuisine et menu gastronomique, combat des chefs, etc.), Bar & Coach (création et décoration de cocktails, dégustation de whiskey/cognac/champagne, atelier cocktails et tapas), et Wine & Coach (découverte des vins du monde, accords mets et vins, dégustations thématiques). Ces ateliers peuvent également se tenir à votre bureau, sur un site extérieur ou même à la maison. Pour les individuels, les thématiques restent les mêmes mais avec un large choix de cours et ateliers possibles. Une belle expérience gourmande !

INSTITUT DE TOURISME ET D'HÔTELLERIE DU QUÉBEC

3535, Saint-Denis
514-282-5171 | www.ithq.qc.ca
M° Sherbrooke. Ateliers culinaires pour entreprises et groupes privés seulement.

Une façon créative et délicieuse de passer du bon temps entre collègues de travail ou entre amis ! Pendant près de deux heures, vous préparez votre repas. Ensuite, vous aurez le temps de le savourer en groupe. Plusieurs thématiques : le canard, la cuisine québécoise, la cuisine italienne ou provençale. Possibilité d'y ajouter une combinaison de vins.

LES TOUILLEURS

152, Laurier Ouest
514-278-0008 | www.lestouilleurs.com
Angle de L'Esplanade.

Les Touilleurs, c'est avant tout une boutique d'outils pour la cuisine mais depuis 2005, c'est également devenu un lieu convivial où l'art de cuisiner est enseigné par le biais d'ateliers, de démonstrations et de dégustations. Les chefs invités font tout le travail et les convives se chargent de suivre l'élaboration du repas pour ensuite prendre part à la dégustation tant attendue. Pour obtenir l'horaire des ateliers, vous pouvez passer à la boutique ou consulter le site Internet mais un conseil, réservez tôt car la liste d'attente peut être longue. Renseignez-vous également sur les voyages gourmands, organisés en partenariat avec l'agence de voyages Vision 2000.

MAGASIN MIYAMOTO

382, Victoria
514-481-1952 | www.sushilinks.com/miyamoto
Angle Sherbrooke.

Miyamoto est une boutique spécialisée dans la vente au détail et en gros de produits japonais. Spécialité oblige, ils donnent également des cours tous les dimanches, à l'exception des jours fériés, et il en coûte 99 $ (taxes incluses) pour un bloc de 4.5 heures. Pour parfaire ses techniques, le chef Mikio Owaki du restaurant Mikado, se chargera de vous faire découvrir la cuisine japonaise en trois mercredis consécutifs.

ATELIERS ARTISTIQUES

ATELIER DE PAPIER JAPONAIS

24, Fairmount Ouest
514-276-6863
www.aupapierjaponais.com
Angle Saint-Laurent.
Les Japonais ont développé l'art du papier fait à la main, dont le Washi. Au cours des ateliers, on utilise ce beau papier pour faire des aquarelles sur papier japonais, des photographies sur Washi, des boîtes, des livres, etc. Sur leur site Internet, vous pouvez avoir une description de chaque cours avec coût selon l'activité choisie : cerf-volant à armature de bambou, art du papier composite (Kake Jiku), introduction à la calligraphie japonaise... La boutique est une vraie petite caverne d'Ali Baba et on y fait des découvertes plutôt inattendues : œuvres d'art, kimonos, paravents, abat-jour... Sans oublier les quelques 500 sortes de papier japonais !

GAÏA ATELIER-BOUTIQUE DE CÉRAMIQUE

1590, Laurier Est
514-598-5444
www.gaiaceramique.com
Angle Marquette.
Gaïa, c'est le petit bijou d'artisans ayant à cœur la promotion, la diffusion et l'enseignement de l'art de la céramique. Pour ceux qui aimeraient s'initier à cet art et pour les plus avancés, des cours de tournage ainsi que des sessions intensives et personnalisées enseignent la maîtrise de différentes techniques afin de créer ses propres œuvres. Il en coûte 345 $ pour 30 heures de cours et des ateliers libres sont offerts le week-end pour les étudiants (5 $ par heure ou 30 $ pour 10h, à payer en sus des cours). Ces ateliers libres sont également ouverts au grand public (10 $ l'heure).

MOSAÏKASHOP

300, Villeray
514-582-7476
www.mosaikashop.com
Angle Henri-Julien.
Suzanne Spahi, fondatrice et propriétaire de Mosaïkashop, se fait un plaisir de vous faire découvrir cet art ancien qu'est la mosaïque. Des cours d'initiation, d'une durée de 5 semaines, jour ou soir, permettent l'apprentissage des concepts et des techniques de la mosaïque professionnelle, tant pour les novices que les plus avancés (265 $). Il est possible d'effectuer ce cours de 10 heures sous forme d'atelier intensif d'un week-end. Pour les 6 à 10 ans, des ateliers de 2 heures les plongeront dans un univers d'expression et de création (50 $). La boutique, située à la même adresse, nous subjugue tant par la couleur vive des ses tuiles provenant du monde entier que par les projets de création qui germent dans notre esprit... Vous avez complété votre cours et c'est le coup de foudre ? Leurs portes restent toujours ouvertes pour vous inspirer, vous conseiller, vous donner des idées, en bref, partager cet art !

VERRIERS SAINT-DENIS

4326, Saint-Denis
514-849-1552
www.glassland.com
Angle Marie-Anne.
Cette petite boutique établie sur le Plateau depuis plus de vingt-cinq ans en éblouit plus d'un avec les couleurs et les reflets de ses œuvres de verre. Boris Chasin, artisan verrier et propriétaire de la boutique, est fort réputé dans son domaine et vise à le faire découvrir depuis de nombreuses années. Dans cette lignée, les Verriers rendent

accessible au grand public l'art du verre par le biais de cours se déroulant à l'atelier de la boutique : « atelier de fusion pour débutants », « atelier d'initiation au vitrail », « atelier de joaillerie en verre fusionné », ou encore « atelier de billes ». Les frais de cours varient entre 90 $ et 350 $ et comprennent le matériel ainsi que le prêt d'outil pour réaliser les œuvres.

CENTRE D'ÉBÉNISTERIE EXCELLENCE

8100, Jean-Brillon, LaSalle
514-364-9663
www.ebenisterie-excellence.com
M° Angrignon, autobus 113 Ouest, angle Bernie.
L'amoureux du bois qui sommeille en vous pourra laisser libre court à sa passion. Vous ne vous tromperez pas d'adresse ici car ce centre d'ébénisterie porte très bien son nom. Les cours pour débutants et intermédiaires sont d'une durée de 36 heures chacun, répartis sur 6 semaines. Il en coûte 700 $ par cours incluant le matériel et le bois et, bien évidemment, vous rapporterez à la maison le meuble que vous aurez conçu en atelier. Des cours de tournage de bois et de finition traditionnelle sont également offerts pour quiconque désire se perfectionner en ébénisterie.

CENTRES D'ACTIVITÉS ET ORGANISMES DE LOISIRS

Il existe de nombreux centres d'activités et organismes de loisirs liés aux arrondissements. Une palette d'activités artistiques et de cours sont offerts à un prix plus qu'abordable. Les cours varient d'un centre à l'autre et il est donc conseillé de consulter le site Internet de la ville : www.ville.montreal.qc.ca (choisir l'arrondissement afin d'obtenir la liste des cours). Vous pouvez également appeler le 311 (à partir de Montréal seulement) ; ce numéro a été mis en place par la municipalité afin de permettre aux citoyens d'obtenir toutes les informations nécessaires sur leur arrondissement.

Photos

COLLÈGE MARSAN

2030, Pie-IX, suite 400
514-525-3030 / 1 800-338-8643
www.collegemarsan.qc.ca
M° Pie-IX.
Cette école privée a conçu deux programmes distincts, multimédia et photographie. Le Collège Marsan est l'école de photographie la plus réputée de la métropole. Que ce soit au niveau de la photo artistique ou commerciale, la photo numérique ou l'infographie, l'étudiant apprendra à valoriser toute image qui lui sera communiquée. Enfin, ceux qui préfèrent un enseignement à la carte opteront pour des cours spécialisés de courte durée, de jour ou en soirée. Formations privées également offertes.

L.L. LOZEAU

6229, Saint-Hubert
514-274-6577 / 1 800-363-3535
www.lozeau.com
M° Beaubien.
Depuis plus de 80 ans maintenant, L.L. Lozeau a pignon sur la rue Saint-Hubert. Cette entreprise familiale a su devenir la référence en matière de produits photographiques, de développement et de finition photo. Location d'appareils et service de réparation disponibles. Afin de s'initier ou d'approfondir ses connaissances, des professionnels de l'image partagent leurs expertises par le biais d'ateliers tant théoriques que pratiques sur les techniques de photographie, l'éclairage, le traitement d'images, etc. Consultez leur site web pour l'horaire des ateliers et les thèmes abordés, offerts en français et en anglais.

UNIVERSITÉS

Les quatre universités montréalaises organisent des cours de techniques de photographie, Les cours du soir sont la solution toute indiquée à un prix plus que raisonnable pour un trimestre entier. Renseignez-vous auprès du service de l'admission d'une des quatre universités de la métropole.

CLUBS DE PHOTOGRAPHIE

Il existe plusieurs clubs de photographie amateur dans la grande région de Montréal. Si vous fréquentez un établissement collégial ou universitaire, renseignez-vous auprès du service à la vie étudiante. Les écoles privées ainsi que les organismes municipaux et communautaires qui offrent des cours peuvent généralement vous communiquer de bonnes adresses, que ce soit pour la photographie amateur ou professionnelle. Sur le site de Photo Service, vous trouverez beaucoup d'informations, question de partager cette nouvelle passion : www.photoservice.ca. Visitez aussi le site de la Société de promotion de la photographie du Québec au :
www.sppq.com

COURS DE DANSE

CAT'S CORNER

3451, Saint-Laurent
514-874-9846
www.catscorner.ca
M° Saint-Laurent ou Sherbrooke. Cours de 6 semaines : 140 $ (100 $ pour les étudiants à temps plein) ; cours de Balboa 6 semaine : 80 $ pour tous.

Ce grand studio avec mur de briques, situé sur la « Main » en plein cœur du centre-ville, vous invite à venir « swinger » dans une atmosphère ouverte et détendue. Au menu : le « Lindy Hop », la danse swing originale. Le Charleston et le Balboa, qui sont toutes deux des danses swing, y sont également enseignés. La soirée « Downtown Stomp » du vendredi soir permet à tous d'essayer cette danse pour seulement 8 $ (frais d'entrée), cours d'introduction inclus. Une façon plus qu'amusante d'apprendre les pas tout en rencontrant des gens dans une ambiance festive. Cours privés et ateliers disponibles. Consultez leur site pour les dates des sessions et la description des différents cours.

ÉCOLE DE DANSE LOUISE LAPIERRE

1460, Mont-Royal Est
514-521-3456
www.danse-louiselapierre.qc.ca
Angle Garnier. Cours de 14 semaines : 218 $-308 $. Tarifs à la leçon également disponibles. Les contacter directement ou visitez leur site Internet pour connaître les tarifs pour enfants et adolescents.

Cela fait maintenant près de quarante ans que cette école fait bouger petits et grands. Les cours s'adressent autant aux débutants qu'aux niveaux intermédiaires et avancés et surtout, à tous les âges, avec des cours spécialisés pour les jeunes enfants (à partir de 2 ans), aux adolescents et aux adultes. Une grande variété de cours figurent au programme : ballet, jazz, claquette, funky/hip hop, contemporain, pilates, danse orientale. Pour choisir votre cour, profitez des

classes d'essai gratuit offertes lors du premier cours de la session régulière. Des camps de jour artistiques (été et relâche scolaire d'hiver) et des stages intensifs (été seulement) sont également proposés aux enfants et ados.

LES SORTILÈGES – REEL & MACADAM

www.lessortileges.com
www.reelmacadam.com

Depuis quelques années, Les Sortilèges Danses du monde sont associés la compagnie de danse et de musique traditionnelle Reel & Macadam. La formation, offerte aux 17-30 ans, comprend la gigue, la danse traditionnelle québécoise et la danse folklorique internationale. Des danseurs de tous niveaux, avec ou sans expérience, sont recrutés pour participer aux différentes productions. Des ateliers scolaires sont également disponibles. Pour plus d'information, contactez Reel & Macadam au 514-312-5115.

SALSA ETC.

936, Mont-Royal Est
514-844-1755 | www.salsaetc.com

Mº Mont-Royal. Cours de 8 semaines : 163 $. Autres tarifs disponibles selon le cours choisi. Cours privés offerts.

École de danse latine, fondée par Alberto Azpuru, spécialisée dans l'enseignement des danses latines pour tous les niveaux : salsa, merengue, bachata, cha cha... Des professeurs venus de tous les horizons, et bien entendu du Québec, se feront un plaisir de vous enseigner ces danses enivrantes. Si vous êtes intéressé, des cours d'essai gratuit sont également disponibles, alors avouez, vous n'avez plus d'excuses pour ne pas essayer !

STUDIO BIZZ

551, Mont-Royal Est, 3e étage, 514-526-2455
2488, Mont-Royal Est, 514-526-2466
www.studiobizz.com

Studio Bizz propose un concept fort pratique : on y loue, pour répéter ou donner des leçons, un des studios, tous très éclairés et munis de miroirs. Même si les professeurs louent l'espace, les inscriptions se font directement avec le Studio Bizz et on a le choix en terme de cours : ballet, claquettes, danses africaines, hip hop, salsa, jazz, swing, danse contemporaine... Location de studio entre 8 $ et 42 $ l'heure (selon la taille de la salle et l'option choisie). Lounge disponible en location pour lancements, vernissages, cocktails, etc. (551, Mont-Royal).

STUDIO SWEATSHOP

24, Mont-Royal Ouest, suite 704
514-287-9090 | www.studiosweatshop.com

Entre Clark et Saint-Laurent. 1 classe : 13,29 $. Multicarte de 5 classes : 65 $, 12 classes : 132 $, 25 classes : 250 $. Classe d'essai gratuit. Rabais de 10 % pour les étudiants.

Cette école est spécialisée dans les danses urbaines comme le hip hop et le breakdance. Le BBoy ou la BGirl qui sommeille trouvera ici chaussure à son pied avec des cours s'adressant à tous les niveaux. Pour ceux qui rêvent de faire du « floor » et qui sont à un niveau intermédiaire, des « drill sessions » sont offertes afin de développer la force, l'endurance et la vitesse avec des exercices consistant en une série de mouvements de « break ». Des cours de danse house et de yoga sont également dispensés.

TANGUERIA

6355, du Parc, studio 200
514-495-8645 | www.tangueria.org

Angle Beaubien. Multicarte de 20 classes : tarif étudiant 175 $, tarif régulier 225 $ (multicarte valide pour un an). Multicartes de 5 et 10 classes aussi offertes. Prix par classe : 25 $; cours privés : 80 $/heure.

Tangueria est une des plus anciennes écoles de tango argentin en Amérique du Nord et les enseignants n'ont qu'une phrase aux lèvres : il faut avoir la passion de cette danse comme on devient obnubilé par un instrument de musique. Il y a un niveau pour les débutants et cinq pour les intermédiaires. Des pratiques de valse-tango et de milonga se tiennent tous les dimanches dès 19h, suivies d'une soirée de danse (12 $ pour la pratique et la soirée, 8 $ pour la soirée seulement). Des ateliers de pratique libre sont aussi offerts au grand public le mardi entre 10h et 12h (8 $, 5 $ pour les étudiants et les aînés). Pour ceux qui hésitent encore, surveillez les dates des cours gratuits d'initiation au tango argentin.

TANGO DANS LES PARCS

En été, l'école Tango Libre organise des soirées de tango pour tous, dans les parcs. Entrée libre.

1. les mercredis aux Serres municipales de Verdun (19h à 22h)
2. les dimanches au Parc Lafontaine (allée du Belvédère – 15h à 18h)

Pour plus de renseignements :
▶ www.tangolibre.qc.ca

RIVE-SUD

ÉCOLE DE DANSE CORPS ET ÂME EN MOUVEMENT

Studio Marmier | 743, Marmier, Longueuil
450-674-4203
www.corps-et-ame-en-mouvement.org
Mº Longueuil. Cours de 12 semaines : 175 $ à 295 $ selon le cours choisi. 10 % de rabais pour les 16 ans et moins.
Depuis près de 15 ans, Claudette Biron et les professeurs de cette école se spécialisent dans l'enseignement de danses du monde et percussions. Vous pourrez notamment y apprendre la danse africaine, le flamenco, le djembé ou le baladi en vous inscrivant à l'une des 3 sessions, d'une durée de 12 ou 14 semaines chacune (session d'été de 5 semaines aussi offerte). Ateliers et classes de maître durant l'été et le week-end. Leur boutique renferme de nombreux accessoires et vêtements de danse. Location de studios pour cours, ateliers, réunions ou répétitions à tarifs très avantageux.

JOUER DE LA MUSIQUE

ACADÉMIE DE MUSIQUE DE MONTRÉAL

514-376-8742 | www.academiedemontreal.com
Une institution montréalaise qui enseigne le phénomène musical dans son ensemble. Le chant, sous toutes ses coutures, et les divers instruments, classiques ou non, allant du violon et du piano à la guitare électrique et aux percussions. L'aspect théorique n'est pas négligé, puisque des cours de composition et d'étude avancée de partition s'y donnent aussi. Les cours, en anglais ou en français, peuvent être suivis soit au studio du professeur (grande région de Montréal et environs) soit chez l'étudiant, ce qui rend l'apprentissage d'autant plus flexible. Un magasin en ligne sur leur site Internet offre des prix réduits aux étudiants de l'Académie.

ÉCOLE DE MUSIQUE SCHULICH (UNIVERSITÉ McGILL)

555, Sherbrooke Ouest
514-398-4543 | www.mcgill.ca/music/
Mº McGill. La vénérable institution se distingue par sa variété de cours et son cadre d'enseignement. Bien sûr, la gamme plus que complète des instruments, à peu près tous ceux qui existent, et le chant, réparti en ses grandes tendances. McGill utilise aussi un large éventail de professeurs privés rattachés officieusement à son Conservatoire afin d'offrir absolument tout ce qui est possible, au grand profit des étudiants. Divers ensembles, voire mêmes des productions à la Broadway, sont produits chaque année. Le chant vit donc, et même prospère, bien au-delà des quelques comédies musicales qui passent dans notre firmament comme de pâles et éphémères étoiles filantes. Les cours sont aussi disponibles en français, quoique leur disponibilité puisse varier.

CENTRES D'ACTIVITÉS ET ORGANISMES DE LOISIRS

Il existe de nombreux centres d'activités et organismes de loisirs liés aux arrondissements. Une palette d'activités artistiques et de cours est offerte à un prix plus qu'abordable. Les cours varient d'un centre à l'autre et il est donc conseillé de consulter le site Internet de la ville : www.ville.montreal.qc.ca (choisir l'arrondissement afin d'obtenir la liste des cours). Vous pouvez également appeler le 311 (à partir de Montréal seulement) ; ce numéro a été mis en place par la municipalité afin de permettre aux citoyens d'obtenir toutes les informations nécessaires sur leur arrondissement.

PERFECTIONNER SES LANGUES ÉTRANGÈRES

À Montréal, l'enseignement de l'anglais et du français langue seconde est le plus répandu et la qualité des cours reste satisfaisante. C'est au niveau des autres langues offertes que la qualité s'embrouille. Les écoles ont tendance à engager des étudiants universitaires maîtrisant la langue recherchée mais dont les qualités pédagogiques laissent parfois songeurs. Nous vous suggérons ici quelques institutions à la démarche sérieuse, sans omettre de mentionner les universités et les centre communautaires/de loisirs qui offrent également une palette assez vaste de cours de langues.

BERLITZ

2020, University, bureau 102
514-288-3111
www.berlitz.ca
Mº McGill.

Un incontournable dans l'enseignement des langues. Toutes les majeures y sont représentées au sein de l'équipe permanente; pour les besoins plus pointus, on se charge de trouver un prof qualifié qui enseignera sa langue maternelle. L'enseignement y est privé ou en petit groupe; on se déplace même pour des besoins d'entreprise. À des besoins spécifiques et des objectifs précis, le programme sera personnalisé à souhait. Mais toujours, l'emphase est mise sur une approche conversationnelle facile, où prime l'acquisition des connaissances linguistiques pratiques. On y trouve aussi des programmes d'orientation interculturelle, de même que des évaluations linguistiques au profit d'entreprises voulant évaluer des employés potentiels. Des cours virtuels sont même proposés pour les élèves qui ne peuvent se déplacer. Une adresse hautement professionnelle.

CENTRE CULTUREL CANADIEN-JAPONAIS DE MONTRÉAL

8155, Rousselot
514-728-1996
www.geocities.jp/jcccmcanada/
Angle Jarry Est.

Comme bien d'autres centres culturels desservant une ethnie particulière, celui-ci invite à l'échange de par sa gamme de cours linguistiques enseignés à des prix défiant toute compétition. Sa bibliothèque met à disposition des lecteurs différents ouvrages, pour ceux voulant dépasser le cadre un peu restreint des cours. De plus, une kyrielle d'activités, d'animations, d'échanges linguistiques et de rencontres avec la communauté japonaise de Montréal font de ce centre un must pour tout amoureux du pays du Soleil Levant.

COLLÈGE DAWSON – CENTRE D'ÉTUDES LINGUISTIQUES

4001, de Maisonneuve Ouest
514-937-0047
www.dawsoncollege.qc.ca
Mº Atwater.

Bien pratique ces cours du soir et de week-ends pour apprendre l'anglais, le français, l'espagnol, l'italien, le portugais, l'allemand, le chinois ou le japonais, ou encore pour se préparer au TOEFL. Les élèves de tous les niveaux peuvent s'inscrire pour apprendre une langue, pratiquer et progresser. Les cours sont très axés sur la conversation. Possibilité de demander des cours en entreprise.

COLLÈGE PLATON

4521, du Parc
514-281-1016
www.collegeplaton.com
Angle Mont-Royal.

Depuis 1957, cette école se différencie par son caractère quasi-familial. Non pas une méga boîte à la Berlitz, mais une approche plus fine, encore plus personnalisée. Plus de 25 langues enseignées, dont un programme d'immersion pour les étudiants étrangers, avec hébergement possible dans une famille. Des programmes répondant à la fois aux besoins grammaticaux et langagiers. Évidemment, la clientèle d'affaire est bienvenue. Cours privés disponibles.

GOETHE-INSTITUT

418, Sherbrooke Est
514-499-0159 | www.goethe.de/montreal
M° Sherbrooke.

L'institut culturel allemand propose de nombreux cours de langue et de civilisation, en groupe, privé ou semi-privé. Inscriptions aux différents niveaux de certificats de langue allemande : SD, ZD, ZOP, KDS/GDS, ZDfB/PWD, TestDaF (pré-requis pour étudier ou travailler en Allemagne). Examens ouverts à tous mais un rabais est accordé aux étudiants du Goethe. Plusieurs services disponibles : librairie « Das Buch », bibliothèque, vidéothèque, activités culturelles ainsi qu'un cinéma projetant une sélection de films allemands, si peu présents sur les écrans commerciaux.

POINT3 – CENTRE DE LANGUES

404, Saint-Pierre, bureau 201
514-840-7228 / 1 866-447-7228
www.point-3.com
M° Square-Victoria. Cours en entreprise disponibles sur demande. Lounge à disposition des étudiants avec bibliothèque, télévision, jeux de société, cuisine.

Ce centre de langues se démarque définitivement des autres. Les lieux sont chaleureux, à l'esprit familial, ce qui augmente l'interaction entre les étudiants. Des activités sont proposées chaque semaine afin de faire découvrir la culture montréalaise tout en favorisant l'immersion dans la langue d'apprentissage. Les cours d'anglais et de français sont offerts sous formes de programmes intensifs (3 cours par jour / 25h par semaine : grammaire, compréhension, conversation), ou semi-intensifs (choix parmi un ou deux de ces cours). Fait intéressant, le centre ne fonctionne pas avec des semestres et vous pouvez donc vous inscrire à tout moment. Des nouveaux étudiants arrivent chaque lundi et d'autres quittent chaque vendredi, lors de la remise officielle des diplômes. Il est également possible de prendre des cours du soir ou privés, établis sur mesure selon vos besoins. Vous avez le choix entre l'anglais et le français mais également le russe, l'espagnol, le japonais, le portugais, etc. Point3 est aussi l'adresse toute indiquée pour ceux désirant préparer une certification telle le TEFaQ (requis pour les nouveaux arrivants au Québec), le TEF (par exemple pour ceux qui désirent faire des études supérieures en France), le TESOL & le TESL (pour l'enseignement de l'anglais langue seconde). Si nous avons réussi à piquer votre curiosité, faites un tour dans le Vieux-Montréal pour découvrir Point3 et son personnel accueillant et des plus professionnels.

YMCA

1440, Stanley, 5e étage
514-849-8393, poste 709
www.ymcalangues.ca
M° Peel. Activités et excursions proposées aux étudiants.

Le YMCA, dans sa logique d'échange et de partage, possède une école de langues depuis 1965. 15 salles de classes et 2 laboratoires informatisés à disposition des étudiants ainsi que l'accès aux infrastructures du YMCA. Cours de français, d'italien, d'espagnol, d'anglais ou de portugais disponibles pour adultes ; cours d'anglais ou d'espagnol pour les jeunes ; formation en entreprise. Certifications : TOEIC et TOEFL pour l'anglais, TFI pour le français.

UNIVERSITÉS

Les universités montréalaises offrent toutes des cours de langues auxquels vous pouvez vous inscrire en tant qu'étudiant libre ou auditeur. Ces derniers sont liés à une concentration spécifique d'étude. Ils sont en effet bien moins dispendieux qu'en écoles de langues mais les classes sont plus bondées et l'aspect théorique prône sur la pratique. Ils font par contre d'excellents cours d'introduction, mais pour ceux qui désirent apprendre plus rapidement et intensivement, les écoles spécialisées restent la meilleure option.

CENTRES D'ACTIVITÉS ET ORGANISMES DE LOISIRS

Il existe de nombreux centres d'activités et organismes de loisirs liés aux arrondissements. Une variété de cours de langues est offerte à un prix plus qu'abordable. Par contre, le choix des langues et le nombre de niveaux varient d'un centre à l'autre, il est donc conseillé de consulter le site Internet de la ville : www.ville.montreal.qc.ca (choisir l'arrondissement afin d'obtenir la liste des cours). Vous pouvez également appeler le 311 (à partir de Montréal seulement) ; ce numéro a été mis en place par la municipalité afin de permettre aux citoyens d'obtenir toutes les informations nécessaires sur leur arrondissement.

SPAS

Depuis des milliers d'années, l'être humain utilise les bains thermaux comme mode de relaxation et source de mieux-être physique et spirituel. Cette tradition perdure et de nombreux bains scandinaves ont fait leur apparition au Québec au cours de la dernière décennie.

BARAKA

1610, Marie-Anne Est
514-525-3888 | www.barakamassotherapie.com

Angle Marquette. Lun-dim, 10h-21h. Massages sur table et au sol : 30 min 45 $, 60 min 75 $, 90 min 95 $, 120 min 115 $ (lun-mer : 15 % de rabais entre 10h et 14h). 10 % de rabais pour les étudiants et aînés.

Une ambiance orientale, voluptueuse et sensuelle nous accueille dans ce très beau centre de massothérapie ou des massages au sol, sur table ou sur chaise sont proposés. Rien qu'en passant le pas de la porte, on se sent déjà fort détendu. Les lumières tamisées et les odeurs nous transportent au Maroc. Côté massage, on a le choix : suédois, shiatsu, massage sportif, réflexologie, yoga-thaï (combinaison avec un massage), massage pour femmes enceintes et massage aux pierres chaudes. Les plus curieux essayeront le reiki, une technique tibétaine visant à faire mieux circuler l'énergie du corps et promouvoir la guérison.

BOTA BOTA

Quais du Vieux-Port
514-283-0333
www.botabota.ca

M° Square-Victoria. Jeu-mar, 10h-22h. 2h et moins : 45 $, 3h et moins : 60 $, plus de 3h : 75 $. Rabais sur l'entrée si jumelée à un soin.

Inauguré au début décembre 2010, ce dernier-né des spas propose une expérience hors du commun. En effet, les installations occupent les locaux d'un ancien traversier qui fut également un bateau-théâtre. Afin de donner un look plus contemporain et tendance, la nouvelle entreprise a fait appel aux services de l'architecte Jean Pelland, et le résultat est franchement réussi, malgré quelques complexités mécaniques et architecturales. Avec ses 678 hublots et ses 5 étages, c'est le plus gros bateau-spa au monde. Sur place, vous trouverez deux bains à remous extérieurs (vue panoramique à couper le souffle !), deux bains froids (intérieur et extérieur), un sauna, un bain vapeur, une dizaine de salles de soins, des aires de repos (dont une salle avec canapés-hublots géants) et une salle de yoga. Une nouvelle adresse qui vaut vraiment le détour !

ESPACENOMAD SPA HOLISTIQUE

4650, Saint-Laurent
514-842-7279 | www.espacenomad.ca

Entre Mont-Royal et Villeneuve. Lun, 10h-18h ; mar-sam, 10h-22h ; dim, 11h-21h. Plusieurs forfaits disponibles de 170 $ à 245 $. Soins corporels, yoga et soins holistiques, massothérapie. Soins sur place, à la maison (Plateau Mont-Royal seulement) et en entreprise.

Succès oblige, ce charmant spa a récemment déménagé afin d'acquérir un espace trois fois plus grand que le précédant. On comprend aisément pourquoi la clientèle se précipite ici : la décoration est super agréable et les soins divins. Comment ne pas craquer devant le Bali boreh, un soin de beauté et de détente du corps inspiré d'une ancienne tradition balinaise ? On applique sur la peau une pâte aux huiles et aux herbes à base de cannelle et d'épices balinaises qui provoque un réchauffement de la peau. Un gommage suivra. Résultat : une peau douce et un corps détoxifié. Essayez les différents massages également.

OVARIUM

400, Beaubien Est
514-271-7515 / 1 877-356-8837
www.ovarium.com

M° Beaubien. Ouvert tous les jours de 9h à 21h (heure du dernier rendez-vous). Séance de bain flottant : 60 $, massage : 75 $, séance de Pulsar (son et lumière) : 22 $; différents forfaits offerts de 76 $ à 139 $.

Immergé dans un caisson individuel rempli d'un liquide à base d'eau chaude et de sel d'Epsom, le corps flotte au son d'une douce musique, tel un fœtus bien à l'abri de toute agression. Bernard Meloche ne cesse d'améliorer cette thérapie douce depuis une vingtaine d'années, assurant à sa clientèle des résultats positifs sur le physique et le mental. L'endroit est très propre et muni de toutes les commodités (douches, shampoing, serviettes). Pour une relaxation totale, on peut opter pour un massage californien ou shiatsu, ou encore pour une séance de Pulsar (principe de relaxation basé sur des effets de son et de lumière). Abonnements et certificats-cadeaux disponibles.

RAINSPA

55, Saint-Jacques
514-282-2727
www.rainspa.ca

M° Place-d'Armes. Dans Le Place d'Armes Hôtel & Suites. Lun-sam, 9h-20h ; dim, 9h-19h. Forfaits disponibles.

Le premier hammam de la métropole se trouve ici ! Qu'est-ce qu'un hammam ? Un bain de vapeur séculaire né en Turquie. La vapeur aide à purifier le corps et à le débarrasser de ses toxines. Le spa offre toute une gamme complète de soins pour le visage et le corps, comme l'épilation, les massages, les gommages, les enveloppements. Aussi un petit supplément qu'on ne retrouve pas dans tous les spas : des soins médico-esthétiques employant des techniques de pointe pour combattre la cellulite, éliminer les imperfections de la peau et améliorer la circulation. Plusieurs techniques sont utilisées comme le laser LIP (lumière intense propulsée), la microdermabrasion, le DEL (lifting sans chirurgie). À essayer !

© LE SCANDINAVE

SCANDINAVE LES BAINS

71, de la Commune Ouest

514-288-2009 | www.scandinavemontreal.com

M° Place-d'Armes. Lun-ven, 7h-21h ; sam-dim, 10h-21h. Accès aux bains : 54 $. Expérience bains et massage : à partir de 128 $.

Dans le Vieux-Montréal, dans un décor des plus zen et contemporains, le Scandinave Les Bains risque fort de devenir votre adresse « chouchou » de dorlotage. À quelques pas du Quartier des affaires, quoi de mieux pour venir se détendre après une longue journée de boulot ! Sur place vous y trouverez un sauna sec finlandais, un bain à vapeur à l'eucalyptus, un bain à hydrojets, une chute thermale, une douche nordique, un bassin d'eau froide, et différents types de massages. Pour permettre à votre système cardio-vasculaire de se régulariser, profitez des aires de repos. Un bar à jus vous est également offert avec au menu smoothies, infusions et collations. Tout a été pensé pour votre bien-être !

SPA EASTMAN

666, Sherbrooke Ouest, 16e étage

514-845-8455 | www.spa-eastman.com

M° McGill. Lun-ven, 8h-21h ; sam, 8h-20h ; dim, 9h-18h.

Depuis son ouverture en 1977 dans le petit village d'Eastman dans les Cantons-de-l'Est, le Spa Eastman jouit d'une réputation exemplaire. L'entreprise a aussi installé ses bons soins à Montréal, alors profitez-en pour dire halte à la vie urbaine et au stress de la vie quotidienne. Le Spa Eastman propose toute une gamme de formules qui s'adapte à vos besoins. Massothérapie et soins esthétiques doux sont dispensés par une équipe de professionnels. Que vous ne disposiez que d'une heure ou de toute une journée, cet institut de beauté saura trouver la formule adaptée à vos moyens. La proximité du centre-ville vous permet de planifier vos cures sur une base régulière, que vous recherchiez d'abord la détente, la gestion du stress ou la remise en forme. L'environnement est harmonieux et paisible, avec une vue sur la montagne et un espace pour se détendre entre les soins. Une pause vivifiante tout indiquée ! Le Spa Eastman propose aussi un service de massage sur chaise en entreprise, des forfaits et des certificats-cadeaux.

STROM SPA NORDIQUE

1001, de la Forêt, Île-des-Sœurs

514-761-2772 / 1 877-761-2772

www.stromspa.com

Ouvert tous les jours de 10h à 22h. Massages et soins dès 9h15 (réservation requise). Boutique. Accès aux bains : lun-jeu 35 $, ven-dim 42 $, les soirs dès 18h 29 $. Massage 60 min : à partir de 84 $, 90 min : à partir de 124 $. Forfaits disponibles.

En bordure du lac des Battures dans un environnement naturel, ce spa nordique se trouve à quelques minutes à peine du centre-ville. Pourtant, on se croirait si loin de toute l'activité urbaine. Vous retrouverez sur place toutes les installations de détente pour quelques heures de relaxation bien méritées : bains à remous en plein air, bains tempérés et glacés, saunas finlandais, bain de vapeur à l'eucalyptus, chutes thermale et nordique, aires de détente intérieures et extérieures avec foyers… Un bistro est aménagé sur les lieux et offre un menu santé, frais de saison. Une belle adresse pour « déconnecter ».

YDEM SALON SPA

1410, Crescent, 3e étage

514-843-9333 | www.ydemsalon-spa.com

M° Guy-Concordia. Lun, 10h-17h ; mar, 9h-18h ; mer-ven, 9h-21h ; sam, 9h-17h ; dim, fermé. Forfaits disponibles.

Ce spa, situé en plein cœur du centre-ville, vous accueille dans une chaleureuse atmosphère de détente. Pour vous faire décrocher rapidement de votre quotidien et vous dorloter, l'endroit propose une gamme complète de massages et de soins esthétiques pour le corps et le visage. Messieurs, Ydem vous propose également des soins et des traitements adaptés à vos besoins. Également offerts : pédicures, manucures, épilation au laser, laser LIP (lumière intense propulsée), services maquillage, coiffure, etc.

RIVE-NORD

SPA LE FINLANDAIS

124, Labelle, Rosemère
450-971-0005 / 1 888-971-0005
www.spalefinlandais.com
Ouvert tous les jours de 8h30 à 23h. Accès aux bains : 25 $-35 $ selon les horaires. Massage 60 min : à partir de 80 $, 90 min : à partir de 125 $. Soins à la carte et forfaits disponibles. Boutique et bistro sur place.

Un spa finlandais si près de Montréal qu'on pourrait y aller le soir en sortant du travail. Le principe : on passe du chaud (sauna vapeur, sauna sec, bain chaud) au froid (jet d'eau et piscine extérieurs glacés), puis on se repose dans une salle tempérée. Ce passage du chaud au froid amène une grande sensation de détente. Ce n'est pas tout : ce spa est superbe ! L'architecture et le positionnement sur la rivière des Mille-Îles font que l'on oublie complètement que l'on se trouve à proximité d'un boulevard très passant. Les vestiaires sont bien conçus, les salles de repos ont une belle vue, certaines ont même une cheminée. Autre atout : la vitre dans le sauna et le bain vapeur.

SPA ORAZIO

1750, Pierre-Péladeau, Centropolis, Laval
450-682-3900
www.spaorazio.com
Lun, fermé ; mar-mer, 9h-18h ; jeu-ven, 9h-21h ; sam, 9h-17h ; dim, 10h-16h. Services en massothérapie (70 $ et plus), coiffure (25 $ et plus), esthétique (25 $-200 $), soin du corps (70 $-85 $), soins des mains et des pieds (25 $-75 $), épilation à la cire (à partir de 10 $), épilation au laser (à partir de 50 $) et électrolyse (20 $-60 $). Soins pour hommes offerts. Forfaits disponibles.

Ce centre du bien-être pour toute la famille impressionne dès qu'on franchit la porte. Le décor allie à la fois une ambiance moderne et classique dans un environnement parfaitement fonctionnel. Le propriétaire satisfait ses élans musicaux en caressant les notes d'un piano sous un immense chandelier de cristal. Les clients auront accès à un écran de télé géant ou à des CD pour vivre une expérience complète de relaxation et de divertissement. Le plus grand confort possible pour s'abandonner à des mains expertes.
Autre adresse : 2624, Salaberry, Montréal, 514-335-1130.

RIVE-SUD

L'ODYSSÉE

117, Saint-Charles Ouest, Longueuil
450-677-2223
www.lodyssee.net
Lun-ven, dès 9h (dernier rendez-vous à 20h) ; sam-dim, dès 9h30 (dernier rendez-vous à 16h). Massage : 65 $, bain flottant : 55 $, enveloppement : 75 $-85 $. Massage pour femmes enceintes et enfants. Forfaits disponibles.

Établie depuis 1995, cette adresse se distingue par ses deux magnifiques bains flottants au sel d'Epsom et son décor recherché. En plus des bains flottants, l'Odyssée offre tous les services d'un grand spa : enveloppement corporel d'algues, de boue de tourbe ou de cacao, et des massages variés (shiatsu, suédois, californien, polarisé, Esalen, kinésithérapie, massage sportif, drainage lymphatique et réflexologie). Nos préférences vont au shiatsu et au massage suédois. Les massothérapeutes sont très professionnelles, le service est de qualité. Vous finirez votre escale par une tisane, dans un univers relaxant.

SKYSPA STATION THERMIQUE

6000, de Rome, local 400, Quartier Dix30, Brossard
450-462-9111 / 1 866-656-9111
www.skyspa.ca
Ouvert tous les jours de 10h à 22h (massages et soins dès 9h le week-end et les jours fériés). Accès aux bains : 39 $ (25 $ le mardi et mercredi). Massage 60 min : à partir de 79 $ avec accès aux bains nordiques : à partir de 99 $. Plusieurs forfaits disponibles incluant des soins du visage et du corps. Bistro sur place.

Ce spa urbain, situé sur une immense terrasse donnant sur le Quartier Dix30, offre des conditions de détente exceptionnelles dans un cadre chic et épuré. Le spa est composé de bassins chauds extérieurs, d'un bassin froid avec chute d'eau nordique, de saunas finlandais, d'un sauna SkyLumina (thérapie avec jets lumineux), d'un bain vapeur

SkyAroma (à l'huile d'eucalyptus), d'une salle méditative, d'un salon Sky et d'une terrasse extérieure avec plancher chauffant. Les massothérapeutes prennent le temps de faire un rapide bilan de santé afin de connaître les points à soulager avant le massage.

PRATIQUER LE YOGA

Les cours de yoga sont en demande et il existe bon nombre de centres à Montréal. Le site de Yoga Montréal se veut un répertoire quasi exhaustif des cours disponibles avec courte présentation de chacun des centres. On y retrouve aussi les événements à venir, les petites annonces et autres informations pertinentes. À consulter !

www.yogamontreal.com

ASSOCIATION ZEN DE MONTRÉAL

982, Gilford

514-523-1534 | www.dojozen.net

Mº Laurier. Cotisation mensuelle de 30 $ (étudiants / aînés 20 $) ou 7 $ la séance.

Le dojo est situé en plein cœur du Plateau et se spécialise dans la tradition zen qui utilise la technique zazen où la concentration et l'introspection sont à l'honneur. Des ateliers d'introduction ont lieu une fois par mois le samedi matin au coût de 30 $. Des journées zen sont également organisées pour seulement 15 $. Cette association propose même des retraites de deux jours ou des camps d'été appelées Sesshin afin de prendre le temps de méditer. Il est impératif d'être membre de l'association afin de participer aux sessions et d'emprunter des livres à la bibliothèque. Les contacter directement pour connaître l'horaire des différentes activités.

CENTRE YOGA SANGHA

3437, Saint-Denis

514-499-1726 | www.yoga-sangha.com

Mº Sherbrooke. Forfait d'introduction : 20 $ (1 semaine illimitée). Coûts des cours à la carte : 18 $-1 035 $ selon la durée et le nombre de cours. Tarifs étudiants et aînés disponibles. Cours de 7 semaines : 115 $. Cours privés possibles. Inscription en tout temps.

Une invitation au développement personnel et au partage dans un cadre chaleureux et invitant à la pratique. Chacun y trouve son compte : cours réguliers pour adultes (hommes et femmes), cours prénataux, cours postnataux, cours ludiques et créatifs pour enfants, méditation. Le centre de yoga organise aussi des retraites à travers le monde, des ateliers, des conférences et bien d'autres activités. Soins offerts sur place : Ayurveda, massothérapie, ostéopathie, naturopathie et détox.

MOKSHA YOGA

3863, Saint-Laurent, 2e étage

514-288-3863 | www.mokshayogamontreal.com

Angle Saint-Cuthbert. Forfait d'introduction : 20 $ (1 semaine illimitée). Coûts des cours à la carte : 17 $-1 260 $ selon la durée et le nombre de cours. Rabais de 10 % pour les étudiants et aînés.

Moksha Yoga vous invite à faire du yoga dans une pièce chauffée entre 38 °C et 41°C. Cela a trois vertus principales :

- **suer pour éliminer les toxines ;**
- **détendre les muscles ;**
- **aider à se concentrer sur son corps et ne penser à rien d'autre.**

Parole de futé qui a vécu l'expérience : un moment très intense qui fait un bien fou. Autre studio à NDG : 4260, Girouard, 3e étage (Mº Villa-Maria).

STUDIO LA JOIE DU YOGA

514-569-7652 | www.joyofyoga.net

Les cours sont donnés par Kelly McGrath à différents endroits (ex. : Moksha Yoga NDG, United Yoga Montreal).

Kelly enseigne le Yoga Kripalu qui permet une prise de conscience de son corps impliquant différentes positions spécifiques et des exercices de respiration. Son approche met l'emphase sur l'art d'avoir une pleine conscience, une capacité de se centrer et de se concentrer. Lors de la belle saison, des pratiques de yoga sont organisées à l'extérieur dans différents parcs. Des ateliers et des retraites sont également proposés tout au long de l'année.

STUDIOS LYNE ST-ROCH

4416, Saint-Laurent, bureau 103
514-277-1586 / 1 877-977-1586
www.lynestroch.com

Entre Marie-Anne et Mont-Royal. Lun-jeu, 9h30-20h30 ; ven, 9h30-19h ; sam, 9h30-13h30 & 15h30-17h ; dim, 9h30-13h30. Différents tarifs selon le nombre de cours.

Lyne St-Roch a voué sa vie à l'activité physique et pratique le yoga depuis 15 ans. Elle se consacre depuis 2001 à l'enseignement du hatha yoga, connu également sous le terme de yoga des postures. De loin le plus populaire en Amérique du Nord, ce yoga alterne postures statiques, exercices de respiration, de concentration et de relaxation. Des cours de hatha yoga, de vinyasa yoga, de yoga prénatal/postnatal avec bébé, de méditation, de pilates, de budokon et de mise en forme sont offerts. Certains cours sont aussi proposés en plein air, sans compter les ateliers et les retraites. Service de massothérapie également disponible.

GARDER LA FORME

Une bonne santé physique, c'est important ! Qu'on préfère se tenir en forme de manière autonome ou en fréquentant un gym, toutes les manières sont bonnes. L'organisme Sports Montréal a pour mission de favoriser l'accès à l'activité physique et à ses valeurs éducatives pour l'ensemble de la population montréalaise. Plusieurs services sont offerts au Complexe sportif Claude-Robillard comme des activités et formations pour tous les âges (danse, tennis, yoga, golf, natation...), des camps de jour, un centre de conditionnement physique, un programme d'activités aquatiques pour enfants, etc. Pour de plus amples informations sur leurs programmes :

www.sportsmontreal.com

CLUB LA CITÉ

3575, du Parc
514-288-8221 | www.clublacite.net

Angle Prince-Arthur. Lun-ven, 6h30-22h30 ; sam-dim, 8h-22h.

Ce club de gym, très bien équipé, propose des abonnements à des prix très abordables. Tout est là pour ravir les mordus de musculation et d'aérobie : salles de poids, centre cardiovasculaire, tennis, squash, service d'entraînement privé. Pour se détendre après le sport, on a le choix entre le spa et le bar santé. La piscine extérieure chauffée est un must ! Des cours de toutes sortes sont organisés : Power yoga, Energy yoga, kick-boxing, Extreme Fit. Service d'entraînement privé, massothérapie, bronzage et esthétique aussi disponibles.

ÉNERGIE CARDIO

1 877-363-7443 | www.energiecardio.com

Une entreprise québécoise de conditionnement physique nec plus ultra. Des professionnels sont là pour vous conseiller sur la méthode la plus adaptée à votre corps et à votre condition physique. L'abonnement Optimum vous permettra une évaluation sur mesure et un programme personnalisé. Les centres Énergie Cardio pour Elle ont vu le jour depuis quelques années et sont réservés exclusivement aux femmes. L'approche est mieux adaptée aux besoins des femmes et des services complémentaires tels que l'Oasis Beauté (esthétique) et l'halte-garderie ont été instaurés. Pour connaître l'adresse du centre le plus près de chez vous, composez le numéro sans frais ou visitez leur site Internet.

YMCA CENTRE-VILLE

1440, Stanley
514-849-8393 | www.ymcaquebec.org

M° Peel. Lun-ven, 6h-22h45 ; sam-dim et jours fériés, 7h15-19h45.

La variété des activités sportives dans ce centre entièrement rénové et équipé vous donne le tournis. Au centre de conditionnement physique, l'équipement épouse les toutes dernières technologies. L'abonnement donne accès à quantité d'activités sportives allant de l'aérobie, au karaté, au baladi et à la natation et ce, surtout, de façon illimitée. Des salles de squash, des gymnases, un jacuzzi, un sauna, un bain vapeur et une piscine sont aussi à la disposition des

BOUGER DIFFÉREMENT

Les adeptes de skateboard, de patin à roues alignées et de BMX ont leur centre bien à eux dans le quartier Ahuntsic : Le Taz. On y retrouve un skatepark meublé de modules acrobatiques, et un roulodôme dédié au patin libre et roller hockey. Cours de groupes, semi-privés et privés ; camps d'été.

Pour toute information : 8931 Papineau, 514-284-0051, www.taz.ca.

Besoin d'un peu plus d'adrénaline ? Les week-ends d'avril à décembre, au Parc Jean-Drapeau, l'Espace Aérodium vous propose de vous « envoyer en l'air » ! Un simulateur de chute libre souffle un vent ascendant de 200 km/h. Installez-vous au-dessus avec le moniteur et hop, vous volez ! Une formation théorique et pratique d'une durée de 30 min est donnée à chaque participant afin de vivre cette expérience en toute sécurité.

Plus d'information au : 514-873-8883 ou www.lespaceaerodium.com.

Si vous préférez vivre cette expérience à l'intérieur, SkyVenture est votre destination ! Ce centre est situé au Centropolis à Laval.

Pour toute information : 2700, du Cosmodôme, Laval, 514-524-4000, www.skyventuremontreal.com.

Tant qu'à être au Centropolis, pourquoi ne pas aller découvrir un tout nouveau centre de glisse intérieur : Maeva Surf. Ici, on pratique le « flowboarding », un mélange de différents sports comme le skateboard, le wakeboard, le surf et le snowboard, le tout sur une vague artificielle. Aucune expérience en glisse n'est nécessaire. Boutique de vêtements de surf et coin resto sur place.

Pour toute information : 2005, Daniel-Johnson, Laval, 450-934-6238, www.maevasurf.com.

abonnés. Ceux qui n'en croient pas leurs oreilles n'ont qu'à demander une visite guidée du centre proposée gracieusement. YMCA est une véritable communauté et compte au total dix succursales dans la métropole, mais celle de la rue Stanley reste la plus équipée (adresses disponibles sur le site Internet).

CENTRES D'ACTIVITÉS ET ORGANISMES DE LOISIRS

Il existe de nombreux centres d'activités et organismes de loisirs liés aux arrondissements. Une palette d'activités sportives et de cours est offerte à un prix plus qu'abordable. Les cours varient d'un centre à l'autre et il est donc conseillé de consulter le site Internet de la ville : www.ville.montreal.qc.ca (choisir l'arrondissement afin d'obtenir la liste des cours). Vous pouvez également appeler le 311 (à partir de Montréal seulement) ; ce numéro a été mis en place par la municipalité afin de permettre aux citoyens d'obtenir toutes les informations nécessaires sur leur arrondissement.

RIVE-SUD

GOLD'S GYM

6000, de Rome, suite 300,
Quartier Dix30, Brossard
450-445-1100
www.goldsgymdix30.com

Ouvert 24h en semaine (du lundi 5h au vendredi 23h) ; sam-dim, 8h-21h. Boutique nutrition, garderie, sauna, bain vapeur, bronzage, entraînement privé et de groupes.

Ce centre d'entraînement a tout pour satisfaire les passionnés de musculation et de gym. Les machines sont à la fine pointe de la technologie et les entraîneurs sont là pour vous aider à les utiliser. Ils peuvent même vous préparer un entraînement sur mesure selon vos attentes et votre morphologie. Un grand choix de cours est disponible : aérobie, spinning, yoga, cardio, yoga, tae-bo, step, etc. La garderie qui est installée sur place, offre un service exceptionnel pour les enfants de tous âges.

Autre adresse : 50, Saint-Charles, suite 44A, Beaconsfield, 514-505-3555.

CENTRES SPORTIFS UNIVERSITAIRES

CAMPUS SPORTIFS DE CONCORDIA

Loyola Campus Athletic Complex : 7200, Sherbrooke Ouest
514-848-2424, poste 3858
EV Fitness Centre : 1515, Sainte-Catherine Ouest
514-848-2424, poste 3860
http ://athletics.concordia.ca/

Tarifs/session pour le gym (pour 4 mois) : étudiant Concordia 60 $, étudiant d'un autre établissement 120 $, grand public 150 $. Laissez-passer à la journée : étudiant 5 $, grand public 7 $.

Tous les sports sont à l'honneur avec un large choix de sports d'équipe : soccer, volleyball, basketball, hockey, ultimate. Pour le reste, les activités telles que l'aérobie, le spinning, le yoga, la danse (ballet classique, salsa, tango, swing, hip hop, etc.), les arts martiaux (kickboxing, capoeira, aïkido, kendo, karaté, aikido, etc.) sont disponibles à des horaires très variés.

CENTRE SPORTIF UQÀM

1212, Sanguinet
514-987-7678
www.sports.uqam.ca

Mº Berri-UQÀM. Début septembre à fin juin : lun-ven, 7h-23h ; sam, 9h-17h ; dim, 9h-23h. En été : lun-ven, 9h-21h ; sam-dim, fermé. Tarifs/session : 40 $ pour les étudiants à plein temps de l'UQÀM (en général, compris dans les frais de scolarité). Les personnes extérieures à l'UQÀM peuvent uniquement accéder aux activités récréatives pour 10 $ la journée (incluant la piscine).

Plus d'une centaine d'activités sont offertes. La liste alphabétique commence par abdos-fessiers-cuisses et se termine avec yoga. Bien entendu, la plupart des activités se déroulent dans la piscine, la salle d'entraînement, la piste de jogging, le mur d'escalade, les terrains de badminton, etc.

CEPSUM (UNIVERSITÉ DE MONTRÉAL)

2100, Édouard-Montpetit
514-343-6150 | www.cepsum.umontreal.ca

Mº Édouard-Montpetit. Lun-ven, 6h30-23h toute l'année ; sam-dim, 8h30-20h30 (fin août à mi-juin), 11h-18h (mi-juin à fin août). Tarifs : abonnement régulier gratuit pour les étudiants à temps plein de l'UdeM, du HEC et de la Polytechnique (accès à la salle d'entraînement payant). Forfaits d'abonnement grand public disponibles.

Ce centre sportif plaira aux plus exigeants. On y trouve une salle d'entraînement avec possibilité de suivi personnalisé, une piscine olympique et même une patinoire. Presque tous les sports y sont proposés : arts martiaux (capoeira, karaté, kendo, etc.), activités aquatiques (natation, aquaforme, etc.), danse (africaine, salsa et bachata, tango, hip-hop, etc.), escalade, squash, badminton, tennis, golf, trampoline, yoga, hockey, basketball, soccer et plus encore ! Les enfants aussi ont accès à une gamme variée de sports et activités : activités aquatiques, arts martiaux, camps de jour sportifs, etc.

SERVICE DES SPORTS DE L'UNIVERSITÉ MCGILL

475, des Pins Ouest
514-398-7000 | www.athletics.mcgill.ca

Angle Durocher. Heures d'ouverture variables selon les installations. Tarifs : étudiants à McGill 20 $-35 $ par semestre pour le centre de fitness (accès au complexe sportif inclus dans les frais de scolarité) ; grand public (tarif au mois) 50 $ pour le complexe sportif (45 $ pour les étudiants) et 14 $ pour le centre de fitness.

De nombreuses activités et sports pour tous les goûts. Le centre sportif de l'Université McGill dispose de grands gymnases, d'un gym, d'une piscine olympique, d'une patinoire, de terrains de tennis, d'un centre d'athlétisme et d'un stade de football, domicile des Alouettes de Montréal, équipe professionnelle de la ligue canadienne de football (LCF).

ARTS MARTIAUX

ACADÉMIE SHAOLIN WHITE CRANE KUNG FU

279, Sherbrooke Ouest, suite 388
514-843-5177
www.shaolinwhitecranekungfu.com

M° Place-des-Arts. Cours de White Crane les lundis, mercredis et vendredis. Entraînement libre les mercredis et vendredis. Savate-Kickboxing et Taï Chi les mardis et jeudis. Tarifs pour le White Crane par trimestre : adulte 250 $, 12-17 ans 200 $, enfant 165 $ (seulement à Laval).

Une école réputée enseignant le Kung Fu White Crane (Grue Blanche du Shaolin) qui est un système d'autodéfense rare combinant les techniques de pieds, de mains et les saisies.

Autre adresse : 1545, Le Corbusier, Laval, 450-681-0546.

CAPOEIRA

On peut retracer l'origine de la Capoeira au Brésil vers la fin du 17e siècle avec les anciens esclaves noirs. En exode massif vers les villes à la recherche d'un emploi, leur situation économique et sociale était très difficile. La capoeira devint une forme d'expression de la résistance des Noirs contre les oppresseurs blancs (classe dominante) avec qui les conflits étaient inévitables. Cet art martial, né d'une fusion entre la lutte, la danse, le rythme, le corps et l'esprit, servit donc tant à se défendre qu'à attaquer. Les styles qu'on retrouve le plus souvent sont Angola et Regional. La capoeira désormais enseignée à travers le monde est devenue un jeu auquel se prêtent des milliers d'adeptes.

CAPOEIRA ANGOLA

372, Sainte-Catherine Ouest, local 310
514-270-5853
www.capoeiraangola.ca

ÉQUIPE CAPOEIRA BRASILEIRA

7250, Clark, 2e étage
514-889-8642
www.capoeirabrasileira.com

GRUPO DE CAPOEIRA PORTO DE BARRA

372, Sainte-Catherine, local 306
514-684-5442
www.capoeiramontreal.com

CENTRE PRO-MARTIAL

3441, Jean-Talon Est
514-374-2928
www.promartial.com

M° Saint-Michel.

Un centre se spécialisant dans le maniement d'armes. Que ce soit le Ninjutsu, le

LA BIOSPHÈRE © AUTHOR'S IMAGE

Chanbara (combat de sabre), le Kobudo (maniement d'armes traditionnelles) ou l'autodéfense policière Taihojutsu (avec matraque s'il vous plaît), cette école réputée l'enseigne. Les gardes du corps y trouveront des formations spécifiques. Cours pour enfants disponibles.

STUDIO BREATHE

1313, Shearer
514-933-3666
www.studiobreathe.com
M° Charlevoix.

Le (kick-) boxeur Alain Bonnamie enseignent le karaté de style Kyokushin (avec plein contact), le Kick-boxing, et la boxe tout court. Une adresse où l'on ne fait pas que donner des coups, mais où l'on apprend aussi à en recevoir... Plusieurs autres cours au studio : yoga, danse cardio, pilates, etc. Programmes pour enfants disponibles.

CLUBS D'ESCALADE

CENTRE D'ESCALADE ALLEZ UP

1339, Shearer
514-989-9656 | www.allezup.com
M° Charlevoix. Lun-ven, 12h-minuit ; sam-dim, 9h-21h (jusqu'à 18h en été). Tarif journée pour grimpeurs accrédités 14,50 $ (avant 14h en semaine : 10 $), 10 entrées 118 $. Passes mensuelles, pour 3 mois, 6 mois et 1 an aussi disponibles.

Situé dans un édifice industriel historique, ce centre comprend 35 moulinettes couvrant plus de 75 voies, et 30 voies sont à disposition des grimpeurs en premier de cordée. Il est nécessaire d'obtenir l'accréditation pour assurer d'autres grimpeurs et une note de 85% est requise. Un cours de base, « Apprendre à grimper et à assurer », montrera l'ABC de la grimpe à ceux qui n'ont aucune expérience ou très peu. Possibilité de réserver l'endroit pour une fête d'anniversaire d'enfants ! Tarif étudiant et réservation de groupes disponibles.

HORIZON ROC

2350, Dickson
514-899-5000
www.horizonroc.com
M° L'Assomption. Lun-ven, 17h-23h ; sam, 9h-18h ; dim, 9h-17h. Également ouvert lun-ven de 10h à 17h pour l'escalade libre (sauf si réservation de groupe). Différents plans pour l'admission et forfaits offerts. Carte de membre annuelle : 35 $.

Une belle initiative ! Un vieil entrepôt désaffecté transformé en parois d'escalade (plus de 300 voies), ce qui en fait un des plus grands centres d'escalade au monde, avec des blocs au profil unique. Dans un milieu complètement sécuritaire, sous constante supervision de moniteurs qualifiés, il est possible de s'initier (plus de dix cours de niveaux différents) ou de pratiquer cette activité sportive dans une structure de plus de 27 000 pi^2. Une réservation est recommandée pour la première visite afin de passer un test avec un moniteur et il existe des cours de transition pour pouvoir pratiquer à l'extérieur. On peut y louer ou acheter l'équipement nécessaire, des passes mensuelles avec accès illimité ou même des abonnements annuels. Des activités particulières pour les groupes sont aussi disponibles. Pour ceux qui hésitent avant de s'aventurer trop haut, un essai sous supervision d'un instructeur est possible.

VERTICAL – CÉGEP ANDRÉ-LAURENDEAU

1111, Lapierre
514-364-3320, poste 6437
www.escaladevertical.com
M° Angrignon, angle de la Vérendrye. Lun-mer, 18h-22h30 ; jeu-ven, 17h-22h30 ; sam-dim, 10h-17h30. Ouvert pendant l'année scolaire seulement.

Le centre Vertical possède le plus gros mur et maintenant le plus grand toit aussi de premier de cordée au Québec. Il s'est également doté d'un nouveau bloc géant à quatre faces et angles variés pour la grimpe. Différents cours d'initiation et de perfectionnement sont offerts aux enfants âgés de 6 à 14 ans. Pour les adultes, cinq cours sont disponibles à chaque semaine et les inscriptions sont acceptées en tout temps. Pour la pratique libre, des entrées à la journée ou multiples, ainsi que des abonnements annuels permettent aux grimpeurs de s'adonner à leur loisir préféré. Notez qu'il faut absolument obtenir l'accréditation pour avoir accès aux murs de grimpe.

RIVE-NORD

AMUSEMENT ACTION DIRECTE

95A, des Entreprises, Boisbriand
450-688-0515 / 1 866-688-0515
www.actiondirecte.qc.ca
Lun-sam, 9h-23h ; dim, 9h-18h. Différents plans pour l'admission et forfaits offerts.
Ce centre d'une superficie de 10 000 pi² offre aux mordus de la grimpe plus de 175 voies, un mur de 34 pi de haut et 10 stations d'auto assurage. Qu'on soit débutant ou expert, on trouvera son compte parmi les cours intérieurs et extérieurs. Les 5 à 15 ans ont leur propre École du Petit Grimpeur où, en dix sessions de 90 minutes chacune, ils apprendront les techniques de grimpe tout en aidant au développement de leur coordination, de leur équilibre et de leur concentration. Sorties en extérieur, camps de jour et fêtes d'enfants offerts. Parc d'amusement pour enfants sur place.

LES PLAISIRS DE L'EAU

AVENTURES H_2O

2985B, Saint-Patrick (en face du Marché Atwater)
514-842-1306 / 1 877-935-2925
www.aventuresh2o.com
M° Atwater. En mai : lun-ven, 12h-20h ; sam-dim, 9h-20h. Juin à septembre : lun-dim, 9h-21h. En septembre : lun-ven, 11h-19h30 ; sam-dim, 10h-19h30. Tarifs : cours de kayak 39 $-45 $; location 10 $-40 $/1h selon le type d'embarcation (tarifs dégressifs si plus d'une heure).
En quête d'une excursion estivale sans quitter l'île ? L'endroit tout indiqué est indéniablement chez H2O. Comme son nom l'indique, cette compagnie se spécialise dans les embarcations nautiques. Vous ne pouvez pas vous rendre sur l'île H2O (propriété de l'entreprise) à la rivière Rouge pour un week-end de kayak en eaux vives ? Ils sont à Montréal aussi depuis plusieurs années : location de bateaux (kayak, pédalo, bateaux électriques, canot rabaska), cours d'initiation au kayak de mer, club de kayak du canal offrant l'accès illimité à la location. Bref, une belle initiative qui nous permet de découvrir le Sud-Ouest et le Canal de Lachine sous un nouvel angle. Un indispensable : la crème solaire !

PLANCHE À VOILE

Vous êtes mordus de planche à voile ? Le site Internet de l'Association de Planche à Voile de Montréal est une excellente source d'information pour les cours et boutiques de location d'équipement :

- **www.apvm.ca**
- **Vous trouverez aussi d'autres informations sur le site www.windsurfing.qc.ca.**

BEACH VOLLEY AU PARC JEAN-DRAPEAU© GILLESPROULX / SOCIÉTÉ DU PARC JEAN-DRAPEAU

SURF

Avez-vous déjà rencontré des gens prenant le métro avec... leur planche de surf? Nous si, et plus d'une fois! Dans le fleuve, derrière les constructions d'Habitat 67, un phénomène se produit : à un endroit précis, l'eau passe au dessus d'une roche située au fond, ce qui accélère le passage de l'eau en raison de la réduction de son volume à cet endroit. L'eau à la surface s'écoule plus rapidement que l'eau sur la roche pour pouvoir remplir le vide crée après cette dernière. L'eau en mouvement rapide frappe l'eau plus lente, en aval, ce qui la fait monter en accélérant drastiquement à un point fixe. Ce point fixe devient donc une vague « éternelle »! Alors maintenant que vous savez qu'on peut surfer à Montréal, qu'attendez-vous pour vous inscrire à l'école de surf et de kayak de rivière KSF ?

www.ksf.ca

PISCINES

Les nombreuses piscines municipales, couvertes ou en plein air, ouvrent leurs portes au public, gratuitement dans la plupart des cas. Des ratios d'un ou trois enfants par personne responsable sont exigés, selon l'âge des enfants, et vous devez être avec eux en tout temps. Les piscines extérieures sont généralement ouvertes de la mi-juin à la mi-août, de 11h à 19h. Gratuit la semaine et frais minimes le week-end.

Pour les adresses, horaires et coûts, renseignez-vous au bureau d'arrondissement, par téléphone au 311 ou sur www.ville.montreal.qc.ca.

AQUADÔME

1411, Lapierre, LaSalle
514-367-6460 | www.aquadome-lasalle.com

M° Angrignon, autobus 113 Ouest. Horaires variables selon le jour, les installations, les cours et bain libre ainsi que les différents créneaux horaires suivant l'âge. Tarifs : adulte 3,50 $, enfant (4-16 ans) et aîné 2,50 $, 3 ans et moins 1,50 $. Prix réduit pour les résidents de Lasalle. Terrasse intérieure.

L'Aquadôme dispose d'une piscine principale de 50 m aménagée de couloirs afin de pouvoir y faire des longueurs, mais aussi d'une pataugeoire immense pour les plus petits. Peu profonde, elle permet une meilleure sécurité pour les enfants et au milieu se trouve une fontaine en forme de champignon qui fera leur bonheur. Pour les adultes, des bains à remous sont situés dans les coins de la pataugeoire, histoire d'en profiter tout en ayant un œil sur les petits. L'Aquadôme, c'est aussi divers cours pour enfants et adultes : natation, mise en forme, cours de sauvetage de la Société de sauvetage, et cours de moniteur de sécurité aquatique de la Croix-Rouge.

JET BOATING MONTRÉAL / SAUTE-MOUTONS

Billetterie et embarquement au Quai de l'Horloge
514-284-9607
www.sautemoutons.com

M° Champ-de-Mars. Ouvert de mai à mi-octobre, 7 jours, 10h-18h (dernier départ). Forfaits avec repas disponibles.

Jet St-Laurent : la balade consiste en une poursuite riche en émotions dans de petits bateaux à haute vitesse capables d'effectuer des virages à 360°. Tarifs : adulte 25 $, 13-18 ans 20 $, 6-12 ans 18 $. Saute-moutons : pour ceux qui veulent encore plus se mouiller avec un tour dans les turbulentes rapides de Lachine. Tarifs : adulte 65 $, 13-18 ans 55 $, 6-12 ans 45 $. Les combinaisons étanches (fournies) ne sont pas un luxe superflu.

LES EXCURSIONS RAPIDES DE LACHINE

8912, LaSalle, LaSalle
514-767-2230 / 1 800-324-7238
www.raftingmontreal.com

M° Angrignon, autobus 110. Ouvert tous les jours de mai à septembre. Tarifs rafting : adulte 41 $, 13-18 ans 35 $, 6-12 ans 24 $, famille 113 $. Jet-boating : adulte 50 $, 13-18 ans 40 $, 6-12 ans 30 $, famille 136 $. Réservations obligatoires.

La descente des rapides de Lachine à bord de rafting ou en hydrojet est une excellente activité d'adrénaline. Rafraîchissante et amusante, l'aventure en rafting dure 2h15, le temps nécessaire pour se faire asperger en toute sécurité par les gros bouillons. On fournit tout l'équipement nécessaire. Le stationnement est gratuit et une navette est disponible depuis le centre-ville, devant le Centre Infotouriste (il faut impérativement réserver).

RIVE-NORD

SUPER AQUA CLUB

322, Montée de la Baie, Pointe-Calumet
450-473-1013 / 1 877-473-1013
www.superaquaclub.com

Autoroute 640 Ouest, sortie 2. Mi-juin au 24 juin : lun-dim, 10h-17h. 24 juin à mi-août : 10h-19h. Mi à fin août : lun-dim, 10h-18h. Tarifs selon la grandeur, à la demi-journée, la journée et la soirée (15 $-34 $) Abonnement individuel et familial disponible.

Si les plaisirs de l'eau ont une Mecque, elle se trouve à Pointe-Calumet. Avec une quarantaine d'activités, plus démesurées les unes que les autres, petits et grands seront au paradis. Cet immense site en nature regroupe glissades de toutes sortes, avec ou sans tubes, piscine à vagues, plage, rivières, terrains de volleyball, aires de pique-nique (ombragée svp !) et de restauration. Embarquez dans le jeu avec l'équipe d'animation ou sirotez une boisson bien froide au bar. Bref, tout a été pensé et vivement que l'été arrive !

SE DORER AU SOLEIL

Qu'il fait bon, une fois l'été bien installé, de se prélasser sur la plage. La mer est à plusieurs heures de route... Qu'à cela ne tienne ! Voici trois petits paradis de la baignade et du « farniente ».

PARC-NATURE DU CAP SAINT-JACQUES

20 099, Gouin Ouest, Pierrefonds
514-280-6871

Stationnement 7 $/jour. Fin avril à octobre pour l'ensemble du parc : lun-dim, 10h-17h (jusqu'à 19h de mi-juin à fin septembre – période d'ouverture de la plage). Tarifs : adulte 4,50 $, 6-17ans 3 $, gratuit pour 5 ans et moins. Passeport saisonnier et forfait familial disponibles. Sauveteurs sur place. Location d'embarcations nautiques, aires de pique-nique et service de restauration sur place. Petite plage également au Parc-Nature du Bois-de-l'Île-Bizard 514-280-8517.

PLAGE DU PARC JEAN-DRAPEAU

Île Notre-Dame
514-872-6120 | www.parcjeandrapeau.com

Mº Jean-Drapeau, autobus 167. Stationnement P-4 13 $ pour la journée. Ouvert tous les jours de 10h à 19h, de mi-juin à mi-septembre ou selon la température. Tarifs : adulte 8 $, aîné 7 $, 6-13 ans 4 $, gratuit pour 5 ans et moins, famille 20 $. Rabais pour les détenteurs de la Carte Accès

SKI DE FOND DANS LE PARC DU MONT ROYAL © NRL

Montréal. Sauveteurs en fonction de 10h à 19h. Passeports de saison, combos avec la piscine ou la location d'embarcation disponibles. Service de restauration sur place.

RIVE-NORD

BEACH CLUB

701, 38e Rue, Pointe-Calumet
450-473-1000
www.beachclub.com

Ouvert les week-ends de mai à mi-juin et en septembre. De mi-juin à septembre : lun-ven, 10h-18h ; sam-dim, 10h-21h. Droits d'accès au site. Forfaits disponibles, location d'équipement.

Ce site en bordure du lac, au look très tropical, est parfait pour les évasions loin de la ville. Que vous préfériez vous prélasser sur la plage ou pratiquer le « wakeboard », tout y est : terrains de volley-ball de plage, mur d'escalade, ski nautique, piscines, pédalos et kayaks, jeux gonflables pour les enfants... C'est aussi le seul endroit au Canada équipé d'un « Cable Park » pour le wakeboard et le ski nautique (système de cordes qui tire le skieur sur l'eau). DJ, bar terrasse et restauration sur place. N'oublions pas de mentionner qu'ils sont situés à quelques pas du Super Aqua Club (glissades d'eau) et de la plage d'Oka.

PROFITER DE L'HIVER !

Le « cocooning » n'est pas pour vous et c'est tant mieux ! Lors de la saison froide, la métropole devient un véritable terrain de jeux, au plus grand bonheur des amateurs d'activités hivernales. Sans être exhaustive, cette liste de suggestions vous donnera amplement de quoi vous occuper en attendant le retour de l'été.

PATINOIRES EXTÉRIEURES

En hiver, de nombreuses patinoires en plein air vous offrent leur glace dans les parcs publics. On y reste aussi longtemps qu'on le souhaite et on remercie la mairie de l'entretien de ses patinoires. Pour avoir les détails : www.ville.montreal.qc.ca. Vous pouvez également appeler le 311 (à partir de Montréal seulement) ; ce numéro a été mis en place par la municipalité afin de permettre aux citoyens d'obtenir toutes les informations nécessaires sur leur arrondissement.

Trois patinoires extérieures sont toutefois dignes de mention :

3. **Quais du Vieux-Port (bassin Bonsecours) :** Les lieux sont tout simplement magnifiques, offrant une vue imprenable sur la vieille ville, particulièrement le soir. En plus, chaque soirée a son style musical et le samedi (début décembre à début janvier), place à la pyrotechnie avec les Feux sur glace Telus. Service de location de patins, de restauration et de bar sur place. Frais d'admission à la patinoire.
4. **Lac-des-Castors au mont Royal :** Un autre lieu féérique en hiver, en plein cœur de la montagne. L'accès à la patinoire est gratuit et il est possible d'y louer les patins. Service de restauration et de location de raquettes sur place.
5. **Parc Lafontaine :** Cet immense espace vert au cœur de la ville fait la joie des patineurs et hockeyeurs une fois l'hiver venu. Deux patinoires de sports d'équipe se trouvent à proximité de l'étang gelé qui sert au patin libre. Service de location de patins sur place.

ATRIUM LE 1000

1000, de la Gauchetière Ouest
514-395-0555
www.le1000.com

Mº Bonaventure. Horaire hiver pour tous : lun, 11h30-18h ; mar-ven, 11h30-21h ; sam-dim, 12h-21h. Horaire prolongé pendant les Fêtes et la semaine de relâche. De Pâques à l'Action de Grâce : lun-ven, 11h30-18h ; sam, 11h30-21h ; dim, 11h30-18h. Tarifs entrée : adulte 7 $, étudiant et aîné 6 $, 12 ans et moins 5 $, famille 19,50 $. Location de patins 6,50 $. Livret de 10 coupons et carte de membre 3 mois disponibles.

Cette patinoire intérieure, ouverte tout au long de l'année, accueille petits et grands, débutants ou confirmés. On note les soirées « Bermudas » tous les samedis d'été à 19h, mais également les cours de patinage et les matinées Bout D'chou de 10h30 à 11h30 les samedis et les dimanches (jusqu'à midi en hiver), afin d'initier les plus petits au plaisir du patinage, en toute sécurité. Location d'équipement sur place.

RIVE-SUD

LES 4 GLACES

5880, Taschereau, Brossard
450-462-2113
www.icesports.com/brossard/Default.aspx

Ouvert tous les jours. Horaires variables. Cours de patinage, de hockey et de ringuette pour jeunes et adultes, hockey et patinage libre.

Complexe sportif dédié presque exclusivement au hockey avec quatre patinoires. Au niveau mezzanine, le bar et le restaurant sont une excellente option pour relaxer avant ou après l'effort. L'espace est saturé de téléviseurs et écrans géants qui retransmettent les événements sportifs du moment. Des ligues de hockey y nichent (jeunes et adultes). On peut s'y inscrire en équipe ou à titre individuel, et les inscriptions sont acceptées l'année durant. Plus de 300 équipes et 4 500 mordu(e)s (car plusieurs dames y pratiquent leur sport favori) se partagent les glaces. On peut aussi réserver l'une des patinoires pour une occasion particulière.

PISTES DE LUGE

N'avez-vous pas qu'une seule envie lorsqu'on reçoit une « bonne bordée de neige »… Aller glisser ! On sort alors tube, luge, toboggan, « crazy carpet » (en passant, le carton, ça ne glisse pas… cessez toute tentative), et les pistes s'improvisent un peu partout dans cette euphorie. Au mont Royal, on peut s'y donner à cœur joie sur les pistes aménagées en bordure du Lac des Castors.

Ouvert de la mi-décembre à la mi-mars, lun-ven de 9h30 à 15h30, sam-dim de 10h à 18h (fermé 25 déc. et 1er janvier). Tarif de location des chambres à air pour la journée : 4-11 ans 5 $, 12 ans et plus 8 $. Déconseillé au moins de 4 ans.

RAQUETTE ET SKI DE FOND

Les parcs de la ville deviennent de véritables terrains de jeu l'hiver. Pendant que plusieurs aménagent des sentiers généralement bien entretenus durant la saison, d'autres offrent en plus la location d'équipement de ski de fond et de raquette. C'est le cas notamment des parcs-nature (voir adresses plus bas) et du Parc du Mont-Royal. Pour le ski de fond, des pistes sont aussi offertes au Parc Maisonneuve et Jardin Botanique, au Parc Jean-Drapeau et aux abords du Canal de Lachine.

GRANDS PARCS

Amoureux des espaces verts, voici votre section. Les parcs sont classés en ordre alphabétique avec un survol des activités et services offerts sur place. Pour plus d'information sur le réseau des parcs de Montréal : www.ville.montreal.qc.ca. Vous pouvez également appeler le 311 (à partir de Montréal seulement) ; ce numéro a été mis en place par la municipalité afin de permettre aux citoyens d'obtenir toutes les informations nécessaires sur leur arrondissement.

ARBORETUM MORGAN

Campus MacDonald de l'Université McGill, Sainte-Anne-de-Bellevue
514-398-7811
www.morganarboretum.org

Autoroute 40 Ouest, sortie 41. Ouvert tous les jours de 9h à 16h. Tarifs : adulte 5 $, 4-14 ans 2 $, aîné et étudiant 3 $, famille 12 $.

Un arboretum se définit comme un endroit destiné à être planté d'arbres d'essences différentes qui font l'objet de cultures expérimentales. On y trouve un lacis de sentiers aménagés pour la marche, la raquette ou le ski de randonnée. Sentiers d'interprétation avec stations d'information, programmation d'activités éducatives et d'événements spéciaux.

ANSE-À-L'ORME

Angle Gouin Ouest et chemin de l'Anse-à-l'Orme
514-280-6871

Parc linéaire situé à l'extrême ouest de l'île de Montréal, face au lac des Deux-Montagnes. L'endroit parfait pour les amateurs de planche à voile et de dériveur grâce aux vents dominants d'ouest. Deux rampes de mise à l'eau, un quai, une aire de pique-nique et des douches extérieures. Aucune baignade sur le site. Le parc est ouvert de mai à octobre, du lever au coucher du soleil. Stationnement 7 $.

BOIS-DE-L'ÎLE-BIZARD

2115, ch. du Bord-du-Lac, L'Île-Bizard
514-280-8517

Parc composé principalement d'érablières, de cédrières et de marais. Passerelle d'un demi-kilomètre au-dessus d'un grand marécage. Baignade (petite plage), activités nautiques, cyclisme, pêche, randonnée pédestre et ski de fond peuvent être pratiqués. Service de location de ski de fond en hiver. Observation de la faune et de la flore. Belvédère, quai, rampe de mise à l'eau, aires de pique-nique. Stationnement 7 $.

BOIS-DE-LIESSE

Maison Pitfield : 9432, Gouin Ouest, Pierrefonds, 514-280-6729
Accueil des Champs : 3555, Douglas-B.-Floreani, Saint-Laurent, 514-280-6678

On qualifie ce site de forêt enchantée, probablement en raison de la flore exceptionnelle qu'il abrite. Activités éducatives en environnement pour scolaires et grand public. Location de vélos, raquettes, luges et de ski de fond selon la saison. Aires de pique-nique et comptoir de rafraîchissements.

CAP-SAINT-JACQUES

20 099, Gouin Ouest, Pierrefonds
514-280-6871

Un grand parc au point de rencontre de la rivière des Prairies et du lac des Deux-Montagnes. Sur place, une ferme écologique (514-280-6743), une cabane à sucre, une grande plage, un centre de plein air avec hébergement ainsi que deux bâtiments d'intérêt historique. Activités éducatives en environnement pour scolaires et grand public. Location d'embarcations nautiques et de ski de fond, rampe de mise à l'eau, aires de pique-nique et restauration sur place. Stationnement 7 $.

ÎLE-DE-LA-VISITATION

2425, Gouin Est
514-280-6733

L'île, baignant dans la rivière des Prairies, comporte deux bâtiments historiques ouverts aux visiteurs : la Maison du pressoir et la Maison du Meunier (514-850-4222). Une foule d'activités pour tous les âges, du cyclisme à la glissade sur neige, de la visite en train balade aux spectacles en plein air. Location d'équipement, aires de pique-nique et bistro-terrasse. Activités éducatives en environnement pour scolaires et grand public. Stationnement 7 $.

POINTE-AUX-PRAIRIES

Accueil Héritage : 14 905 Sherbrooke Est, 514-280-6691
Pavillon des Marais : 12 300, Gouin Est, 514-280-6688

Ce parc immense composé de marais, de champs et de forêts, abrite un nombre incalculable d'espèces de la gent ailée. Des activités de plein air pour tous et location d'équipement en toutes saisons. Aires de pique-nique. Activités éducatives en environnement pour scolaires et grand public. Stationnement 7 $.

PARC ANGRIGNON

Angle des Trinitaires et Lacroix
Renseignement : 311

M° Angrignon. Une dizaine de kilomètres de petits sentiers de randonnée pédestre et de ski de fond. Petite patinoire aménagée en saison. L'été, amenez vos petits à la Ferme Angrignon (fermée pour travaux pour une période indéterminée), et pour les plus vieux, le Fort Angrignon et son parcours d'épreuves leur fera vivre toutes sortes d'émotions (ouvert à l'année). Stationnement 5 $.

PARC JARRY

Accueil Jean-Paul II : 7920, Saint-Laurent
514-868-5101

M° de Castelnau. Ce parc sert d'écrin au Centre de tennis du parc Jarry, hôte de la Coupe Rogers. Aire de jeux, piscine et pataugeoire, circuits à obstacles aménagés pour les rollers et planches à roulettes, terrains intérieurs et extérieurs de tennis, terrains de sport, et encore plus !

PARC LAFONTAINE

Délimité par le quadrilatère Sherbrooke Est, Rachel, Papineau et Parc Lafontaine
Renseignement : 311
Mº Sherbrooke. Ce parc est le principal espace de verdure du Plateau Mont-Royal. Des terrains de pétanque, de balle, de mini-soccer, de volleyball et de tennis sont mis à la disposition des amateurs, de même que la patinoire extérieure durant la froide saison. On y trouve également le Théâtre de Verdure où sont présentés des concerts, des pièces de théâtre, des films, etc.

PARC MAISONNEUVE

4601, Sherbrooke Est
Renseignement : 311
Mº Pie-IX ou Viau. Le parc Maisonneuve loge un terrain de golf (neuf trous), de nombreux sentiers et une patinoire en hiver. Y sillonne également un réseau de pistes de ski de fond connu de tous les sportifs montréalais. Le Jardin Botanique et l'Insectarium de Montréal occupent une partie du site. Stationnement 10 $, 5 $ après 18h.

PARC DU MONT-ROYAL

514-843-8240
www.lemontroyal.net
Le poumon vert de Montréal où se côtoient marcheurs et cyclistes durant la belle saison. En hiver, les sentiers se métamorphosent en pistes de ski de fond et l'étang, en patinoire, sans compter les pistes de luge. Deux belvédères offrent une vue exceptionnelle sur la ville. Locations d'équipement en toutes saisons au Pavillon du lac aux Castors ; expositions, boutique, café et service d'accueil à la Maison Smith. Activités pour groupes scolaires, associatifs, corporatifs et grand public. Activités de conservation et événements spéciaux. Parc Jeanne-Mance adjacent avec de nombreux terrains de sports aménagés.

PARC RENÉ-LÉVESQUE

Angle Saint-Patrick et du Canal, Lachine
Renseignement : 311
Cette petite péninsule verte offre une perspective imparable sur le majestueux lac Saint-Louis. Une langue de terre parallèle correspond à l'entrée initiale du canal, inauguré en 1825. Ce site comporte 22 sculptures contemporaines et un centre d'accueil et d'interprétation du Canal-de-Lachine. Le musée de Lachine est rattaché au parc et propose des découvertes avec l'art ou l'histoire, d'avril à mi-décembre. *Stationnement 3 $.*

DANS LES ENVIRONS DE MONTRÉAL

CENTRE DE LA NATURE DE LAVAL

901, du Parc, Saint-Vincent-De-Paul, Laval
450-662-4942
www.ville.laval.qc.ca/ms/centre_nature/index.html
Dans ce grand parc, les choix d'activités ne manquent pas pour les sportifs : ski de fond, raquette, glissade sur luges et chambres à air, vélo, escalade, rabaska, canot, kayak, etc. L'hiver, le lac artificiel se transforme en patinoire et les 5 à 8 ans peuvent s'initier au ski alpin. Si vous n'avez pas le matériel, vous le louerez sur place. L'été, les visiteurs peuvent se dégourdir les jambes sur 4 km de sentiers piétonniers. Les amoureux des animaux aussi seront servis puisque le Centre de la nature abrite une ferme et un parc de cervidés. Autres activités : un carrousel de poneys et des balades en train pour les tout-petits, un observatoire astronomique, un skatepark, des jardins et une serre d'exposition, un Village des arts (présentation de spectacles et expositions). *Service de restauration et de location d'équipement sur place. Stationnement 7 $.*

PARC DE LA RIVIÈRE-DES-MILLE-ÎLES

345, Sainte-Rose, Laval
450-622-1020
www.parc-mille-iles.qc.ca

Ce beau parc, avec sa vingtaine d'îles accessibles, est situé à peine à 30 min au nord de Montréal. Il regroupe un ensemble de milieux naturels, des plans d'eau, des îles, des marécages et des berges, qui sont animés et gérés par l'organisme Éco-Nature. Son décor offre un véritable paysage de bayous, avec sa rivière calme, peu profonde et sécuritaire, ses marais en fleurs, ses forêts marécageuses et la végétation luxuriante de ses îles, le tout formant un véritable labyrinthe de verdure. Afin d'apprécier le tout, de nombreuses activités sont proposées en toutes saisons : pêche (sur glace en hiver), location d'embarcations (canot, kayak, rabaska...), circuits autoguidés, randonnées thématiques en soirée, ski de fond, patin à glace, raquette, glissade sur tube, etc. Ne ratez pas une visite au centre d'interprétation qui vous aidera à mieux comprendre les écosystèmes, la faune et la flore de la rivière des Mille Îles. Aussi offerts : camps de jour d'été et d'hiver, activités pour les scolaires.

PARC JEAN-DRAPEAU

514-872-6120
www.parcjeandrapeau.com

M° Jean-Drapeau. En voiture, vous y accédez par le pont Jacques-Cartier ou par l'autoroute Bonaventure. L'été, vous pouvez emprunter, depuis les Quais du Vieux-Port, la navette fluviale.

L'île Sainte-Hélène est le joyau le plus complet de Montréal, accessible par vélo, bateau, bus, métro ou auto. Un peu à l'écart et épousée par le Saint-Laurent, elle offre une foule d'activités sur une surface particulièrement privilégiée. Ainsi, vous y trouverez un important belvédère pour admirer le la ville et le fleuve (il est fort à parier que même les Montréalais l'ignorent), sans oublier la piscine extérieure, la Biosphère (le musée de l'environnement), le Musée Stewart (musée d'histoire), les lacs (lac des Cygnes, au sud, et lac des Dauphins, au nord), la marina et le parc d'attractions réputé La Ronde. De mi-juin à mi-août s'y déroule une des plus grandes compétitions d'art pyrotechnique du monde, l'International des feux Loto-Québec. C'est aussi le lieu du fameux rendez-vous dominical du Piknic Électronik (mi-mai à début octobre).

Sur **l'île Notre-Dame,** créée artificiellement à l'occasion de l'Expo 67 et accessible par le pont des Îles prolongeant le pont de la Concorde, se trouvent le bassin olympique, le circuit automobile Gilles-Villeneuve, sur lequel se disputent le grand prix de Formule 1 en juin et le Nascar en août, les superbes jardins des Floralies, l'agréable plage des Iles pour la baignade (avec son système de filtrage naturel totalement inédit), sans oublier le fameux casino. Le parc offre également pistes de ski de fond, patinoires, championnats d'aviron et événements extérieurs, été comme hiver.

PARC NATIONAL DES ÎLES-DE-BOUCHERVILLE

55, île Sainte-Marguerite
450-928-5088
Réservations Sépaq : 1 800-665-6527
www.sepaq.com/pq/bou/fr/

Ouvert à l'année, de 8h au coucher du soleil (en février et mars, la barrière ferme à 16h30). Accès quotidien adulte : 3,50 $, enfant : 1,50 $, gratuit pour les enfants de 5 ans et moins. Tarifs groupes et familles disponibles. Poste d'accueil : centre de découverte et de services de l'île Sainte-Marguerite (autoroute 25, sortie 1 au tunnel Louis-H-Lafontaine). Service de navette fluviale.

En plein cœur du fleuve et à proximité de Montréal, cet îlot de verdure couvre une superficie de 8,14 km². Les cinq îles sont reliées par une piste cyclable de 21 km et des sentiers qui permettent de les arpenter. Marais, chenaux, forêts... Un vrai havre de paix à quelques minutes de la ville. Il reste que le meilleur moyen de les découvrir est en kayak de mer. Aucun hébergement dans le parc.

Activités : tour d'observation, canot, kayak de mer, randonnée pédestre et à vélo, volleyball de plage, terrain de golf à proximité, raquette, ski nordique et randonnée pédestre sur neige. Location d'embarcations nautiques, de vélos et de raquettes.

VOIR MONTRÉAL AUTREMENT

Montréal recèle de petits trésors, d'histoires insolites et surprenantes, de bijoux architecturaux, bref, c'est une ville à découvrir ou redécouvrir. À pied, à vélo, en bus ou en bateau, ces entreprises spécialisées en guidage sauront vous faire voir la ville autrement.

BELVÜ CROISIÈRE-BOUTIQUE

Quai Jacques-Cartier, Quais du Vieux-Port
514-303-3111 | www.belvu.ca
M° Place-d'Armes. Sorties à quai (restauration, 5 à 7) et sur le fleuve (5 à 7, croisières gastronomiques, sorties en famille). Tarifs selon la croisière choisie.

Un superbe catamaran-lounge de trois ponts a fait son entrée remarquée aux Quais du Vieux-Port en 2010. Les différentes formules offertes vous feront vivre une expérience exceptionnelle, que ce soit à quai pour un 5 à 7 électrisant ou en croisière pour admirer les feux d'artifice. Pour ceux qui aimeraient vivre l'expérience à moindre coût, les 5 à 7 sur le fleuve sont gratuits le vendredi! Pour une réunion ou un événement corporatif qui épatera vos convives, vous pouvez réserver le pont de votre choix (ou le bateau au complet) et choisir ensuite si vous restez à quai ou optez pour une croisière sur le fleuve. Les tarifs incluent les membres d'équipage et l'équipe de service. Résolument tendance!

CROISIÈRES AML

Quai King-Edward, Quais du Vieux-Port
1 866-856-6668
www.croisieresaml.com
M° Place-d'Armes. Coûts : circuits à prix variable. Forfaits-croisières disponibles (croisière guidée, repas, hébergement au Fairmont).

Embarquez à bord du Cavalier Maxim pour une découverte du majestueux fleuve Saint-Laurent. Des croisières de jour, de soir et même de nuit, sont offertes avec des thématiques convenant à chaque groupe d'âge. AML organise également des soupers-croisières, des brunchs en plus des nombreux forfaits adaptés aux groupes. L'entreprise opère aussi à Rivière-du-Loup, à Québec/Lévis et au fjord du Saguenay avec notamment des sorties en zodiac pour l'observation des baleines à Baie-Sainte-Catherine et à Tadoussac.

GUIDATOUR

514-844-4021 / 1 800-363-4021
www.guidatour.qc.ca/www.fantommontreal.com
M° Place-d'Armes. Visites guidées en toutes saisons. Coûts : circuits à prix variable. Forfaits sur mesure pour les groupes aussi disponibles.

La réputation de Guidatour n'est plus à faire et ses guides professionnels vous transporteront dans l'histoire de Montréal, son développement, sa vie

GOÛTER À L'HISTOIRE DE MONTRÉAL

L'agence réceptive « VDM Global DMC » a lancé une nouvelle visite guidée en 2009 : Saveurs et Arômes du Vieux-Montréal. Votre guide, Ronald Poiré, en connaît long sur le sujet et vous transportera dans un circuit des plus gourmets aux quatre coins de la vieille ville. On passe littéralement des influences amérindiennes à l'explosion des saveurs de l'Expo 67. Trois arrêts gourmands, des anecdotes à la tonne et plus de 400 ans d'histoire culinaire!

Les visites, d'une durée de 2h30, ont lieu de la mi-mai à la mi-octobre pour le coût de 55 $, incluant les dégustations, le guide et les taxes. Pour de plus amples informations : 514-933-6674 ou www.visitesdemontreal.com.

culturelle. À pied, à vélo ou en autobus, le choix de visites est vaste et la qualité, omniprésente. Pour les plus jeunes, des rallyes et des visites éducatives leur feront découvrir l'histoire et le patrimoine d'une manière plus qu'originale. Guidatour, c'est également les Fantômes du Vieux-Montréal avec quatre visites nocturnes qui vous feront frissonner tout au long de l'été, sans oublier le spécial Halloween…

KALÉIDOSCOPE

514-990-1872
www.tourskaleidoscope.com
Visites à pied : 15 $-20 $ (rabais avec carte étudiante), autres circuits à prix variable. Plus de 70 types de visites.
Cette entreprise, spécialisée dans les visites guidées des quartiers de Montréal, propose des visites à pied, en vélo ou des circuits en autocar pour les particuliers et les groupes. Vous pouvez découvrir les plus beaux quartiers de la ville (Petite Italie, Quartier chinois, Plateau Mont-Royal, Mille Carré Doré), visiter les lieux de culte (mosquée, église sikh, bouddhiste, synagogue, temple hindouiste, etc.), et faire le tour de l'île selon des thèmes variés en circuit d'une durée de quatre heures à une journée.

L'AUTRE MONTRÉAL

514-521-7802
www.autremontreal.com
Circuits grand public (mai à septembre) : 17 $.
Collectif d'animation urbaine qui se différencie de par son approche et par les thèmes abordés. L'histoire et le patrimoine côtoient les grands enjeux urbains et sociaux de la ville. L'agriculture urbaine, l'histoire des femmes dans la ville, et les ruelles des quartiers, ne sont que quelques-uns des thèmes proposés aux groupes à l'année et aux particuliers en été. Des circuits en autocar ou à pied retracent l'histoire et l'évolution des différents quartiers de la métropole (grand public). Visites sur mesure et activités de formation adaptées aux écoles, entreprises et organismes sociaux et communautaires aussi disponibles.

LA BANANA FUN TOURS

514-564-3386 | www.labananafuntours.com
M° Peel. Kiosque au Centre Infotouriste. Prix variables.
Partez à la découverte de Montréal sans contraintes, à votre rythme et surtout, quand bon vous semble. La Banana Fun Tours propose trois circuits en version audioguide qui vous feront « voir et vivre » la ville comme quelqu'un du cru, anecdotes et musique des meilleurs groupes locaux inclus.

MUSÉES

MUSÉES D'ART

CENTRE CANADIEN D'ARCHITECTURE

1920, Baile
514-939-7026 | www.cca.qc.ca
M° Atwater ou Guy-Concordia. Mer-dim, 11h-18h (jusqu'à 21h le jeudi) ; fermé lun-mar. Adulte 10 $, aîné 7 $, étudiant et enfant gratuit. Entrée libre le jeudi dès 17h30.
Ce musée a été créé avec la conviction que l'architecture fait partie du quotidien de tous. Il va sans dire que l'édifice constitue à lui seul un lieu agréable à visiter. Le bâtiment conçu par Peter Rose et Phyllis Lambert s'est vu décerner de nombreux prix depuis son inauguration en 1989. En plus des salles d'exposition, les salles de réception et le jardin d'hiver sont accessibles au public. Elles abritent la plus large collection au monde de plans, dessins, photographies d'architecture, maquettes, livres etc.

MUSÉE D'ART CONTEMPORAIN

185, Sainte-Catherine Ouest
514-847-6226 | www.macm.org
M° Place-des-Arts. Mar-dim, 11h-18h (21h le mercredi) ; fermé lun (sauf lun fériés). Adulte 10 $, aîné 8 $, étudiant 6 $, famille 20 $, gratuit pour les moins de 12 ans. Entrée libre le mercredi de 17h à 21h. Vendredis nocturnes : tous les premiers vendredis soirs du mois (sauf en janvier et en août), de 17h à 21h, la visite se fait avec musique live, visite-clips des expositions et bar. Tarif d'admission général. Bistro Le Contemporain sur place.
Le musée fait la promotion de l'art d'aujourd'hui en exposant des œuvres

québécoises, canadiennes et étrangères. La collection permanente regroupe plus de 7 000 œuvres datant de 1939 à nos jours, dont la plus importante collection d'œuvres de Paul-Émile Borduas. Dans les autres salles, des artistes invités se partagent temporairement la vitrine. On peut rapporter un peu du musée avec soi en flânant à la boutique, qui offre un choix intéressant d'objets dérivés.

MUSÉE DES BEAUX-ARTS DE MONTREAL

1379, Sherbrooke Ouest
(pavillons Hornstein et Stewart)
1380, Sherbrooke Ouest
(pavillon Jean-Noël Desmarais)
1339, rue Sherbrooke Ouest
(pavillon Claire et Marc Bourgie)
514-285-2000 / 1 800-899-6873
www.mbam.qc.ca

M° Peel ou Guy-Concordia. Mar, 11h-17h ; mer-ven, 11h-21h ; sam-dim, 10h-17h. Accès gratuit aux collections permanentes. Expositions temporaires : adulte 15 $, aîné 10 $, étudiant 7,50 $, famille 30 $, gratuit pour les moins de 13 ans. Réductions le mercredi à partir de 17h (sauf pour les étudiants). Boutique et café sur place.

Ce musée est réputé pour ses expositions au succès international telles que « Picasso érotique », « Hitchcock et l'art », « de Dürer à Rembrandt », « Riopelle », « Égypte éternelle » ou encore « Imagine ». La collection permanente recèle de pièces des plus intéressantes. Plus de 30 000 objets forment une des collections les plus riches d'Amérique du Nord : antiquités, collection d'objets précolombiens et asiatiques, tableaux de maîtres européens du Moyen-âge à nos jours (Memling, Mantegna, Rembrandt, Monet, Cézanne, Matisse, Picasso, Dali), art contemporain (Robert Rauschenberg, Alexander Calder, Riopelle…). On y trouve également une collection d'art canadien exceptionnelle, peintures, sculptures, arts décoratifs retraçant l'histoire du Canada, de la Nouvelle France à nos jours. Enfin, à ne pas manquer, la collection d'arts décoratifs regroupant 700 objets et couvrant plus de 6 siècles de design.

MUSÉES D'HISTOIRE

BASILIQUE NOTRE-DAME DE MONTREAL

110, Notre-Dame Ouest
514-842-2925 / 1 866-842-2925
www.basiliquenddm.org

M° Place-d'Armes. Lun-ven, 8h-16h30 ; sam, 8h-16h ; dim, 12h30-16h. Ouvert tous les jours dès 7h30 pour la prière. Adulte : 5 $, 7-17 ans : 4 $.

La basilique a été construite entre 1824 et 1829 pour remplacer la précédente église Notre-Dame. Son majestueux décor intérieur ne fut rajouté qu'à la fin du XIXe siècle. Elle a été le théâtre de grands événements, des funérailles de sir Georges Etienne Cartier en 1873, l'un des pères de la Confédération et ancien premier ministre du Canada, jusqu'à celles de Pierre-Elliot Trudeau en octobre 2000, en passant par les funérailles de Maurice Richard, un des plus grands joueurs de hockey, celles du cinéaste Gille Carle et le mariage de Céline Dion. Le grand congrès eucharistique international de 1910 s'y est tenu et le pape Jean-Paul II y a reçu les enfants en 1984. Pour une expérience Son et lumière hors du commun, ne ratez pas le spectacle multimédia « Et la lumière fut ». Grâce à des éclairages animés et des projections dynamiques sur d'immenses toiles suspendues à la voûte, l'histoire de Montréal et de la basilique vous est racontée. Les représentations ont lieu du mardi au samedi à l'année (adulte : 10 $).

CENTRE COMMÉMORATIF DE L'HOLOCAUSTE

5151, Côte Sainte-Catherine (Maison Cummings)
514-345-2605
www.mhmc.ca

Angle De Westbury. Lun-mar & jeu, 10h-17h ; mer 10h-21h ; ven & dim 10h-16h ; fermé le sam. et lors des fêtes juives et congés fériés. Adulte 8 $; aîné, étudiant, enfant 5 $.

L'exposition permanente retrace la vie religieuse, culturelle et communautaire juive d'avant-guerre ainsi que la dévastation engendrée par l'Holocauste. Des objets, des photos ainsi que des documentaires témoignent du drame de la

Carte Musées Montréal

C'est un passeport offrant aux visiteurs un choix de 34 musées et attraits montréalais. On peut acheter le passeport seulement (60 $, valide pour 3 jours au choix à l'intérieur de 21 jours) ou choisir de le combiner avec un abonnement au transport en commun (65 $, valide pour 3 jours consécutifs).
Points de vente : La carte est disponible dans les centres d'information touristique, les musées et attraits participants ainsi que dans certaines auberges et hôtels de la ville.
Renseignements : www.museesmontreal.org

Shoah. Témoignages de survivants de l'Holocauste proposés, sur rendez-vous uniquement.

CENTRE D'HISTOIRE DE MONTRÉAL

335, Place d'Youville
514-872-3207
www.ville.montreal.qc.ca/chm
M° Square-Victoria. Mar-dim, 10h-17h (fermé pendant la période des Fêtes). Adulte 6 $, aîné 5 $, étudiant & 6-17 ans 4 $, famille 15 $, gratuit pour les moins de 6 ans.
L'exposition permanente du Centre d'histoire de Montréal : « Montréal en cinq temps » vous fait revivre cinq époques mouvementées de la ville, de 1535 au boom culturel des années 1960 et 1970, tout en mettant l'emphase sur le 20e siècle. À l'étage, « Montréal aux mille visages » vous présentera des témoignages personnels d'habitants de la métropole. Des expositions temporaires ainsi que des visites guidées sont aussi proposées.

LIEU HISTORIQUE NATIONAL DU CANADA DU COMMERCE-DE-LA-FOURRURE-À-LACHINE

1255, Saint-Joseph, Lachine
514-637-7433 / 514-283-6054 (hiver)
www.pc.gc.ca/fourrure
M° Angrignon et bus 195. Ouvert de début avril à fin novembre : lun-dim, 9h30-12h30 & 13h-17h ; fermé le week-end en avril et de mi-octobre à fin novembre. Adulte 3,90 $, aîné 3,40 $, jeune 1,90 $, famille 9,80 $, gratuit pour les moins de 6 ans.
Ce lieu historique vous fera revivre l'épopée de la traite de la fourrure dans ce site enchanteur au confluent du canal de Lachine et du fleuve Saint-Laurent. L'entrepôt situé sur le site date de 1803 et a été fait construire par Alexander Gordon, ex-commis et actionnaire de la Compagnie du Nord-Ouest, bâtiment qui a d'ailleurs été racheté en 1833 par la Compagnie de la Baie d'Hudson. Le site est dorénavant géré par Parcs Canada.

LIEU HISTORIQUE NATIONAL DU CANADA DE SIR-GEORGE-ÉTIENNE-CARTIER

458, Notre-Dame Est
514-283-2282 / 1 888-773-8888
www.pc.gc.ca/cartier
M° Champ-de-Mars. Fermé de janvier à avril. Du 21 juin à la fête du Travail : lun-dim, 10h-17h30. Le reste de l'année : mer-dim, 10h-12h & 13h-17h. Adulte 3,90 $, jeune 1,90 $, aîné 3,40 $, famille 9,80 $.
Chacune des expositions temporaires recrée l'atmosphère de la maison familiale de Sir Georges-Étienne Cartier, un des pères de la Confédération canadienne. Les visiteurs se sentent impliqués et revivent des scènes de la vie de l'époque : leçon d'étiquette, préparatifs d'une réception mondaine ou l'art de vivre bourgeois. Une façon très amusante et divertissante de remonter le temps.

MAISON DE MÈRE D'YOUVILLE

138, Saint-Pierre
514-842-9411
M° Square-Victoria. Visite sur rendez-vous seulement.
Les murs de 1693, les aménagements d'époque et les salles d'expositions permanentes retracent l'histoire des frères Charron et Marguerite d'Youville, fondatrice de la Congrégation des Sœurs Grises. La visite de cette « Maison de Charité », habitée par la Mère d'Youville

et les Sœurs Grises en 1747, est assurée par les religieuses. Le mobilier de l'époque est resté intact. Toute la vie de cette « maison » a été reconstituée. Les visites sont gratuites, mais des dons sont toujours les bienvenus, d'autant que ces femmes d'exception continuent à aider les plus démunis. On leur doit également l'Accueil Bonneau.

MAISON SAINT-GABRIEL

2146, Place Dublin, Pointe-Saint-Charles

514-935-8136 | www.maisonsaint-gabriel.qc.ca

Angle Favard. De début septembre à mi-juin : visites guidées seulement, mar-dim de 13h à 17h (11h-18h en été). Adulte 10 $, aîné 8 $, étudiant 5 $, enfant 3 $, famille 20 $, gratuit pour les moins de 6 ans. Tarification spéciale les dimanches d'été. Entrée gratuite les mardis et mercredis pour la visite guidée de 17h en saison estivale.

En compagnie des Filles du Roy, les visiteurs remontent le temps du XVIIe siècle à nos jours. La maison de ferme de Marguerite Bourgeoys (1668) et les moindres petites histoires qui l'ont animée y sont racontées. Tout le mobilier et les accessoires servent de prétexte à de nombreuses anecdotes. Tous les dimanches d'été, artisans, conférences musicales et horticoles, et animation sont au menu sur le site de la Maison Saint-Gabriel. Ne manquez pas de visiter le jardin de la Métairie ainsi que la grange en pierre datant de 1880.

MUSÉE DE LA BANQUE DE MONTRÉAL

Édifice de la Banque de Montréal

129, Saint-Jacques Ouest

514-877-6810

M° Place-d'Armes. Ouvert lun-ven, 10h-16h. Entrée libre.

Le splendide hall bancaire justifie que l'on y fasse un tour. Le musée numismatique, situé dans le passage reliant la succursale principale et le siège social, expose billets et pièces, accessoires et photographies de différentes époques.

MUSÉE DU CHÂTEAU DUFRESNE

2929, Jeanne-d'Arc

514-259-9201

www.chateaudufresne.qc.ca

M° Pie-IX. Ouvert mer-dim, 10h-17h ; fermé les autres jours. Adulte 7 $, étudiant et aîné 6 $, enfant 3,50 $, famille 16 $, gratuit pour les moins de 6 ans.

Classé monument historique depuis 1976, le Château Dufresne fut construit entre 1915 et 1918, en pleine Première Guerre mondiale, par les frères Oscar et Marius Dufresne. Témoin de la nouvelle classe bourgeoise francophone de l'époque, le musée abrite la collection de meubles et d'objets des fondateurs et sert également de centre de diffusion en arts visuels. À voir : l'intérieur peint par l'artiste profane Guido Nincheri.

MUSÉE REDPATH, CAMPUS DE L'UNIVERSITÉ MCGILL © NRL

MUSÉE DU CHÂTEAU RAMEZAY

280, Notre-Dame Est

514-861-3708 | www.chateauramezay.qc.ca

M° Champ-de-Mars. Juin à mi-octobre : lun-dim, 10h-18h. Le reste de l'année : mar-dim, 10h-16h30. Adulte 10 $, étudiant 7 $, aîné 8 $, 5-17 ans 5 $, famille 22 $, gratuit pour les moins de 5 ans.

Le Musée du Château Ramezay est le premier édifice classé monument historique et le plus ancien musée d'histoire privé au Québec. Depuis plus de 110 ans, il présente des expositions à caractère historique et organise des activités culturelles, scientifiques et muséologiques. Ne quittez pas les lieux sans avoir visité le magnifique Jardin du Gouverneur.

MUSÉE MARGUERITE-BOURGEOYS & CHAPELLE NOTRE-DAME-DE-BON-SECOURS

400, Saint-Paul Est

514-282-8670 | www.marguerite-bourgeoys.com

M° Champ-de-Mars. Fermé de mi-janvier à fin février. Mai à mi-octobre : mar-dim, 10h-17h30. Mi-octobre à mi-janvier et mars-avril : mar-dim, 11h-15h30. Entrée libre dans la chapelle. Adulte 8 $, étudiant et aîné 5 $, 6-12 ans 4 $, famille 16 $. Site archéologique (tarif incluant la visite du musée) : 10 $ par personne, 18 $ par famille.

Ancien lieu de campement des Amérindiens, cet emplacement est maintenant l'hôte d'une chapelle tricentenaire, un musée d'histoire et un site archéologique. C'est d'ailleurs autour de cette chapelle que s'est développé le premier faubourg de la ville. Le musée est dédié à Marguerite Bourgeoys, une femme d'exception qui joua un grand rôle dans l'administration de la colonie au XVIIe siècle.

MUSÉE McCORD

690, Sherbrooke Ouest

514-398-7100 | www.musee-mccord.qc.ca

M° McGill. Mar-ven, 10h-18h (21h le mercredi) ; sam-dim, 10h-17h. Adulte 13 $, étudiant 7 $, aîné 10 $, 6-12 ans 5 $, famille 26 $, gratuit pour les moins de 6 ans. Entrée gratuite tous les premiers samedis du mois de 10h à 12h et les mercredis dès 17h.

Le musée raconte l'histoire à travers les objets, héritage du collectionneur David Ross McCord. L'histoire canadienne se ranime à travers les objets des Premières nations, des photographies, des jouets, des robes et des tableaux. L'exposition permanente « Simplement Montréal » représente le Montréalais avec ses jouets, ses costumes et équipements sportifs. Les autochtones et les premiers colons sont des sujets récurrents. À la boutique, on peut trouver des objets souvenirs intéressants.

MUSÉE POINTE-À-CALLIÈRE

350, Place Royale

514-872-9150 | www.pacmusee.qc.ca

M° Place-d'Armes. Mar-ven, 10h-17h ; sam-dim, 11h-17h (jusqu'à 18h en juillet et août). Adulte 15 $, étudiant 8 $, aîné 10 $, 6-12 ans 6 $, famille 30 $, gratuit pour les moins de 5 ans. Restaurant L'Arrivage sur place.

Sur les lieux mêmes de la fondation de Montréal, ce musée met en valeur d'importants vestiges architecturaux et une collection unique d'objets et d'artefacts trouvés sur le site lors des fouilles archéologiques. Fondé en 1992 lors des célébrations du 350e de Montréal, le site fût le théâtre de nombreuses fouilles dans les années 80 menant à la découverte de 1 000 ans d'activité humaine. Aujourd'hui, la visite du musée commence par un spectacle sons et lumières sur l'histoire de la ville. On passe ensuite sous terre pour découvrir les fondations de la ville. Le musée abrite également des expositions temporaires, généralement très intéressantes.

MUSÉE STEWART

20, chemin Tour-de-l'Isle
Île Sainte-Hélène

514-861-6701 | www.stewart-museum.org

M° Jean-Drapeau. Notez que le musée est fermé jusqu'à l'hiver 2011 pour des travaux de mise aux normes du bâtiment. L'exposition permanente sera renouvelée. Une programmation d'activités scolaires, éducatives et d'actions culturelles sera offerte à la population et aux visiteurs.

Situé dans l'ancien fort de l'Île Sainte-Hélène, ce musée accueille des expositions de qualité à caractère historique. La collection contient entre autres des pièces militaires, des artéfacts, des témoignages de la vie de tous les jours, des documents d'archive, des livres ainsi que des objets scientifiques (de navigation, astronomie, arpentage, cartographie, etc.) qui rappellent la présence et l'influence des civilisations européennes en Nouvelle-France et en Amérique du Nord, jusqu'à nos jours. La nouvelle exposition permanente devrait former une ligne du temps remontant aussi loin que l'époque amérindienne. Le site permet en été d'admirer les démonstrations de la compagnie franche de la Marine. Les spectacles extérieurs sont gratuits. Le panorama sur Montréal est merveilleux, d'où la recrudescence de pique-niques lors des belles journées ensoleillées.

ORATOIRE SAINT-JOSEPH DU MONT-ROYAL

3800, chemin Queen Mary
514-733-8211 / 1 877-672-8647
www.saint-joseph.org

M° Côte-des-Neiges. Horaires variables selon le service. Entrée libre sur le site et aux services religieux. Musée : adulte 4 $, étudiant et aîné 3 $, 6-17 ans 2 $, famille 9,50 $. Boutiques, restaurant et hébergement sur place.

Autre lieu culte d'importance, l'Oratoire Saint-Joseph, construit dans les années 1930, sur le flanc nord-ouest du mont Royal, résulte de l'ardente vision d'un thaumaturge, le frère André. Haut lieu de pèlerinage, l'Oratoire reçoit des visiteurs du monde entier, et son dôme est le troisième plus grand au monde. Du parvis, vous découvrirez une vue grandiose sur une partie de la métropole. Le musée présente divers moments de la vie quotidienne des deux grands héros de l'Oratoire, Saint-Joseph et Saint frère André. À l'année, l'incontournable crèche internationale permet aux visiteurs d'en apprendre un peu plus sur les traditions des autres peuples. Visite guidée de l'Oratoire sur rendez-vous.

RIVE-NORD

L'ÎLE DES MOULINS

866, Saint-Pierre, Vieux-Terrebonne
450-471-0619
www.ile-des-moulins.qc.ca

Les moulins à farine et à carder la laine, construits sous l'administration du seigneur Joseph Masson au XIXe siècle, font revivre leurs fantômes en offrant des tours guidés costumés et de l'animation historique lors de divers événements durant l'année. Les nombreuses activités offertes au fil des saisons feront le bonheur des petits et grands : tour de bateau-ponton, soirées de contes, théâtre interactif, balade en petit train, chasse aux trésors, patin à glace, carnaval d'hiver, etc. Finalement, ne quittez pas le site sans une visite à la Maison Bélisle. Construite en 1760, elle offre différents produits du terroir et des métiers d'art.

MUSÉES DES SCIENCES

BIODÔME DE MONTRÉAL

4777, Pierre-De Coubertin
514-868-3000
www.biodome.qc.ca

M° Viau. Lun-dim, 9h-17h (jusqu'à 18h en été). Fermé le lundi de mi-septembre à mi-février. Adulte 16,50 $, étudiant et aîné 12,50 $, 5-17 ans 8,25 $, 2-4 ans 2,50 $. Tarif spécial pour les résidents du Québec. Possibilité d'acheter des forfaits combinés avec Insectarium, Jardin Botanique et/ou Tour Olympique.

Dans ce muséum nature, les écosystèmes les plus extraordinaires des Amériques ont été reconstitués : le golfe et l'estuaire du Saint-Laurent, l'érablière des Laurentides, la forêt tropicale, et même les régions subpolaires des côtes du Labrador et des îles subantarctiques. L'idée est de sensibiliser la population à la précarité de notre environnement dans une optique de préservation de la biodiversité et d'adoption de comportements responsables. Hautement apprécié en toutes saisons, nous vous recommandons « l'expérience » d'une visite de la forêt tropicale en plein hiver. Cet écosystème truffé d'amphibiens, de

BIODÔME DE MONTRÉAL © NRL

reptiles, d'oiseaux et de poissons aux couleurs paradisiaques provoque un véritable choc culturel, en plus de vous faire oublier le froid qui sévit à l'extérieur. Pour ceux et celles qui désirent voir un castor ou un pingouin, c'est aussi le meilleur (sinon le seul) endroit à Montréal.

BIOSPHÈRE

160, chemin Tour-de-l'Isle, Île Sainte-Hélène
514-283-5000 | www.biosphere.ec.gc.ca

M° Jean-Drapeau. De juin à novembre : lun-dim, 10h-18h. Le reste de l'année : mar-dim, 10h-18h. Adulte 12 $, étudiant et aîné 8 $, gratuit pour les de moins de 18 ans.

Inaugurée en 1995, dans l'ancien pavillon des États-Unis de l'expo 67, la Biosphère d'Environnement Canada est devenue au fil du temps le premier centre canadien d'observation environnementale. Unique musée en Amérique du Nord dédié à l'eau et plus particulièrement au fleuve Saint-Laurent et aux Grands Lacs.

CENTRE DES SCIENCES DE MONTRÉAL

Quai King-Edward, Quais du Vieux-Port
514-496-4724 / 1 877-496-4724
www.centredessciencesdemontreal.com

M° Place-d'Armes. Lun-ven, 9h-16h ; sam-dim, 10h-17h (salles d'exposition). Pour l'exposition et 1 film Imax : adulte 20 $, 13-17 ans et aîné 18 $, 4-12 ans 15 $, famille 63 $.Autres tarifs pour les expositions ou un film seulement. Consultez leur site Internet pour les horaires du cinéma IMAX et du ciné-jeu.

Les mordus de sciences et de technologies apprécieront l'exploration du Centre des sciences. Par des expositions interactives amusantes et étonnantes, la visite vous permettra d'en apprendre un peu plus sur la culture scientifique et technique, et l'impact de ses applications dans notre vie individuelle et collective. Cinéma IMAX, restaurants et boutiques sur place.

JARDIN BOTANIQUE ET INSECTARIUM DE MONTRÉAL

4101, Sherbrooke Est
514-872-1400 | www.ville.montreal.qc.ca/jardin

M° Pie-IX. Mi-mai à début septembre : lun-dim, 9h-18h (jusqu'à 21h de début septembre à novembre). Novembre à mi-mai : mar-dim, 9h-17h. Tarifs réguliers pour les deux muséums (variation selon la saison) : adulte 14 $-16,50 $, aîné et étudiant 10,50 $-12,50 $, 5-17 ans 7 $-8,25 $, 2-4 ans : 2 $-2,50 $. Forfaits disponibles. Tarif spécial pour les résidents du Québec. Service de navette gratuite sur le site. Restaurant saisonnier et boutiques sur place.

Les citadins viennent s'y ressourcer à coup d'air pur et de verdure. Grâce à ses 75 hectares, ce vaste poumon de la métropole procure un dépaysement tel que le visiteur a l'impression de flâner au cœur de la Chine, ou encore, dans un délicat jardin japonais. À la Maison de l'arbre, le grand végétal est mis à l'honneur au cœur d'un arboretum de 40 hectares. Au jardin des Premières Nations, tout végétal à son importance utilitaire, alimentaire et médicinale. Il faut aussi choisir les sentiers pour apprécier ce grand jardin. Nombreuses activités et expositions proposées au fil du changement de saisons. *Nouveauté : les 4 à 8 estivaux du jardin avec cocktails botaniques et tapas à saveur du terroir (jeu-dim, 16h-20h).*

GALERIES D'ART

ARTOTHÈQUE DE MONTRÉAL

5720, Saint-André
514-278-8181
www.artotheque.ca
Angle Rosemont. Mer-ven, 12h30-19h ; sam, 11h-17h. Service de livraison.

En devenant membre de cette association à but non lucratif (25 $/an), vous pouvez louer des œuvres originales réalisées par quelques 1 000 artistes. Une collection qui comprend plus de 5 000 tableaux, estampes, sculptures, photographies et aquarelles est disponible. L'intérêt de ce système, c'est la possibilité de changer de décor aussi souvent que vous le voulez. Si vous tombez amoureux d'une œuvre, vous pourrez toujours l'acheter.

BOUTIQUE DU CONSEIL DES MÉTIERS D'ART DU QUÉBEC

370, Saint-Paul Est | 514-878-2787
www.metiers-d-art.qc.ca
M° Champ-de-Mars. Ouvert tous les jours dès 10h, fermeture entre 18h et 21h selon la saison.

Cette galerie, entièrement dédiée à la création contemporaine dans les différents métiers d'art, bénéficie d'un emplacement idéal. Située au cœur du Marché Bonsecours, l'un des bâtiments les plus représentatifs de l'histoire du Vieux-Montréal, elle fait la promotion de l'art de plus de 200 artistes québécois. Leurs œuvres sont réalisées dans des matériaux aussi divers que la céramique, le verre, le textile, le bois ou encore l'or et l'argent pour la joaillerie. Un grand choix pour faire ou se faire plaisir !

ESPACE PEPIN

350, Saint-Paul Ouest
514-844-0114 | www.pepinart.com
M° Square-Victoria. Lun-mer & sam, 10h-18h ; jeu-ven, 10h-20h ; dim, 12h-18h.

Une galerie aux fonctions multiples puisqu'elle est à la fois atelier, boutique d'art, d'accessoires de décoration et de meubles divers, et propose une sélection de vêtements griffés. L'artiste, Lysanne Pepin, fort consciente du luxe que constitue l'achat d'une œuvre d'art, propose aussi des impressions limitées permettant d'économiser sur le prix régulier. Il est aussi possible de se procurer des reproductions sur carte, affiches et autres à prix accessibles.

GALERIE CLAUDE LAFITTE

2160, Crescent
514-842-1270
www.lafitte.com
M° Guy-Concordia. Mar-sam, 11h-17h. Fermé dim-lun.

Des toiles de maîtres canadiens, européens et américains tels le Groupe des Sept, Riopelle, Borduas, Chagall, Picasso, Miro, Léger, Motherwell, Suzor-Côté, Krieghoff ou encore Renoir constituent en partie le fonds prestigieux de cette galerie.

GALERIE D'AVIGNON

102, Laurier Ouest | 514-278-4777
www.galeriedavignon.ca
Angle Saint-Urbain. Mar-jeu, 11h-18h ; ven, 11h-20h ; sam, 11h-17h ; dim, sur rendez-vous.

Une autre galerie où l'art contemporain prend la place qui lui revient, dans un espace calme permettant l'appréciation des œuvres qui s'offrent à nos yeux. Une grande place est donnée aux artistes canadiens, tant sur toile qu'en sculpture.

GALERIE DE BELLEFEUILLE

1367, Greene
514-933-4406
www.debellefeuille.com
Mº Atwater. Lun-sam, 10h-18h ; dim, 12h-17h30.

De Bellefeuille représente plusieurs artistes canadiens et internationaux d'avant plan tels Joe Fafard et Jim Dine. Avec plus de 450 m² de surface sur plusieurs étages dans un superbe édifice historique, cette galerie d'art contemporain possède des espaces d'exposition très bien adaptés pour sa remarquable collection de peintures, de sculptures, de gravures et de photographies.

GALERIE SUR GREENE

1368, Greene
514-938-3863
www.lagaleriesurgreene.com
Mº Atwater. Mar-ven, 10h-18h ; sam, 10h-17h ; fermé dim-lun.

Vous trouverez à la Galerie sur Greene une collection d'œuvres d'art produites par certains des meilleurs artistes québécois ainsi que par un nombre restreint d'impressionnants artistes canadiens et internationaux. Les courants modernes coexistent avec des œuvres historiques, principalement des toiles figuratives, mais on y retrouve des œuvres abstraites ainsi que de la sculpture.

GORA

279, Sherbrooke Ouest, espace 205
514-879-9694
www.gallerygora.com
Mº Sherbrooke. Lun-ven, 10h-17h, et sur rendez-vous.

Dans un bâtiment centenaire, cette spacieuse galerie d'art contemporain, toute de blanc vêtue, diffuse les œuvres d'artistes locaux et du monde entier, que ce soit des peintures, sculptures, photographies ou des installations multimédia. Avec son immense salle de 8 500 pi², sa cuisine toute équipée et ses nombreux services allant du vestiaire au service de traiteur maison, la galerie est le lieu idéal pour les événements spéciaux tels les lancements, les réceptions, les fêtes privées…

RIVE-SUD

LE BALCON D'ART

650, Notre-Dame, Saint-Lambert
450-466-8920 / 1 866-466-8920
www.balcondart.com
Lun-ven, 9h30-17h ; sam, 10h-17h ; dim, 11h-17h. Ouverture à midi les jours de vernissage.

Cette galerie est le bastion de Suzor-Côté et Marc-Aurèle Fortin, illustres peintres québécois. Aujourd'hui, des dizaines d'artistes peintres et de sculpteurs (surtout québécois et canadiens) y exposent leurs pièces : lithographies, objets d'art et œuvres originales. Nathalie et Fay, la nouvelle génération de propriétaires, se feront un plaisir de disserter sur les pièces d'art qui décorent leur galerie. Service d'encadrement et de restauration.

CENTRES D'ART

CENTRE CLARK

5455, de Gaspé, local 114
514-288-4972 | www.clarkplaza.org
Angle Saint-Viateur. Mar-sam, 12h-17h (atelier ouvert dès 9h en semaine et 11 le samedi). Entrée libre.

Situé au cœur du quartier du Mile-End, ce centre d'exposition est à la fois résidence d'artistes, lieu d'exposition et organisateur de conférences, et occupe une place non négligeable sur la scène artistique montréalaise. Un atelier est également mis à la disposition des artistes (cotisation annuelle de 60 $, tarifs à l'heure, demi-journée et journée complète) afin qu'ils puissent accéder aux outils de travail du bois ou d'autres matériaux.

CENTRE SEGAL DES ARTS DE LA SCÈNE

5170, Côte-Sainte-Catherine
514-739-2301 / 514-739-7944 (billetterie)
www.segalcentre.org
Mº Côte-Sainte-Catherine. Consultez le site Internet pour la programmation du théâtre.

Depuis la fermeture de l'Institut des Jeunes et de l'École des Beaux-arts, le centre désire plus que jamais affirmer son rôle de diffuseur artistique, par le biais de son théâtre. Le Théâtre Segal offre une programmation annuelle de pièces très variées, en anglais et en yiddish. Une grande place est laissée à la relève qui ne cesse de nous surprendre. De plus, le centre accueille nouvellement une académie des arts de la scène tenue par des professionnels du milieu.

Montréal regorge de centres d'art autogérés, et on retrouve la liste complète de ces derniers sur le site du Regroupement des Centres d'Artistes Autogérés du Québec (RCAAQ) : www.rcaaq.org.

ÉDIFICE BELGO

372, Sainte-Catherine Ouest

M° Place-des-Arts. Horaires variables selon la galerie.

Situé en plein centre-ville, cet immeuble de brique datant de 1912, abrite un véritable vivier de tout ce qui peut se faire en matière d'art contemporain à Montréal. En y pénétrant, ses longs couloirs blancs et ses lustres d'époque donnent une première impression assez étrange. Mais une fois monté à l'étage, et une fois franchie la porte d'un des multiples espaces investis par des galeries et autres centres d'art autogérés, on se retrouve instantanément au cœur du sujet. Voici une petite sélection (car il y en a bien d'autres !) de galeries et centres d'art qui ont élu domicile au Belgo.

Centre d'Exposition Circa

Espace 444

514-393-8248 | www.circa-art.com

Mer-sam, 12h-17h30. Entrée libre.

Les artistes exposant au Circa sont en majorité sculpteurs, mais on y trouve également peintres, photographes et performeurs. Les œuvres choisies relèvent généralement d'un esprit très conceptuel et de l'expérimentation dans le domaine de l'art visuel contemporain.

Galerie B-312

Espace 403

514-874-9423 | www.galerieb-312.qc.ca

Mar-sam, 12h-17h. Entrée libre.

Les artistes présentés dans cette galerie travaillent tous sur des supports variés mais ont en commun la représentation figurative.

Optica

Espace 508

514-874-1666

www.optica.ca

Mar-sam, 12h-17h (fermé de la mi-juin à la mi-août). Entrée libre. Visites commentées sur demande.

L'un des premiers centres d'artistes autogérés au Québec et au Canada. Ouvert en 1972, Optica est un centre multidisciplinaire et réunit expositions, conférences et rencontres avec les artistes.

Skol

Espace 314

514-398-9322

www.skol.ca

Mar-sam, 12h-17h. Entrée libre.

Installations, sculpture, peinture, vidéo, multimédia, performances, pratiques relationnelles : l'art actuel se déploie sous de multiples formes au Centre des arts actuels Skol.

FONDERIE DARLING

745, Ottawa

514-392-1554

www.fonderiedarling.org

*M° Square-Victoria, angle Prince. Mer-dim, 12h-19h (22h le jeudi). Entrée 3 $, gratuit le jeudi. *La Fonderie est présentement fermée aux expositions, réouverture en mars 2011.*

Situé dans l'ancien Faubourg des Récollets, quartier industriel du port de Montréal adjacent au canal de Lachine, ce lieu dédié à la création contemporaine s'est installé dans une ancienne fonderie ouverte par les frères Darling en 1880. Soutenue par le ministère de la culture québécois, Caroline Andrieux, jeune française, déjà fondatrice de l'Hôpital Éphémère à Paris, a investi cette friche industrielle en 2002 afin d'en faire un lieu avant-gardiste. La fonderie offre un soutien actif à la création et aux arts visuels, proposant des ateliers pour des artistes du monde entier, une programmation d'événements divers et surtout des expositions. Rien de plus étonnant que de découvrir ces œuvres d'art et installations dans l'immense espace de brique, offrant un cadre idéal à l'inspiration actuelle. Après une exposition, ne manquez surtout pas d'aller déguster un bon cappuccino et un succulent sandwich au Cluny Artbar, le café attenant à la salle d'expo.

MONTRÉAL, ARTS INTERCULTURELS (MAI)

3680, Jeanne-Mance
514-982-3386
www.m-a-i.qc.ca
Angle Léo-Pariseau. Expositions gratuites, spectacles payants (réductions pour les étudiants, aînés).
Le MAI se compose d'une salle de spectacle, d'une galerie d'art et d'un café-bar. Son rôle : diffuseur d'arts contemporains, danse, musique, théâtre (en français et en anglais), peinture, sculpture, vidéo. Seul lieu à Montréal à proposer un tel programme et une telle diversité, le MAI s'est investi d'une mission permettant et provoquant des échanges multiculturels. Il est également possible d'assister aux répétitions des spectacles, et de participer à des conversations avec les artistes.

SOCIÉTÉ DES ARTS TECHNOLOGIQUES (SAT)

1195, Saint-Laurent
514-844-2033
www.sat.qc.ca
*Mº Saint-Laurent. Programme divers et varié en journée et le soir, à consulter sur le site Internet. Entrée libre pour les expositions, payante pour les soirées. *Notez que la SAT est présentement fermée pour des travaux d'agrandissement.*
Fondée en 1996, cette société unique en son genre au Canada offre un espace de regroupement aux différents arts numériques (clips, musique électronique, mixage...) et tout ce qu'on peut imaginer utilisant la technologie. Oscillant entre laboratoire de création, espace d'expositions, de concerts et de projections, lieu de débats et d'échanges, la SAT joue un rôle essentiel dans leur promotion. La SAT[Galerie], anciennement située juste à côté, s'est transformée pour devenir la SAT[Expo], laboratoire de diffusion d'œuvres issues des technologies informatique ou détournées de celles-ci. À surveiller à la réouverture : la Satosphère (dôme permanent dédié à la présentation d'œuvres audiovisuelles immersives) et le Laboratoire de recherche culinaire.

VOX

1211, Saint-Laurent
514-390-0382
www.voxphoto.com
*Mº Saint-Laurent. *Notez que VOX est présentement fermé et déménagera sur la rue Sainte-Catherine (angle Saint-Laurent) en septembre 2011.*
VOX est un organisme à but non lucratif entièrement dédié à la photographie contemporaine. Souhaitant offrir un contexte propice à la diffusion, à la recherche et à l'expérimentation, le programme des expositions présente généralement une sélection d'œuvres novatrices d'artistes vidéastes et photographes émergents aussi bien que de grande renommée. Avec un réseau international bien établi, VOX a permis également à plusieurs artistes d'ici d'exposer en dehors du pays.

RIVE-NORD

MAISON ANDRÉ BENJAMIN PAPINEAU

5475, Saint-Martin Ouest, Laval
450-688-6558
www.alpap.org
*Mar-dim, 13h-17h. Entrée libre. *La maison est présentement fermée aux expositions, réouverture en mars 2011.*
La Maison d'André-Benjamin Papineau, un patriote et le cousin de Louis-Philippe Papineau, a été construite vers 1818. Classée comme monument historique depuis 1974, celle-ci est devenue un centre d'art et de culture qui encourage les artistes de la région en exposant leurs œuvres. Certains vestiges du passé ont aussi été conservés pour ajouter à l'authenticité de l'endroit.

BIBLIOTHÈQUES ET MAISONS DE LA CULTURE

Plusieurs installations culturelles, telles les bibliothèques et les maisons de la culture du réseau de la ville, permettent aux citoyens d'avoir accès gratuitement ou à faible coût à toutes sortes de ressources et d'événements culturels et ce, tout au long de l'année.

Bibliothèques

Afin d'obtenir la liste complète des bibliothèques à Montréal, consultez le site Internet de la métropole au : www.ville.montreal.qc.ca/biblio.

BIBLIOTHÈQUE ET ARCHIVES NATIONALES DU QUÉBEC

475, de Maisonneuve Est
514-873-1100 / 1 800-363-9028
www.banq.qc.ca

Mº Berri-UQÀM. Lun, fermé ; mar-ven, 10h-22h ; sam-dim, 10h-18h. La section « actualité et nouveautés » ouvre tous les jours jusqu'à 22h (fermée lundi). Nécessité de s'abonner (preuves d'identité et preuves de résidence demandées) pour accéder aux documents. Gratuit. Certains documents peuvent être empruntés, d'autres doivent être consultés sur place. Le site Internet est une excellente base de données qui permet de savoir, avant de se déplacer, si les documents que vous voulez consulter ou emprunter sont disponibles ou non.

Dans ce nouvel espace ouvert au public le 30 avril 2005, plus de 4 millions de documents, dont un million de livres sont en accès libre. La bibliothèque réunit deux collections de premier plan : la Collection Nationale qui rassemble tout ce qui s'est publié au Québec, tout ce qui a été publié sur le Québec ailleurs dans le monde, et toutes les publications dont au moins l'un des créateurs est Québécois, et ce depuis l'époque de la Nouvelle-France. Ce patrimoine impressionnant est offert en libre consultation. La bibliothèque étant équipée d'un réseau sans fil (Wifi), il est facile de se connecter à Internet avec son portable. De plus, des ordinateurs sont à disposition du public un peu partout. L'aménagement des salles de lecture a été étudié pour que chacun puisse apprécier le calme et une luminosité optimale. Un auditorium, un centre de conférence et des salles d'exposition animent continuellement les lieux. Entre l'étude de deux ouvrages, on peut visiter une exposition, rencontrer des écrivains, assister à un débat ou encore apprendre une nouvelle langue...

MAISONS DE LA CULTURE

www.ville.montreal.qc.ca/culture

Au total 12 maisons réparties dans les principaux quartiers de Montréal permettent à un large public d'accéder à la culture gratuitement (dans la majorité des cas) et à une multitude d'activités artistiques. La force principale de ces maisons est d'élaborer une programmation en fonction de la population du quartier. En jouant la carte de la proximité, elles réagissent par rapport aux attentes d'un public qu'elles connaissent bien. En outre, elles sont un véritable banc d'essai pour des jeunes artistes et pour la recherche artistique. Si les expositions sont libres d'accès, il faut se procurer un laissez passer gratuit pour profiter des autres activités en présentant la carte « Accès Montréal » ou une preuve de résidence.

SERVICE DES ACTIVITÉS CULTURELLES DE L'UNIVERSITÉ DE MONTRÉAL

Pavillon J.-A.-De Sève
2332, Édouard-Montpetit,
2ème étage, bureau C-2524
514-343-6524 | www.sac.umontreal.ca

Mº Édouard-Montpetit.

La cité universitaire étant située un peu en retrait du centre-ville, elle a créé sa propre effervescence culturelle. Outre les étudiants, toute la communauté y est conviée. Ainsi le commun des mortels peut s'inscrire à des cours touchant l'art visuel, la danse, la musique, la communication, la photographie, les langues, la mode et la création, le théâtre, le cinéma et les médias. Ces vastes catégories se séparent en plusieurs ateliers. Les autodidactes y trouvent aussi leur compte car les services à la vie étudiante louent au public des salles, de l'équipement et un soutien technique compétent pour les répétitions ou les représentations.

RIVE-SUD

CONSEIL MONTÉRÉGIEN DES LA CULTURE ET DES COMMUNICATIONS

80, Saint-Laurent Ouest,
bureau 130, Longueuil
450-651-0694 / 1 877-651-0694
www.culturemonteregie.qc.ca

C'est un centre d'information sur la vie culturelle de la région, avec toutes les informations pertinentes sur les diverses facettes de la culture. Registre des associations locales, références et pamphlets à consulter. N'offre pas d'activités en soi, mais cherche plutôt à aiguiller l'usager vers la référence qui remplira les moments creux et illuminera les loisirs. Pour une vie bien remplie, même en dehors de Montréal…

INSOLITE

Cette section est dédiée à ceux qui cherchent des activités qui sortent de l'ordinaire !

ASSOCIATION D'ULTIMATE DE MONTRÉAL

514-303-4048
www.montrealultimate.ca

Voici quelque chose qui risque d'en intéresser plus d'un ! Vous connaissez le jeu où on se lance un disque, communément appelé le Frisbee ? Et bien croyez-le ou non, c'est devenu un sport d'équipe fort prisé car peu cher et accessible, il permet à tous de se garder en forme tout en ayant du plaisir. Entre quatre murs ou en plein air, de nombreuses ligues existent et si vous êtes seul, pas de problème, on vous trouvera une équipe. Que dire d'autre qu'un sport franchement amusant dans une ambiance plus que conviviale !

ÉCOLE DE MIME OMNIBUS

1945, Fullum (Espace Libre)
514-521-4188
www.mimeomnibus.qc.ca
Mº Frontenac. Tarifs en fonction du niveau et du nombre de cours.

Qu'est-ce que le mime concrètement ? « C'est l'acteur, son jeu avant d'être perverti par la parole ». Ici on vous enseigne le langage du corps, que vous en soyez à vos débuts ou au perfectionnement de vos techniques. Le cours pour débutant initie les élèves à la pratique du mime corporel, tandis que le niveau avancé est une étude pratique de la dramaturgie non verbale. Le prix d'une session varie de 180 $ à 290 $ pour une ou deux périodes par semaine (possibilité de 4, 5 ou 6 périodes par semaine). Des stages intensifs d'une durée de 55 heures réparties sur deux semaines sont également offerts l'été (625 $). Bref, c'est une expérience très intéressante mais qui s'adresse un peu plus à ceux qui désirent faire une carrière théâtrale.

FÉDÉRATION QUÉBÉCOISE DES ÉCHECS

La Fédération québécoise des échecs (FQE) chapeaute l'ensemble des clubs du Québec. Elle centralise l'information entre chacun de ces derniers et offre une multitude de services : revue « Échec + », matériel, babillard, organisation de championnats, stages de formation, etc. Vous cherchez des gens aussi passionnés que vous pour les échecs ? Consultez leur site Internet afin de trouver un club ou un lieu de pratique qui vous convient au : www.fqechecs.qc.ca. Échec et mat !

SOCIÉTÉ QUÉBÉCOISE DE SPÉLÉOLOGIE

4545, Pierre-De Coubertin
514-252-3006 / 1 800-338-6636
www.speleo.qc.ca
Mº Pie-IX.

Partez à la découverte et à l'exploration des cavernes et grottes. Combien d'entre vous savent qu'il existe une caverne ici à Montréal ? La SQS offre une foule de services et d'activités d'initiation pour le néophyte : sorties, soirées cave-in (soirées où les amateurs échangent photos, informations, expériences vécues), rassemblements et grandes expéditions. Lors des sorties, le matériel est fourni mais apportez avec vous vieux vêtements chauds, gants, bottes et vêtements de rechange. La Société chapeaute également l'École québécoise de spéléologie. Différents items sont disponibles à leur boutique : t-shirts, publications, matériel neuf et usagé. Une formidable expérience sous terre dans une nature pratiquement intacte !

LASER, KARTING, PAINTBALL

LASER QUEST

1226, Sainte-Catherine Ouest
514-393-3000 | www.laserquest.com

Mº Peel. Lun, pour événements privés ; mar-jeu, 17h-21h ; ven, 16h-23h ; sam, 10h-23h ; dim, 10h-20h. Tarifs : adulte, enfant et étudiant 8,50 $ pour une partie de 25 minutes. Réservations 7j/7, 24h/24.

Le terrain de jeu s'étend sur trois étages. Muni d'un laser et d'une veste au design hi-tech, on se terre contre un mur pour tenter d'échapper aux adversaires. Prenez garde aux miroirs et aux effets de fumée et de lumière ! L'objectif est d'accumuler le plus de points en visant son adversaire, tout en évitant d'être touché. Du plaisir à l'état pur !

ACTION 500 KARTING / PAINTBALL

5592, Hochelaga
514-254-4244 / 1 877-254-4244
www.action500.com

Mº L'Assomption. Karting : ouvert tous les jours, 24h/24. Paintball : lun-jeu, 18h-minuit (dès 12h en été, lors de la relâche scolaire et les jours fériés) ; ven, 12h-minuit ; sam-dim, 9h-minuit. Boutique de sports extrêmes sur place.

Les fous de sensations fortes trouveront leur bonheur dans ce grand centre rassemblant karting et paintball. Les passionnés de vitesse et d'adrénaline apprécieront faire des tours de piste dans ce complexe de karting bien équipé. Des tournois, des challenges, des classements y sont même organisés ! Pour le paintball, découvrez les 50 000 pieds de cette grande aire de jeux entre amis. L'équipement est bien entendu fourni. Grace à son nouveau centre ultramoderne de Laval (2025, autoroute 440), c'est maintenant sept terrains de paintball et lasertag qui s'offrent à vous. Frissons et actions garantis !

RIVE-NORD

PAINTBALL MIRABEL

17 650, rang Sainte-Marguerite, Mirabel
450-660-6635 / 1 800-551-5389
www.paintballmirabel.com

Les contacter pour votre réservation de groupe ou pour en trouver un déjà constitué auquel vous pourrez vous joindre. Nombreux forfaits disponibles.
Cet immense site comprend une trentaine de terrains intérieurs et extérieurs. Une belle activité d'équipe où vous développerez vos réflexes, ruses, techniques et tactiques de jeu. Tout l'équipement et les munitions peuvent être achetés sur place. Sachez que si vous constituez un groupe d'au moins 20 personnes, vous pouvez réserver le site à tout moment, même en pleine nuit !

BILLARDS ET QUILLES

BILLARDS

ISTORI

486, Sainte-Catherine Ouest, suite 202
514-396-2299 | www.istori-bar.com

Mº McGill. Lun, 11h30-15h (soirée sur réservation) ; mar-ven, 11h30-minuit (…et plus jeu-ven) ; sam-dim, fermé (ouverture sur réservation d'un minimum de 50 personnes). Terrasse intérieure.

Après 10 ans d'existence, Istori s'est refait une beauté afin de donner une ambiance plus lounge et décontractée. Une table « Boston » et cinq tables « invitation » sont dispersées sur tout l'étage, de manière à ménager suffisamment d'espace entre les joueurs. Également resto-bar, la maison propose des plats mexicains, pâtes, salades, hamburgers et autres mets pour remplir les petits creux entre deux parties. Si vous souhaitez organiser une soirée privée, il suffit de les contacter pour l'organisation de votre événement/tournoi. Des menus pour groupe et des buffets sont offerts à prix très raisonnables.

RIVE-SUD

LE SKRATCH

1875, Panama, Brossard
450-466-7903 | www.leskratch.com
Ouvert tous les jours de 10h à 3h. Plusieurs autres adresses dans la grande région de Montréal.
Plusieurs bars et stations de restauration sont aménagés dans ce club spacieux. La nourriture est habituellement du type fast-food, mais on peut aussi y déguster des fruits de mer, des salades et divers plats de viandes. On y organise d'ailleurs régulièrement des tournois pour amateurs et professionnels. Autres activités : simulateurs de jeux électroniques, jeux de dards, téléviseurs à petits et à grands écrans pour les amoureux du sport, soirées thématiques (spectacles, DJ, piste de danse, etc.).

QUILLES

SHARX

1606, Sainte-Catherine Ouest
514-934-3105 | www.sharx.ca
M° Guy-Concordia. Ouvert tous les jours de 11h à 3h.
Une immense salle à l'intérieur du faubourg Sainte-Catherine qui abrite tables de billard et de snooker, des écrans géants pour le sport seulement, une section bar, un service de restauration et un grand bowling de 10 allées automatiques. Une salle VIP est disponible pour les groupes (avec service traiteur disponible pour un minimum de 20 personnes). La clientèle envahit les lieux à la fermeture des bureaux et l'on s'y amuse ferme.

RIVE-SUD

SALON DE QUILLES CHAMPION

2999, Taschereau, Greenfield Park
450-671-5577 | www.bowlingchampion.ca
En face de l'hôpital Charles-Lemoyne. Dim-jeu, 9h-minuit ; ven-sam, 9h-2h30.
Rien de moins que 77 allées pour les mordus de la quille, dont vingt consacrées aux grosses boules. Une institution mythique dans l'imaginaire sportif québécois, haut lieu des compétitions télévisées et des ligues de quilles. Pour du bon temps tout simple, à des prix minimes qui défient toute concurrence.

ACTIVITÉS INTÉRIEURES POUR ENFANTS

SPECTACLES

JEUNESSES MUSICALES DU CANADA

305, Mont-Royal Est
514-845-4108 | www.jeunessesmusicales.com
M° Mont-Royal. Cet organisme vise à diffuser la musique classique auprès des jeunes et à soutenir les artistes dans leur carrière tant nationale qu'internationale. Il présente, tout au long de l'année, de nombreux concerts dans les écoles et différentes salles de spectacle. Des concertinos pour les 6 à 12 ans d'une durée maximale de 55 minutes sont au programme, ainsi que des concerts « Éveil musical » pour les Centres de la petite enfance (CPE) et les garderies. Concerts pour la famille à 8 $ par personne. Plusieurs spectacles sont donnés durant l'année. Abonnement annuel possible. Programmation à surveiller sur leur site Internet.

L'ILLUSION, THÉÂTRE DES MARIONNETTES

Studio-théâtre : 783, de Bienville

514-523-1303

www.illusiontheatre.com

M° Mont-Royal ou Laurier. Tarif atelier-spectacle : scolaire/garderie/CPE 8,75 $, grand public 12,75 $. Forfaits familiaux et scolaires disponibles. Billetterie ouverte lun-ven de 10h à 16h, et une heure avant le spectacle les sam-dim.

Au cœur du Plateau Mont-Royal, ce petit théâtre donne vie aux objets et explore l'âme humaine à travers des créations originales. Parmi la programmation : Pain d'épice et Jacques et le haricot magique.

LA MAISON THÉÂTRE

245, Ontario Est

514-288-7211 | www.maisontheatre.com

M° Berri-UQÀM. Tarifs : enfant et ado 14,75 $, adulte 18,75 $. Abonnements disponibles. Billetterie ouverte tous les jours de 11h30 à 16h30, dès 10h s'il y a une représentation à 11h.

Formée de l'association de 25 compagnies de théâtre et issue de la volonté du milieu, la Maison Théâtre a pour mission de favoriser le développement du théâtre pour l'enfance et la jeunesse et d'offrir à tous, par la diffusion d'œuvres théâtrales de qualité, une porte ouverte sur la culture. Depuis plus de 25 ans, ce théâtre fait découvrir aux jeunes de divers milieux culturels d'œuvres classiques et contemporaines. Ayant pour mission de promouvoir le théâtre auprès du jeune public, la programmation offre des pièces pour les 4 à 17 ans. N'hésitez pas, téléphonez ou allez sur le site Internet pour voir la programmation.

CINÉMA

CINÉMA ONF - CINÉROBOTHÈQUE

1564, Saint-Denis

514-496-6887 | www.onf.ca/cinerobotheque/

M° Berri-UQÀM.

L'Office National du Film propose plusieurs cycles d'activités pour les familles tournant autour du grand écran. Les ateliers initiant les enfants au film d'animation et à la vidéo reviennent régulièrement. Bien sûr, les enfants sont eux-mêmes les réalisateurs de leur projet.

SCIENCES

CENTRE DES SCIENCES DE MONTRÉAL

Quai King Edward, Vieux-Port de Montréal

514-496-4724 / 1 877-496-4724

www.centredessciencesdemontreal.com

M° Place-d'Armes. Visitez le site Internet pour connaître les horaires et les différentes expositions ainsi que les horaires et projections IMAX.

Le Centre des Sciences de Montréal propose des expositions qui donneront aux jeunes et moins jeunes une expérience palpitante ! Plusieurs expositions interactives à découvrir dont « Imagine ! », « Mission Gaia », « Id TV » et plein d'autres. Le ciné-jeu interactif (grand jeu vidéo collectif) plaira également aux enfants et ados, sans oublier le cinéma IMAX qui les plongera dans un monde en 3D totalement captivant. Pour se rafraîchir ou se restaurer, une aire alimentaire, Origine bistro, est ouverte l'été (avec terrasse) ainsi que le café-bistro Arsenik, ouvert toute l'année de 9h à 16h.

RIVE-NORD

COSMODÔME

2150, autoroute des Laurentides, Laval

450-978-3600 / 1 800-565-2267

www.cosmodome.org

Centre des sciences de l'Espace ouvert mar-dim de 10h à 17h. Ouvert 7 jours durant l'été, du 24 juin au 1er lundi de septembre. Stationnement gratuit et accès pour personnes handicapées. Restaurants et boutique sur le site. Camp spatial offert pour les 9 à 15 ans uniquement.

Pour réveiller l'âme scientifique de chacun, un petit tour au camp spatial est approprié. Comme un vrai astronaute, les jeunes et les adultes subissent un entraînement pour aller dans l'espace. Bien entendu, cet entraînement n'est pas aussi rigoureux et intense que le vrai. Au programme : spectacle multimédia, ateliers scientifiques très bien faits, essai de tous les simulateurs d'entraînements, construction et lancement d'une fusée. Tout ça en 24h, 3 ou 6 jours, repas inclus. À la fin du séjour, les astronautes en herbe ont deux missions à accomplir. De quoi susciter des vocations d'astronautes…

MUSÉE POUR ENFANTS DE LAVAL

3805, Curé-Labelle, Laval
450-681-4333
www.museepourenfants.com

Lun-jeu, 9h-17h ; ven-dim, 9h-18h. Adulte 7,10 $, enfant 13,29 $, aîné 6,20 $, gratuit pour les moins de 18 mois. Interac et comptant seulement.

Ce musée s'adresse aux 2 à 8 ans et vise à faire découvrir le quotidien de l'humain, ses métiers et professions, par le biais d'ateliers éducatifs : hôpital vétérinaire, caserne de pompier, studio de télévision, site de construction… Pour ceux qui rêvent de mettre les pieds sur scène, costumes et accessoires transformeront vos plus jeunes en personnages aussi cocasses qu'émouvants.

MUSÉE DES SCIENCES DE MONTRÉAL © NRL

PARCS RÉCRÉATIFS

FORT ANGRIGNON

Parc Angrignon
514-872-3816
www.fortangrignon.qc.ca

Mº Angrignon. Ouvert toute l'année. Le week-end, parcours initiatique (8 à 12 participants) : enfant 7,50 $ (4-5 ans), adulte 8 $. Parcours complet (8 à 12 participants) : enfant 12 $ (6-17 ans), adulte 13 $. D'autres tarifs selon la taille du groupe, l'âge et la journée. Renseignez-vous sur les heures d'ouverture grand public et sur les réservations de groupes.

Si la France a son Fort Boyard, hé bien nous, Montréalais, avons le Fort Angrignon. Un parcours de 18 épreuves, plus folles les unes que les autres, où les jeunes seront mis au défi, tant au niveau physique qu'intellectuel. Grimper, ramper, passer des obstacles, résoudre des problèmes, trouver son chemin dans un labyrinthe… Le mot d'ordre est d'abord de s'amuser. Les animateurs font un boulot d'enfer et apportent un grand plus à l'expérience.

RIVE-NORD

FUNTROPOLIS

3925, Curé-Labelle, Laval | 450-688-9222
www.funtropolis.ca

Dim-jeu, 9h-18h ; ven-sam, 9h-21h. Adulte et enfant de moins de 3 ans 5,25 $, enfants 3 ans et plus 12,95 $. Présence obligatoire d'un adulte en tout temps.

Ce centre d'amusements, d'une superficie de plus de 20 000 pi^2, offre un concept unique et innovateur : une immense zone d'amusement avec des milliers de balles en styromousse multicolores qui virevoltent de partout. Un labyrinthe à niveaux multiples, 4 trampolines avec filet, 3 immenses glissades ondulées, 2 tyroliennes, des obstacles, une section pour les tout-petits (3 ans et moins), casse-croûte, salles de fête… Vous n'aurez pas le temps de vous ennuyer ! Pour les fêtes d'enfants, Funtropolis prend tout en charge pour une journée mémorable. Le transport des enfants est à vos frais.

RÉCRÉATHÈQUE

900, Curé-Labelle, Laval
450-688-8880 / 1-877-PLAISIR
www.recreatheque.com

Angle Notre-Dame. Consultez les horaires et les tarifs selon les activités choisies sur le site Internet. Forfaits disponibles. Division sportive (aérobie, racquetball, tennis, soccer, etc.).

Vous cherchez un endroit pour un anniversaire d'enfant ou une fête corporative ? Ce centre d'amusement pour toute la famille propose différentes activités : petites et grosses quilles, billard, minigolf, arcades, manège, patins à roues alignées, jeu laser, etc. Restauration et bars sur place.

ACTIVITES EXTÉRIEURES AVEC ENFANTS

AUTOCUEILLETTE

- www.fraisesetframboisesduquebec.com
- www.lapommeduquebec.ca

Pourquoi ne pas emmener vos petits gourmands cueillir eux-mêmes leurs fruits préférés et leur faire ainsi découvrir la verte campagne ? De nombreuses fermes sont ouvertes à l'autocueillette. Les dates sont à vérifier suivant les saisons : en général la saison débute en juin avec les fraises et les framboises, se poursuit en juillet/août avec les bleuets, pour finir en septembre avec la saison des pommes et des poires.

CAMP Y KANAWANA

514-849-5331
www.ymcakanawana.ca

Premier camp de vacances au Québec, situé à Saint-Sauveur, et membre fondateur de l'Association des camps du Québec, celui-ci propose des programmes de camp d'été résidentiels de 6 à 12 jours aux jeunes de 7 à 16 ans, ainsi que des programmes de leadership et d'aventures en plein air aux campeurs de 11 à 20 ans. En opération du 28 juin au 20 août, le camp Y Kanawana organise des séjours de six jours à huit semaines. Selon leurs intérêts, les jeunes ont accès à des activités de baignade, canot, kayak, trampoline aquatique, tir à l'arc, escalade, hébertisme, cours de survie en plein air, danse, école du rock, théâtre, etc. Les jeunes participent également à des ateliers de sciences naturelles ou à des activités comme La faune gagne du terrain qui permet de les conscientiser à la biodiversité. Cette année, les mordus de rafting et de kayak âgés de 13 à 16 ans pourront profiter au maximum du tout nouveau programme Aventurier Extrême, leur permettant de faire du rafting et du kayak en eau vive, de l'escalade sur roche, ainsi qu'un parcours dans les arbres. Pour les autres, tout aussi téméraires, le camp propose des expéditions de canot-camping inoubliables ! Les activités Explorateurs (11 et 12 ans) et Aventuriers (13 à 16 ans) proposent en effet aux jeunes de vivre une excursion de quatre jours, en plus de participer aux activités régulières du camp. Et pour les adolescents (13 à 16 ans) qui aimeraient devenir Voyageurs au cours de leur séjour, cette activité les amènera à visiter la réserve faunique La Vérendrye ainsi que la rivière Rouge. Par le biais d'activités de vie en groupe et d'expérience en nature, ils exploreront ainsi des techniques fondamentales de survie, de canotage et de leadership.

Cette année, les campeurs âgés de 7 à 12 ans pourront bénéficier de la construction de 12 nouveaux chalets qui permettront, grâce à leur positionnement sur le site, de tisser des liens d'amitié plus serrés et de développer un plus grand sentiment d'appartenance. Nouveauté : profiter d'un camp d'immersion anglaise ! Envie de vivre une expérience linguistique hors du commun tout en s'amusant ? Les jeunes de 13 à 16 ans sont invités à participer, en collaboration avec l'École internationale de langues des YMCA du Québec, à un nouveau programme d'immersion où ils pourront suivre des cours d'anglais dans une atmosphère de camp

LE VIEUX PORT © NRL

de vacances pour la première fois cette année! Outre ce programme, précisons que les activités régulières du camp sont offertes en anglais par des moniteurs bilingues favorisant ainsi l'apprentissage de cette langue.

CIRCUIT DES FANTÔMES DU VIEUX-MONTRÉAL

514-844-4021 / 1 800-363-4021
www.fantommontreal.com

M° Champ-de-Mars. De début juillet à l'Halloween. Il est préférable de consulter le site Internet pour connaître les jours et les horaires des circuits. Tarifs : adulte 21,50 $, étudiant 18,50 $, enfant (12 ans et moins) 12,50 $. Billets aussi en vente dès 19h30 les soirs de circuits (360, Saint-François-Xavier). Visites en anglais ou en français d'une durée de 90 min.

Une autre façon de découvrir Montréal où se mêlent frissons, histoire, chimères et autres fantômes. On vous propose trois circuits différents qui appellent l'interaction entre les personnages et le public : La chasse aux fantômes de la Nouvelle-France, Les légendes et histoires du côté est de la ville, et Les légendes et histoires du côté ouest. Ne vous étonnez donc pas si, au détour d'une rue, vous rencontrez un fantôme ou une sorcière, car une fois la nuit tombée, tous les esprits de la ville viendront à votre rencontre... Disponibilité pour groupes en dehors de l'horaire estival. Surveillez le spécial Halloween!

CROISIÈRES À MONTRÉAL

Haaa...le majestueux fleuve Saint-Laurent! Partez en famille explorer ce cours d'eau, à bord d'un bateau de rafting dans les rapides, ou alors tranquillement en croisière. Quelques bonnes adresses pour profiter des beaux jours sur l'eau en famille :

AMPHIBUS

514-849-5181 | www.montreal-amphibus-tour.com

BATEAU-MOUCHE

514-849-9952 / 1 800-361-9952
www.bateau-mouche.com

CROISIÈRES AML

1 866-856-6668 | www.croisieresaml.com

JET BOATING MONTRÉAL / SAUTE-MOUTONS

514-284-9607
www.jetboatingmontreal.com

LES EXCURSIONS RAPIDES DE LACHINE

514-767-2230 / 1 800-324-7238
www.raftingmontreal.com

NAVETTE FLUVIALE (MONTRÉAL - PARC JEAN-DRAPEAU - LONGUEUIL)

514-281-8000 | www.navettesmaritimes.com

LA RONDE

Île Sainte-Hélène, Parc Jean-Drapeau

514-397-2000 | www.laronde.com

Mº Jean-Drapeau, autobus 167. Ouvert de mi-mai à la fin octobre. Ouvert sam-dim en mai, septembre et octobre; tous les jours en juin-juillet-août. Les horaires variant selon le mois et le jour, il est préférable de consulter le site Internet ou de téléphoner avant de se déplacer. Billets à la journée et passeport-saison disponibles. Possibilité d'acheter la passe saisonnière « Flash » qui, pour un supplément, permet de ne pas faire la file d'attente à la plupart des manèges. Stationnement payant en extérieur pour la journée ou la saison.

« Emmène-nous à la Ronde, la Ronde de l'expo! » Cette phrase fera sourire plus d'un parent... Mais les temps ont bien changé! Six Flags, qui détient de nombreux parcs en Amérique du Nord, a transformé la Ronde depuis quelques années et c'est maintenant plus d'une quarantaine de manèges et d'attractions qui plairont assurément à toute la famille. Le Pays de Ribambelle est le royaume des petits et sa mascotte en charmera plusieurs. Le Monstre (immense montagne russe en bois) et le Vampire sont parmi les manèges qui plaisent aux amateurs de sensations (très) fortes. En 2010, La Ronde a accueilli de nouvelles montagnes russes renversantes et à moitié suspendues au-dessus du lac des Dauphins : Ednör. Environ la moitié de son trajet de 689 m se fait au-dessus de l'eau! Haut de 33 m, ce manège comprend cinq inversions et roule à près de 90 km/h. Un incontournable, pour ceux qui ont le cœur solide! Pour les petits creux, une vingtaine de restaurants combleront votre estomac ou apportez simplement votre lunch. Votre bambin est fatigué de marcher? Louez une poussette sur place. Nombreux événements durant la saison (spectacles de plongeon, feux d'artifice, spécial Halloween en octobre, etc.).

QUAIS DU VIEUX-PORT

514-496-PORT (7678)

www.quaisduvieuxport.com

Mº Champ-de-Mars, Place-d'Armes ou Square-Victoria.

Parfait pour passer quelques heures ou une journée entière en famille avec une quantité phénoménale d'activités.

En été : location de pédalos, de quadricycles, de vélos, de rollers, de trottinettes électriques, croisières, labyrinthe, animation de rue, festivités...

En hiver : patin à glace, symphonies portuaires, feux d'artifice, et encore des festivités.

Plusieurs événements animent les quais **en toute saison** notamment lors du Festival Montréal en Lumière, d'Igloofest, de la Fête du Canada, etc. Le Cirque du Soleil installe d'ailleurs sa grande tente en été pour un spectacle haut en couleurs. Nombreuses aires de restauration et de pique-nique, kiosques d'information, aire de jeux pour les tout-petits, guichets ATM. À noter : le Centre des Sciences est situé sur le quai King-Edward et est ouvert à l'année.

ESCAPADE DANS LES ENVIRONS DE MONTRÉAL

PARC SAFARI

850, route 202, Hemmingford

450-247-2727

www.parcsafari.com

Ouvert de mi-mai à mi-octobre (consultez le site Internet pour connaître les heures d'ouverture selon la période). Droits d'entrée selon la période et l'âge. Forfaits disponibles.

Il s'agit d'un vaste parc abritant plus de 800 animaux provenant des cinq continents. Promenez-vous dans la savane africaine et découvrez la rivière aux hippopotames. Les enfants apprécieront de remplir le passeport éducatif : il leur faudra obtenir un tampon dans chaque continent visité. Le site comprend un secteur destiné aux safaris en voiture, un jardin zoologique et permet une promenade à pied dans la jungle pour observer les singes sur leur île, les lions, tigres et ours du haut des passerelles. Spectacles et animations, manèges, grand parc aquatique, promenades à dos d'éléphant, de chameau et de poney. Grand choix de restauration sur place.

PARC OMEGA

399, route 323 Nord, Montebello
819-423-5487
www.parc-omega.com

Juin à novembre : lun-dim, 9h-17h (fermeture du parc à 19h). Adulte : 18 $, aîné : 17 $, 6-15 ans : 13 $, 2-5 ans : 7 $. Le reste de l'année : lun-dim, 10h-16h (fermeture du parc à 17h30). Adulte : 14 $, aîné : 13 $, 6-15 ans : 10 $, 2-5 ans : 6 $. Forfaits disponibles sur le site www.votreforfait.com.

Attention, coup de cœur garanti ! Le Parc Oméga vous propose, dans une réserve privée parfaitement entretenue, de partir à la rencontre des animaux d'Amérique du Nord dans votre voiture ! Des centaines de bêtes plus magnifiques les unes que les autres évoluent librement dans le parc et s'empressent de venir déguster les carottes que vous leur tendez (sachets disponibles à la réception pour quelques dollars seulement). Autant vous dire qu'il s'agit là d'une expérience inoubliable pour les petits et les grands. Seuls les loups (gris et blancs), les coyotes et les ours sont dans de larges enclos, mais c'est davantage pour vous assurer de meilleures conditions d'observation que pour des raisons de sécurité car ici, les lois de la nature sont respectées. En été, des démonstrations d'oiseaux de proie sont proposées plusieurs fois par jour, de même qu'une activité qui permet aux jeunes enfants de nourrir de petits cerfs de Virginie. Il est possible de louer une voiturette de golf ou de laisser sa voiture au milieu du parcours pour se rendre à la ferme du parc où vous attendent d'autres espèces. Récents ajouts : la reproduction, dans les bâtiments, de la maison de l'artiste local Georges Racicot, dont les objets et meubles ont été rachetés afin de continuer à faire « vivre » l'artiste ; une ancienne cabane à sucre déjà sur place reprend du service ; et surtout, l'arrivée en 2009 de 15 caribous au parc dans un nouvel espace aménagé pour eux ! Un incontournable !

Montréal gai et lesbien

Métro Beaudry dans le Village Gai © NRL

Ville de métissage et de tolérance, Montréal accueille une des communautés gaie et lesbienne les plus dynamiques d'Amérique du Nord. Le Village gai, dans la partie francophone de Montréal, figure parmi les Villages les plus animés du monde. En 2006, la métropole a même accueilli les Outgames (jeux olympiques gays) où 12 000 athlètes de 35 disciplines se sont donné rendez-vous. Une animation d'autant plus importante que depuis maintenant quelques années, la rue Sainte-Catherine, une des artères principales de la zone, est piétonne durant la belle saison. Cela rend les terrasses et les balades dans ce quartier encore plus agréables.

www.unmondeunvillage.com
Le site Internet de la Société de Développement Commercial du Village permet de se tenir au courant des événements ayant lieu dans le Village. En plus d'être très facile d'utilisation, il regorge d'informations intéressantes sur ce quartier.

PRATIQUE

LIRE

LES GRATUITS

On les trouve dans les bars et les restaurants gais et lesbiens. Leur qualité est variable mais, ils annoncent les événements de la communauté et, pour certains, proposent des articles intéressants sur les gais au Québec et ailleurs dans le monde.

ÊTRE
www.etremag.com

FUGUES
www.fugues.com
Prenez note qu'une fois l'an, Fugues publie le Guide Arc-en-ciel, le guide touristique gay-friendly du Québec.

RG
www.etremag.com

ÉCOUTER

CKIA 88,3 FM
« Homologue » émission portant sur la diversité sexuelle, diffusée les lundis de 18h à 19h. Diffusion à Québec et en périphérie mais également en direct sur leur site Internet : www.ckiafm.org

CKUT 90,3 FM
« Queer Corps » programmée les lundis à 18h. « Lesbo-Sons » et « Dykes on Mykes » : émissions programmées en alternance les lundis à 19h. « Audio Smut » programmée le premier mercredi de chaque mois à 18h (contenu plus explicite avec une exploration positive de la sexualité LGBT). Diffusion à Montréal et en périphérie.

GAYRADIOBEC.COM
Programme continu de diffusion radio sur le net.

RADIO CENTRE-VILLE 102,3 FM
« El Armario Abierto » : émission en espagnol sur la diversité sexuelle programmée le lundi à 22h10. Diffusion à Montréal et en périphérie.

SANTÉ

CLINIQUE L'ACTUEL
1001, de Maisonneuve Est, bureau 1130
514-524-1001
www.cliniquelactuel.com
Le docteur Réjean Thomas, une sommité dans le domaine du dépistage et du traitement des infections transmissibles sexuellement et par le sang (ITSS), a fondé cette clinique il y a plus de 20 ans. Le site web est une véritable mine d'information médicale, biologique et psychosociale en lien avec les ITSS. On y parle de santé sexuelle, de recherche clinique, de ressources, de prévention, etc. La clinique médicale offre des consultations sur rendez-vous mais il est

désormais possible de s'y présenter sans rendez-vous le samedi et dimanche, ainsi que les jours fériés, entre 8h et 12h. L'adresse à connaître en cas de pépin, de doute ou d'urgences...

TOURISME GAI

AGENCES SPÉCIALISÉES

VOYAGES ÉLITE PLUS

1530, Fleury Est
514-381-8385
www.dolcevoyages.com
Entre Hamel et Curotte. Lun-mer, 9h30-17h30 ; jeu-ven, 9h30-18h30 ; sam, 10h-15h ; dim, fermé.
Un bon spécialiste des forfaits gais ! Croisières, vols, hôtels et tout ce dont vous pourriez avoir besoin sur place comme la location de voiture. Renseignez-vous sur les offres « dernières minutes ».

VOYAGES TERRE DES HOMMES

1201, Sainte-Catherine Est
514-522-2225
1 800-667-6794
www.voyagesexpress.com
M° Beaudry. Lun-ven, 9h-17h30 ; sam, 11h-15h ; dim, fermé.
LA référence dans le voyage gai, devenue au fil des ans la plus grande compagnie spécialisée en croisières et forfaits exclusifs aux gais et lesbiennes. Votre agent de voyage pourrait même vous dénicher un joli appartement pour vos vacances à Paris, à quelques pas du Marais ! Notez que depuis l'automne 2010, une galerie d'art visuel, La Galerie 1201, occupe une partie des locaux de l'agence. Un concept original !

SUR INTERNET

WWW.DOLCEVOYAGES.COM

Forfaits, vols, croisières, location de voiture... Tout cela en un clic grâce au moteur de recherche de l'agence Voyages Élite Plus. Différents liens utiles : convertisseurs de devises, affaires consulaires, etc.

WWW.GUIDEARCENCIEL.COM

L'édition vacances annuelle de Fugues est disponible en ligne. Elle recense d'intéressantes informations sur le tourisme en région ainsi qu'un agenda culturel très bien fait. En français et en anglais.

WWW.TOURISTIQUEMENTGAY.COM/DESTINATIONS/CANADA/

www.bonjourquebec.com/qc-fr/voyagergai.html
Ces deux sites proposent des informations générales sur le tourisme gai telles que l'hébergement, les régions à visiter, les endroits où sortir... Ils ne sont pas toujours à jour mais permettent de se faire une idée des possibilités qu'offre la Belle Province.

AGENDA

BAL DES BOYS

www.bbcm.org
Fin décembre. Nouvel an pour hommes.

WEEK-END RED

www.bbcm.org
Le week-end de la Saint-Valentin. Soirée dansante organisée pour la célèbre fête de l'amour.

BAL EN BLANC

www.productionsplayground.com
La semaine de Pâques. Durant quelques jours, musique, mode, danse et design sont à l'honneur de cet événement relié à la culture urbaine. Le point culminant : le Bal en Blanc, où plus de 15 000 personnes toutes de blanc vêtues, dansent au rythme des morceaux joués par les DJs invités.

WEEK-END HOT & DRY

www.bbcm.org
En mai. Deux événements majeurs sont organisés, le Hot & Dry et le party Fresh, ainsi que plusieurs activités.

JOURNÉE NATIONALE CONTRE L'HOMOPHOBIE – 17 MAI

www.homophobie.org
www.declarationofmontreal.org

FESTIVAL INTERNATIONAL MONTRÉAL EN ARTS FIMA

www.festivaldesarts.org

En juillet. Expositions d'art visuel et de métiers d'art, et animations sur la rue Sainte-Catherine.

WEEK-END TWIST

www.bbcm.org

Fin juillet à début août. Autre événement musical avec au menu un T-Dance, des événements extérieurs et intérieurs, un beach party au Parc Jean-Drapeau, etc.

FESTIVAL DIVERS/CITÉ

www.diverscite.org

Fin juillet à début août. Un des plus importants événements de la fierté gaie et lesbienne en Amérique du Nord, qui attire plus d'un million de festivaliers. Communauté, party, culture, folie, insomnie...

CÉLÉBRATIONS DE LA FIERTÉ MONTRÉAL

www.fiertemontrealpride.com

Vers la mi-août. Spectacles musicaux en plein air, journée communautaire, expositions artistiques, théâtre, humour, défilé de la fierté et plus encore.

LA RÉCOLTE - FESTIVAL DE THÉÂTRE INTERNATIONAL LGBT DE MONTRÉAL

www.villagescene.com

En octobre. Une célébration de la contribution de la culture LGBT aux arts de la scène en théâtre et musique.

BLACK & BLUE

www.bbcm.org

En octobre. Le Black & Blue regroupe une multitude d'activités variées s'adressant à la communauté gaie et à ses amis. Le point culminant se tient la nuit du dimanche lors d'un méga party avec DJs de renom : un des plus grands événements gais au monde !

IMAGE&NATION

www.image-nation.org

Fin octobre à début novembre. Festival de renommée internationale sur le circuit du cinéma indépendant LGBT, regroupant les meilleurs films des quatre coins du monde.

SE LOGER

De nombreux établissements hôteliers de la métropole sont gay-friendly. Nous avons plutôt choisi ici de vous donner quelques bonnes adresses bien connues du Village.

AUBERGE L'UN ET L'AUTRE

1641, Amherst

514-597-0878 | www.aubergell.com

M° Berri-UQÀM ou Beaudry. Occupation double : à partir de 115 $. Tarifs basse saison disponibles. Petit-déjeuner inclus. 5 chambres, une suite et un loft. Terrasse, BBQ, service de limousine pour le retour à l'aéroport, séance gratuite à un centre de conditionnement physique. Stationnement privé : 15 $ par jour.

Yvon Jussaume, le propriétaire, est également en charge du gîte Sir Montcalm. Même souci d'élégance et de confort à cette adresse, dont le rez-de-chaussée est occupé par Le Gotha, un bar-lounge feutré à l'ambiance jazzy dont la spécialité est le Martini (à ne pas manquer). L'endroit idéal pour sympathiser avec des gens du quartier et se renseigner sur les activités du Village.

Le Village sans voiture

Quel bonheur ! Quel bol d'air frais ! Depuis l'été 2008, la portion de la rue Sainte-Catherine dans le Village (entre les rues Berri et Papineau) est entièrement réservée aux piétons en saison estivale. Les restaurants et bars du quartier peuvent dorénavant installer de belles terrasses où siroter un verre ou prendre un repas entre amis. Une ambiance de fête permanente y règne. Des beaux projets comme cela, on en redemande !

LA CONCIERGERIE

1019, Saint-Hubert
514-289-9297 | www.laconciergerie.ca
M° Berri-UQÀM. Une suite et 16 chambres dont 8 avec salle de bain privée. Chambre à partir de 99 $, petit déjeuner continental inclus et servi à volonté. Salle de séjour, spa, salle d'exercices. Pour hommes seulement.

Une grande et élégante maison offrant de très belles chambres, une grande terrasse et un joli jardin. Les lieux sont tout simplement magnifiques et décorés avec goût et beaucoup de soin. Et que dire de la suite avec ses portes françaises et son cachet très européen! Luc et Michael, vos hôtes, y accueillent les gais du monde entier depuis maintenant 25 ans.

LA MAISON DESJARDINS

1365, Logan
514-598-7359 / 1 800-975-1365
www.maison-desjardins.ca
M° Beaudry ou Papineau. Occupation double : à partir de 95 $. 5 chambres dont 2 équipées d'une cuisinette. Deux chambres avec salle de bain partagée. Petit-déjeuner inclus. Internet sans fil et buanderie gratuits. Pour hommes seulement. Appartement aussi disponible à la nuit, semaine ou mois.

Luc et Marc ont longtemps tenu un gîte en région avant d'ouvrir cette maison à Montréal en 2006. Les chambres, simples et agréables, suivent la thématique de la nature (chêne, bouleau, cèdre, verger et vignoble). Vous pourrez bénéficier des talents de massothérapeute de Luc, qui pratique cette discipline depuis 15 ans. Son cabinet de massage est installé à même le gîte! Une bonne façon de se détendre après une nuit de fête dans le Village. Et si ça ne suffit pas, un spa quatre saisons est installé dans le jardin.

NUZONE

1729, Saint-Hubert
514-524-5292 | www.nuzone.ca
M° Berri-UQÀM. Chambre à partir de 85 $. 4 chambres. Petit-déjeuner inclus. Salles de bain partagées. Pour hommes seulement.

Le tout premier gîte gai-naturiste a ouvert ses portes à Montréal en 2007. Pierre et son conjoint, Trevor, se feront un plaisir de vous accueillir dans leur propre maison. La décoration y est soignée : canapés de cuir, chambres douillettes, salles de bain très bien équipées. Tout est prévu pour agrémenter le séjour : un salon, une petite salle de sport et un sauna sec 3 places. Les clients ont accès à l'agréable cuisine qui est équipée d'un frigo, cuisinière, etc.

SIR MONTCALM

1453, Montcalm
514-522-7747 | www.sirmontcalm.com
M° Beaudry. Occupation double : à partir de 159 $. Tarifs basse saison disponibles. Petit-déjeuner inclus. 3 chambres, une suite et une suite-appartement. Terrasse-jardin, BBQ, service de limousine pour le retour à l'aéroport, séance gratuite à un centre de conditionnement physique. Stationnement privé : 15 $ par jour.

Ce gîte 4-soleils est un must! Les chambres et les espaces communs réussissent l'exploit d'allier design et chaleur. Les murs de pierre et les draps d'un blanc immaculé sont rehaussés de tons chauds, aussi discrets qu'élégants, et servis par des éclairages intimistes. Des meubles en bois sombre aux lignes épurées donnent à l'ensemble une touche chaleureuse. C'est chic, sobre et on s'y sent comme chez soi. Chaque objet, chaque meuble révèle un grand souci du beau et du confort. En été, savourer son petit-déjeuner sur la terrasse est une excellente façon de commencer sa journée! Pour ceux qui prévoient un long séjour à Montréal, la suite-appartement s'avère un choix judicieux et les tarifs sont très intéressants si vous voyagez à plusieurs.

TURQUOISE

1576, Alexandre-DeSève
514-523-9943 / 1 877-707-1576
www.turquoisebb.com
M° Beaudry ou Papineau. Occupation double : à partir de 90 $. 5 chambres. Salles de bain partagées. Petit-déjeuner inclus. Stationnement gratuit.

Ce B&B situé dans une maison centenaire allie à merveille tradition et modernité. Résultat : des chambres colorées qui ont gardé leurs plafonds en stuc et leurs portes en bois sculpté. Le point fort de cette adresse est son grand jardin paysager où, lors des beaux jours, le petit-déjeuner est servi sous forme de buffet. Dans un souci d'offrir la plus grande tranquillité possible à ses hôtes, le Turquoise n'a pas la télévision. Une adresse à conseiller à tous ceux qui veulent certes profiter de la vie du Village, mais aussi privilégier leur repos.

MANGER

Tout comme l'hébergement, nous avons voulu privilégier ici les bonnes tables du Village. Pour d'autres adresses dans les différents quartiers de Montréal, consultez la section « À Table ».

AUTOUR D'UN PAIN

1219, Sainte-Catherine Est

514-509-7676

M° Beaudry. Ouvert tous les jours dès 7h.

La plupart des pains de cette boulangerie artisanale sont confectionnés à base de farine biologique, mis à part ceux fait de farine blanche. Pour satisfaire votre curiosité, en voici quelques-uns : pains de campagne, 9 grains, blé concassé, noix, olives, tomate, raisin, choco-datte, choco-raisin, levain, épeautre, tournesol, seigle. Les gourmands se procureront un petit bout de plaisir en extra parmi la belle sélection de fromages québécois. Les viennoiseries, qui sont fabriquées selon des méthodes artisanales, avec des produits naturels mais non bios, sont vivement recommandées ! Légère restauration sur place possible également.

Autres adresses : 100, Mont-Royal Ouest, 514-843-0728 ; 1301, Beaubien Est, 514-276-0880.

CARTE BLANCHE

1159, Ontario Est

514-313-8019 | www.restaurant-carteblanche.com

M° Beaudry. Mar-ven, 11h30-14h ; mar-sam, 17h30-22h. Plats : 23 $-40 $. Table d'hôte : 34 $-39 $. Service traiteur.

Un service tout en sourire dans ce restaurant ou prédominent le noir et le blanc. Une murale aux couleurs très vives ainsi que des lampes de verre soufflé viennent égayer la salle. Niveau cuisine, on retrouve cette base classique et sobre, saupoudrée d'une bonne dose de créativité. En entrée, par exemple, on peut goûter la raviole de champignons sauvages, parmesan et huile de truffe et en nouveauté cette année, les huîtres fraiches. En plat, le ris de veau au chorizo et aux olives déglacé au xérès, et le jarret de sanglier à la moutarde et à l'érable plairont aux amateurs de saveurs relevées. Le propriétaire, André Loiseau, a été nommé chef régional de l'année 2010.

CASA VINHO

3750 Rue Masson (Angle 17e Ave)

514-721-8885

M° Pie-IX. mar-mer-sam: de 14h00 à la fermeture. Jeudi et vendredi: de 11h30 à 14h00 et de 17h00 à la fermeture

Sise dans le vieux Rosemont, cette « Casa » portugaise est un petit resto sans prétention, mais qui fait la part belle à une cuisine de qualité, apprêtée avec soin. Appréciée par la clientèle du quartier, elle fonctionne grâce au bouche à oreille, et le succès est au rendez-vous! Côté assiette, les croquettes de morues sont parfaites, la succulente pieuvre qui a fait sa réputation et la dorade à la portugaise parfaitement assaisonnée. Les vins accompagnent le tout de manière très honorable. Pour ne rien gâcher, le cadre est charmant, l'ambiance chaleureuse et le service impeccable. Ajoutez à cela des prix raisonnables, et vous obtenez une suggestion futée qui a tout pour plaire!

COO ROUGE

1844, Amherst

514-522-4114 | www.coorouge.com

M° Beaudry. Lun, 16h30-23h ; mar-jeu, 11h-14h et 16h30-23h ; ven, 11h-23h ; sam, 16h-23h ; dim, 10h-23h (brunch à volonté 13,95 $). Menu à la carte : moins de 20 $, table d'hôte : 15 $-25 $. Terrasse.

La déco rétro-moderne, complètement baroque, dégage une atmosphère unique, à la fois conviviale et intemporelle, baignée par une musique toujours excellente (blues introuvables, vieux sons latins qui grésillent). Le chef propriétaire Normand Valois propose une cuisine maison d'inspiration italienne, française et cajun : une dizaine de plats variés garnissent la carte (viandes, poissons..). Cette sympathique adresse sert également de copieux et savoureux burgers, salades ou pâtes. Le pantagruélique brunch dominical vaut bien un réveil avant midi !

KOKO RESTAURANT ET BAR

8, Sherbrooke Ouest
514-657-5656
www.kokomontreal.com

M° Sherbrooke ou Saint-Laurent. Ouvert tous les jours dès 17h. Plats principaux : 25 $-30 $. Code vestimentaire : chic urbain. DJs live.

Le KOKO, situé dans le chic Hôtel Opus, propose une cuisine inspirée d'Asie aux accents contemporains. Sushis et sashimis, poulet au cari jaune thaïlandais, agneau vindaloo ou morue noire au miso, le menu vous transportera dans une belle expérience gustative. La déco donne une atmosphère unique, décidemment très lounge, et que dire de la magnifique terrasse ! C'est le lieu par excellence pour prendre un verre, manger ou socialiser.

L'INDÉPENDENT

1330, Sainte-Catherine Est
514-523-8471 | www.restolindependent.com

M° Beaudry. Lun-ven, 11h30-14h ; dim-jeu, 17h-22h ; ven-sam, 17h-22h30. Menu midi : moins de 20 $. Table d'hôte du soir : 20 $-30 $, plats principaux à la carte : 17 $-25 $.

L'Indépendant propose une carte d'inspiration française où se côtoient viandes, gibiers et poissons. À la carte, un joli choix d'entrées, dont le ris de veau pomme, cidre et céleri rave ; de même qu'une dizaine de plats principaux, tels que le tartare de bison, la joue de flétan et veau, le parmentier de lapin et l'osso bucco de cerf. Belle carte des vins, notamment dans le rouge.

LE RESTO DU VILLAGE

1310, Wolfe
514-524-5404

M° Beaudry. Ouvert tous les jours, 24h/24.

Il est des lieux sur lesquels le temps ne semble pas avoir de prise. Ce resto de quartier joue la carte de la simplicité : des déjeuners vraiment pas chers, et des plats de type déli (porc grillé, poulet frit, steak, hamburger, club sandwich, poutine, etc.). Pour environ 10 $, la table d'hôte comprend une soupe, un plat à choisir dans une longue liste, un dessert et un café. Une formule imbattable dans le quartier. Vous y croiserez des noctambules venus se rassasier avant de se lancer dans la nuit du Village, de vieux habitués, des étudiants désargentés... Le service est adorable, les plats sont copieux, et les desserts inoubliables !

NÜVÜ BISTRO – EXPÉRIENCES

1336, Sainte-Catherine Est
514-940-6888 | www.bistronuvu.com

M° Beaudry. Lun-ven, 11h30-1h ; sam-dim, 8h30-1h. Brunch le week-end jusqu'à 15h30 (2 pour 1 avant 9h30). Menu fin de soirée tous les jours de 22h à 1h. Lunch express : 13 $-18 $, menu midi : 22 $-27 $, plats le soir : 15 $-32 $. Menu dégustation : 85 $.

Ce tout nouveau bistro tendance a

décidemment de quoi plaire à un public en quête d'une expérience éclectique. Comme le bistro l'affiche fièrement : 4 lettres, 2 trémas, 5 menus et 7 soirées thématiques. Niveau déco, c'est franchement épuré et à la fine pointe avec les immenses écrans ACL et les projecteurs HD qui permettent au bistro de changer d'ambiance en un clin d'œil. Côté menu, le chef Bernard L'Hôte nous gâte ! Une fine cuisine d'inspiration française (provençale) et italienne où les produits québécois côtoient un métissage vraiment intéressant. Rien n'est laissé au hasard ! Le nouvel endroit pour tout voir et être vu !

O'THYM

1112, Maisonneuve Est
514-525-3443
www.othym.com

M° Beaudry. Mar-ven, 11h30-14h30 ; lun-dim, 18h-23h. Menu midi : 20 $ et moins, table d'hôte : 20 $-35 $. Réservation conseillée. Apportez votre vin.

Le restaurant vous accueille dans une décoration simple et chaleureuse à la fois, avec ses murs de briques et ses tables disposées façon café. La cuisine s'inspire de la France mais également du terroir québécois avec le magret de canard, le tartare de saumon ou encore le filet mignon. Une petite table bien agréable !

PICA PICA

1310, de Maisonneuve Ouest
514-658-2884

M° Beaudry. Lun-ven, 11h30-14h ; lun-dim, 17h30-minuit. Menu midi : environ 10 $. Compter environ 25 $ le soir. Tapas : 6 $-9 $ chacun.

Ce nouveau venu au Village fait déjà fureur et ne risque pas de désemplir ! Les trois copropriétaires, Julien Benoît, le DJ Angel Moraes et le chef Emilian Manole, ont réussi à marier une ambiance décontractée, très lounge et trendy, à une cuisine aux accents méditerranéens, sud-américains, caribéens et asiatiques. Les incontournables de la maison : la ceviche de poisson, les gambas bravas et les succulentes viandes. Belle carte des vins.

PHO VIET

1663, Amherst | 514-522-4116

M° Beaudry. Lun-ven, 11h-15h et 17h-22h ; sam, 17h-22h. Fermé dim. Menu à la carte : moins de 20 $. Comptant seulement. Apportez votre vin.

Ce petit resto de quartier très sobre, à la propreté irréprochable, ne désemplit pas. Voilà près de 20 ans que la délicieuse Lan Nguyên accueille une clientèle d'habitués, venus chercher le réconfort d'une cuisine familiale de qualité (les recettes viennent de maman). La soupe tonkinoise, n'ayons pas peur des mots, est un must à Montréal. On choisira aussi les yeux fermés, mais les papilles grandes ouvertes, le velouté d'asperge au crabe ou les crevettes poêlées sauce cari vert. Ici la qualité l'emporte sur la quantité !

SALOON

1333, Sainte-Catherine Est
514-522-1333 | www.lesaloon.ca

M° Beaudry. Ouvert tous les jours dès 11h30, 10h le week-end (les heures de fermeture dépendent de l'achalandage). Menu midi en semaine, table d'hôte tous les soirs, brunch le week-end jusqu'à 15h.

Le Saloon est un des hauts lieux du Village depuis près de 20 ans. Restaurant branché très fréquenté, on y vient avant tout pour sa cuisine créative, aux portions généreuses, mêlant accents asiatiques et latins, une cuisine fusion western tel que décrite par le resto. Le service est toujours courtois et efficace. Question de satisfaire tous vos sens, des DJs s'emparent des platines en soirée (jeudi au samedi) et vous promettent de vous faire veiller tard !

BOIRE UN VERRE

AIGLE NOIR

1315, Sainte-Catherine Est
514-529-0040

M° Beaudry. Ouvert tous les jours de 8h à 3h.

Rien à voir avec la chanson de Barbara ! Une immense toile représentant des hommes en uniforme et en cuir vous renseigne sur l'orientation du lieu. L'Aigle noir est un des repères de la communauté cuir à Montréal. La déco, plutôt élémentaire, a tout de l'entrepôt désaffecté. Deux bars sont à disposition. Celui du fond, plus intime, est propice aux rencontres. Des écrans projettent des films X sur des rythmes rock et technos. De nombreuses soirées sont organisées, parfois avec des cadeaux à gagner. N'hésitez pas à demander le programme des activités aux serveurs. Un bar très chaud donc, où la prise de contact est rapide et où l'on « cruise » comme on respire. Une excellente adresse dans sa catégorie, déconseillée aux plus effarouchés.

CABARET MADO

1115, Sainte-Catherine Est
514-525-7566 | www.mado.qc.ca
M° Beaudry. Ouvert tous les jours. Droits d'entrée certains soirs. Spéciaux pour étudiants le vendredi.
On ne la présente plus, ses spectacles de personnificateurs féminins font courir tout le Village (et pas seulement). Bref, Mado est une reine et son Cabaret un QG. On y vient pour boire un verre en fin d'après-midi... Et on reste toute la soirée, pour un spectacle de drags, une soirée karaoké et pour profiter de l'humour irrésistible de la maîtresse des lieux. Travestis, gays, lesbiennes... La population est variée et toujours de bonne humeur. La programmation se renouvelant constamment, un petit coup d'œil sur le site vous permettra de vous tenir au courant des horaires des shows. Vous avez rendez-vous avec Madeleine, elle viendra parée de ses plus belles toilettes.

CLUB DATE

1218, Sainte-Catherine Est
514-521-1242
M° Beaudry. Ouvert tous les jours de 15h à 3h.
Le Club Date est « LE » bar karaoké du Village. C'est un endroit à l'ambiance décontractée où gays, lesbiennes, travestis, drags et hétéros viennent pousser la chansonnette le soir venu. Le grand bar central réunit toute cette faune bien sympathique lors des 5 à 7. Même si vous n'êtes pas un fan de karaoké ou si vous chantez comme une casserole, n'hésitez pas à pousser la porte du Club Date. L'ambiance y est sans prétention et on y croise foule de personnages dont certains chantent fort bien.

COCKTAIL

1669, Sainte-Catherine Est
514-597-0814
M° Papineau. Ouvert tous les jours dès 11h.
Avec ses fauteuils en cuir clair et son ambiance feutrée, le Cocktail joue la carte de la détente et c'est vrai qu'on s'y sent très bien. La déco est neutre sans être inexistante et les conversations se nouent rapidement. La clientèle est variée et un peu plus âgée que la moyenne des établissements misant sur les rythmes endiablés de la techno. Karaoké du dimanche au jeudi, soirées danse vendredi et samedi, spectacles de personnificateurs féminins le dimanche.

COMPLEXE SKY

1474, Sainte-Catherine Est
514-529-6969 / 514-529-8989 (Sky Club)
www.complexesky.com
M° Beaudry ou Papineau. Ouvert tous les jours de 11h à 3h. Cuisine ouverte avec repas. Cabaret, hip hop room et club ouvert les vendredis et samedis.
Ce gigantesque complexe est tout simplement délirant. Il comprend même une terrasse sur le toit, dotée aussi d'une piscine et d'un Jacuzzi. Au premier étage, on retrouve le Sky Pub où la séduisante clientèle est accueillie tous les jours avec des DJs en rotation et des spectacles de drag queens. Au 2e étage, le Cabaret du Sky fait discothèque tous les vendredis et samedis à partir de 22h. Au 3e étage, le Sky Club est dédié aux musiques électroniques. Et pour les amateurs de hip hop (ils sont de plus en plus nombreux dans le Village), une salle leur est entièrement dédiée. Un grand classique de la nuit gay à Montréal, et dans tout le Québec !

LA RELAXE

1309, Sainte-Catherine Est
514-523-0578
M° Beaudry. Ouvert tous les jours de 12h à 3h.
Ce petit bar qui ne paie pas de mine est un Q.G. pour nombre d'habitants du

quartier. L'ambiance y est décontractée et la clientèle variée, mais plus âgée que la moyenne du Village. Bref, l'idéal pour rencontrer des gens du coin et danser lors des soirées du jeudi, vendredi et samedi à partir de 22h.

LE DRUGSTORE

1366, Sainte-Catherine Est
514-524-1960 | www.ledrugstore.com
M° Beaudry. Ouvert tous les jours.

Il existe peu de bars à dominante lesbienne à Montréal, mais celui-ci est tout simplement immense. Six niveaux, plusieurs terrasses dont une panoramique, deux étages dédiés à la danse, un salon de billard… En tout, le Drugstore peut accueillir un millier de personnes dans un décor très sixties, tout en bois. Autour d'une partie de billard ou au bar terrasse, des gens de tous horizons viennent se détendre en fin de journée et faire des rencontres. La programmation musicale est très soignée et des DJs viennent faire tourner les platines en fin de semaine. Selon l'heure de la journée, c'est rock (des Smiths à Arcade Fire) ou électro pointue. Les 5 à 7 offrent des promos intéressantes.

TAVERNE NORMANDIE

1295, Amherst | 514-522-2766
M° Beaudry. Ouvert tous les jours à partir de 10h.

Cet agréable bar, muni d'une petite terrasse séparée de la rue Sainte-Catherine par une pelouse, est la plus vieille taverne du quartier. À mille lieues de la techno qui agite l'écrasante majorité des établissements du Village, la Taverne Normandie est un havre de paix où les gens du quartier viennent prendre une bière en fin de journée. Un lieu à la population variée mais majoritairement masculine, propice à la discussion, ce qui n'est pas toujours le cas dans le Village. Des discussions qui peuvent s'échauder les soirs de projection de films X…

WOOF BISTRO BAR

1661, Sainte-Catherine Est
514-523-1481 | www.woof-montreal.com
M° Papineau. Ouvert tous les jours de 8h à 3h. Happy hour tous les jours de 16h30 à 19h30. Pour hommes seulement.

Premier bar entièrement dédié à la clientèle gay « bear » de la métropole. En journée, les lieux servent davantage de bistro bar, parfait pour le lunch ou l'apéro entre amis. Les jeudis et dimanches sont réservées aux adeptes du karaoké et différentes soirées à thèmes viennent ponctuer la semaine. Sachez qu'à chaque année, le bar organise le concours Monsieur Bear Montréal… Qu'attendez-vous pour vous inscrire ?

DANSER

DISCOTHÈQUES

CLUB BOLO

2093, de la Visitation
514-849-4777 | www.clubbolo.com
M° Beaudry, angle Ontario.

Le seul et unique club gay country de Montréal ! Il est ouvert à tous et à toutes et les cours de danse en ligne coûtent 10 $ à 15 $. Il est possible de venir aux soirées de danse sans prendre le cours : 5 $ à 8 $. Forfaits disponibles. Le Bolo est un club dont vous pouvez devenir adhérent (35 $ par an) et ainsi bénéficier des tarifs réduits. Le planning de toutes les activités est disponible sur le site Internet ainsi que dans le Bolo Hebdo. L'endroit rêvé pour tous ceux qui ont vu 18 fois le Secret de Brokeback Mountain et qui ont pleuré à chaque fois. Allez hop, tous en ligne !

COMPLEXE SKY

1474, Sainte-Catherine Est
514-529-6969 / 514-529-8989 (Sky Club)
www.complexesky.com
Voir rubrique « Boire un verre ».

PARKING NIGHTCLUB

1296, Amherst
514-282-1199 | www.parkingnightclub.com
M° Berri-UQÀM, angle Sainte-Catherine. Nightclub ouvert jeu-lun, 22h-3h ; Urban Room ouvert jeu-ven, 22h-3h ; terrasse : ouverte en été.

En mai 2009, c'est un tout nouveau

Parking qui a célébré sa réouverture en grandes pompes! En déménageant dans des locaux adjacents, le club a doublé sa superficie et ses nouveaux équipements audiovisuels sont à la fine pointe de la technologie. Le Nightclub offre des soirées électro, toujours très achalandées, avec des DJs de renom qui viennent de partout pour régaler les aficionados du genre. Au Urban Room, hip hop et ragga dominent les platines le jeudi alors que la house envahit les lieux le vendredi.

STUD BAR

1812, Sainte-Catherine Est | 514-598-8243
www.studbar.com

M° Papineau. Ouvert tous les jours dès 10h. Happy hour tous les jours de 18h à 20h. Pour hommes seulement.

Ce bar, assidûment fréquenté par les amateurs de cuir et les bears, organise de nombreux événements à thème. Les DJs piochent dans tous les styles musicaux (rock, rap, disco...). L'ambiance est bouillante et il est impossible de rester seul. Le billard et l'étroitesse du plancher de danse y sont pour beaucoup!

UNITY

1171, Sainte-Catherine Est
514-523-2777 | www.clubunitymontreal.com

M° Beaudry. Ouvert ven-sam, 22h-3h.

L'Unity semble ne jamais désemplir. Cette discothèque comporte trois étages, deux salles, un salon V.I.P. et une terrasse offrant une vue magnifique. La musique va du hip hop à la house en passant par tous les rythmes susceptibles de vous faire danser jusqu'à plus soif. Surtout fréquenté par les 18-35 ans, le Main Room du Unity a des airs de fête perpétuelle. Ce club est une valeur sûre du Village.

AFTER

CIRCUS

917, Sainte-Catherine Est
514-844-3626 | www.circusafterhours.com

M° Berri-UQÀM. Jeu & dim, 2h-8h ; ven, 2h-10h ; sam, 2h-11h. Entrée : selon les soirées et les DJs invités.

Trois salles pour vous faire bouger jusqu'aux petites heures du matin au son de musiques house, trance, techno et électronique. De nombreux DJs de renom y font escale. Bref, on n'est jamais déçu par le son et l'ambiance, et côté espace, il y a de la place pour tous sur l'immense plancher de danse.

STEREO

858, Sainte-Catherine Est
514-658-2646 | www.stereo-nightclub.com

M° Berri-UQÀM. Ouvert vendredi et samedi soir et selon les événements.

Ça y est! Après l'incendie qui avait ravagé le club à l'été 2008, Stereo renaît de ses cendres. Il a célébré en grand sa réouverture lors du week-end de la Fête du Travail en septembre 2009, avec nul autre que son fondateur Angel Moraes aux platines pour une soirée privée des plus éclatées. Une scène et des places assises ont été ajoutées pour les spectacles. La piste de danse est plus grande que jamais, les équipements audio et vidéos surréalistes... Attendez-vous à retrouver les nuits endiablées qui ont fait la réputation du Stereo!

SEX CLUBS ET SAUNAS

G.I. JOE

1166, Sainte-Catherine Est | 514-528-3326

M° Beaudry. Ouvert tous les jours, 24h/24. Douches, spa, sauna sec, salon de détente, cinéma maison, chambres et casiers, terrasse chauffée.

Le nom de ce sauna, en opération depuis près d'une quinzaine d'années, dit déjà tout : c'est le sauna préféré des hommes qui aiment les hommes... qui aiment le cuir. Des spéciaux sont offerts chaque jour et les étudiants profitent d'un rabais sur présentation d'une carte valide.

LE 456 SAUNA LOUNGE

456, de la Gauchetière Ouest
514-871-8465 | www.le456.ca

M° McGill ou Square-Victoria. Ouvert 24h/24h. Casier :

12 $-16 $ pour 6 heures. Chambre simple : 16 $-20 $ pour 6 heures. Spéciaux tous les jours et rabais pour les étudiants.
Situé hors du Village, en plein quartier des affaires, le 456 se remplit à mesure que les bureaux se vident. Sur trois étages, vous trouverez le traditionnel sauna sec, le bain vapeur, le jacuzzi, les casiers et les chambres, mais aussi une piscine, un club de gym, bronzage et massothérapie, un café Internet et un bistro. Pour les plus aventureux, un labyrinthe se trouve au 3e étage et promet action et pur plaisir…

SAUNA CENTRE-VILLE

1465, Sainte-Catherine Est
514-524-3486 | www.saunacentreville.com
M° Beaudry ou Papineau. Ouvert 24h/24. Spéciaux tous les jours et rabais pour les étudiants.
Ouvert depuis maintenant 20 ans, ce sauna fait partie des adresses très fréquentées du Village, en particulier le week-end. Les installations sont réparties sur deux étages avec une soixantaine de chambres, dont des suites de luxe, et autant de casiers, un sauna sec, un bain vapeur, un jacuzzi, une salle vidéo... Comme dit le slogan de l'établissement : « Pour les passionnés de beaux gars ! »

SAUNA OASIS

1390, Sainte-Catherine Est
514 -521-0785 | www.saunaoasis.net
M° Beaudry. Ouvert tous les jours, 24h/24. Casier : 14,50 $-16 $ pour 6 heures. Chambre simple : 20,50 $-24,50 $ pour 6 heures. Nombreux spéciaux et rabais pour les étudiants.
Un gigantesque sauna de 10 000 pieds carrés avec toutes les commodités habituelles. La clientèle est variée et toujours nombreuse, surtout à la fermeture des bars. Les lundis sont réservés aux naturistes et les jeudis, la mousse envahit les lieux. Une adresse très réputée !

DANSEURS NUS

CAMPUS

1111, Sainte-Catherine Est | 514-526-3616
www.campusmtl.com
M° Beaudry. Lun-ven, 15h-3h ; sam-dim, 13h-3h. Soirée des dames le dimanche dès 21h.
Le Campus a célébré son 25e anniversaire en août 2009 ! C'est en effet un incontournable du Village. En après-midi, les danseurs sont jeunes, simples et amicaux tandis qu'en soirée, la scène fait place à la virilité avec des hommes culturistes.

STOCK BAR

1171, Sainte-Catherine Est
514-842-1336 | www.stockbar.ca
M° Beaudry. Ouvert tous les jours de 20h à 3h.
Le Stock bar fait salle comble toutes les fins de semaine. Danseurs très virils et très musclés.

SEX-SHOPS

LA CAPOTERIE

2061, Saint-Denis
514-845-0027
www.lacapoterie.net
M° Berri-UQÀM. Lun-ven, 11h-21h ; sam-dim, 11h-20h.
Des capotes en tous genres, de tous les goûts, de toutes les couleurs, de toutes les grandeurs. Beaucoup de livres expliquant l'art du massage, différents jeux sexuels et érotisants, des objets humoristiques, des jeux de société, des condoms japonais, des Diva Cups, des boules chinoises, des petits jouets érotiques, des essences, de l'encens... Il fait chaud tout d'un coup !

PRIAPE

1311, Sainte-Catherine Est
514-521-8451 | www.priape.com
M° Beaudry. Lun-sam, 10h-21h ; dim, 12h-21h.
Cette boutique est une référence pour tous les gais québécois notamment grâce à son service de vente par correspondance. Priape possède une sélection impressionnante de DVD pornos et de sex toys. Vous trouverez forcément de quoi assouvir vos fantasmes dans ce temple du sexe. La boutique vend aussi des vêtements, des plus classiques (T-shirts, boxer shorts, pantalons…) aux plus délirants (cote de mailles, cuirs…). Priape propose également un service qui ravira tous les amateurs du genre : les vêtements en cuir sur mesure.

Magasinage

BEAUTÉ ET BIEN-ÊTRE

INSTITUTS DE BEAUTÉ

DECLÉOR

3133, Masson (Mawaii Esthétique)
514-509-9529
www.mawaii.com / www.decleor.com
Angle 9e Avenue. Mar-ven, 11h-21h.

Decléor se spécialise dans les traitements nettoyants pour le visage. Un vrai régal ! Ce type de soin commence par un massage du dos de 10 min, offert en guise de bienvenue. Suite à quoi les bienfaits de l'aromathérapie se feront mieux sentir (deux choix selon le type de peau). Les étapes du rituel consistent en un démaquillage des yeux (s'il y a lieu), un démaquillage visage et cou, une tonification, une exfoliation, une extirpation des comédons, un massage de détente (visage, décolleté, bras et mains), un masque (Aromaplastie, Mate et Pure ou Harmonie Douceur Extrême) et une crème visage. Un soin visage, d'une durée de 1h15, coûte 75 $-90 $, dépendamment du soin que vous choisissez. Également offerts chez Mawaii : épilation, rajeunissement cutané, soin du corps et des pieds, soins pour hommes, maquillage permanent.

ESPACE ORGANIK

428, Gilford
514-845-7745
www.espaceorganik.com
M° Laurier. Lun-mer, 10h-18h ; jeu-ven, 10h-20h ; sam, 9h-17h. Fermé dim. Ateliers de yoga et d'Ayurvéda.

Organik est un centre de beauté et de mieux-être complet, qui offre des services de coiffure, d'esthétique, de massothérapie, de pédicure, de manucure, d'électrolyse et d'épilation. Le nom de la boutique décrit merveilleusement bien la philosophie de l'endroit, où tous les produits utilisés sont faits à base de matières organiques et respectueuses de l'environnement. La dynamique et souriante propriétaire privilégie avant tout les produits du Québec. Une adresse à retenir pour se faire plaisir.

FLEUR DE PEAU ESTHÉTIQUE

4337, Saint-Denis
514-843-5778
www.fleurdepeauesthetique.com
Angle Marie-Anne. Lun, 11h-17h ; mar, 10h-18h ; mer-ven, 10h-20h ; sam, 10h-17h ; dim, 12h-17h (ouvert le dim seulement d'avril à septembre). Boutique de soins du corps. Forfaits disponibles.

Petit espace au cœur du Plateau pour se détendre et surtout, raviver la beauté. Soins du visage comme le facial soin fraîcheur (77 $), le soin anti-âge (130 $-260 $)… Une série de soins permettant de prendre soin de la peau du visage, si exposée aux extrêmes du temps québécois. Soins du corps, électrolyse et épilation également pour les aisselles, le bikini, les jambes et les sourcils. Des prix compétitifs, par exemple l'épilation complète des jambes et des aisselles pour un peu moins de 60 $. Service de maquillage divers selon l'occasion et une leçon de maquillage d'une heure pour vous apprendre les différentes techniques qui vous permettront de vous maquiller en beauté. Soin désaltérant à l'eau thermale spa pour fortifier l'épiderme, spa manucure et pédicure entre 40 $ et 60 $. Un oasis de détente et de beauté pour la femme ou l'homme qui aime prendre soin de son corps…

INSTITUT LISE WATIER

392, Laurier Ouest
514-270-9296
www.institutlisewatier.com
Entre Hutchison et du Parc. Lun, 8h30-17h ; mar-mer, 8h-18h ; jeu-ven, 8h-21h ; sam, 7h30-17h ; dim, 10h-17h. Stationnement intérieur gratuit (3h max).

Un salon très chic où l'on viendra se faire dorloter par des massages, des faciaux, des manucures, des séances d'épilation, des gommages, des coiffures, des maquillages. On peut même prendre des cours de maquillage en groupe ou seul (45 $-100 $). Les forfaits beauté sont particulièrement avantageux (78 $-345 $),

il y a même un forfait Métamorphose offert pour 205 $. Une idée de cadeaux pour les hommes en mal d'inspiration. Des forfaits sont également disponibles pour les messieurs (118 $-190 $).
Autre adresse : Carrefour Laval, Laval, 450-688-5552.

SALONS DE COIFFURE

ACADÉMIE ST-LAURENT

916B, Sainte-Catherine Est
514-284-2206
www.stlaurentcoiffure.com

M° Berri-UQÀM. Lun-ven, 9h-21h ; sam, 9h-14h ; dim, fermé. Horaire pour le salon de coiffure : lun-ven, 9h-21h ; sam, 9h-17h ; dim, 12h-17h. Coupe + brushing par un professionnel à partir de 35 $ et par un élève pour 14,50 $.

Un décor industriel, techno-branché, où la coupe à 9 $ est offerte par un élève. Chose certaine, il est interdit de jeter un petit coup d'œil au deuxième étage où se déroulent les coupes laboratoires des étudiants en coiffure. Les sièges aux allures de plateau de tournage suscitent l'imagination.

COUPE BIZZARRE

3770, Saint-Laurent
514-843-3433
www.coupebizzarre.com

Angle des Pins. Lun-ven, 10h-20h ; sam, 10h-18h ; dim, 12h-18h. Réduction pour les étudiants.

Bien campé sur un des boulevards les plus huppés de la métropole, ce salon éclate par sa blancheur et son mobilier tout en rondeurs de style un peu sixties. Le grand espace et la lumière qui émanent du salon de coiffure sont accueillants. Une coupe flyée ? Ou classique ? Une coloration ? Peu importe votre choix, laissez-vous guider par le professionnalisme des stylistes qui ne désirent qu'une chose : vous voir ressortir avec un grand sourire. Évidemment, pour les gens qui aiment oser, c'est l'endroit idéal. La coupe peut être tendance et même avant-gardiste selon votre humeur du moment. Les produits sont sélectionnés avec soin pour votre plaisir et celui de vos cheveux.

JÉRÔME B. ESPACE COIFFURE

5200, Côte-des-Neiges
514-342-4888 | www.jeromebcoiffure.com

M° Côte-des-Neiges. Horaire variable. Coupe et brushing pour femme à partir de 57 $. Tarifs étudiants (-25 ans) du lundi au jeudi avec -20 % sur les tarifs réguliers et -15 % sur les techniques.

Jérôme B., c'est avant tout un concept : tout rendez-vous commence par une consultation par un visagiste pour trouver la coupe qui vous conviendra le mieux. Ensuite, on vous soigne les cheveux avec les produits Kerastase et l'Oréal Professionnel, tous deux de grande qualité. Pendant les soins ou la coupe, on écoute des nouvelles musiques françaises branchées... Bref, fiez-vous donc aux mains expertes de cette équipe jeune et dynamique, et vous ressortirez à coup sûr « époustouflant(e) » ! En partant, on jettera un coup d'œil aux expositions d'œuvres d'art.

LA BOÎTE À COIFFER

1594, Mont-Royal Est, 514-598-1548
2025, Mont-Royal Est, 514-529-9621
www.laboiteacoiffer.com

Lun-mar, 10h-18h ; mer, 9h-20h ; jeu-ven, 9h-21h ; sam, 9h-17h ; dim, fermé. Consultation gratuite.

Depuis 15 ans qu'elle a pignon sur l'avenue Mont-Royal, la Boîte à Coiffer s'est taillée une solide réputation. Les citations de Marcel Proust ou de Shakespeare nous tiennent compagnie : « Il faut que l'auteur ait de l'esprit pour que l'œuvre en ait ». Une petite touche qui rajoute au salon de la personnalité et de la couleur. Les prix pour les coupes et brushing varient : pour les femmes 44 $ et pour les hommes 31 $. En plus, des certificats-cadeaux sont disponibles.

OBLIC

1230, Fleury Est, 514-382-1111
5017, Saint-Denis, 514-842-1111
www.oblic.ca

Ouvert tous les jours (horaire variable selon la succursale). Service de maquillage sur place. Centre spa sur Fleury.

On aime Oblic, en fait, on l'adore ! Du bon café offert à l'arrivée à la coupe et mis en plis, en passant par le doux massage de tête lors du shampoing. Isabelle Lachance et Stéphane Roy ont su bâtir des salons de haute coiffure à l'affût des nouvelles tendances. L'équipe jeune et créative est surtout issue de leur école de coiffure, Tornade, et des formations sur mesure leur sont offertes afin d'enrichir leur expertise et d'apporter maîtrise, technique et perfectionnement. De plus, les prix sont plus qu'abordables. Bref, une adresse dont on ne sort jamais déçu !

Autre adresse : 1467B, Saint-Martin Ouest, Laval, 450-933-2111.

SALON STÉPHANE GAGNON & ODYSSÉE LE LOFT SALON ET SPA

3801, Saint-Laurent

514-841-1000

www.stephanegagnon.com

www.salonodyssee.com

Angle Roy. Lun, fermé ; mar, 10h-18h ; mer, 10h-20h ; jeu-ven, 10h-21h ; sam, 9h-18h ; dim, 11h-18h. Coupe pour hommes : à partir de 45 $, pour femmes : à partir de 75 $.

Vivez une expérience santé-beauté tout-en-un et à votre mesure. N'hésitez pas à prendre rendez-vous avec un conseiller afin de trouver la coupe ou les soins esthétiques qui vous conviendront, et selon votre budget bien entendu. La gamme des services est impressionnantes et le service, impeccable. La récente fusion avec le Salon Odyssée a permis d'élargir la gamme de soins, avec notamment, de la massothérapie et des enveloppements. Une très bonne adresse !

COSMÉTIQUES

BELLA PELLA

1201A, Mont-Royal Est, 514-904-1074

705, Sainte-Catherine Ouest (Centre Eaton), 514-904-0203

www.bellapella.com

Mont-Royal : lun-mer, 11h-18h ; jeu-ven, 11h-21h ; sam, 11h-17h ; dim, 12h-17h. Centre Eaton : lun-ven, 10h-21h ; sam, 10h-17h ; dim, 11h-17h.

Une petite boutique adorable pour celles qui veulent une belle peau (« bella pella » en italien). Bella Pella confectionne des produits artisanaux inspirés de recettes et de traditions d'origine italienne. On y retrouve des savons aux couleurs acidulées, coupés au poids, des masques frais, des shampoings, des produits pour le bain, des crèmes. Tout est à base de produits naturels et produit à la main ! C'est mignon et on y donne de bonnes idées cadeaux, comme par exemple les savons poire et vanille, à la canneberge ou encore au chocolat Godiva…

BOUCLES ET FLACONS

1012, Bernard Ouest

514-272-0772

Mº Outremont. Mar-mer & ven-sam, 9h-18h ; jeu, 9h-20h. Fermé dim-lun.

D'inspiration française, cette chic boutique est divisée en trois sections : la parfumerie, le salon de coiffure et le centre de soins esthétiques (soins du visage, manucure, pédicure, maquillage). Les parfums, les fragrances d'ambiance et les bains moussants côtoient donc les produits pour le corps et le visage, sans oublier les produits pour bébés. Reconnue pour sa parfumerie, on trouve dans cette boutique des marques de parfum connues comme Lalique et Molinard, qui sont peu distribuées ailleurs. Chaque parfum possède sa fiche signalétique (toutes les essences contenues), et si vous n'êtes pas sûr de votre choix, faites-vous guider par le personnel qui se fera un plaisir de vous renseigner.

DANS TA BULLE

316, Mont-Royal Est

514-842-3019

www.danstabulleblog.blogspot.com

Mº Mont-Royal. Lun-mer, 11h-18h ; jeu-ven, 11h-20h ; sam, 11h-17h ; dim, 12h-18h.

Ça sent bon dans cette jolie boutique de savons et de produits de beauté ! Tous les produits sont fabriqués à base d'ingrédients naturels et la grande majorité vient du Canada. En hiver, on apprécie tout particulièrement les savons au lait de chèvre, excellente protection contre l'assèchement de la peau. En toute saison, on profite des fameux shampoings

Druide, des diverses gammes de produits pour le visage, des bombes de bain. On trouve même du maquillage fait à base de produits naturels. Et si le savon c'est votre passion, renseignez-vous sur les ateliers qui se donnent sur place.

FRUITS ET PASSION

Nombreuses boutiques dans la grande région de Montréal (consultez le site Internet).
www.fruits-passion.com

Pour trouver une boutique « Fruits et Passion », il suffit de fermer les yeux et de se laisser guider par son odorat. Des senteurs de mûres et de cassis vous attirent irrémédiablement à l'intérieur pour découvrir toute une gamme de bains moussants, des poudres, des sels de bain, des huiles de massage, des parfums d'intérieur, des savons multicolores. Difficile de résister à toutes ses bonnes odeurs, à ce ballet multicolores de flacons de toutes les formes.

KIEHL'S

760, Sainte-Catherine Ouest, 514-788 4226
1307, Sainte-Catherine Ouest (Ogilvy), 514-842-7711
www.kiehls.com
M° McGill. Horaire variable selon la succursale.

La célèbre « pharmacie » américaine a inauguré sa première boutique québécoise en décembre 2007. Vêtues d'une blouse blanche, les vendeuses vous aviseront des bienfaits des produits de beauté, faits à base de produits naturels. La décoration, épurée et agréable, nous donne envie de rester longtemps dans cette boutique aux lotions de qualité.

L'OCCITANE EN PROVENCE

1000, Laurier Ouest, 514-948-3663
1, Place Ville-Marie, 514-394-1919
4972, Sherbrooke Ouest, 514-482-8188
www.loccitane.ca
Horaire variable selon la succursale.

Produits essentiellement venus de Provence, l'Occitane en met plein les narines! Soins du visage au miel qui adoucissent et fortifient, amande qui lisse et raffermit, verveine apaisante et rafraîchissante, olive équilibrante, lavande purifiante et relaxante… Il y a aussi des parfums pour la maison aux huiles essentielles, ou encore du gel douche, et des marques comme Occitane ou Verbana, pour hommes et femmes. Panier-cadeaux proposés dans un joli assemblage. Possibilité de recevoir le catalogue par le net et ensuite de passer votre commande sans vous déplacer! Faites plaisir à votre corps…

M.A.C.

4157, Saint-Denis, 514-844-1757
1307, Sainte-Catherine Ouest, 514-845-8085
585, Sainte-Catherine Ouest (La Baie), 514-841-8701
2305, Rockland, 514-737-1246
Autres succursales à Pointe-Claire, Ville d'Anjou et Laval.
www.maccosmetics.com
Horaire variable selon la succursale.

Belle atmosphère dans les boutiques M.A.C., où l'on est surpris par tant de couleurs ainsi réunies. Des couleurs évidemment très tendances, qui plaisent aux jeunes femmes dans le vent. C'est l'endroit de prédilection de plusieurs femmes lorsqu'il est question de se procurer du maquillage de qualité supérieure, des soins pour la peau, des accessoires et des brosses. Les clientes raffolent de la gamme M.A.C. Pro, d'abord conçue pour les professionnels du milieu de la mode. On peut se faire maquiller sur place ou même prendre des cours de maquillage personnalisés. Attention, il est préférable de prendre rendez-vous pour la séance de maquillage.

TATOUAGE ET PIERCING

IMAGO MONTREAL

158, Prince-Arthur Est
514-350-0015
www.imagotattoo.com
M° Sherbrooke. Boutique au deuxième étage. Mar-sam, 12h-19h (20h en été). Fermé dim et lun. Comptant seulement.

Vous aimez avoir le corps dessiné? L'endroit idéal où vous aurez le plaisir de vous faire tatouer par un des cinq artistes compétents. L'important dans un studio de tatouage est de savoir si le matériel utilisé est propre et stérile. Bref, d'assurer une qualité au niveau de l'hygiène. Ici, avec des machines sophistiquées et bien stérilisées, on offre une gamme de couleurs impressionnante aux clients. Les conseils personnalisés sont de mises, et les mineurs refusés, comme stipule la loi canadienne. Les tatouages se font sur rendez-vous uniquement. Vous avez le choix d'amener vos propres dessins ou de choisir ceux d'Imago créés par les artistes du studio. Mais attention à votre choix, car certains tatouages peuvent être refusés, question d'éthique.

TATOUAGE IRIS

1818, Ontario Est
514-526-8060
www.tatouageiris.com
Angle Papineau. Ouvert tous les jours dès 11h (midi le dimanche) et fermeture selon l'affluence.

Plus de 50 000 modèles de tatouages disponibles, une douzaine d'artistes tatoueurs et trois techniciennes en perçage corporel sont à votre disposition. Ce studio a pignon sur rue depuis plus de 20 ans et se targue d'être le plus grand salon de perçage du Québec. Bien sûr, vous pouvez venir avec vos propres dessins et en discuter avec les artistes.

TATOOATOUAGE

2057 A-B, Saint-Denis, 514-848-9767
MTL Tatoo : 4525, Saint-Denis, 514-288-9767
www.tatooatouage.com
Horaire variable selon la succursale.

Une adresse nec plus ultra pour les amateurs de ce courant moderne primitif. De véritables artistes transformeront toute surface cutanée en une œuvre d'art. Normes de propreté hautement respectées, une sélection impressionnante de dessins et modèles. On accepte volontiers les designs personnels, quitte à les enjoliver. À visiter, pour se persuader de la valeur incroyable du tatouage, et ensuite, prendre rendez-vous...

CADEAUX

BIJOUX

BIJOUTERIE JOËL

1500, McGill College (Place Montréal Trust), 514-866-7226
677, Sainte-Catherine Ouest (Complexe Les Ailes), 514-844-5635
www.bijouteriejoel.com
M° McGill ou Peel. Horaire variable selon la succursale. Autre magasin au Carrefour Laval.

Cette bijouterie dispose de son propre atelier de fabrication et de création. Sur demande, ils feront le bijou de vos rêves. À la vente, des bijoux et des montres d'importation ainsi que de beaux stylos (Mont Blanc) complètent l'éventail de cette superbe bijouterie.

BLEU COMME LE CIEL

2000, Peel, 514-847-1128
1307, Sainte-Catherine Ouest (Ogilvy), 514-842-7711
Carrefour Laval, Laval, 450-688-1128
Clio Blue : 1468, Peel, 514-281-3112
www.bleucommeleciel.com
Horaire variable selon la succursale.

Chacune des boutiques offre une ambiance féminine et sophistiquée, à l'image de ses bijoux de fantaisie haute de gamme provenant, entre autres, de Paris ou de la Côte d'Azur. On retrouve divers modèles de colliers en argent, en bois, en nacre... Des pierres semi-précieuses, des cristaux autrichiens, quelques bijoux conçus par des artistes montréalais, des porte-clés et des bracelets colorés. Assez fantaisistes, ces accessoires plairont aux femmes qui aiment les bijoux délicats, colorés et tendance. Les prix peuvent varier, mais il faut s'attendre à payer un peu plus cher qu'ailleurs.

OZ BIJOUX

3933, Saint-Denis
514-845-9568 | www.oz-jewelry.com
Entre Roy et Duluth. Lun-mer, 11h-18h ; jeu-ven, 11h-21h ; sam-dim, 10-17h.

Bijoutier traditionnel qui ne fait pas dans l'extravagance mais plutôt dans le luxe de la simplicité. Choix imposant de colliers, bagues, bracelets et boucles d'oreilles. La qualité indéniable va de paire avec les prix assez élevés. D'un côté de la boutique, on retrouve une collection intéressante d'artisans québécois de styles divers et de couleurs variées comme le bleu, le rose, le jaune. La couleur argent prime ainsi que le bronze. De l'autre côté, on retrouve une collection de bijoux traditionnels provenant d'un peu partout dans le monde, des pièces un peu plus extravagantes ou plus classiques.

BOUTIQUES DE MUSÉES

BOUTIQUE DU MUSÉE D'ART CONTEMPORAIN

185, Sainte-Catherine Ouest
514-847-6904 | www.macm.org
M° Place-des-Arts. Lun-mar, 10h-18h ; mer-sam, 10h-20h ; dim, 12h-18h.

C'est l'endroit tout désigné pour faire du shopping créatif. Au-delà des pièces classiques comme les T-shirts et les tasses à café, on y trouve des objets hétéroclites et stylisés. Découvrez les jolis casse-tête reproduisant des œuvres d'art et admirez les accessoires pour la maison, les bijoux, les montres, les jouets pour enfants et la papeterie décorative. En adéquation avec le musée, l'endroit est coloré et vivant. À visiter pour trouver des idées-cadeaux originales et contemporaines !

BOUTIQUE DU MUSÉE DES BEAUX-ARTS

1390, Sherbrooke Ouest
514-285-1600 | www.mbam.qc.ca
M° Guy-Concordia. Mar & jeu-ven, 11h-18h ; mer, 11h-21h ; sam-dim, 10h-17h.

Il est agréable de chercher une idée cadeau dans la jolie boutique du musée des Beaux-arts. Notre regard s'attarde sur les bijoux, les sculptures et les céramiques, directement inspirés de la collection permanente et des expositions temporaires du musée. Pour la table et la maison, on trouve plein d'objets en céramique de célèbres designers du monde entier. Pour la décoration, un intéressant choix d'affiches d'art vous est bien sûr proposé. Les enfants ne sont pas en reste avec un éventail de jeux en bois, de marionnettes et de peintures tactiles. La section librairie propose des ouvrages en lien avec les expositions, ainsi que les catalogues des grandes expos ayant lieu à travers le monde. Certains objets sur les rayons viennent d'ailleurs des boutiques du Musée du Louvre, du Guggenheim et du Metropolitan Museum.

BOUTIQUE DU MUSÉE POINTE-À-CALLIÈRE

150, Saint-Paul Ouest
514-872-9149
www.pacmusee.qc.ca
M° Place-d'Armes. Mar-dim, 11h-18h. Horaire d'été : tous les jours de 11h à 19h.

Pas besoin d'avoir visité antérieurement le musée pour découvrir les beaux objets de la boutique Pointe-à-Callière : l'entrée est libre ! Remontez le temps et plongez au cœur des origines de la culture québécoise et amérindienne. Du côté des premières nations, on trouve des bijoux typiques, des sculptures en pierre de savon et des objets traditionnels tels les capteurs de rêves et des petites répliques de canots d'écorce. Les objets proposés sont majoritairement le fruit du travail d'artisans québécois et amérindiens. Les pièces de céramiques, tels les bols et les assiettes, sont magnifiques. Et l'espace librairie plaira à ceux qui recherchent des ouvrages précis. La librairie se spécialise, à l'effigie de son musée, en archéologie et en histoire du Québec, du Canada et de la Nouvelle-France.

BOUTIQUES CADEAUX DES MUSÉUMS NATURE

Le Biodôme :
4777, Pierre-De Coubertin, 514-868-3068
Jardin Botanique :
4101, Sherbrooke Est, 514-872-1434
Insectarium : 4581, Sherbrooke Est, 514-872-8753
Planétarium :
1000, Saint-Jacques Ouest, 514-872-4530

Les boutiques des muséums nature de Montréal regorgent de cadeaux éducatifs pour tous les âges et pour tous les goûts. Certains souvenirs sont exclusifs et sont fabriqués au Québec. Au Biodôme, vous trouverez des animaux en peluche, des bijoux à saveur environnementale et des bouquins spécialisés. La boutique du Jardin botanique propose des livres sur l'aménagement paysager, des plantes à rapporter à la maison ainsi qu'une foule d'articles déco. Les petits raffoleront des sucettes avec un insecte emprisonné à l'intérieur, des livres entomologiques et des chapeaux d'apiculteur vendus à la boutique de l'Insectarium. Au Planétarium, beaucoup d'objets reliés au monde de l'astronomie et de l'exploration spatiale : affiches, livres, souvenirs, objets décoratifs, etc.

ART ET ARTISANAT

ESSENCE DU PAPIER

4160, Saint-Denis
514-288-9691 | www.essencedupapier.com

Angle Rachel. Lun-mer, 10h-18h ; jeu-ven, 10h-21h ; sam, 10h-17h ; dim, 12h-17h.

Quoi de plus original que d'offrir des agendas, des albums, des sceaux avec cire, des coffrets de calligraphie ou du papier Zamier, un papier fait artisanalement à partir d'écorce séchée? La boutique est douce à l'œil et ses étalages sont raffinés : papier vélin, papier de soie, du parchemin et du papier florentin. Essence de papier se spécialise aussi dans les instruments d'écriture (plumes, stylos, etc.) et les articles de décoration de la table. Une visite qui donne envie d'écrire, que ce soit sur du papier recyclé ou du papier rare.

Autres boutiques : 1, Place Ville-Marie 514-874-9915 ; 1307, Sainte-Catherine Ouest (Ogilvy) 514-844-8244 ; Quartier Dix30, Brossard, 450-678-8244.

GAÏA ATELIER-GALERIE-BOUTIQUE DE CÉRAMIQUE

1590, Laurier Est
514-598-5444
www.gaiaceramique.com

Angle Marquette. Lun, fermé ; mar-mer, 11h-18h ; jeu-ven, 11h-19h ; sam, 10h-17h ; dim, 12h-17h. L'horaire peut varier selon la saison.

Fondé en 1999 par Catherine Auriol et Marko Savard, cet atelier-galerie-boutique propose une collection de pièces en céramique artisanale, réalisées tant par des artistes locaux (comme les pièces des propriétaires notamment) que des artistes étrangers. Dans bien des cas, ce sont des pièces que l'on ne retrouve pas ailleurs et la modernité du design, très contemporain, et leur unicité en font des œuvres quasi précieuses. On peut également commander des pièces sur mesure, décorées selon nos envies. Après 10 ans d'existence, Gaïa tend dorénavant vers le côté galerie-exposition contemporaine. Chacune de ces expositions, dont le calendrier se trouve sur le site web, dure de 10 à 12 jours et toutes les pièces exposées sont en vente à prix abordable. Sachez que des cours (très prisés) d'initiation aux diverses techniques de tournage et de façonnage y sont offerts (voir section « Activités – ateliers artistiques »). Bref, même si Gaïa est un peu excentrée du centre-ville, l'endroit vaut vraiment le détour !

MARCHÉ BONSECOURS

350, Saint-Paul Est
514-872-7730
www.marchebonsecours.qc.ca

M° Champ-de-Mars. Ouvert tous les jours dès 10h, fermeture entre 18h et 21h selon la saison.

Le magnifique édifice au dôme argenté réunit plusieurs galeries, dont celle des métiers d'art et celle de l'Institut de Design de Montréal. Un bon endroit pour trouver des souvenirs de qualité.

COMMERCE ÉQUITABLE

DIX MILLE VILLAGES

4128, Saint-Denis
514-848-0538 | www.tenthousandvillages.ca
M° Mont-Royal. Lun-mer & sam, 10h-18h ; jeu-ven, 10h-21h ; dim, 12h-17h.

Une enseigne équitable dont les engagements moraux et écologiques émaillent ostensiblement les murs de la boutique. Dans un local spacieux au design recherché, on vous renseignera sur les meubles, les bijoux, les jouets et les objets de décoration en provenance de pays en voie de développement. Tout ce qui est vendu chez Dix Mille Villages est le fruit du talent d'artisans d'une vingtaine de pays d'Asie, d'Afrique et des Amériques. Les objets sont produits dans des conditions respectueuses de la dignité des travailleurs et de leur milieu de vie. On vous propose également les cafés à emporter ou à consommer sur place. L'organisation est sans but lucratif et les profits sont réinvestis dans d'autres projets. Certaines vendeuses sont même des bénévoles.

Autres adresses : 5675, Monkland 514-483-6569 ; 290, Bord du Lac, Pointe-Claire 514-428-0450.

VENUS D'AILLEURS

C-CASSIA

3753, Wellington
514-761-5207 | www.c-cassia.com
M° de l'Église. Ven, 10h-20h ; sam, 10h-17h.

Nous sommes très fiers d'avoir déniché cette boutique de bijoux, sacs, foulards et batiks aux influences asiatiques. Beaucoup des produits sont dessinés directement par C-Cassia. Le rapport qualité-prix est renversant. Le secret des propriétaires ? Se rendre directement en Asie, auprès de producteurs qu'ils connaissent bien et revenir avec les meilleurs produits. Les colliers en perles, des bijoux en argent, des colliers en jade, des perles vendues à l'unité … Les pashmina d'une grande qualité ne coûtent vraiment pas cher. Les batiks, achetées directement aux Miao, un peuple dispersé entre la Chine, le Vietnam, le Laos et le Cambodge décorent à merveille une chambre à coucher. Les vêtements, également dessinés à Montréal, sont très intéressants. Bref, courrez-y ! Vous avez également la possibilité d'acheter en ligne.

GIRAFFE

3997, Saint-Denis
514-499-8436
www.giraffe.ca
Entre Roy et Duluth. Lun-mer, 10h-18h ; jeu-ven, 10h-21h ; sam, 10h-17h ; dim, 12h-17h. En janvier et février, la boutique ferme à 19h jeu-ven.

Giraffe propose au néophyte une belle exploration en terre africaine. La propriétaire fait le tour d'une grande partie du continent pour en ramener les plus beaux objets, bijoux ou décorations. Quelques exemples : des bijoux berbères du Sahara, des boucles d'oreilles en argent, immenses, incrustées de pierres, des statues en ébène du Kenya, de très jolies cartes postales… Les percussions faites de bois et de perles raviront les musiciens. Le plus original (et notre coup de cœur), c'est la grande pièce au fond. Le cache sexe ancien (qui n'est pas à vendre) nous a certainement fait sourire, tout comme le ventre rond fait en bois, supposé aider les femmes à tomber enceinte. Les masques tantôt drôles, tantôt effrayants, sont une invitation à découvrir ce continent.

KALAË

5427, Saint-Laurent
514-528-9343
www.kalae.ca
Entre Maguire et Saint-Viateur. Lun-mar, sur rendez-vous ; mer-ven, 12h-18h ; sam, 12h-17h ; dim, 12h-16h.

Un autre monde, une autre époque et surtout une culture millénaire. La Chine impériale est racontée à travers cette boutique. L'odeur ancienne de bois remplit les narines et la tête d'images historiques. Les meubles exposés sont centenaires et font découvrir la Chine par ses différentes régions : Zhejiang, Shanghai, Shandong et bien d'autres. Carafes, chaises et tabourets provenant d'Afrique aussi, pour ceux dont le portefeuille ne permet pas d'acheter une armoire à 5 000 $! Originaux et reproductions. L'artisan, explique-t-on, utilisera ou a utilisé particulièrement le pin et l'orme, donnant ainsi de la vigueur et une teinte rouge aux meubles.

SUKA SUKA

4821, Saint-Laurent
514-844-1118
www.sukasuka.ca
Entre Villeneuve et Saint-Joseph. Ouvert seulement sur rendez-vous.

Un petit goût d'ailleurs dans cette boutique fort sympathique, qui se spécialise dans la vente de meubles en teck recyclé : tables, bancs, chaises, armoires, commodes, cubes, etc. Suka Suka propose des objets d'importation que l'on ne risque pas de trouver ailleurs. Elle offre également une collection d'étagères, avec ou sans pattes, et des tapis de bois.

© NRL

TURQUOISE DÉCOR

4461, Saint-Laurent
514-286-6161
Angle Mont-Royal. Lun-mer & sam, 10h-18h ; jeu-ven, 10h-21h ; dim, 12h-18h.

Les meubles voyagent de l'Orient à l'Occident. Ramener un coin de pays, ça vous dit ? Un peu d'Inde, de Chine, du Pakistan, du Tibet, de l'Indonésie... Un tour du monde en quelques minutes ! Quelques accessoires proviennent du Maroc et de Thaïlande aussi. Les meubles indiens sont des pièces anciennes recyclées. C'est le cas, par exemple, d'un vieux cadre de porte transformé en armoire ou de fenêtres tibétaines devenues des miroirs.

UN DÉTOUR EN PROVENCE

1328, Beaubien Est
514-279-4528
Angle de Lanaudière. Mar-mer, 10h-18h ; jeu-ven, 10h-20 ; sam, 10h-17h. Fermé dim-lun.

Dès qu'on passe le seuil de la porte de cette boutique, une chaleur toute particulière nous envahit. Les couleurs de la

Provence sont mises en valeur et la fascination pour ce coin de France opère. Le choix de nappes déjà coupées est généreux, et des rouleaux de tissu attendent que vous donniez les mesures de votre table pour être taillés. Il y a de tout pour garnir la table : des assiettes de céramiques, des verres, des accessoires Ricard et même d'excellentes huiles d'olive AOC. Les savons de Marseille sont vendus à petits prix et les poupées Fanette raviront les enfants. Entre les herbes de Provence et les produits d'épicerie fine, le choix ne manque pas pour les idées-cadeaux.

CADEAUX INSOLITES

CRUELLA

63, Mont-Royal Est
514-844-0167 | www.cruella.ca
M° Mont-Royal. Lun-mer, 10h30-19h ; jeu-ven, 10h30-21h ; sam-dim, 11h-17h.

Conformistes s'abstenir. Voici le repaire des amateurs de tenues insolites et sexy. La famille Adams viendrait refaire sa garde-robe ici. Le décor est conçu dans l'esprit gothique, un cercueil trônant au milieu de la boutique. Bas toile d'araignées, cuissardes aux talons vertigineux, superbes lingeries, les belles vampires y dénichent leurs meilleurs appâts. Accessoires en cuir et tout le bataclan. Une faune particulière s'y retrouve. Cette boutique recèle une foule de trésors, à des prix plus que généreux. Le look final est du tonnerre. Assez époustouflant pour valoir le détour, encore plus pour y dépenser ses deniers !

MORTIMER SNODGRASS

56, Notre-Dame Ouest
514-499-2851 | www.mortimersnodgrass.com
M° Place-d'Armes. Lun-mer, 10h-18h ; jeu-ven, 10h-21h ; sam, 10h-18h ; dim, 11h-18h.

Attention ! Une visite chez Mortimer Snodgrass est toujours plus longue que prévu... L'exploration des lieux est ludique, teintée de folie et placée sous le signe de l'humour. L'originalité des objets qui y sont vendus incite à flâner pour prendre le temps de découvrir la panoplie d'idées-cadeaux : vêtements, accessoires pour animaux, décoration, jeux et jouets, objets pour la maison, etc. Les vêtements pour bébés et pour enfants ont été notre coup de cœur. Des livres rigolos, imagés et agréablement inutiles, y sont aussi vendus (en anglais seulement). Depuis l'ouverture de la boutique, les propriétaires des lieux déploient des efforts soutenus pour dénicher des créations que vous ne trouverez nulle part ailleurs, alors profitez-en ! Vente en ligne et livraison sur le site Internet.

KITSCH'N SWELL

3968, Saint-Laurent
514-845-6789 | http ://kitschnswell.ca/
Angle Duluth. Lun-mer, 12h-18h ; jeu-ven, 12h-21h ; sam-dim, 12h-17h (ouverture à 11h en été).

Vous cherchez un costume, du mobilier, une idée-cadeau kitsch ? C'est chez Kitsch'n Swell que vous trouverez ce qu'il vous faut. Du fauteuil en imprimé léopard aux lunettes de soleil disco, en passant par des vêtements, des bibelots et même du mobilier, cette boutique est un véritable trésor pour les collectionneurs et les passionnés de vintage. Les propriétaires dénichent leurs stocks d'objets des années '40 à '80 dans les ventes de garage ou chez des particuliers puis les retapent. Des objets en bon état donc, mais qui restent très kitsch !

LE VALET DE CŒUR

4408, Saint-Denis
514-499-9970 / 1 888-499-5389
www.levalet.com
Mº Mont-Royal. Lun-mer, 11h30-18h ; jeu-ven, 11h30-21h ; sam, 10h-17h ; dim, 12h-17h.

Véritable caverne d'Ali Baba que cette grande boutique entièrement dédiée aux jeux en français et en anglais (quelques fois en allemand !). Tout y est, allant des jeux de société aux cartes et tarots, en passant par la magie et la jonglerie. Une foule d'objets hétéroclites feront également d'excellents cadeaux : gargouilles, bijoux, chapeaux, etc. Nous conseillons fortement de faire un tour à leur boutique (prévoyez du temps !) mais il est également possible d'acheter en ligne.

ZED OBJETS

4109, Saint-Laurent
514-845-0333 | www.zedobjets.ca
Entre Duluth et Rachel. Lun-mer & sam, 11h-18h ; jeu-ven, 11h-21h (18h en hiver) ; sam, 11h-18h ; dim, 12h-18h.

Saint-Laurent recèle de jolis petits magasins. Zed Objets en fait partie. Cette boutique de la vie urbaine est remplie d'objets art-déco, de vaisselle, d'accessoires décoratifs en tous genres, ainsi que de bijoux fantaisie et surtout de sacs à mains aux couleurs et aux styles différents. Bref, hommes et femmes y trouveront des accessoires et des objets, toujours humoristiques ou stylisés. Les clients vont du bébé à la mamie. Beaucoup de gadgets pour la cuisine et la salle de bain, ainsi que des sacs à main super sympas.

FLEURS

BLUME

2406, Henri-Bourassa Est
514-543-5526 | www.blumefloral.ca
Angle De Lille. Lun-mer, 9h-18h ; jeu-ven, 9h-19h ; sam, 10h-17h ; dim, 12h-17h.

Plus qu'une simple boutique de fleurs, Blume est l'atelier de création d'artistes-concepteurs floraux. Sophistiquée, chic et différente, cette adresse saura ravir les plus exigeants. L'équipe de confectionne avec talent et créativité des arrangements floraux d'une beauté remarquable. Pour les évènements spéciaux, laissez parler le « savoir-fleur » de Blume ! Et visitez les yeux grands ouverts la très belle boutique qui regorge de plantes et de fleurs exotiques. Tout y est lumineux de beauté ; même les cache-pots en céramique ne manqueront pas de vous séduire. Blume fait aussi des installations « archi-fleuri-texturales » visant à rehausser la décoration intérieure des restaurants et des entreprises. Il est aussi possible d'organiser des événements au sein même de l'atelier-floral.

FLEURS SUR INTERNET

Le fleuriste : www.lefleuriste.com
1 800-263-4212
Bloomex : www.bloomex.ca
514-312-5366 / 1 888-912-5666

Pour la livraison de fleurs partout au Canada et aux États-Unis, référez-vous à ces deux sites Internet. Très détaillés, ils proposent un nombre impressionnant de produits : bouquets de fleurs, paniers de fruits frais, chocolats, adaptés à tous les évènements. Des photographies de chaque item sont disponibles pour vous aider à faire un choix éclairé. La livraison de la composition florale de votre goût peut s'effectuer la journée même, à condition que la commande soit passée avant 13h. Bloomex varie ses prix de livraison selon l'heure à laquelle vous souhaitez que les fleurs soient livrées (9,99 $-13,98 $), alors que Le fleuriste facture un surplus de 10,50 $ en tout temps pour l'acheminement de votre commande. Si l'inspiration vous manque, le classement des bouquets par type d'occasion risque de vous être bien utile. Les arrangements floraux sont plus sophistiqués sur le site du détaillant Le fleuriste. C'est aussi là que l'on trouve l'idée la plus originale : l'impression d'un message ou d'un logo sur une rose blanche. Séduction garantie !

MARIE VERMETTE

801, Laurier Est
514-272-2225 / 1 877-272-2226
www.marievermette.com
M° Laurier. Lun-mer, 9h-18h ; jeu-ven, 9h-20h ; sam, 9h-17h ; dim, fermé. Service de livraison à Montréal et sa banlieue, ainsi qu'à travers le monde via Téléflora.
Une ravissante boutique où diverses odeurs de fleurs fraîches s'entremêlent, des plus exotiques aux plus traditionnelles. Le personnel réalise de très beaux bouquets originaux dignes d'agrémenter les grandes occasions de la vie comme les mariages ou encore les banquets, ou apporter une touche de romantisme dans des soupers plus intimes...

ZEN

1039, Mont-Royal Est | 514-529-5365
M° Mont-Royal. Lun-mer, 9h-18h ; jeu-ven, 9h-19h ; sam, 9h-17h ; dim, 10h-17h.
Zen et le pouvoir des fleurs. Une boutique à l'ambiance sympathique et amicale. Trois grandes tables d'un côté pour les arrangements. Ça sent bon les fleurs et les plantes. Différents modèles de vases, transparents ou en couleurs. Possibilité de faire un arrangement floral ou un bouquet. La différence ? L'un sera arrangé avec les fleurs, mais aussi les branches et les feuilles pour un résultat plus artistique agrémenté d'un pot en céramique (non-inclus dans le prix). L'autre sera composé de fleurs coupées dans un vase ou entourées d'un papier décoratif. Livraison possible avec supplément.

RIVE-NORD

LE PARADIS DES ORCHIDÉES

1280, Montée Champagne, Sainte-Dorothée, Laval
450-689-2244
www.leparadisdesorchidees.com
Ouvert tous les jours de 9h à 17h.
Ouverte au public à l'année longue, cette serre d'orchidées est le plus important producteur d'orchidées dans l'Est du Canada. On y retrouve des centaines d'orchidées différentes, certaines ayant été primées lors de concours et étant exposées pour le délice des yeux. Bien sûr, ceux qui veulent repartir avec un joli cadeau le peuvent aussi. Les prix varient grandement, allant de 10 $ à des montants frisant presque les trois chiffres. Service de livraison au Québec, en Ontario et dans les Provinces maritimes.

VINS

12° EN CAVE

4556, Saint-Laurent
514-866-5722 | www.12encave.com
Entre Mont-Royal et Villeneuve. Lun-mer, 10h-18h ; jeu-ven, 10h-20h ; sam, 10h-17h ; dim, 12h-17h.
De la conservation du vin jusqu'à sa dégustation, soyez assuré que 12° en Cave s'occupe de tout. L'ensemble des produits est proposé dans un vaste et chaleureux espace qui fera rêver les connaisseurs comme les néophytes. Vous y trouverez une collection exclusive d'accessoires consacrés au service et à la dégustation du vin. Le personnel est passionné et vous conseillera dans le choix d'un cellier, ou encore dans l'entreposage de vos bouteilles dans les voûtes à atmosphère contrôlée que possède le magasin. Un service de conception et d'aménagement de cave à vin est proposé à ceux qui désirent se lancer dans l'aventure. Le magasin n'est toutefois pas réservé qu'aux objets haut de gamme. Il contient aussi des cadeaux, des livres et des objets de décoration comme des plaques de marbre à l'effigie des grands vins. *Commande sur le site Internet et livraison possible partout à travers le monde.*

Jeux et jouets pour enfants

BOUTIQUE CITROUILLE

206, Laurier Ouest
514-948-0555 / 1 866-948-0555
Angle de l'Esplanade. Lun-mer, 10h-18h ; jeu, 10h-19h ; ven, 10h-20h ; sam, 10h-17h ; dim, 12h-17h.

Vaste sélection de jouets haut de gamme en bois et en tissus en provenance d'Europe, plus particulièrement de France et d'Allemagne. Du hochet au puzzle, de la maison de poupées au théâtre de marionnettes, de la boîte à musique au cheval de bois, la variété étonnera et charmera petits et grands. Des accessoires pour chambres d'enfants sont également disponibles : tapis, crochet, toise à mesurer, coussins, pour se limiter à ceux-ci. Les prix ne sont pas forcément à la portée de toutes les bourses, mais la qualité des jouets, sans comparaison avec les jouets fabriqués en usine, se remarque au premier coup d'œil, de même que les matériaux utilisés pour leur confection, tous naturels : bois, laine, coton, couleurs alimentaires.

BOUTIQUE OINK OINK

1343, Greene
514-939-2634 | www.oinkoink.com
M° Atwater. Lun-sam, 9h30-18h ; dim, 12h-17h.

Cette boutique au nom amusant est tout simplement féerique. En plus de vous faire retomber en enfance, elle a la particularité d'avoir une vaste sélection de jouets dont plusieurs items qu'on ne retrouve pas ailleurs. C'est donc l'endroit idéal pour trouver un cadeau original ou un article rare d'une collection populaire.

ÉDUCA-JEUX

1, Place Ville-Marie
514-871-8818
M° McGill. Lun-mer, 9h30-18h ; jeu-ven, 9h30-21h ; sam, 9h30-17h ; dim, 12h-17h.

Ce magasin propose des jeux éducatifs et des jouets de qualité. Vous y trouverez également des livres, des casse-têtes, et une collection impressionnante de poupées russes. Le personnel, à l'affût des nouveautés, se fera un plaisir de vous aider dans la recherche du cadeau idéal.

LA GRANDE OURSE

263, Duluth Est
514-847-1207
M° Sherbrooke, angle Laval. Lun, fermé ; mar-mer, 12h-18h ; jeu-ven, 12h-21h ; sam-dim, 12h-17h. Interac et comptant seulement.

Belle boutique de jouets fabriqués avec des matériaux naturels : poupées en fibres naturelles, jouets de bois, matériel d'art et livres pédagogiques. Des contes animés ainsi que des ateliers artistiques pour enfants de 4 à 10 ans sont également présentés. Les adultes peuvent aussi s'inscrire à des ateliers artistiques.

TOUR DE JEUX

705, Sainte-Catherine Ouest (Centre Eaton), 514-845-1853
Centre Rockland, 514-739-9037
Fairview Pointe-Claire, 514-630-4886
www.tourdejeux.com
Horaire variable selon la succursale.

Une véritable caverne d'Ali Baba avec toutes sortes de jouets et jeux : poupées, jouets de bébé, jeux de société, casse-tête, figurines, bricolage… Les prix sont dans la moyenne et les ventes en valent vraiment le coup.

TOYS'R'US

7125, Newman, LaSalle, 514-366-4532
7200, L-H Lafontaine, Anjou, 514-353-6430
6301, Transcanadienne, Pointe-Claire, 514-694-0020
2600, boul. Daniel-Johnson, Laval, 450-682-6194
6855, boul. Taschereau, Brossard, 450-445-1889
www.toysrus.ca
Autres adresses dans la grande région de Montréal. Horaire variable selon la succursale.

Le grand magasin des jouets pour tous les âges. La section bébé offre poussettes, sièges d'auto et jeux d'éveil. Pour les plus grands : vaste sélection de jeux de société, poupées, peluches, jeux éducatifs, consoles de jeux, DVD et CD-Rom. On peut acheter par Internet.

CÉCILE © NRL

UNIVERS TOUTOU

503, Place d'Armes
514-288-2599
www.universtoutou.com
M° Place d'Armes. Dim-mer, 10h-18h ; jeu-sam, 10h-20h.
Comme par magie, cet atelier/usine permet de créer à sa façon son animal de peluche. Parmi une vingtaine de modèles de toutous, on fixe son choix, procède au rembourrage, y insère une âme, prête serment de fidélité. Le tout certifié sur un passeport où figure la photo du toutou de son nouveau maître. Il va sans dire que l'achat de vêtements et d'accessoires est fortement conseillé. Pour habiller Teddy, tous les fantasmes sont permis : pyjama, pantoufles en forme de toutou, bikini, costume d'Halloween, etc. On quitte la boutique la valise bien remplie. Toutes les fantaisies sont de mise dans cet univers féerique !
Autre adresse : Quartier Dix30, Brossard, 450-676-7856.

RIVE-SUD

CHAT PERCHÉ

406, Victoria, Saint-Lambert
450-671-1145
www.chatperche.ca
Lun-mer, 10h-18h ; jeu-ven, 10h-21h ; sam, 10h-17h ; dim, 12h-17h.
Comment ne pas retrouver l'enchantement de son enfance devant tous les petits trésors de cette boutique ? Sur des étagères de bois aux couleurs vives, les oursons en peluches et les poupées de chiffon sont sagement disposés. Les figurines de collection Papo éveillent aussi l'imagination. Tous les animaux de la ferme se rassemblent. Pour célébrer un anniversaire, quelques babioles et jolies cartes s'ajouteront facilement au panier. La propriétaire prend plaisir à conseiller le client avant qu'il fasse son choix parmi les nombreux casse-têtes et jeux de société. Si l'objet prisé est manquant, il est possible de passer commande. Vraiment le client est aux petits oignons. Et cela vous est transmis par un sourire très contagieux.

AUX PLAISIRS DE BACCHUS

1225, Bernard Ouest
514-273-3104 / 1 888-777-3104
www.auxplaisirsdebacchus.com
M° Outremont. Lun-mer, 10h-18h ; jeu-ven, 10h-20h ; sam, 10h-17h ; dim, 12h-17h. Possibilité d'acheter en ligne.
Si votre copain est un adepte de Bacchus sans le tonneau, ne tournez pas autour de la bouteille trop longtemps pour lui offrir le cadeau de ses rêves. Une belle collection de verres à vin et à porto, des carafes superbes, des verres à dégustation. À l'entrée de la boutique, un rayon consacré aux guides et aux magazines spécialisés. L'autre point fort de la boutique, c'est la possibilité de faire fabriquer son cellier ou sa cave sur mesure. Accueil très professionnel.

VINUM DESIGN

1480, City Councillors
514-985-3200 | www.vinumdesign.com
M° McGill. Lun-mer, 10h-18h ; jeu-ven, 10h-20h ; sam, 10h-17h ; dim, 12h-17h. Possibilité d'acheter en ligne.
Une belle adresse pour tout amateur passionné du nectar divin. Des verres sous toutes les formes et une sélection de cellier d'appartement se retrouvent ici. Les conseils sont avisés, et le personnel s'y connaît ! Pour les plus fortunés, côté immobilier, un service de construction de cave à vin réputé est disponible.

RIVE-NORD

VIN & PASSION

110, promenade du Centropolis, Laval
450-781-8467 / 1 866-567-8467
www.vinetpassion.com
Lun-mer, 10h-18h ; jeu-ven, 10h-21h ; sam, 9h-17h ; dim, 12h-17h. Possibilité d'acheter en ligne.
Cette boutique de la viniculture satisfera certainement les passionnés, mais elle peut aussi être intéressante pour les dilettantes. L'endroit est gigantesque, car tous les articles associés à la consommation du vin ou de l'alcool s'y retrouvent : celliers, sabreurs à champagne, flasques, livres spécialisés… Que vous y alliez pour un service à fromage, pour louer un cellier, ou simplement pour le conseil d'un expert, un petit coup d'œil vaut la peine. Des ateliers sur l'art de choisir, de traiter et de profiter au maximum de ses vins sont offerts par la maison. Des dégustations se font aussi sur place lors de visites, ou même lors de cours spéciaux.
Autre boutique : Promenades Saint-Bruno, 450-653-2120.

RIVE-SUD

L'ÂME DU VIN

14, Desaulniers, Saint-Lambert
450-923-0083
Lun-mer, 10h-18h ; jeu-ven, 10h-21h ; sam, 10h-17h. Fermé dim.
Une référence essentielle située sur la Rive-Sud. En ces murs, la qualité et la classe restent indiscutables. On y trouve tout pour le service, la dégustation et la conservation du vin. Coupes, carafes et accessoires sont joliment disposés dans un décor translucide issu du jeu de la lumière sur le verre. Quelques ustensiles pour agrémenter l'art de la table. Un vaste choix de livres sur le divin nectar est judicieusement proposé aux lecteurs. Des casiers faits sur mesure permettent aux plus raisonnables de s'équiper adéquatement. Pour les amateurs encore plus sérieux, des conseillers dans l'élaboration de la cave à vin se chargent de réaliser les rêves les plus fous, pour s'abandonner à la passion sans entraves. Que les épicuriens se réjouissent, les accessoires pour le café et le fromage sont aussi présents dans la boutique.

MAISON

AMEUBLEMENT

FUTON D'OR

3855, Saint-Denis
514-499-0438 | www.futondor.com
M° Sherbrooke. Lun-mer, 10h-18h ; jeu-ven, 10h-21h ; sam, 10h-17h ; dim, 12h-17h.
Un futon fait au Québec ? C'est avec étonnement que nous avons découvert que chez Futon d'Or, tous les futons

Futons futés

étaient fabriqués à Gatineau. Contrairement à ce que l'on pourrait penser, les prix restent très raisonnables et la livraison est gratuite. Disons même plus : les propriétaires garantissent le meilleur prix en ville, à qualité égale bien sûr. En furetant chez les compétiteurs, ils se renseignent au mieux afin de tenir leur promesse. Autre gage de qualité : la garantie à vie pour les futons (couture, déplacement de mousse, etc.). La large gamme de produits va du futon-divan pour étudiants à partir de 300 $ au futon de très grande qualité, que l'on peut utiliser pour dormir tous les soirs. Pour ceux préférant une literie plus traditionnelle, optez pour les matelas en latex. C'est ce qu'on fait de mieux dans le domaine du lit. Autre plus : le choix des housses. De très belle qualité, elles sont généralement lavables en machine et vous trouverez également les coussins assortis. Les coloris partent du classique monochrome à l'imprimé chinois en passant par l'africain, le brodé, etc., le tout avec différents tissus et textures.

HÄSTENS

4238, Saint-Laurent
514-788-8997 | www.hastens.com/fr/
Entre Rachel et Marie-Anne.

« Combien vaut votre sommeil ? » C'est ce que vous demande cette entreprise suédoise qui possède maintenant deux boutiques au Canada (l'autre étant à Toronto). Hästens conçoit des lits contenant que les meilleurs matériaux naturels : crin, pin, lin, laine, coton. Le summum du luxe nous direz-vous ? En effet, il faut compter dans les quatre chiffres pour se procurer un de leur lit, voire même dans les cinq chiffres pour le modèle Vividus : lit confectionné à la main avec la plus haute minutie. Les deux modèles de base sont offerts en trois types de fermeté, avec ou sans le sommer et le matelas attachés. Ici, on vous garantit la plus haute qualité et c'est pourquoi les essais et les retours ne sont pas acceptés.

INTERVERSION

4273, Saint-Laurent
514-284-2103 | www.interversion.com
Entre Rachel et Marie-Anne. Lun-mer, 10h30-18h ; jeu, 10h30-21h ; ven, 10h30-19h ; sam, 10h30-17h ; dim, 12h-17h.

Les pièces exposées détournent le mobilier du design conventionnel. L'art devient fonctionnel. Cet immense magasin est entièrement consacré aux designers québécois et aux meubles de la ligne Interversion. De l'extérieur, la gigantesque lampe d'environ 7 pieds de haut étourdit, étonne et surtout, attire. Les tableaux longent les murs, les œuvres s'alliant parfaitement avec ce décor qui semble tout droit sorti d'un film de science-fiction. Un véritable défilé de mode à des prix abordables pour la qualité et l'originalité des collections. Les meubles peuvent être conçus sur demande et ils sont tous adaptables. Interversion possède un atelier qui permettra au buffet de vos rêves d'entrer dans votre minuscule salon. Les amoureux du bon goût et de la matière qui tiennent la boutique sont là pour vous conseiller et vous aider dans vos choix. Les meubles sont livrés et installés. Avant d'acheter, ce magasin reste un plaisir pour les yeux et l'imagination. Rien à redire, c'est parfait.

MOBILIA

625, de Maisonneuve Ouest
514-848-0923 | www.mobilia.ca
M° McGill. Lun-mer, 10h-19h ; jeu-ven, 10h-21h ; sam, 10h-17h ; dim, 11h-17h.
Des meubles d'un cachet quasi décadent, où le luxe s'étale avec une langueur rarement si opulente. Bien sûr, pareil déploiement ne plaira pas à tous les goûts. Pour les amateurs, de belles trouvailles en perspectives qui ont de plus la grâce d'être des exclusivités. Les inventaires ont tendance à disparaître plutôt rapidement, surtout en période de « re-décoration ». Une recette assurée pour semer le trouble et l'envie chez les voisins.
Autres adresses : 6855, Jean-Talon Est, 514-253-1070 ; 2345, autoroute Transcanadienne, Pointe-Claire, 514-695-8880 ; 4000, autoroute 440 Ouest, Laval, 450-687-1447 ; 1515, des Promenades, Saint-Hubert, 450-443-5557.

MONDE RUELLE

2205, Parthenais, #112
514-290-3338 | www.monderuelle.com
M° Frontenac. Mer, sur rendez-vous ; jeu-ven, 12h-19h ; sam-dim, 12h-17h. Sur place, faire le code #114 sur l'intercom.
Fondé en 2006 par une designer et un artiste-décorateur, Monde Ruelle est un lieu de création spécialisé en écodesign qui transforme les meubles du quotidien. Ces « artefacts », trouvés dans les rues et ruelles de la ville, sont réinventés, souvent même détournés de leur fonction initiale. Il en naît de petits bijoux, uniques en leurs genres. Mobilier d'art, accessoires de maison, objets décoratifs, vous y trouverez de tout et le cas échéant, ils vous le fabriqueront sur mesure. Au-delà de leur côté pratique, ces trouvailles connaissent une deuxième vie et ne finiront donc pas dans les sites d'enfouissement. Un beau geste éthique et sociale !

MONTAUK SOFA

4404, Saint-Laurent
514-845-8285
www.montauksofa.com
Entre Marie-Anne et Mont-Royal. Lun-mer, 10h-18h ; jeu-ven, 10h-21h ; sam, 10h-17h ; dim, 12h-17h.
Chaque jeune fille bien née rêve de se blottir un jour dans un sofa Montauk, toujours bourré de plumes, produit sur mesure pour sa pièce préférée et recouvert du tissu de son choix. Dans leur atelier magasin, on redécouvre la qualité des fauteuils et canapés de cette chaîne montréalaise qui a ouvert quelques autres boutiques au Canada et aux États-Unis. Avec beaucoup d'attention, on remarque la vaste étendue des modèles qui se réunissent autour du thème du confort. Les antiquités françaises fraîchement arrivées s'allient bien avec la sobriété des canapés. Il faut aimer le style moderne et être prêt à y mettre le prix.

STRUCTUBE

3782, Saint-Denis
514-282-1666
www.structube.com
M° Sherbrooke. Lun-mer, 10h-18h ; jeu-ven, 10h-21h ; sam, 9h-17h ; dim, 12h-17h. Service de livraison à domicile. Nombreuses succursales dans la grande région de Montréal.
Cette boutique d'ameublement et de décoration vaut le détour ! Le mobilier est véritablement design mais les tarifs y sont très abordables, compte tenu de la qualité de ce qui vous est proposé, et très compétitifs comparés à d'autres enseignes plus connues. Vous pourrez aménager votre intérieur grâce à la diversité des articles : tables, lits, commodes, consoles, chaises, canapés, fauteuils, lits, bureaux… sans compter les lampes et tous les objets de décoration. Chacun y trouvera son bonheur. Certains meubles sont livrés en kit : monter les quatre pieds des tables à café ou de la table à dîner, ainsi que les chaises etc., mais ce n'est pas sorcier... Soyez rassurés, les canapés arrivent en un seul morceau ! À découvrir absolument !

LA RUE NOTRE-DAME OUEST

Elle est l'épine dorsale du Quartier des Antiquaires, compris entre les rues Peel et Atwater. C'est sur cette rue de Montréal que se trouve la plus grande concentration d'antiquaires au Canada. Les premières boutiques de brocante s'y sont installées dans les années 1970. Par le passé, la rue Notre-Dame a été une importante route pour le commerce de fourrures, car elle permettait de relier la Ville de Montréal à sa voie maritime : le fleuve Saint-Laurent. Entre 1880 et 1910, le développement du quartier ouvrier transforma l'artère en rue commerciale. Banques, bureaux de poste, bibliothèque et magasins divers s'y installèrent, ainsi que le Théâtre Corona et le Marché Atwater (qui y sont toujours). Le Quartier des Antiquaires a été durement touché par le conflit syndical qui opposa l'industrie du cinéma local au géant Hollywoodien, en 2006. Les tournages américains se faisant moins nombreux, plusieurs boutiques d'antiquités fermèrent leurs portes. Heureusement il en reste encore beaucoup d'ouvertes aujourd'hui. Prenez le temps de les visiter en faisant un détour par le Canal de Lachine, juste à côté.

www.qam.ca

ANTIQUITÉS

HENRIETTA ANTHONY

4192, Sainte-Catherine Ouest
514-935-9116
www.henrietta-antony.com

Mº Atwater. Mar-ven, 10h-17h30 ; sam, 10h-15h. Fermé dim-lun et les sam en juillet et août.

Quand vous entrerez dans cet édifice âgé de plus d'un siècle de la Royal Bank of Canada, vous serez saisi par les impressionnants lustres d'époque qui ornementent le plafond haut ainsi que par la richesse du nombre de pièces antiques sur place. Vous pourrez y dénicher de rares et précieux objets de toutes provenances et de différentes époques même si la spécialité de la maison reste les antiquités et meubles du XVIIIe et XIXe siècle.

RÉTRO VILLE

2652, Notre-Dame Ouest
514-939-2007

Mº Lionel-Groulx. Mar-sam, 11h-17h. Fermé dim-lun.

En passant la porte de ce bazar, laissez-vous porter par la nostalgie du buste en or d'Elvis qui trône en haut de la caisse. Les années '50 et '60 revivent dans cet espace surchargé de souvenirs et d'objets rétro. Il y a peu de place pour circuler entre les bacs de vieux magazines Maclean's, Time et Paris Match et les étagères de bibelots et de vieilles bouteilles. Mais les nombreux objets issus de la culture pop sont très bien classés chez Rétro Ville. Il y a de quoi décorer son chez-soi avec d'anciennes publicités, des enseignes néon, d'authentiques lampes sixties et quelques belles poupées. Les amateurs de sports peuvent y trouver des objets de collection des Canadiens de Montréal et du défunt club de baseball des Expos.

Y. PHILIPPE HARVEY ANTIQUES

2518, Notre-Dame Ouest
514-846-1487

Mº Lionel-Groulx. Mar-sam, 11h-17h ; dim-lun, fermé.

Voilà un antiquaire qui ne cache pas définitivement pas son goût du luxe ! Spécialisée dans les luminaires et les meubles d'époque, cette adresse plaira aux collectionneurs d'objets riches et distingués. Le plafond du commerce donne dans l'opulence et expose plusieurs dizaines de lustres dorés ou ornés de cristal. Les chandeliers muraux et les lampes de chevet qui y sont vendus sont magnifiques. Dans cette ambiance baroque qui célèbre les fioritures, n'oubliez pas de voir les antiques meubles en bois, qui sont plus discrets mais qui ont très bien résisté au passage du temps.

ARTS DE LA TABLE

3 FEMMES & 1 COUSSIN

783, Gilford

514-987-6807 | www.3f1c.com

M° Laurier. Lun-mer, 10h-18h ; jeu-ven, 10h-19h ; sam, 10h-17h ; dim, fermé. Service de listes de mariage.

Imaginez de la vaisselle en porcelaine, d'une qualité assez robuste pour la restauration, agrémentée d'une décoration aussi originale que délicate. Tajines, couverts, bols, ensembles pour le petit-déjeuner, c'est ce que l'on trouve sur les tablettes de cette boutique où la pureté du blanc est rehaussée d'une touche de couleur. Les pièces sont importées de France (Sarreguemines) et du Portugal (Vista Alegre), pour ensuite être décorées à la main. Si la sobriété des motifs proposés n'est pas votre tasse de thé, demandez aux artisans d'appliquer sur la précieuse vaisselle des images qui vous représentent davantage.

ARTHUR QUENTIN

3960, Saint-Denis

514-843-7513 / 1 800-303-7513

www.arthurquentin.com

M° Sherbrooke. Lun-mer, 10h-18h ; jeu-ven, 10h-21h ; sam, 10h-17h30 ; dim, fermé.

Les futurs jeunes mariés passent généralement par cette boutique pour dresser leur liste de mariage. Chez Arthur Quentin, c'est la grande classe, vaisselle rutilante, verres en cristal étincelants, ustensiles pour ceux et celles qui aiment que la table soit belle. Plusieurs marques européennes sont disponibles.

Autres adresses : Bleu Nuit, 3913 Saint-Denis, 514-843-5702 ; Solderie, 4247 Saint-André, 514-843-7513.

AU PRINTEMPS

4395, Saint-Denis

514-845-0155

M° Mont-Royal. Lun-mer, 10h-18h ; jeu-ven, 10h-21h ; sam, 10h-17h ; dim, 12h-17h.

Boutique proposant divers accessoires pour la cuisine et la salle de bain. Autres petits gadgets également disponibles, comme le distributeur de céréales Zevro. Cette petite machine, conçue comme un distributeur de gomme, permet de remplir son bol de céréales avec la quantité désirée. D'autres articles plus classiques permettront aux clients désireux de meubler leur salle de bain de rideaux de douche, de tapis ou autres objets. Pour mettre un peu d'éclat dans la cuisine, une spatule souriante, sortant sa langue, exposé sur la tablette, semble narguer malicieusement le client… Bref, une petite boutique remplie de trouvailles.

Autres adresses : 1110, Bernard Ouest, 514-271-9851 ; 4872, Sherbrooke Ouest, 514-488-0584.

L'AROMATE

Boutique : 1133, Fleury Est, 514-384-1555

Bistro L'Aromate : 980, de Maisonneuve Ouest, 514-847-9005 | www.laromate.com

**Notez que les produits de la marque L'Aromate sont temporairement indisponibles. On devrait les retrouver sur les tablettes à l'été 2011 au plus tard.*

Le dépaysement sur une note très raffinée est la norme dans la boutique de l'Aromate. Que ce soit la collection de vaisselle représentant un olivier sur un fond jaune ou les théières orientales, les objets pour la table constituent de parfaits cadeaux pour les autres, ou pour soi ! Puisqu'on y est, autant en profiter pour faire l'acquisition d'une belle poivrière. Ne pas oublier les produits alimentaires, de grande qualité. De belles huiles et vinaigres aromatisés sont vendus en bouteille ou en vrac. Les prix en vrac sont très intéressants. Des confitures de l'île d'Orléans et tartinades au chocolat feront le bonheur des plus gourmands. Pour la boutique de la rue Fleury, n'hésitez pas à vous avancer jusqu'au 1348 de la même rue afin de découvrir le salon-boutique « Le Rendez-Vous du Thé », joli lieu de découverte culinaire pour tout ce qui à trait au thé.

LA MAISON D'ÉMILIE

1073, Laurier Ouest

514-277-5151 | www.lamaisondemilie.com

Entre Durocher et Querbes. Lun-mer, 10h-18h ; jeu-ven, 10h-21h ; sam, 9h30-17h ; dim, 12h-17h.

Cette boutique regorge de tout ce qu'il faut pour vous motiver dans la cuisine.

Les plats en poterie signés Émile Henry, les ustensiles de tous les jours comme les moins communs, de la vaisselle (notamment des collections déclinées sur des thèmes, comme les fruits) et des accessoires design ou plus classique selon les goûts, du linge de maison et des objets de décoration. Et que dire des tissus protégés (anti-tâches, donc bien apprécié des mamans), des casseroles et des nappes de lin, importées de France! Une belle boutique pour se gâter avec des grandes marques comme Peugeot, Spiegelau, Gien, Fontignac…

LES TOUILLEURS

152, Laurier Ouest

514-278-0008 | www.lestouilleurs.com

Entre de l'Esplanade et Saint-Urbain. Lun-mer, 10h-18h; jeu-ven, 10h-21h; sam, 10h-17h; dim, 11h-17h.

Une boutique dédiée à l'art de la cuisine et tous ses accessoires. Tout ou presque pour cuisiner proprement et efficacement, des casseroles en passant par les appareils électroménagers, les ustensiles et les plats. Vous aimerez les petites trouvailles pratiques tels que le trancheur d'avocat, ou encore le bac isotherme pour garder vos plats au chaud. Depuis quelques années, c'est également devenu un lieu convivial où l'art de cuisiner est enseigné par le biais d'ateliers, de démonstrations, de dégustations et même de voyages gastronomiques. Une bonne adresse pour les professionnels, les amateurs ou tout simplement pour des idées cadeaux.

MAISON LA CORNUE

371, Laurier Ouest

514-277-0317 | www.maisonlacornue.ca

Entre du Parc et Hutchison. Lun-mer, 10h-18h; jeu-ven, 10h-21h; sam, 9h30-17h; dim, 12h-17h.

Idées-cadeaux pour un mariage? Le vôtre peut-être? Depuis 1908, cette boutique est spécialisée dans les accessoires de luxe pour la cuisine. Vaisselles, casseroles, coutellerie de belle qualité, panier de paille décorative orné de pains à l'allure très nature, gadgets sophistiqués aux airs campagnards avec cette touche de bois et de paille un peu partout dans le décor. Le lieu est aménagé comme une cuisine avec de l'espace pour pouvoir tout regarder. Une gamme d'accessoires provenant de France, accessible à un plus gros portefeuille.

WILFRID ET ADRIENNE

4919B, Sherbrooke Ouest

514-481-5850

Entre Claremont et Prince Albert. Lun-mer, 10h-18h; jeu-ven, 10h-21h; sam, 10h-17h; dim, 12h-17h.

Ouverte en 2004 et première boutique du genre à s'établir à Westmount, vous y retrouverez une pléthore de plats, batteries de cuisine et d'ustensiles uniques et difficiles à trouver. Chez Wilfrid et Adrienne, on croit que cuisiner est une expérience artistique et que les outils que vous utiliserez devraient refléter cette vision. Une boutique huppée et chic, où la qualité est au rendez-vous: parfait tant pour les restaurateurs et chefs que pour le commun des mortels.

DÉCO

CASA LUCA

1354, Fleury Est

514-389-6066 | www.casaluca.com

Angle du Sacré-Cœur. Lun-mer, 10h-18h; jeu-ven, 10h-21h; sam, 10h-17h; dim, 12h-17h.

Vert, jaune, orange et toute une palette de couleurs acidulées font la notoriété de cette boutique cadeaux. Rien de tel, un jour gris, qu'un tour à Casa Luca pour s'imbiber de couleurs joyeuses. Que ce soit pour la cuisine (sets de table, vaisselle, etc.) ou pour la salle de bains (superbe collection de rideaux de douche), vous dégoterez à coup sûr un petit cadeau comme un porte-poussière « Cendrillon » ou une assiette « Grenouille ».

CHEZ FARFELU

Curiosités: 843, Mont-Royal Est, 514-528-6251

Maison: 838, Mont-Royal Est, 514-528-8842

M° Mont-Royal. Lun-mer, 10h-18h; jeu-ven, 10h-21h; sam, 10h-17h; dim, 11h-17h.

Une avalanche de cadeaux, tous plus fantaisistes les uns que les autres. Les vitrines, délicieusement décorées selon les saisons et les arrivages, sont une explosion de couleurs. Bonne chasse dans la multitude de gadgets multicolores, qui se suspendent, se collent, se branchent, se mangent, changent de couleur, etc. Tous les fantasmes décoratifs sont permis. Le succès de Farfelu s'est étendu jusque dans la cuisine et la salle de bain où tous les accessoires ont été relookés de pimpantes couleurs et formes bizarroïdes. Autre adresse : Carrefour Laval, Laval, 450-688-8842.

CURIO-CITÉ

81, Mont-Royal Ouest, 514-282-0737
3870, Saint-Denis, 514-286-0737
www.curiocite.com

Ouvert tous les jours de 10h30 à 18h30 (21h les jeu-ven).

Une excellente adresse pour se procurer toutes sortes d'objets de décoration exotiques ou faire un cadeau à petit prix. Entrer dans la boutique, c'est tout d'abord une explosion de couleurs pour les yeux et puis, c'est un peu partir à la chasse au trésor et découvrir la richesse créative de plusieurs pays. Tous les styles s'entremêlent. L'Asie est la mieux représentée avec un choix de masques en batik, de vaisselle en porcelaine et d'ustensiles en bois. Sans oublier les paniers en osiers, rideaux de perles, des lanternes en papier pour tous les goûts, de stores et même quelques vêtements traditionnels tels les kimonos. Beaucoup de meubles d'influence asiatique et indienne.

VERRIERS SAINT-DENIS

4326, Saint-Denis
514-849-1552
www.glassland.com

Angle Marie-Anne. Ouvert sur rendez-vous uniquement.

Le reflet de la lumière fait scintiller les innombrables carreaux et billes de verres travaillés par des artisans verriers expérimentés. Toutes sortes d'objets de décoration originaux y sont exposés comme les lampes d'inspiration Tiffany, des carillons, des boules de cristal, des vitraux, et même des bijoux fantaisie (boucles d'oreilles, colliers). Dans l'arrière-boutique, les verriers proposent à la vente des outils de découpe, des panneaux de verre entiers et des chutes de toutes textures et couleurs (vendues au poids) pour confectionner ses propres mosaïques. Pour les amateurs de cet art ancien, la boutique propose un atelier d'initiation au vitrail ainsi que d'autres cours (billes, joaillerie, etc. – voir section « Activités – Ateliers artistiques »).

ZONE

1-877-845-3532
5555, Côte-des-Neiges, 514-343-5455
5014, Sherbrooke Ouest, 514-489-8901
4246, Saint-Denis, 514-845-3530
www.zonemaison.com

Horaire variable selon la succursale.

Une boutique Zone n'est jamais calme : il y a toujours des clients ! La réputation de ce magasin de décoration intérieure n'est plus à faire. On aime l'ambiance moderne et épurée du lieu, et les objets design et originaux qui y sont vendus. Outre les meubles (tables, chaises, fauteuils), on trouve chez Zone des luminaires, de nombreux objets de qualité pour la cuisine et pour la salle de bain, ainsi que des gadgets amusants à offrir en cadeau, comme par exemple un économe en forme de singe, un arrêt de porte en forme de soulier ou bien le tableau Buddha sur lequel vous pouvez laisser aller vos instincts d'artiste. Zone est un incontournable pour décorer son intérieur de façon branchée.

ÉLECTRO ET HIFI

BRAULT & MARTINEAU

7272, Newman, LaSalle
514-364-6110
www.braultetmartineau.com

Entre Léger et Senkus. Lun-ven, 9h-21h ; sam, 9h-17h ; dim, 10h-17h. Plusieurs succursales dans la grande région de Montréal.

La plus grande des surfaces d'ameublement. Bien entendu, les goûts traditionnels sous toutes leurs coutures et toutes leurs formes. Les prix y sont intéressants. Les départements électronique et électroménager sont intéressants, mais il ne faut pas hésiter à magasiner ailleurs. Ici, on offre moult services, dont la sempiternelle garantie prolongée, la livraison, la mise de côté, le crédit, etc. Brault & Martineau semble toutefois se fier uniquement à son inventaire. Ne pas hésiter à questionner le personnel, qui répond avec empressement. Les centres de liquidation offrent des rabais très intéressants.

CORBEIL ÉLECTROMÉNAGERS

7566, Saint-Hubert
514-271-1118
www.corbeilelectro.com
M° Jean-Talon. Lun-mar, 9h-18h ; mer-ven, 9h-21h ; sam, 9h-17h ; dim, 10h-17h. Plusieurs succursales dans la grande région de Montréal.
LA référence absolue pour les électroménagers car il y a le plus grand choix en inventaire, et le personnel est très compétent. Chez Corbeil, l'heure est donnée avec justesse et précision. Les nuances entre les diverses marques y sont explorées avec soin, et il est toujours possible de commander ce qui manque, phénomène trop rarissime chez les concurrents. Pour les rénovations majeures et l'achat d'une cuisine complète, les conseillers chercheront à répondre adéquatement aux besoins des clients.

DUMOULIN ÉLECTRONIQUE

1500, McGill College
514-906-6880
www.dumoulin.com
M° McGill. Lun-mar, 10h-18h ; mer-ven, 10h-21h ; sam, 10h-17h ; dim, 11h-17h. Plusieurs succursales dans la grande région de Montréal.
Spécialisé autant dans l'électronique que l'équipement informatique, la force de ce magasin se retrouve dans le personnel chaleureux et très nombreux. Une série de garanties de prolongement est proposée et même un service d'installation des logiciels achetés. La joie pour ceux qui n'étudient pas en informatique et qui n'aime pas trop se casser la tête avec ces engins parfois capricieux. Il existe aussi une section exclusive pour la photographie (appareils usagés ou neufs). Cette chaîne québécoise est une bonne alternative face aux magnats américains.

FILLION

5690, Sherbrooke Est
514-254-6041
www.fillion.ca
M° Cadillac. Lun-mer, 9h-18h ; jeu-ven, 9h-21h ; sam, 9h-17h ; dim, 12h-17h.
Si votre système de son n'est plus à la hauteur, et que vous voulez vraiment vous faire plaisir, voilà l'endroit qu'il vous faut ! Un personnel qui s'y connaît, et du matériel de première qualité. Les marques populaires bien sûr, mais aussi des marques plus haut de gamme, qui séduiront les plus avertis. Le choix de téléviseurs à écran plat, de systèmes audio et vidéo est très vaste. De plus, Fillion est spécialisé dans les systèmes de cinéma maison. Une excellente adresse pour les amoureux des technologies du divertissement ! Autre adresse : 2323, des Laurentides, Laval, 450-688-0333.

LINGE DE MAISON

DUVET UNGAVA

10, des Pins Ouest, 1er étage
514-481-3199 | www.duvetungava.com
Angle Clark. Mar-mer, 10h-18h ; jeu-ven, 10h-20h ; sam, 10h-17h. Fermé dim-lun.
Entrez dans ce magasin du fabricant avec la certitude de bien dormir sans pour autant vous ruiner. Les prix sont en tout temps comparables à ceux d'un entrepôt, et des ventes saisonnières viennent régulièrement les faire baisser. Le personnel, patient, répondra à toutes vos questions concernant les oreillers, les couettes, les duvets, les matelas et les futons. C'est un très bon endroit pour acheter des draps et en bonus, vous y trouverez des oreillers, des rideaux, des serviettes, des coussins, etc. Service d'altération (literie et rideaux), nettoyage et réparation de duvet.

MAISON DU BEAU

1373, Mont-Royal Est
514-523-8162 / 1 877-488-0080
www.maisondubeau.com

Entre de Lanaudière et Garnier. Lun-mer, 10h-18h ; jeu-ven, 10h-21h ; sam, 9h30-17h ; dim, 11h-17h.

Une boutique spécialisée dans le tissu sur mesure. Les deux côtés du magasin exposent un choix imposant, stylé et classique de tissus. Vous pouvez faire vos couettes, vos housses, vos duvets, oreillers, rideaux… Bref, de quoi vous envelopper, vous et votre maison. Modèles de literie disponibles pour toutes les tranches d'âges en allant du poupon jusqu'à l'adulte. Il est même possible, via le site Internet, de recevoir un échantillon de tissu pour voir s'il est à votre goût. Un nouveau service de déco via Internet est maintenant en place : vous envoyez les photos et mesures de la pièce que vous désirez changer et un designer de l'équipe de la Maison du Beau vous suggère quoi acheter selon vos goûts et budgets !

QUI DORT DINE

4393, Saint-Denis
514-288-3836 | www.quidortdine.ca

Angle Marie-Anne. Lun-mer, 11h-18h ; jeu-ven, 11h-21h ; sam, 11h-17h ; dim, 12h-17h.

La boutique est un peu étroite, mais joliment décorée. On y trouve des objets de décoration pour la maison (cuisine, salle de bain, chambre à coucher, etc.) et surtout du linge de maison comme les draps et les rideaux. On peut aussi y acheter des articles sur mesure comme le tissu pour les rideaux ou autres. Différents tons de couleurs, des plus colorés au plus traditionnels.

RIVE-SUD

PLEINE LUNE

402, Victoria, Saint-Lambert
450-672-5390

Lun-mer, 10h-18h ; jeu-ven, 10h-21h ; sam, 10h-17h ; dim, 12h-17h.

Faire de son cocon un nid douillet est une façon intelligente d'investir dans son sommeil. Depuis plus de 20 ans, cette boutique propose en toute délicatesse des duvets et des housses, des draps, des oreillers, de la literie, des serviettes et des rideaux confectionnés avec un soin tout particulier. Les tissus proviennent des plus fins fabricants choisis à travers le monde mais aussi du Québec. C'est le cas de taie d'oreillers Artifou très humoristiques qui « mangeront vos problèmes » ou « rechargeront les parents ». La fine literie se parfume à l'aide d'eau de linge, de brume d'oreiller et autres douces effluves disponibles en boutique. La salle de bain possède aussi ses accessoires de vanité qui se déclinent sous plusieurs tons.

MODE

CHAUSSURES

BROWNS SHOES

4, Place Ville-Marie, 514-393-4986
1191, Sainte-Catherine Ouest, 514-987-1206
www.brownsshoes.com

Horaire variable selon la succursale. Plusieurs succursales dans la grande région de Montréal.

Attention « fashion addict », il ne faut pas s'approcher de cette boutique. C'est le rêve de la belle chaussure, de la très belle chaussure. Pour trouver la paire de mules de cet été ou les plus belles bottes de l'hiver, vous trouverez ici des œuvres d'art pour vos pieds. Gucci, Prada et Byblos, pour les sacs à mains, sont quelques-uns des grands noms de la mode présents sur les rayons. Pour les folies ou les gros budgets seulement, ou pour aller avec une robe merveilleuse qui ne peut être que très bien accompagnée.

CHAUSSURES TONY

1346, Greene
514-935-2993
www.tonyshoes.com

M° Atwater. Lun-ven, 7h-18h ; sam, 7h-17h ; dim, fermé. Possibilité d'acheter sur leur site Internet.

C'est depuis 1937 que Chaussures Tony se fait un devoir d'offrir à sa clientèle des chaussures de qualité, des plus étroites (triple-a) jusqu'aux pointures les plus grandes, 18 et plus. Peu importe votre âge ou vos particularités, sachez que les experts de la boutique pourront trouver le modèle et la pointure qui vous convient. Pour hommes, femmes et enfants, ils ont de tout (Fratelli Rossetti, Blundstone, Cole Haan, Geox, Steve Madden, Puma, etc.) et pour toute occasion. De plus, ils ouvrent du lundi au samedi dès 7 h, ce qui n'est pas négligeable.

CENTRE D'ACHATS SOUTERRAIN © AUTHOR'S IMAGE

LA GODASSE

4340, Saint-Denis, 514-843-0909
3686, Saint-Laurent, 514-286-8900
www.lagodasseurbain.com
Horaire variable selon la succursale.

Deux boutiques pour les amateurs de chaussures très tendances. Les nouveaux modèles de Puma, Nike, Converse, sont fraîchement arrivés sur les présentoirs. La décoration des boutiques va de pair avec les modèles présentés : une ambiance aérée, des éléments visuels qui s'inscrivent dans l'air du temps. Le service est d'une précision incroyable, en moins de temps qu'il ne faut pour le dire, le personnel revient avec LA chaussure. Pas d'ampoules, pas de souffrance, ce sont des chaussures de pro que l'on vend.

MARITZ

123, Laurier Ouest
514-270-6161
Angle Saint-Urbain. Lun-mer, 10h-18h ; jeu-ven, 10h-21h ; sam, 10h-17h ; dim, 12h-17h.

Boutique spécialisée dans les chaussures très féminines. À la recherche d'une paire de souliers qui ira parfaitement avec votre tenue de soirée, ou votre robe d'été ? Ou simplement avec votre jean préféré ? En payant une centaine de dollars, soyez sûr de trouver la perle rare tendance ou classique. Avec ou sans talon, ou pour des chaussures de marche stylées aux couleurs pas trop voyantes comme le blanc, le brun ou le noir. Afin de compléter le tout, quelques sacs à main et des ceintures parfaitement assortis à vos nouveaux souliers ! Une petite section dédiée à la gent masculine offre également quelques paires pour l'homme stylé mais sobre.

TONY PAPPAS

1822, Mont-Royal Est
514-521-0820 | www.tonypappas.ca
Angle Papineau. Lun-mer, 8h30-18h ; jeu-ven, 8h30-21h ; sam, 8h30-17h ; dim, 12h-17h.

Presque un musée de la chaussure, car Tony Pappas a fêté son premier siècle d'existence il y a quelques années. Nettement plus design, l'espace a gagné en clarté et en choix. Des souliers confortables et de qualité pour hommes et femmes (grandes pointures disponibles), mais aussi pour enfants, de facture plutôt classique dans l'ensemble. Vous trouverez également sur place de nombreux accessoires tels des portes-monnaies, des parapluies, des sacs à main… Un salon de cirage est à votre disposition et le service de cordonnerie reste l'un des meilleurs en ville. Une référence en matière de qualité et de service à la clientèle !

RIVE-NORD

LITTLE BURGUNDY

3003, Le Corbusier, Laval
450-973-7922
www.littleburgundyshoes.com
Plusieurs succursales dans la grande région de Montréal, dont 4 au centre-ville.

Cette adresse, anciennement connue sous le nom de Stone Ridge, est très prisée car elle sait manifestement suivre les modes. On y trouve les chaussures de grandes marques ainsi que leurs répliques faites par la marque Little Burgundy elle-même ! Vous avez donc le choix entre des souliers haut de gamme et leurs copies vendues à des prix très raisonnables. Les pieds des femmes craqueront pour les marques Fornarina, Blowfish, Rocket Dog, Miss Sixty et Juicy Couture, pour ne nommer que celles-ci. Et les hommes ne sont pas en reste avec un choix intéressant de chaussures Doc Marten's, Diesel, Timberland, Rocket Dog et Addidas. Un incontournable pour pêcher des modèles originaux de souliers de ville et de style « streetwear ». Ne manquez pas de jeter un œil sur les sacs et les accessoires.

CUIRS

CENTRE DU CUIR

1800, Mont-Royal Est
514-522-2141
Angle Papineau. Lun-mer, 10h-18h ; jeu-ven, 10h-21h ; sam, 9h-17h ; dim, 11h-17h.

Le Centre du cuir a pignon sur rue depuis 1948. Dès qu'on passe le seuil de la porte, la bonne odeur du cuir chatouille nos narines. Chose certaine, la qualité est au rendez-vous. Les hommes et les femmes y trouveront des manteaux d'hiver et de printemps, des vestons, des pantalons et des jupes. Le choix est extravagant : il y en a pour tous les goûts, et tous les budgets. On y vend à la fois des manteaux classiques et des vestes aux couleurs éclatantes. La boutique dispose d'un service de réparation pour articles en cuir, même pour ceux achetés ailleurs. Le magasin vous offre aussi la garantie que le manteau que vous y achetez restera en bon état pendant plusieurs années. À ne pas manquer : le département de chaussures en cuir ainsi que celui des accessoires.

CUIR DANIER

1, Place Ville-Marie
514-874-0472
www.danier.com
M° McGill. Lun-mer, 9h30-18h ; jeu-ven, 9h30-21h ; sam, 9h-17h ; dim, 12h-17h. Plusieurs succursales dans la grande région de Montréal.

Une chaîne pancanadienne de boutiques où le cuir est roi. Depuis plus d'un quart de siècle, Cuir Danier a la réputation d'être un leader en matière de design des peaux (cuir et suède). On aime les belles coupes de leurs manteaux pour hommes et femmes. Les collections sont classiques à souhait, et c'est tant mieux ! Ce que vous y achetez ne risque pas d'être démodé d'ici deux ans. Chez Danier, toutes les habits sont garantis un an, tant au niveau de la coloration, de la finition que des accessoires (boutons, fermetures éclair, doublures). Un service de réparation est aussi disponible pour les vêtements plus âgés (calculer 2-3 semaines pour la réparation, selon l'ampleur des dégâts). Possibilité de faire du shopping directement sur leur site Internet. Si le vêtement que vous commandez ne vous satisfait pas, vous pouvez le retourner au détaillant le plus proche.

M0851

3526, Saint-Laurent
514-849-9759 | www.mo851.com
Angle Sherbrooke. Lun-mer, 10h-18h ; jeu-ven, 10h-21h ; sam, 10h-17h ; dim, 12h-17h.

Des vestes, sacs et portes-monnaies taillés dans un cuir de très grande qualité. Les coupes sont très tendances. Les pièces sont bien plus que de simples vêtements ou accessoires : ce sont presque des œuvres d'art. On apprécie d'autant plus cette boutique que le cadre est très agréable et que la marque est canadienne. Bien sûr, ce n'est pas donné.

Autre boutique : Complexe Les Ailes, 677, Sainte-Catherine Ouest, 514 842-2563 ; 1190, de Maisonneuve Ouest, 514-845-0461.

ENTREPÔTS

Pour se faire plaisir et réduire les coûts, les entrepôts de certaines grandes chaines valent le détour. On peut tomber sur de belles aubaines. Voilà quelques adresses d'entrepôts de grandes marques qui liquident leurs fins de stocks.

ALDO PC & OUTLET

911, Mont-Royal Est, 514-598-1341
250, Sainte-Catherine Est, 514-282-9139
www.aldoshoes.com

BEDO ENTREPÔT

4908, Jean-Talon Ouest
514-731-6095 | www.bedo.ca

BEDO LOFT

4903, Saint-Laurent
514-287-9204 | www.bedo.ca

CUIR DANIER ENTREPÔT

999, du Marché Central
514-382-4220 | www.danier.com

JACOB OUTLET

1007, du Marché Central
514-388-6035 | www.jacob.ca

LE CHÂTEAU CENTRE DE LIQUIDATION

4119, Jean-Talon Est
514-722-4747
www.lechateau.com

MEXX ENTREPÔT

550, Sauvé Ouest
514-385-6399
www.mexx.ca

ROOTS ENTREPÔT

5415, Des Jockeys, 514-906-2823
3228, Jean Yves, Kirkland, 514-426-2433
http ://canada.roots.com/

TRISTAN

999, du Marché Central, 514-904-1639
1450, Mont-Royal Est, 514-904-1641
2206, autoroute Chomedey, Laval, 450-689-4749
www.tristanstyle.com

SOLDERIES

L'ATELIER : SOLDERIE DES BOUTIQUES ARTHUR QUENTIN ET BLEU NUIT

4247, Saint-André
514-843-7513
www.arthurquentin.com
Entre Rachel et Marie-Anne. Jeu-ven, 10h-18h ; sam, 10h-17h. Fermé de décembre à mars.

Dans cette boutique, vous retrouverez les modèles de fins de séries de ces deux magasins. Arthur Quentin est spécialisé dans l'art de la table : vaisselle, verrerie et objets de décoration. Bleu Nuit se spécialise surtout dans le linge de maison : draps couettes, housses, couvre-lits, etc.

L'AUBAINERIE

1490, Mont-Royal Est
514-521-0059 | www.aubainerieconceptmode.com
Angle Fabre. Lun-ven, 9h-21h ; sam-dim, 9h-17h. Plusieurs succursales dans la grande région de Montréal.

La philosophie de ce vaste espace mode : habiller toute la famille à bon prix. Présente depuis 60 ans au Québec, l'entreprise se targue de « comprendre la valeur de l'argent » et vu le prix des étiquettes, c'est vrai ! L'Aubainerie, c'est le bonheur de tout trouver au même endroit : pyjama pour maman, chemise pour papa, manteau d'hiver pour adolescent et chaussures pour nouveau-né. Le streetwear cohabite habilement dans les rayons avec les tenues de ville. On y

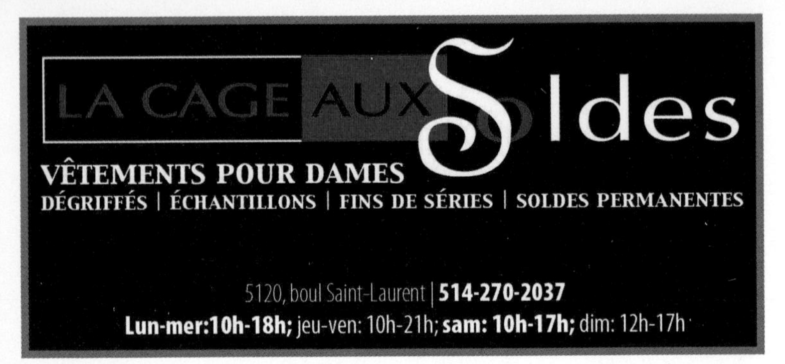

trouve même des objets de décoration pour la maison. Très peu de marques connues y sont vendues, ce qui n'empêche pas les vêtements d'être au goût du jour. Pendant que les parents font des trouvailles, les enfants s'amusent dans l'espace de jeux aménagé à leur intention.

LA CAGE AUX SOLDES

5120, Saint-Laurent

514-270-2037

Angle Laurier. Lun-mer, 10h-18h ; jeu-ven, 10h-21h ; sam, 10h-17h ; dim, 12h-17h.

On y magasine pour diverses raisons. Les vêtements sont de très belle qualité, offerts pour la moitié de leur prix d'origine. L'arrivage est régulier et ici, on ne plaisante pas avec le service. L'accueil et les conseils sont adorables, à l'image des propriétaires. Une vaste collection occupe les tablettes, allant du vêtement de tous les jours à la qualité décidément haute couture. L'acheteur peut évaluer combien il économise car la marque et le prix de base restent indiqués sur chaque vêtement, sous le nouveau prix.

WINNERS

1500, McGill College

514-788-4949 / 1 877-946-6877

www.winners.ca

M° McGill. Lun-mar, 9h30-18h ; mer-ven, 9h30-21h ; sam, 9h-17h ; dim, 10h-17h. Plusieurs succursales dans la grande région de Montréal.

Exploitant plus de 200 magasins au Canada, Winners est une boutique incontournable pour tout trouver en un seul lieu, à bon prix. Vêtements hommes, femmes, enfants, lingerie, accessoires pour la salle de bain, la cuisine et le salon et le rayon de chaussures. Des marques réputées à des prix inférieurs : DKNY, Seven, Diesel, Versace, Dior, Armani, Nike, Adidas et plusieurs autres aussi reconnues. Ces établissements sont tout aussi géniaux pour tous les petits gadgets qui font de bonnes idées-cadeaux. Bref, une place tout-en-un qu'il ne faudrait surtout pas négliger !

FRIPERIES

EVA B. CAFÉ-BOUTIQUE

2013, Saint-Laurent | 514-849-8246

www.eva-b.ca

M° Saint-Laurent. Lun-sam, 10h-22h ; dim, 12h-20h.

La boutique Eva B. ravira les gens qui adorent trouver dans un seul lieu plusieurs services. On y retrouve des vêtements de plusieurs collections de designer québécois. Divers accessoires comme des sacs à main, des bijoux, lunettes, etc. Certains des morceaux exposés sont même fabriqués sur place. On retrouve également une gamme imposante de costumes d'époque, contemporains, modernes ou délurés. Un vrai paradis pour les costumiers ! Il est possible de louer, d'acheter ou de vendre. On trouve aussi une friperie, avec un mélange de vêtements usagés et neufs qui ravit les amateurs de petits prix ! De plus, une galerie d'art expose les artistes de la relève et pour combler le tout, un bistro-bar propose des bons petits plats sur le pouce (sandwichs, salades...) et des boissons (café équitable, thé...). Finalement, vous désirez louer un espace pour un party, une exposition, un événement quelconque? La boutique Eva B. vous offre aussi ce service!

FRIPE-PRIX RENAISSANCE

6960, Saint-Hubert
514-274-9666
www.renaissancequebec.ca
M° Jean-Talon. Lun-mer, 9h-18h; jeu-ven, 9h-21h; sam, 9h-17h; dim, 10h-17h. Pas de taxes. Plusieurs succursales dans la grande région de Montréal.

Presque toute la marchandise s'échange entre 3 $ et 5 $. La propreté est flagrante dans ce magasin sûrement parce que cette entreprise de réinsertion sociale fourmille d'employés assidus. Plus de 300 personnes par année bénéficient d'aide psychosociale, que ce soit par des ateliers ou par des groupes de discussion avec des intervenants sociaux. Les vêtements sont soigneusement étiquetés, classés, le plancher reluit de propreté.

FRIPERIE SWING

151, des Pins Est | 514-845-8361
Angle de Bullion. Lun-mer, 12h-18h; jeu-ven, 12h-20h; sam, 12h-18h; dim, 12h30-17h30.

Au premier regard, le vendeur a l'air timide derrière le comptoir mais il suffit d'une toute petite question pour s'offrir une véritable visite guidée de l'endroit. C'est qu'il existe tout un jargon du vêtement rétro. Par exemple, le chemisier très ajusté est du style « banana ». La robe années '50 est une « coco dress ». En fait, cette boutique à l'enseigne peu voyante est prisée des Japonais, raconte le vendeur. Ils viennent chercher ici ce qu'ils trouvent difficilement ailleurs.

LINGERIE

DEUXIÈME PEAU

4457, Saint-Denis
514-842-0811 | www.deuxiemepeau.com
M° Mont-Royal. Lun-mer, 10h30-18h; jeu-ven, 10h30-21h; sam, 10h30-17h; dim, 12h-17h.

Une jolie petite boutique de lingerie et de maillots de bain. Des couleurs et des matières agréables au toucher et au regard. La plupart de la collection provient des marques françaises: Chantal Thomass, Aubade, Barbara, Huit... Ajustement personnalisé possible. Les prix sont certes plus élevés que les marques que l'on retrouve dans les autres magasins, mais la qualité est définitivement là.

LA SENZA

1133, Sainte-Catherine Ouest
514-281-0101 | www.lasenza.com
M° Peel. Lun-mer & sam, 10h-19h; jeu-ven, 10h-21h; dim, 10h-17h. Plusieurs succursales dans la grande région de Montréal.

La Senza commercialise mondialement une vaste gamme de sous-vêtements pour femmes. La recette de son succès? Proposer un choix exubérant de lingerie aussi coquine qu'utile, aussi sportive que belle, et vendue à des prix très concurrentiels. Parmi toutes les adresses du détaillant, la plus intéressante est celle du centre-ville, car elle n'offre rien de moins que deux étages de produits féminins: sous-vêtements, lingerie, tenues de nuit, pyjamas, peignoirs, produits de beauté, accessoires...

LA VIE EN ROSE

970, Sainte-Catherine Ouest | 514-868-9428
www.lavieenrose.com
M° McGill. Lun-mer, 10h-18h; jeu-ven, 10h-21h; sam, 10h-17h; dim, 12h-17h. Plusieurs succursales dans la grande région de Montréal.

Comme la vie peut sembler rose lorsqu'on pénètre dans cette boutique. Une garde-robe de merveilles pour ce corps qui en redemande, pour mettre en valeur le charme inné de chacune, dans le confort et le bon goût. Un personnel attentif aux besoins de la clientèle (car nombre de messieurs viennent magasiner pour leur belle, qu'on se le dise). Les conseils rendent un moment de magasinage plus doux que le satin que l'on revêt. Les vêtements de nuit complètent la gamme, avec toujours ce souci de confort et de séduction.

CRÉATEURS QUÉBÉCOIS

AGENCE KA

433, Chabanel Ouest, suite 293
514-524-2319 | www.agenceka.com
Les contacter avant de vous y rendre. Ouvert généralement que pour des ventes d'échantillons.
L'Agence Ka s'est donnée pour mission de commercialiser et de mettre en valeur les vêtements de près d'une dizaine de designers québécois : Ruelle, Ève Gravel, 88 Queen, Kollontaï, Bodybag, Dinh Ba Design, Rachel F, Annie 50 et Slak. Ces marques québécoises sont très différentes les unes des autres. Jeunes et moins jeunes y trouvent donc de quoi vêtir en beauté leur quotidien comme leurs plus chics soirées. Ève Gravel est une designer très en vogue qui offre aux femmes des tenues chics et sobres. Kollontaï se spéciale dans les tuniques, Ruelle dessine de très jolis tricots colorés et 88 Queen mise sur les matières recyclées pour créer des fringues anticonformistes.

BELLE ET REBELLE

6321, Saint-Hubert
514-315-4903 | www.belleetrebelle.ca
Mº Beaubien. Lun-mer, 10h-18h ; jeu-ven, 10h-21h ; sam, 10h-17h ; dim, 11h-17h.
Une jolie boutique qui plaira aux femmes qui cherchent des vêtements originaux et colorés. Le rayon de vêtements réalisés par des designers québécois contient beaucoup d'habits faits à partir de tissus recyclés. On y dégotera aussi des vêtements éthiques et d'autres faits en coton bio. On appréciera la musique entraînante et la déco rigolote.
Autre boutique pour les produits d'importation (dont des habits et accessoires faits en Thaïlande et choisis sur place par la propriétaire) : Petite Rebelle, 6583 Saint-Hubert, 514-563-1456.

BLANK

4276, Saint-Laurent
514-849-6053 | www.portezblank.com
Entre Rachel et Mont-Royal. Lun-mer, 11h-18h ; jeu-ven, 11h-21h ; sam-dim, 11h-17h.
Boutique de vêtements « fièrement fabriqués au Québec » où la simplicité s'impose comme style. Des couleurs éclatantes, passant du rose au jaune, des T-shirts, petites jupes, pantalons... Le coton reste toutefois à l'honneur et les prix raisonnables incitent à regarder par deux fois les étalages. Pour le naturel, le style relax et le confort d'enfiler un vêtement confortable sans se ruiner, Blank est une excellente adresse.

GENERAL 54

54, Saint-Viateur Ouest
514-271-2129
www.general54.blogspot.com
Angle Clark. Sam-mer, 12h-18h ; jeu-ven, 12h-19h.
Située en plein cœur du Mile-End, cette jolie boutique propose que des vêtements et accessoires faits au Canada, dont 90 % sont des marques montréalaises. La copropriétaire, Jennifer Glascow, y vend d'ailleurs sa ligne de vêtements « Glascow ». On y trouve aussi beaucoup d'articles vintage ainsi que de l'art (des expositions y sont organisées de temps à autre). Un endroit génial pour faire de belles trouvailles !

KANUK

485, Rachel Est
514-284-4494 / 1 877-284-4494
www.kanuk.com
Angle Berri. Lun-mer, 9h-18h ; jeu-ven, 9h-21h ; sam, 10h-17h ; dim, 12h-17h.
Fondée il y a plus d'une trentaine d'année par Louis Grenier, un grand amateur de plein air et des grands espaces, la marque Kanuk se spécialise dans la confection de vêtements techniques isolants, tous adaptés au rigoureux climat québécois. Et comble de bonheur, tout est fait ici ! La grande qualité et robustesse de ces vêtements, ainsi que les garanties et le service après-vente font la belle réputation de cette petite entreprise.

SCANDALE

3639, Saint-Laurent | 514-842-4707
www.boutiquescandale.ca
M° Sherbrooke. Lun-mer & sam, 11h-18h ; jeu, 11h-19h ; ven, 11h-21h ; dim, 12h-17h.

Vous ne pourrez louper ce magasin tellement la devanture originale vous intrigue et vous donne le goût d'entrer découvrir cette boutique aux milles trésors. Les créations très design de George Lévesque sont vendues en exclusivité dans la boutique Scandale. Pour trouver une robe de soirée qui ne soit pas guindée, pour encourager un designer 100 % québécois, c'est ici qu'il faut venir magasiner. Et, si vous appréciez ce qui est fabriqué ici, vous serez ravis d'apprendre que George Lévesque confectionne ses collections dans le cœur de Montréal, au deuxième étage de sa boutique sur La Main. Les tissus sont de grande qualité, les coupes très originales sauront s'adapter à merveille aux corps de toutes les femmes branchées. Dernier argument pour vous convaincre de la qualité des lieux : les costumes de la comédie musicale Don Juan qui fait la tournée des plus grandes scènes d'Europe et d'Amérique du Nord ont été dessinés par George Lévesque.

RIVE SUD

LILI LES BAINS

408, Victoria, bureau 1, Saint-Lambert
450-466-7000 | www.lililesbains.com
Ouvert uniquement sur rendez-vous.

Peu importe le tour de taille, peu importe l'âge, la créatrice québécoise Louise Daoust conçoit des maillots de bains sur mesure, des tenues de détente et de croisière qui présentent la femme dans toute sa splendeur. Les tissus de grande qualité sont légers, faciles d'entretien. Les coupes des vêtements sont habiles et permettent d'être portés près du corps. Les pièces peuvent aussi être drapées autour de la taille comme des paréos. Les longs chemisiers, les tenues de plage, les robes de soirée sont infroissables et résistent au voyage en valise. Attention, il vaut mieux prévoir un certain délai avant de se procurer toutes pièces faites sur mesure.

VÊTEMENTS ÉTHIQUES

ARTERIE

176, Bernard Ouest
514-273-3933 | www.arterieboutique.blogspot.com
Entre de l'Esplanade et Waverly. Mar-ven, 12h-18h ; sam-dim, 11h-17h.

Ce magasin est l'un des attraits du Mile-End. À l'effigie de ce quartier, à la fois très écolo et très à la mode, L'Arterie propose au public de découvrir de magnifiques petits objets fabriqués au coin de la rue ! De nombreux créateurs montréalais y déposent en consigne des sous-vêtements féminins, des bijoux inventifs, des fanzines, des savons bios et des accessoires faits de matières recyclées. L'originalité est au rendez-vous dans un décor résolument rétro. Pour les vêtements, la boutique est divisée en deux sections : les items neufs et la friperie. La plupart des fringues sont pour les femmes, il y a même un atelier dans cette boutique ou l'on peut trouver entre autres des jolis pulls faits à la main. L'Arterie vend aussi les populaires Vegetarian Shoes, faites avec du faux cuir.

LA GAILLARDE

4019, Notre-Dame Ouest
514-989-5134
www.lagaillarde.blogspot.com
M° Place-Saint-Henri. Mar-mer, 11h-18h ; jeu-ven, 11h-21h ; sam-dim, 11h-17h.

Ici, mode et écolo s'assemblent à merveille. En effet, cette boutique à but non lucratif propose des créations recyclées et écologiques, et des vêtements et accessoires usagés. Près d'une trentaine de créateurs de mode écolo y sont représentés. La section vintage vaut le détour, ne serait-ce que pour ses trouvailles rétro, et si vous avez l'âme d'un designer, vous trouverez de nombreux tissus à prix réduits au sous-sol. Pour un petit coup de pouce, des cours de couture y sont offerts.

LUXE

MODE HOMME

BOUTIQUE DUO

24 & 30, Prince-Arthur Ouest
514-845-0882 (24) / 514-848-0880 (30)
www.boutiqueduo.com
Entre Clark et Saint-Laurent. Lun-mer & sam, 10h-19h ; jeu-ven, 10h-21h ; dim, 12h-19h.
Établie en 2003, la boutique Duo offre de nombreuses lignes européennes et américaines comme Marc Jacobs, Raf Simons, Prada ou Dior. La boutique, exclusivement pour hommes, est réputée pour son choix de vêtements élégants, ainsi que de chaussures et d'accessoires comme Gucci, Tom Ford ou DSquared2. En plus d'offrir une vaste gamme des tendances actuelles, vous trouverez un personnel très professionnel, accueillant et aussi stylé que la boutique. Située aux abords du boulevard Saint-Laurent, la boutique Duo reste très discrète, ce qui lui donne une touche encore plus select et haut de gamme.

HARRY ROSEN

1455, Peel, Cours Mont-Royal
514-284-3315
www.harryrosen.com
Voir section « Mode homme » dans le chapitre « Mode ».

MEN'S

1150, de Maisonneuve Ouest
514-843-8877
www.menscollection.ca
M° Peel. Lun-mer, 10h-18h ; jeu-ven, 10h-21h ; sam, 10h-17h ; dim, 12h-17h. Service personnalisé, livraison à l'hôtel.
Men's est une boutique haut de gamme dédiée exclusivement aux hommes : vêtements, accessoires, chaussures, tout est là pour combler les messieurs. Le magasin est divisé en plusieurs parties allant des collections sportswear comme Diesel et J.Lindeberg, aux plus habillées avec Hugo Boss, Paolo Pecora ou encore Stone Island ; en passant par les chaussures, les ceintures et les cravates. Le service est tout simplement courtois et de qualité. Si vous êtes un passionné de marque de luxe, c'est chez Men's que vous trouverez votre bonheur.

WAXMAN

4605, du Parc
514-845-8826
www.waxman.ca
Entre Mont-Royal et Villeneuve. Lun-mer, 9h-18h ; jeu-ven, 9h-20h ; sam, 9h-16h ; dim, fermé.
La famille Waxman est en affaire depuis trois générations à cette adresse. Wolf (Willi) Waxman ouvra sa boutique en 1927, spécialisée alors dans la confection de robes de mariée et de robes du soir. C'est en 1961 que la maison changea de vocation pour offrir la location et la vente de smokings. Depuis, c'est sans contredit l'adresse la plus fréquentée et la plus réputée dans le domaine des tenues de gala pour hommes. Queue-de-pie, veste à simple boutonnage, Jaquette, redingote, veste croisée, veste droite à trois boutons… Sans oublier les accessoires qui donnent la touche finale comme les boutons de manchette, les nœuds papillons, les cravates ou les gilets. La maison offre aussi une sélection de prêt-à-porter dans sa collection privée ainsi qu'un service exclusif de confection de complets sur mesure. Gens d'affaires, le temps est souvent précieux et c'est pourquoi il vous est possible de remplir un formulaire de réservation de smoking directement sur leur site Internet. Une adresse de choix gérée par un fin connaisseur !

MODE FEMME

HOLT RENFREW

1300, Sherbrooke
514-842-5111
www.holtrenfrew.com
M° Peel ou Guy-Concordia. Lun-mer, 10h-18h ; jeu-ven, 10h-21h ; sam, 9h30-17h30 ; dim, 12h-17h30.
Holt Renfrew est le magasin ou se trouve les plus grandes marques de luxe de vêtements, chaussures et

accessoires pour hommes et femmes. Le département maquillage est l'un des plus beaux de la ville. De Chanel à Dior, en passant par Gucci ou Hermès : les accros de magasinage ne sauront plus ou donner de la tête parmi les quatre étages du magasin. Profitez du « Café Holt » qui propose une carte légère et raffinée afin de vous rafraîchir dans le luxe et la volupté. Ce luxe, on le doit à G.R Renfrew and Co. qui, après avoir travaillé la fourrure pendant des années, s'est tourné vers la vente d'accessoires et de vêtements haut de gamme. Le magasin de Montréal ouvrit ses portes pour le centenaire de la compagnie en 1937. Holt Renfrew compte à présent 11 succursales à travers le Canada.

MINK'S HAUTE COUTURE

1355, Greene

514-937-3800

M° Atwater. Lun-jeu, 9h30-18h ; ven, 9h30-14h. Fermé sam-dim.

Ouverte depuis bientôt 50 ans, la boutique de tissus de haute couture Mink's suggère un grand nombre de tissus haut de gamme tels Armani, Valentino, Versace, Ungaro, etc. En plus, ils ont un vaste choix de soies, taffetas imprimés, brocardes, cachemires, broderies et plusieurs tissus d'époque. Que ce soit pour trouver un modèle, un tissu ou pour confectionner une création, des professionnels du domaine sont là pour vous conseiller et vous aider à réaliser vos projets.

OGILVY

1307, Sainte-Catherine Ouest

514-842-7711 | www.ogilvycanada.com

M° Peel ou Guy-Concordia. Lun-mer, 10h-18h ; jeu-ven, 10h-21h ; sam, 9h-18h ; dim, 12h-17h.

Fondé en 1866, ce grand magasin de la rue Sainte-Catherine a toujours été la destination choix haut de gamme des Montréalais. Aujourd'hui composé d'une série de boutiques luxueuses, vous pourrez trouver de tout : prêt-à-porter et accessoires pour hommes, femmes et enfants ; articles pour la maison, fleuriste, papeterie, coiffeur, spa, restauration. Parmi les marques représentées : Louis Vuitton, Burberry, Hugo Boss, Gérard Darel, Christofle, Godiva… Ogilvy s'est récemment doté d'un nouvel espace joaillerie et d'une nouvelle boutique d'accessoires Michael Kors. Durant la période de Noël, les vitrines sont une animation à part entière : ce n'est pas rare de voir des dizaines de passants arrêtés pour voir les personnages mécaniques qui dansent et tourbillonnent.

DESIGNERS QUÉBÉCOIS

MARIE SAINT PIERRE

2081, de la Montagne

514-281-5547

www.mariesaintpierre.com

M° Peel ou Guy-Concordia. Lun-mer & sam, 10h-18h ; jeu-ven, 10h-20h ; dim, 12h-17h.

Reconnue comme l'une des chefs de file de la mode canadienne, Marie Saint Pierre séduit par sa créativité et son goût pour les matières transparentes et froissées. Sa boutique caractérise parfaitement son état d'esprit avant-gardiste et novateur. De la simple tunique à la robe de soirée, chaque pièce a été longuement élaborée afin de donner un style unique à celle qui la portera. La plupart des morceaux de la collection sont vaporeux et fluides, et la superposition de chacun d'entre eux permet de créer un style différent. La nouvelle collection d'accessoires, aux allures futuristes, vaut également le détour.

Autre boutique : Centre Rockland, 514-738-5547.

BIJOUX

BIRKS

1240, Square Phillips

514-397-2511

www.birks.com

M° McGill. Lun-mer, 10h-18h ; jeu-ven, 10h-21h ; sam, 9h30-17h ; dim, 12h-17h. Plusieurs succursales dans la grande région de Montréal.

Depuis 1879, Birks a gagné une notoriété exemplaire pour la qualité, l'exclusivité et l'excellence de ses produits et services, ce qui a fait sa renommée dans le monde de la bijouterie de luxe. Dès votre entrée, les présentoirs vous éblouiront par la beauté des bijoux en or ou argent, sertis de diamants, pierres précieuses ou perles... Le département des montres est aussi synonyme de luxe : Cartier, Jaeger Lecoultre et Mont-Blanc font partis des marques vendues. La gamme maison est tout aussi luxueuse, avec un choix de cristal et verre de haute qualité. Ici, il y a toutes sortes d'idées cadeaux pour combler l'élu(e) de votre cœur, les membres de votre famille ou bien la naissance d'un être cher.

CHÂTEAU D'IVOIRE

2020, de la Montagne
514-845-4651 / 1 888-883-8283
www.chateaudivoire.com
M° Peel ou Guy-Concordia. Lun-mer, 10h-17h30 ; jeu-ven, 10h-20h30 ; sam, 10h-17h ; dim, fermé.
Château d'Ivoire est l'adresse à retenir pour les amateurs d'horlogerie et de haute joaillerie. Toutes les plus grandes marques sont réunies dans cette bijouterie : Van Cleef and Arpels, Chopard, Bulgari pour les bijoux; Rolex, Panerai, Piaget, Baume & Mercier sont quelques-unes des marques présentes pour les montres. Si jamais vous ne trouviez pas votre bonheur parmi ces marques de grandes renommées, le bijoutier peut faire appel à d'autres artisans et créateurs qui feront le bijou ou la montre de vos rêves sur mesure.

CHAUSSURES

BROWNS SHOES

4, Place Ville-Marie, 514-393-4986
1191, Sainte-Catherine Ouest, 514-987-1206
www.brownsshoes.com
Voir section « Chaussures » au début du chapitre « Mode ».

ROSENSTEIN

2148, de la Montagne | 514-287-7682
www.rosensteinparis.com
M° Peel ou Guy-Concordia. Lun-sam, 10h-18h ; dim, fermé.
Mesdames, c'est ici que vous trouverez la paire de souliers chic et fashion que vous cherchez. Les marques prestigieuses sont au rendez-vous. Christian Louboutin, Repetto et Yves Saint-Laurent font partie des célèbres créateurs que l'on retrouve dans cette jolie boutique aux tons rouges et à l'ambiance très féminine. Les passionnées de chaussures stylées adorent la boutique Rosenstein car le service y est vraiment personnalisé et de grande qualité. Ivry Les propriétaires du magasin savent parfaitement guider les clientes dans leurs choix et leurs besoins. Une belle sélection d'accessoires assortis aux souliers est disponible.

HARRICANA PAR MARIOUCHE

3000, Saint-Antoine Ouest
514-287-6517 / 1 877-894-9919
www.harricana.qc.ca

Mº Atwater. Lun-ven, 10h-18h; sam, 10h-17h. En hiver, aussi dim de 12h à 17h. Boutique en ligne.

Le concept de vêtements élaboré en 1994 par Mariouche Gagné, dont le slogan était « fait à partir du manteau de votre mère », a pris de l'ampleur. La designer a maintenant trois ateliers-boutiques où elle vend des créations fabriquées à partir de fourrures recyclées. Que ce soit des manteaux chics ou de sports, ses créations sont uniques et écologiques. Visiter la boutique Harricana est une occasion en or pour se gâter : les femmes seront ravies d'y trouver des chapeaux, des pantoufles, des sacs, et des corsages d'été tout léger fait à partir de soie recyclée. Mariouche créé également de très jolis cousins de fourrure en damier et des animaux de peluche pour les enfants. Elle offre aussi un service de création sur mesure si l'envie vous prend de transformer votre vieux manteau de fourrure.

MOLY KULTE

5333, Casgrain, suite 1002-B
514-464-1864
www.molykulte.com

Les contacter avant de vous y rendre. Ouvert généralement que pour des ventes d'échantillons.

Les créations uniques et audacieuses de Geneviève Flageol et de Geneviève Dumas sont toutes fabriquées à partir de matériaux recyclés. Rien n'est vendu hors de prix, et tout est original. La spécialité des deux créatrices est la personnalisation de vêtements délaissés. Grâce à la sérigraphie, à des motifs colorés et à des coutures inhabituelles, elles parviennent à transformer n'importe quel tissu en morceau très « in ». Moly Kulte offre plusieurs services, comme le réajustement de vêtements qui ne sont pas à votre taille. C'est aussi une bonne adresse pour pêcher des accessoires rigolos, faits à la main.

RIEN À CACHER

4141, Saint-Denis
514-907-6187 | www.rienacacher.com

Angle Rachel. Lun-mer, 10h-19h; jeu-ven, 10h-21h; sam, 10h-17h; dim, 11h-17h.

On ne peut que se réjouir de l'ouverture de cette boutique qui a pour devise « Chic & Éthique ». Un bref coup d'œil sur la collection de Rien à Cacher saura vous convaincre que se vêtir de bonne conscience ne se fait pas obligatoirement au détriment de la mode! Sur les cintres, il y a un large choix des très jolis vêtements pour femmes Preloved, une marque canadienne spécialisée dans le recyclage de tissus. Les hommes découvriront aussi les vestes de sport colorées de Misericordia, une marque péruvienne 100 % équitable. Et tous s'attarderont devant les t-shirts aux logos jeunes et engagés de New Kind Industry, la première marque québécoise de vêtements de coton issue du commerce équitable. Les vêtements de Oöm Ethikwear et les chaussures de type basket de la marque brésilienne Veja sont aussi vendus dans cette adresse à ne pas manquer.

MODE ENFANT

BOUTIQUE BUMMIS

4302, Saint-Laurent
514-289-9415 | www.boutiquebummis.com

Entre Rachel et Marie-Anne. Lun-mer, 10h-18h; jeu-ven, 10h-20h; sam, 10h-17h; dim, 12h-17h.Achat et livraison possible à partir du site internet.

Charmante boutique, nouvellement dans un espace plus grand, avec choix de produits naturels pour maman et bébé. Les couches de coton sont l'un des produits-phare de cette boutique qui a été l'une des premières en 1988 à proposer tout un éventail de couvre-couches. Bummis est devenu une référence en la matière. Grand choix d'articles pour les mamans qui allaitent (entre autres, les soutiens-gorges Bravado sexy et pratiques, des coussins d'allaitement, des produits naturels), ainsi que pour le confort de bébé : crèmes à base de plantes, peaux de moutons, chaussons en laine teints à la main.

DESLONGCHAMPS

1007, Laurier Ouest
514-274-2442
Angle Hutchinson. Lun-mer, 10h-18h ; jeu-ven, 10h-21h ; sam, 9h30-17h ; dim, 13h-17h.

Des vêtements de marques françaises (Absorba, Catimini, Elle, Petit Bateau, Petit Boy, Christian Lacroix), québécoises et américaines (DKNY, Ralph Lauren), avec des tenues classiques ou plus à la mode. Les prix sont plus élevés qu'ailleurs, mais ils sont justifiés par la qualité. La boutique vend également des chaussures, des maillots de bains, des vêtements de ski, des vêtements de grossesse et quelques jouets et accessoires. Livraison sur demande.

GAP KIDS / BABY GAP

Centre Eaton 514-281-3118 | Centre Rockland 514-737-2334
Carrefour Angrignon 514-367-1114 | Fairview Pointe-Claire 514-426-8281
Promenades Saint-Bruno 450-441-7977 | Carrefour Laval 450-686-4027
www.gapcanada.com
Horaire variable selon la succursale.

On ne présente plus Gap. Ajoutons néanmoins que la qualité et le style moderne et décontracté des vêtements pour bébés et enfants, font craquer plus d'une maman, et avec raison. Seule réserve, les prix assez élevés. C'est pourquoi il faut y aller régulièrement pour profiter des rabais perpétuels et acheter le premier jean de bébé pour moitié prix. La section « nouveau-né » est bien garnie, avec tous les accessoires d'usage. Achat et livraison possible à partir du site internet.

H&M ENFANTS

Centre Rockland 514-787-1726 | Fairview Pointe-Claire 514-630-4800
Galeries d'Anjou 514-352-8150 | Mail Champlain 450-766-1371 | www.hm.com
Horaire variable selon la succursale.

Le géant suédois de la mode à petits prix, présent dans plus de 40 pays, a plusieurs magasins à Montréal. Envie d'habiller ses garnements de façon originale sans vous ruiner ? Soyez sûrs d'y dégoter la bonne affaire. Les collections changent très rapidement et des nouveautés sont mises en rayon chaque semaine.

JACADI

1090, Laurier Ouest
514-274-2022 | www.jacadi.fr
Angle Querbes. Lun-mer, 10h-18h ; jeu, 10h-19h ; ven, 10h-20h ; sam, 9h30-18h ; dim, 12h-18h.

Très belle collection de vêtements, accessoires et objets de décoration de la célèbre marque française. Les prix sont assez élevés mais la qualité, ça se paye ! Une bonne adresse pour faire un cadeau de naissance.

LA PETITE FERME DU MOUTON NOIR

2160, Beaubien Est
514-271-9760 | www.creationsmoutonnoir.qc.ca
Angle des Érables. Lun-mer, 10h-17h ; jeu-ven, 10h-20h ; sam, 10h-17h ; dim, fermé.

Plus qu'une simple boutique, un véritable atelier débordant de créations québécoises de qualité pour enfants et adolescents. Des coloris au goût du jour, bien sûr, mais un style un tantinet à l'écart des tendances mode qui ont l'inconvénient de mal vieillir. L'expérimentation avec les tissus pousse les créateurs à réaliser de véritables merveilles qui sauront résister à l'usure et au temps.

PANDA

6772, Saint-Hubert 514-271-8242 | Carrefour Angrignon 514-365-8454
Fairview Pointe-Claire 514-697-8372 | Galeries d'Anjou 514-352-1272
www.chaussurespanda.com
Horaire variable selon la succursale. Plusieurs succursales dans la grande région de Montréal.

Bébé et enfant. Vente d'échantillons et grande diversité de modèles et de marques réputées (Geox, Nike, Bopy, Timberland, Ecco...) offerts à des prix très intéressants. La qualité et le vaste choix font la renommée de la maison. Le personnel, prévenant, se plie aux humeurs enfantines avec sourire et compréhension, en y mettant le temps voulu.

POM'CANELLE

4860, Sherbrooke Ouest
514-483-1787
Métro Vendôme. Lun-ven, 10h-18h ; sam, 10h-17h ; dim, fermé.

Une boutique avec une seule philosophie : l'importation des plus beaux vêtements pour enfants. On habille enfants et adolescents (de 3 à 16 ans) et les bébés, de la naissance à 36 mois. La qualité y est irréprochable ; le service, bilingue, très courtois. Une attention particulière est portée au bambin, traité avec respect et beaucoup de patience. Des importations exclusives, pour une clientèle exclusive.

SOURIS MINI

Galeries d'Anjou 514-354-3425 | Complexe Desjardins 514-842-3814
Place Montréal Trust 514-982-9027 | Carrefour Angrignon 514-595-4848
Fairview Pointe-Claire 514-426-8325 | Carrefour Laval 450-686-2212
Quartier Dix30 450-678-9301
www.sourismini.com
Horaire variable selon la succursale. Plusieurs succursales dans la grande région de Montréal.

Cette chaîne québécoise, créée en 1991 par une jeune maman designer, conçoit de très jolis vêtements aux tons colorés pour les bébés de 3 à 24 mois, et les filles et garçons de 2 à 12 ans. Maillots de bains et accessoires disponibles.

ZARA

Place Montréal Trust 514-281-2001 | Centre Rockland 514-904-0771
Carrefour Laval 450-902-0190 | Mail Champlain 450-672-4460
www.zara.com
Horaire variable selon la succursale. Plusieurs succursales dans la grande région de Montréal.

Déjà très présent à travers le monde, le designer espagnol est parti à l'assaut des garde-robes des jeunes nord-américains branchés. Une belle boutique au design intérieur épuré, tout comme les modèles de vêtements. Une mode pour bébés et enfants à l'image des parents. Prix un peu élevés, mais surveillez la saison des soldes, vous pourrez alors craquer complètement et faire de votre bébé une véritable gravure de mode !

FRIPERIES ENFANT

JULIE ET BENJAMIN

1351, Van Horne
514-277-0304
M° Outremont. Mar-ven, 10h-18h ; sam, 10h-17h.

Charmante friperie avec vêtements pour enfants de 0 à 16 ans et pour femmes enceintes. Vous y dénicherez également poussettes, jeux, jouets, chaussures, poubelles à couches, livres… Si les prix y sont plus élevés que dans d'autres friperies, c'est qu'on y trouve de grandes marques à coûts réduits. Vente et achat.

MONTRÉAL © AUTHOR'S IMAGE

LE GRENIER DE BÉBÉ

4021, Dandurand
514-728-5517 | www.legrenierdebebe.ca
Angle Jeanne-D'Arc. Mer-sam, 10h-17h ; dim, 12h-17h. Fermé lun-mar.

Boutique pour les 0-5 ans. Cette entreprise d'économie sociale ramasse à domicile, achète puis recycle les vêtements, meubles, jouets et accessoires divers que vous n'utilisez plus. Les profits générés par la revente des articles sont versés à des organismes qui veillent à nourrir les enfants dans le besoin. Vous y trouverez un choix abondant de vêtements de toutes sortes, meubles, poussettes, jeux, siège d'auto, poubelles à couches, le tout à des prix dérisoires. Alors pourquoi ne pas faire une bonne affaire tout en faisant une bonne action ?

MODE FEMME

BLO

171, Mont-Royal Est
514-849-6181 | www.boutiqueblo.com
M° Mont-Royal. Sam-mer, 11h-19h ; jeu-ven, 11h-21h.

Attention : ici, vous pousserez la porte des marques très mode (Bench, Lady Dutch, Lucky 7, Foxy Jeans…), mais vous dénicherez des modèles très bon marché. La deuxième idée qu'on aime beaucoup : les choix de sticker (musique, série TV, humour) que l'on peut incruster dans les fibres de son t-shirt American Apparel, pour une trentaine de dollars, tout inclus ! Achat et livraison possible à partir du site internet.

LA MAISON SIMONS

977, Sainte-Catherine Ouest
514-282-1840 | www.simons.ca
M° Peel. Lun-mer, 10h-18h ; jeu-ven, 10h-21h ; sam, 9h30-17h ; dim, 12h-17h.

Cette grande surface de vêtements pour hommes et femmes est un fleuron québécois. Fondée dans la vieille capitale, ce n'est qu'un siècle et demi plus tard que la maison Simons a décidé de percer le marché montréalais. Depuis l'ouverture de son commerce au centre-ville, les jeunes et les moins jeunes y accourent pour découvrir les dernières tendances de l'heure. Les collections exclusives au magasin sont nombreuses : pour les filles (Twik), pour les femmes (Icône, La Contemporaine), les hommes (Djab, I.Fiv5, Le 31), la lingerie féminine (Miyu) et la mode pour la maison (La Lingère). À ces items plutôt abordables viennent s'ajouter des vêtements de grand renom. Que vous soyez à la recherche d'un morceau classique ou encore d'une cravate ou d'une robe excentrique, vous êtes à la bonne adresse. Et non seulement la qualité du service à la clientèle est impeccable, mais les politiques d'échange et de remboursement le sont aussi.

Autres adresses : Carrefour Laval, Laval, 514-282-1840 ; Promenades Saint-Bruno, Saint-Bruno, 514-282-1840.

LOLA & ÉMILY

3475, Saint-Laurent, 514-288-7598
4920, Sherbrooke Ouest, 514-483-4040
www.lolaandemily.com
Horaire variable selon la succursale.

Cette boutique se démarque avant tout pour l'originalité de son agencement et de sa décoration. Celle-ci ressemble fort à un appartement, avec un coin salle de bain, un lit planté au milieu du magasin, une commode par ci, par là et bien entendu, une vaste étendue d'étagères et de cintres remplis de vêtements, rangés selon les couleurs. Des t-shirts réguliers aux robes et aux tops sexy et classe à la fois, les femmes n'auront que l'embarras du choix. On remarque également quelques pièces de la marque québécoise Ça va de soi, Filipa K (Suède), Velvet (É-U), Designers Remix (Danemark). Essential (Belgique) ou Free People (É-U).

PARIS PAS CHER

4235, Saint-Denis
514-848-9478
Entre Rachel et Marie-Anne. Lun-mer, 11h-19h ; jeu-ven, 11h-21h ; sam, 10h-17h ; dim, 12h-17h.

Paris Pas Cher est une grande boutique de vêtements pour hommes et femmes qui offre l'avantage de vendre des articles de marques françaises en soldes, et ce, tout au long de l'année. Il y a deux sections permanentes dans le magasin : celle des soldes, et celle de la liquidation (imaginez les aubaines !). Peu importe quel est votre style vestimentaire, vous trouverez quelque chose à votre goût dans ce magasin passe-partout. Une vaste sélection de pantalons, chemises, jupes, vestons et t-shirt de toutes les formes et les couleurs pour 10 à 20 % moins cher qu'ailleurs. On gagne à y aller souvent, car les nouveaux arrivages sont fréquents.

URBAN OUTFITTERS

1246, Sainte-Catherine Ouest

514-874-0063 | www.urbanoutfitters.com

M° Peel. Ouvert lun-ven de 10h à 21h, sam de 10h à 17h, dim de 11h à 17h.

Une boutique qui suit les dernières tendances de la mode pour les habits homme et femme plutôt décontractés. La marque américaine, qui se développe petit à petit dans le monde entier, base sa philosophie sur la conciliation entre la mode et le respect de l'environnement. Urban Outfitters utilise beaucoup de vêtements vintage, du tissu recyclé, des surplus transformés, etc. Les boutiques proposent également quelques objets pour la maison.

Autre adresse (vêtements pour femmes seulement) : 4301, Saint-Denis, 514-844-5944.

ZARA

1500, McGill College, Place Montréal Trust

514-281-2001 | www.zara.com

M° McGill. Lun-mer, 10h-18h ; jeu-ven, 10h-21h ; sam, 10h-17h ; dim, 11h-17h. Plusieurs succursales dans la grande région de Montréal.

Déjà très présent en Europe, le designer espagnol est parti à l'assaut des garde-robes des jeunes nord-américains branchés. Une belle boutique au design intérieur épuré tout comme les modèles de vêtements que ce soit pour la femme, l'homme ou les enfants. Les prix sont intéressants. Une mode près du corps, très féminine pour les filles, presque trop efféminée pour les garçons. De beaux ensembles néanmoins, pour une marque qui a su mériter sa bonne réputation.

MODE HOMME

5IÈME AVENUE

977, Sainte-Catherine Ouest

514-281-7979

M° McGill ou Peel. Lun-mer, 10h-18h ; jeu-ven, 10h-21h ; sam, 10h-17h ; dim, 11h-17h. Plusieurs succursales au centre-ville de Montréal.

Située en plein cœur du centre-ville, cette boutique spécialisée dans le prêt-à-porter pour hommes offre des vêtements de qualité à des prix fort intéressants. Des tailleurs aux manteaux en cachemire ou en cuir, en passant par les vestes, les chemises et les cravates, tout nous plait. Le service est impeccable et les prix imbattables. Une chose est sûre, ces messieurs ne sortiront pas les mains vides !

CALEÇONS VOS GOÛTS

1500, McGill College, Place Montréal Trust

514-849-3382

M° McGill. Lun-mer, 10h-18h ; jeu-ven, 10h-21h ; sam, 10h-17h ; dim, 11h-17h. Plusieurs succursales dans la grande région de Montréal.

Boutique de sous-vêtements pour hommes. Marques populaires tels que In Brief, Punto blanco et Calvin Klein. De tout pour satisfaire l'homme en boxer flanelle, l'homme en boxer sexy ou l'homme en boxer coton. Endroit pratique et intéressant pour le mâle à la recherche du sous-vêtement qui lui sierra parfaitement.

HARRY ROSEN

1455, Peel, Cours Mont-Royal

514-284-3315 | www.harryrosen.com

M° Peel. Lun-mer, 10h-19h ; jeu-ven, 10h-21h ; sam, 10h-18h ; dim, 12h-17h. Livraison. Vêtements sur mesure.

Le magasin accueille les passants avec une cascade de cravates sur tous les étalages. Harry est le plus gros magasin chic de vêtements pour hommes de la ville. Grand dans les deux sens, puisqu'il ne contient que de nobles marques comme

Hugo Boss, Prada, Ralph Lauren, Armani et D&G. Naturellement, une série de vestons suit le flot de cravates. Chaque designer est représenté dans sa salle privée avec les accessoires de la collection.
Autre boutique : Centre Rockland, 514-735-6227.

BOUTIQUES COQUINES

BOUTIQUE SÉDUCTION

5220, Métropolitain Est
514-593-1169 | www.boutiqueseduction.ca
Près de Lacordaire. Lun-mer, 10h-21h ; jeu-sam, 10h-minuit ; dim, 10h-22h.
Séduction se targue d'être l'une des plus grosses et plus belles boutiques érotiques en Amérique, et avec raison ! Ici, c'est 16 000 pi^2 de produits variés et souvent exclusifs qui s'offrent à vous. Érotisme, romantisme, séduction, tout y est ! Prévoyez d'ailleurs un peu temps pour faire le tour des différents rayons. Achat et livraison possible à partir du site internet.

BOUTIQUE SEXECITÉ

6325, Saint-Hubert
514-277-5470
www.boutiquesexecite.ca
M° Beaubien. Lun-mer, 10h-19h ; jeu-ven, 10h-21h ; sam, 10h-17h ; dim, 12h-17h.
Incontestablement, cette boutique mérite son surnom de « supermarché du plaisir ». Il y a de tout, vraiment de tout pour s'adonner à des plaisirs, même les plus interdits. Vous n'aurez jamais vu autant de vidéos et de DVD réunis en un seul endroit. De la lingerie partout, de la plus soft à la plus coquine, voire extravagante. Les yeux ne savent plus où donner de la tête. C'est impressionnant. C'est plus qu'une visite, c'est un pèlerinage !

IL BOLERO

6846, Saint-Hubert
514-270-6065 | www.ilbolero.com
M° Jean-Talon. Lun-mer, 10h-18h ; jeu-ven, 10h-21h ; sam, 10h-17h ; dim, 12h30-17h.
Qui ne connaît pas la boutique de Johnny ? Sur deux étages, une variété d'habits et de produits sexys et flyés. Au premier, des vêtements pour les raves et de la lingerie pour hommes et femmes. Au deuxième, les portes du fétichisme s'ouvrent. Possibilité d'avant-goût et même commande sur le net. Mais une visite est toujours intéressante notamment pour voir la chaise de gynécologue.

SPORTS

ALTITUDE SPORTS PLEIN AIR

4140, Saint-Denis
514-847-1515 | www.altitude-sports.com
Entre Marie-Anne et Rachel. Lun-mer, 10h-18h ; jeu-ven, 10h-21h ; sam, 10h-17h ; dim, 12h-17h.
Boutique sport réglementaire avec tous les articles pour les sportifs professionnels, en herbe et les aventuriers. Marques populaires tel que North Face ou Summit Series. Un manteau peut osciller entre 100 $ et 750 $, dépendamment de son utilité (ski, vélo de montagne, randonnée pédestre, etc.) Sur les présentoirs, chaussures de marche,

SALON DE L'AMOUR ET DE LA SÉDUCTION

À la Place Bonaventure | www.everythingtodowithsex.com
Annuellement en janvier ou février.
M° Bonaventure. Ven, 17h-minuit ; sam, 11h-minuit ; dim, 11h-18h. Droits d'entrée.
Tous les ans, une sortie coquine des plus intéressantes ! Défilés, shows érotiques et exposants de toutes sortes. Une chose est sûre, vous n'en sortirez pas les mains vides. Bien entendu, il faut avoir 18 ans et plus pour y accéder…

de randonnée ou autres pour divers activités sportives. Sac à dos et équipement de camping aussi disponibles, ainsi que des accessoires de voyage. Bref, une gamme d'articles intéressants pour les amateurs de sports, toutes saisons confondues ! Possibilité de faire des achats en ligne (voir site internet).
Autre boutique affiliée : The North Face, 4924, Sherbrooke Ouest, 514-489-1517.

BOUTIQUE COURIR

4452, Saint-Denis
514-499-9600 | www.boutiquecourir.com
M° Mont-Royal. Lun-mer, 9h30h-18h ; jeu-ven, 9h30h-21h ; sam, 9h30-17h ; dim, 12h-17h.
Ce magasin offre une gamme variée de vêtements et d'équipements pour la marche, le vélo, la randonnée en montagne, le ski de fond et la marche à pied. De l'expert au novice, vous trouverez forcément votre bonheur. De plus, l'équipe de vendeurs est experte en la matière et se fera un plaisir de vous renseigner et de vous conseiller au mieux. Règle générale, surtout concernant les chaussures sportives, la qualité se paie, mais apporte le soulagement du confort à l'usage. Suite à des travaux d'agrandissement, l'endroit est vaste et des plus agréable. On s'y attarde en rêvant d'escapades et de week-end sportifs. Justement, le magasin organise des sorties sportives tout au long de l'année.
Autre magasin : 1085, chemin Chambly, Longueuil, 450-674-4436.

EKIPP BOUTIQUE SPORT

1153, Mont-Royal Est
514-526-3805 | www.boutique.ekkip.com
Angle de la Roche. Lun-mer, 10h-18h ; jeu-ven, 10h-21h ; sam, 10h-17h ; dim, 11h-17h. Financement Desjardins Accord D. Service complet d'atelier (vélo, roller, entretien d'équipement de glisse, etc.). Location de raquettes à neige et de raquettes de tennis.
Boutique conçue pour les sportifs. Vêtements et souliers sport de marques populaires telles qu'Adidas, Nike, Salomon. Près de 400 modèles de vélos de montagne (dont les marques Giant, Scott, Garry Fisher et Marin), des patins à glace, à roues alignées, des sacs à dos, des casques... L'amateur de vélo, de snowboard, de ski, de raquettes et de hockey pourra se vanter de s'équiper au complet dans un même endroit.

LA CORDÉE

2159, Sainte-Catherine Est
514-524-1106 / 1 800-567-1106
www.lacordee.com
M° Papineau. Lun-mer, 9h-18h ; jeu-ven, 9h-21h ; sam, 9h-17h ; dim, 10h-17h.
L'une des références absolues lorsque vient le temps de préparer une excursion en pleine nature. Tout pour le plein air, quoi ! Vêtements, accessoires, sacs à dos et tentes, sacs de couchage et bottes. Bonne sélection de vélos, skis, et quelques canots et kayaks. L'équipement complet pour l'escalade. Pour toute expédition, les ravitaillements nécessaires, soit la nourriture déshydratée, les divers carburants pour brûleur, etc. Une adresse qui ne lésine pas sur la qualité, et qui demande le gros prix pour chaque item vendu ici, à l'exception de sa marque maison. Achat et livraison possible à partir du site internet.
Autres boutiques : 2777, Saint-Martin Ouest (intersection autoroute 15), Laval ; 1595, des Promenades, Saint-Hubert. *Même numéro de téléphone pour toutes les boutiques.

LULULEMON ATHLETICA

4361, Saint-Denis
514-849-3719 | www.lululemon.com
M° Mont-Royal. Lun-mer, 10h-18h ; jeu-ven, 10h-21h ; sam, 10h-18h ; dim, 11h-17h.
Fondée à Vancouver, cette entreprise se dédie corps et âme aux vêtements de yoga et d'entraînement pour hommes et femmes. Les phrases accrocheuses de sa vitrine donnent sans conteste le goût de bouger : « Le stress est relié à 99 % des maladies ». Alors, qu'attendez-vous ? Découvrez cette belle boutique aux couleurs vivantes et ses vendeurs, enthousiastes, toujours prêts à répondre aux questions. Les vêtements de Lululemon sont définitivement à la mode, et leurs tissus sont adaptés pour tous types

de sport. Plusieurs activités se déroulent dans ce même espace, une activité physique en groupe (classe de yoga, cardio danse, etc.). Les amateurs de yoga trouveront aussi des adresses utiles sur des services, des cours et autres activités. En somme, une boutique unique en son genre, avec une approche particulière, un décor différent et une ambiance zen.
Autres adresses : 1394, Greene, 514-937-5151 ; 1232 Sainte-Catherine Ouest, 514-394-0770 ; Fairview Pointe-Claire, 514-695-3613.

MOUTAIN EQUIPMENT CO-OP

8989, de l'Acadie
514-788-5878 | www.mec.ca
Au Marché Central. Lun-mer, 10h-19h ; jeu-ven, 10h-21h ; sam, 9h-17h ; dim, 10h-17h.Achat et livraison possible à partir du site internet.
MEC s'est implanté au Québec en 2003 dans un bâtiment entièrement écologique, question de rester fidèle à l'image de la coopérative. En effet, cette coopérative de consommateurs, dont vous devez être membres pour faire des achats (5 $, carte valide à vie), propose tous les vêtements, accessoires et équipements pour la pratique de vos activités de plein air. Ses produits maison sont fabriqués dans le plus grand respect de l'environnement et des gens, et sauront satisfaire les plus exigeants. Atelier de vélo, service de location d'équipement.
Autre adresse : 4869, Taschereau, Longueuil, 450-766-1359.

RIVE-SUD

PLEIN AIR ENTREPÔT

6678, Taschereau, Brossard
450-672-3217 | www.pleinairentrepot.ca
Lun-mer, 10h-17h30 ; jeu-ven, 10h-21h ; sam, 10h-17h ; dim, 11h-17h.
Il n'est plus nécessaire de vider son porte-monnaie pour s'habiller sport et s'équiper adéquatement. Ce petit entrepôt présente des vêtements tout droit sortis de l'entrepôt, ou encore des échantillons des grands fournisseurs. De 20 à 60 % de rabais sont appliqués sur le montant initial. Des marques aussi prestigieuses que North Face, Marmot, Pearl Izami sont offerts à prix séduisants. Chaque semaine, un nouvel arrivage débarque au magasin. Sacs de couchage, sacs à dos, espadrilles et autres tennis, manteaux, maillots, tenues sportives féminines, masculines et pour enfants sont disposées avec soin. Le personnel conseille amicalement et connaît tout ce qu'il faut sur l'entretien des divers items. Un magasin qui cultive l'excellence.
Autre adresse : 1451, Mont-Royal Est, 514-525-5309.

SAIL

1085, de l'Industrie, Beloeil
450-467-5223
www.sail.qc.ca
Ouvert lun-mer de 9h à 18h, jeu-ven de 9h à 21h, sam de 9h à 17h, dim de 10h à 17h.
La grande surface de la chasse et de la pêche avec deux niveaux d'équipements qui vont du surplus militaire dans le nec plus ultra du « plein air ». L'accent est toutefois mis sur le camping de type familial. Vaisselle, tentes à armatures métalliques, sacs de couchage et matelas, pour un « plein air » hautement confortable. Les sections armurerie et pêche sont bien garnies. Une gamme d'accessoires hivernaux est également proposée. Achat et livraison possible à partir du site internet.
Autres adresses : Quartier Dix30, Brossard, 450-321-1835 ; 2850, Jacques-Bureau, Laval, 450-688-6768.

LIBRAIRIES

LIVRES NEUFS

APPETITE FOR BOOKS

388, Victoria
514-369-2002
www.appetitebooks.ca
M° Vendôme. Lun-ven, 10h-18h ; sam, 10h-17h : dim, fermé.

LA librairie pour le gourmand qui sommeille en vous ! Appetite for Books vous propose une vaste sélection de livres de recettes, d'ouvrages culinaires des quatre coins de la planète, et de littérature reliée au monde de l'alimentation. Avec une cuisine aménagée sur les lieux, cours, ateliers et démonstrations culinaires vous attendent (en anglais seulement). Vous adorerez cette adresse !

ARCHAMBAULT

500, Sainte-Catherine Est
514-849-6201 | www.archambault.ca
M° Berri-UQÀM. Lun-ven, 9h30-21h ; sam, 9h-17h ; dim, 10h-17h. Plusieurs succursales dans la grande région de Montréal.

Archambault, ce sont des disques et des instruments de musique avec un choix toujours bien équilibré, mais c'est aussi une librairie généraliste bien fournie en revues de toutes sortes, best-sellers, CD-Rom, DVD, guides pratiques et de voyages. C'est toujours bien agréable de magasiner un CD, une partition ou un bon bouquin dans les allées aérées. À noter : rabais hebdomadaires et prix chocs.

AUX QUATRE POINTS CARDINAUX

551, Ontario Est
514-843-8116 / 1 888-843-8116
www.aqpc.com
M° Berri-UQÀM. Lun-mer, 9h-18h ; jeu-ven, 9h-21h ; sam, 10h-17h ; dim, fermé.

Librairie numéro un en vente de cartes topographiques, marines, routières, aéronautiques mais aussi en guides de voyage et de plein air, en atlas, en CD-Rom et accessoires tels que des boussoles, loupes ou GPS. Des services de laminage et de plastification sont proposés sur place. Vous pouvez commander et vous faire livrer à domicile.

L'ÉCUME DES JOURS

125, Saint-Viateur Ouest
514-278-4523
Entre Saint-Urbain et Waverly. Lun-mer, 9h-18h ; jeu-ven, 9h-21h ; sam, 10h-18h ; dim, 12h-17h.

Vous tomberez sous le charme de cette librairie francophone indépendante du quartier Mile-End. Son copropriétaire, Roger Chénier, libraire depuis plus de 20 ans, a travaillé pour la librairie Hermès avant d'ouvrir sa propre boutique en 1999 en collaboration avec Maryse Dubois. Ce connaisseur vous transmettra sa passion des livres à coup sûr et saura vous conseiller avec justesse si besoin est. La section consacrée à la littérature jeunesse est particulièrement bien fournie.

LA LIBRAIRIE

Sciences sociales : Pavillon Jean-Brillant, 3200 Jean-Brillant, 514-343-7362
Scientifique et médicale : Pavillon Roger Gaudry, 2900 Édouard-Montpetit, 514-343-6120
www.librairie.umontreal.ca

Ces magasins forment à eux deux la plus grande librairie universitaire du Québec. On y trouvera donc tous les ouvrages recommandés par les professeurs, mais aussi un grand choix de livres de poche. L'avantage est que la librairie propose des rabais entre 5 et 20 %. On trouvera aussi une sélection de fournitures diverses telles que la papeterie et autres matériel scolaire.

LE PARCHEMIN

505, Sainte-Catherine Est
514-845-5243 | www.parchemin.ca
M° Berri-UQÀM (la librairie est située dans la station de M°). Lun-mer, 8h30-20h ; jeu-ven, 8h30-21h ; sam, 9h-17h ; dim, 12h-17h.

Le Parchemin est une librairie qui offre une vaste sélection de livres dans tous les domaines ou presque : littérature générale et jeunesse, voyages, sciences, politique, langues, manuels universitaires, etc., et cela à des tarifs préférentiels pour les possesseurs de la carte étudiante « privilège » (environ -10 % sur le prix ordinaire et parfois jusqu'à -25 % sur les dictionnaires). La librairie propose aussi un large choix en papeterie, écriture, cadeaux, bijouterie, horlogerie et même chocolaterie Godiva…

Autre adresse : Place-des-Arts, 175, Sainte-Catherine Ouest, 514-849-8333.

LE PORT DE TÊTE

262, Mont-Royal Est
514-678-9566
www.leportdetete.blogspot.com
M° Mont-Royal. Lun-sam, 10h-22h ; dim, 10h-20h. Livres neufs et d'occasions.

Une librairie absolument géniale pour tout amateur de littérature, de sciences humaines et d'art. Le choix de livres illustrés, de BD et livres d'art ou livres rares est fort intéressant également. Cette librairie, pas très grande mais contenant tout ce qu'il faut, résulte du pari de trois diplômés en littérature. Ils avaient déjà beaucoup d'expérience dans les boutiques de livres d'occasion. Ensemble, ils ont choisi d'explorer la filière de la qualité et du bon goût. Sans aucun doute, ils ont réussi !

LIBRAIRIE GALLIMARD

3700, Saint-Laurent
514-499-2012
www.gallimardmontreal.com
M° Sherbrooke. Lun-mer & sam, 10h-18h ; jeu-ven, 10h-21h ; dim, 12h-17h.

Outre les livres portant la griffe du célèbre éditeur parisien, la librairie Gallimard est une librairie généraliste qui se démarque pour un choix d'ouvrages rares, plus pointus. Les classiques de la littérature, un large choix de poésie, l'art, les biographies d'illustres penseurs sont disponibles dans un décor qui incite à la lecture. Une très belle librairie tant par le contenu que par le contenant. Pour ceux qui ne peuvent pas se déplacer, vous pouvez magasiner via le site Internet et opter pour la livraison (1 à 2 jours).

LIBRAIRIE GOURMANDE

Marché Jean-Talon, 7070, Henri Julien
514-279-1742
www.librairiegourmande.ca
M° Jean-Talon. Lun-mer & sam, 9h-18h ; jeu-ven, 9h-20h ; dim, 9h-17h.

Une très jolie librairie réunissant toutes sortes de livres et de revues autour du thème de la cuisine (pour enfants, pour amoureux, d'ici et d'ailleurs), des vins, des saveurs, des thés et cafés, des soupes, du chocolat mais aussi sur l'alimentation saine, les régimes et bien plus encore. À noter : une sélection de livres d'importation, plus rares au Canada. La librairie est parfaitement bien située puisqu'on en profitera pour faire ses courses au marché !

LIBRAIRIE INDIGO

1500, McGill College, Place Montreal Trust
514-281-5549 | www.chapters.indigo.ca
M° McGill. Dim-mar, 10h-21h ; mer-ven, 10h-22h ; sam, 9h-22h. Plusieurs succursales dans la grande région de Montréal.

Des livres en français et en anglais sur tous les sujets imaginables, des revues, des disques, des DVD, du café et des brioches pour prendre le temps d'apprécier sa dernière acquisition avant de rentrer chez soi. Vous pouvez aussi profiter du site Internet et de ses promotions allant jusqu'à -80 %, pour commander en ligne, moyennant un supplément peu élevé pour les frais d'expédition (livraison gratuite pour un achat supérieur à 25 $).

LIBRAIRIE LAS AMÉRICAS

2075, Saint-Laurent
514-844-5994 / 1 866-844-5994
www.lasamericas.ca
M° Saint-Laurent. Lun-mer, 9h-18h ; jeu-ven, 9h-19h ; sam, 9h-17h ; dim, fermé.

Librairie spécialisée dans l'apprentissage de la langue espagnole, Las Américas propose en plus des livres en espagnol, tous les outils nécessaires à l'acquisition de cette langue : des manuels scolaires, des méthodes et du matériel audiovisuel. De grandes maisons d'éditions espagnoles telles que Edi Numen, Edelsa ou encore Santillana et Vox y sont représentées. Vous pouvez passer vos commandes directement par télécopieur (514-844-5290) ou par courriel.

LIBRAIRIE MICHEL FORTIN

3714, Saint-Denis
514-849-5719 / 1 877-849-5719
www.librairiemichelfortin.com
M° Sherbrooke. Lun-mer, 9h-18h ; jeu-ven, 9h-21h ; sam, 9h-17h ; dim, 11h-17h. Commande par téléphone.
Librairie spécialisée dans les langues étrangères (240 langues répertoriées !), vous trouverez tout le matériel littéraire (manuels et dictionnaires) mais aussi audio et vidéo (CD-Rom/DVD-Rom) nécessaire pour l'apprentissage de la langue désirée. Services aux écoles et entreprises offerts.

LIBRAIRIE RAFFIN

6330, Saint-Hubert
514-274-2870 | www.librairieraffin.com
M° Beaubien. Lun-mer, 9h30-18h30 ; jeu-ven, 9h30-21h ; sam, 9h-17h ; dim, 10h-17h.
Le personnel est expert dans tous les domaines, tant dans la littérature pour adulte que celle dédiée à la jeunesse. Des véritables libraires de fond.
Autres adresses : Place Versailles, 514-354-1001 ; Centropolis, Laval, 450-682-0636 ; Galeries Rive-Nord, Repentigny, 450-581-9892.

LIBRISSIME

1448, Sherbrooke Ouest
514-841-0123 | www.librissime.com
M° Guy-Concordia. Lun, fermé ; mar-ven, 11h-18h ; sam, 11h-17h ; dim, 12h-17h. Achat en ligne et livraison.
Avis aux passionnés de livre, cette librairie est à découvrir de toute urgence ! Les propriétaires ont ouvert la librairie idéale, dans laquelle on est certain de trouver un cadeau pour soi ou pour offrir. Les vendeurs connaissent leurs rayons sur le bout des doigts et se font un plaisir de transmettre leur passion. Les livres vendus sont absolument superbes. Que dire de l'édition spéciale sur le Rajasthan, avec sa couverture en velours, présentée dans un sari venu tout droit du Nord de l'Inde ? Plusieurs éditions spécialisées dans des domaines aussi variés que la mode, le design, l'architecture, la cuisine, le voyage, la religion, rivalisent d'intérêt et d'originalité.

MAISON DE LA PRESSE INTERNATIONALE

550, Sainte-Catherine Est
514-842-3857
M° Berri-UQÀM. Plusieurs succursales à Montréal.
Les Maisons de la Presse Internationale proposent une très grande variété de magazines et journaux du monde entier mais surtout du Québec, du reste du Canada, de France et des États-Unis. On y trouve aussi bien des revues de sport, que de voyage, de politique ou de cuisine. Les grands succès des librairies sont également en rayon.

MARCHÉ DU LIVRE

801, de Maisonneuve Est
514-288-4350 | www.marchedulivre.qc.ca
M° Berri-UQÀM. Ouvert tous les jours de 10h à 21h.
Cette librairie est une vraie merveille pour sa collection de bandes dessinées avec des milliers de titres en stock. Outre cette spécialité, c'est une librairie générale où vous pourrez trouver une large sélection de livres neufs mais aussi d'occasion dans tous les domaines.

RENAUD-BRAY

4380, Saint-Denis
514-844-2587 | www.renaud-bray.com
M° Mont-Royal. Ouvert tous les jours de 9h à 22h. Plusieurs succursales dans la grande région de Montréal.
Renaud-Bray reste une référence en matière de librairie au Québec. Une grande chaîne très bien approvisionnée dans pratiquement tous les types de littératures. Outre les livres qui occupent la plus grande place, on trouve des espaces pour les disques, les DVD, les jouets, les jeux, la papeterie, les revues et une section réservée aux enfants. Si vous êtes un peu déboussolé par tant de choix, Renaud-Bray vous propose une sélection de « Coups de cœur » toujours très judicieux.

RIVE-SUD

LIRE LA NATURE

1198, Chambly, Longueuil
450-463-5072
www.lirelanature.com
Lun-mer, 10h-18h ; jeu-ven, 10h-21h ; sam, 10h-17h ; dim, 12h-17h.

Bien plus qu'une simple librairie spécialisée en sciences naturelles. En fait, il s'agit d'une boutique où l'on trouve tout ce dont un vrai naturaliste a besoin : ouvrages de référence et divers accessoires, des jumelles, des boussoles, des loupes. Un inventaire de télescopes afin de mieux découvrir l'univers qui nous entoure. Le personnel connaisseur saura répondre aux questions de la clientèle. Si l'objet désiré manque à l'appel, un service rapide de commande ira jusqu'à décrocher la lune (enfin, presque).

LIVRES USAGÉS

BOUQUINERIE DU PLATEAU

799, Mont-Royal Est
514-523-5628
www.bouquinerieduplateau.com
Mº Mont-Royal. Ouvert tous les jours de 10h à 22h.

Cette librairie vend principalement des livres d'occasion, mais aussi des livres neufs à prix réduits dans toutes les catégories : littérature, policier, langues étrangères, arts, sciences, avec une section spéciale concernant les fables et contes pour enfants. Service d'achat à domicile.

DÉBÉDÉ

3882, Saint-Denis
514-499-8477
Mº Mont-Royal. Lun-sam, 10h-18h ; dim, 12h-18h.

Être client et fouineur par-dessus le marché est un bonheur total. Les collectionneurs de BD vont être ravis puisque cette librairie est spécialisée dans la vente de bandes-dessinées neuves (rabais -20 %) et usagées ! Les tintinophiles trouveront leur compte dans un assortiment d'affiches et de bébelles.

PLUS DE 15 ANS D'EXPRESSION DE LA RUE !

On se fait souvent dire « L'Itinéraire ? » quand on marche en ville, mais qu'est-ce au juste ? Cet organisme sans but lucratif, fondé dans les années 1990 à Montréal, développe des projets d'économie sociale dans le but d'aider et d'améliorer les conditions de vie des personnes itinérantes vivant entre autres avec des problèmes de toxicomanie ou d'alcoolisme. Parmi ses secteurs d'activités, le magazine l'Itinéraire relève des concepts de journaux de rue avec une mission de réinsertion sociale. La distribution du magazine est assurée par des personnes sans-emploi, itinérantes, alcooliques ou toxicomanes, appelées « camelots ». Ces derniers peuvent même écrire dans le magazine, en tant que chroniqueurs ou journalistes de la rue, et sont alors encadrés par des professionnels. Pour plusieurs, être camelot est un pas important vers une stabilité de vie. Le magazine comporte différentes sections traitant entre autres de la culture, de l'actualité et de la vie urbaine, du développement social, etc. Bref un contenu pertinent et intéressant, au coût modique de 3 $ la copie. Ce bimensuel est en vente dans les rues de Montréal ou par abonnement. Alors la prochaine fois qu'on vous dira « L'Itinéraire ? », dites « Oui ! ».

LE COLISÉE DU LIVRE

1809, Mont-Royal Est
514-521-6118
Entre Papineau et Cartier. Ouvert de 10h à 22h.

Livres, disques ou CD usagés à des prix dérisoires dont la majorité sont francophones. Pour les romans, ce sont de vraies aubaines. On trouve des livres neufs à prix réduits. On pratique l'échange.

Autre adresse : 1440, chemin Chambly, Longueuil, 450-670-8890.

L'ÉCHANGE

713, Mont-Royal Est
514-523-6389
www.cdechange.com
M° Mont-Royal. Ouvert tous les jours de 10h à 22h (horaire de rachat : 10h-18h).

Une référence du livre et du disque de seconde main. On vend une myriade de titres, classés selon le sujet, en bon état, à des fractions du prix d'origine (bien entendu). Les mélomanes ne sont pas oubliés avec un choix de musique de toutes les origines sur CD. Au gré des arrivages, les découvertes peuvent être de taille. La politique maison veut que tous les disques soient garantis, donc pas de mauvaise surprise de ce côté. Une section DVD et jeux est disponible.

LEGEND ACTION FIGURES

7378, Saint-Hubert
514-277-1867 | www.legendsaf.com
M° Jean-Talon. Lun-mer, 10h-18h ; jeu-ven, 10h-21h ; sam, 10h-17h ; dim, 12h-17h.

En plein cœur de la Plaza Saint-Hubert, une adresse futée pour les amoureux des Comic Books, mais aussi et surtout pour ce qui est des produits dérivés, des figurines aux statuettes de vos héros, avec des arrivages réguliers. Cette équipe de passionnés est toujours à l'affût des plus belles figurines, et recherchera pour vous celle qui fait envie. En outre, vous pouvez y vendre vos plus belles pièces (même anciennes), puisque nombre de collectionneurs considèrent cette adresse comme une référence, réputation qui est selon nous bien méritée.

LIBRAIRIE MONET

2752, de Salaberry
514-337-4083 / 1 877-337-4083
www.librairiemonet.com
Aux Galeries Normandie. Lun-mer, 9h30-18h ; jeu-ven, 9h30-21h ; sam, 9h-17h ; dim, 10h-17h.

Cette librairie généraliste spécialisée dans la bande dessinée n'a pas d'égal dans la ville. Plus de 15 000 titres de BD et 25 000 titres à disposition dans les catégories jeunesse, ados et adultes, mais aussi et surtout des titres exclusifs ou à tirage limité. Ici, vous pouvez faire une confiance aveugle au personnel qui, en plus de sa courtoisie, connaît son sujet sur le bout des doigts.

MUSIQUE

ARCHAMBAULT

Voir coordonnées dans l'article de la section « Librairies » | www.archambault.ca

Un coin avec les dernières nouveautés et les bonnes affaires du mois se partage l'espace avec les sections rock, jazz, musiques du monde, folk, etc. La section francophone offre un vaste choix. Le service est personnalisé et généralement assez connaisseur dans son domaine. La maison propose un service de mise de côté et il est possible de commander un CD qui n'est pas disponibles en magasin.

ATOM HEART

364-B, Sherbrooke Est
514-843-8484 | www.atomheart.ca
M° Sherbrooke. Lun-mer, 11h-18h ; jeu-ven, 11h-21h ; sam, 11h-17h ; dim, 12h-17h.

Une boutique qui a non seulement le mérite d'être très jolie et une des rares à Montréal à proposer un tel éventail de musique rock, alternative et électronique produite sous label indépendant. Si vous ne trouvez pas ce que vous recherchez, on se fera un immense plaisir de dénicher la perle rare. Vous pouvez également faire vos commandes par le biais de leur site Internet.

BEATNICK

3770, Saint-Denis
514-842-0664 | www.beatnickmusic.com
M° Sherbrooke. Lun-mer, 11h-19h ; jeu-ven, 11h-21h ; sam-dim, 11h-18h.

Cette petite boutique est bien connue des Montréalais passionnés de musique. On y fait l'achat et la vente de CD et vinyls neufs et usagés ainsi que d'albums d'importation. L'endroit parfait pour dénicher des petits bijoux rares, surtout en vinyls. Certes, il faut avoir la patience de passer à travers les bacs mais cela en vaut la peine.

CHEAP THRILLS

2044, Metcalfe, 2e étage
514-844-8988
www.cheapthrills.ca

M° Peel. Lun-mer & sam, 11h-18h ; jeu-ven, 11h-21h ; dim, 12h-17h.

Créé en 1971, Cheap Thrills fut le premier magasin de disques usagés à Montréal, et depuis, les lieux sont devenus une excellente référence pour les CD et vinyls neufs ou usagés. La boutique, spécialisée dans le jazz, l'avant-garde, la musique expérimentale et le blues, offre aussi un large choix de soul, musique du monde, de rock et alternatif, de blues, etc. Ici, on priorise les disques rares, moins connus, comme la pop/rock à la mode se trouve facilement ailleurs chez les grands disquaires. Le catalogue en ligne de la boutique compte plus de 10 000 CD et vinyls… De quoi perdre la tête !

FRANCOPHONIES

1860, Ontario Est
514-843-8812
www.francophonies.ca

Angle Cartier. Mar-sam, 11h-18h ; dim, 11h-17h. Fermé aussi le mardi d'octobre à avril. Fermeture annuelle de début février à début mars. Boutique en ligne.

Ouvert depuis mai 2003, ce magasin a pour vocation de promouvoir la chanson française et met en vente près de 30 000 produits (dont la plupart proviennent de France) ayant attrait à la musique francophone : disques en vinyle (33 tours et 45 tours), mais aussi magazines, livres et vidéos. Ici, vous trouverez tous les styles de musiques pour des prix variables puisque on vous propose du neuf et de l'occasion. Les propriétaires étant des passionnés, ils se feront un plaisir de vous guider dans le magasin et de trouver votre bonheur. Pour les amoureux de Céline Dion, une « Célinothèque » regroupe environ 10 000 articles relatant sa carrière. Une collection impressionnante !

HMV MEGASTORE

1020, Sainte-Catherine Ouest
514-875-0765
www.hmv.ca

M° Peel. Lun-ven, 9h-21h ; sam, 9h-20h ; dim, 11h-20h. Plusieurs succursales dans la grande région de Montréal.

À l'intérieur de cette succursale géante, de jeunes amateurs s'affèrent autour des comptoirs de rap, de rock alternatif, dance, musique électronique. Au sous-sol, un peu de soul et de country, mais surtout une importante sélection de disques heavy metal attirent les adeptes. Au rez-de-chaussée une grande sélection de DVD généralistes, dont des films d'action, souvent assez sanguinaires, en langue originale américaine. Les beaux locaux de l'étage du haut s'ouvrent au jazz et au classique.

L'ÉCHANGE

713, Mont-Royal Est
514-523-6389
www.cdechange.com

M° Mont-Royal. Ouvert tous les jours de 10h à 22h (horaire de rachat : 10h-18h).

Une référence du livre et du disque de seconde main. On vend une myriade de titres, classés selon le sujet, en bon état, à des fractions du prix d'origine (bien entendu). Les mélomanes ne sont pas oubliés avec un choix de musique de toutes les origines sur CD. Au gré des arrivages, les découvertes peuvent être de taille. La politique maison veut que tous les disques soient garantis, donc pas de mauvaise surprise de ce côté. Une section DVD et jeux est disponible.

L'OBLIQUE

4333, Rivard
514-499-1323

Angle Marie-Anne. Lun, 15h-18h ; mar-mer & sam, 12h-18h ; jeu-ven, 12h-21h ; dim, 12h-17h.

« La plus grande sélection de musique locale à Montréal ! ». Voilà comment se définit cette petite boutique fondée en 1987 par des mordus de la scène indépendante. C'est l'endroit idéal pour dénicher des CD et vinyls de musique alternative, Indie, rock et émergente. On y trouve du neuf et de l'usagé à des prix plus que corrects. La meilleure référence dans le domaine !

LE FOX-TROC

819, Mont-Royal Est | 514-521-9856

M° Mont-Royal. Lun-mer, 10h-18h ; jeu-ven, 10h-21h ; sam, 10h-18h ; dim, 10h-17h.

D'un côté, tout un mur de musique hétéroclite : disco, country, humour, danse, compilation 70's, compilation 1990-2000 et autres. De l'autre, soigneusement alignés les CDs pop-rock font la loi. À noter : une section de vinyles d'occasions. Le local étroit accueille une clientèle plutôt jeune. Les albums sont ordonnés avec un souci de bibliothécaire.

VIDÉO

LA BOÎTE NOIRE

376, Mont Royal Est, 514-287-1249

380, Laurier Ouest, 514-277-6979

www.boitenoire.com

Abonnement à vie 17,99 $ (étudiants et aînés 9,99 $). Location (pour 3 jours) : 5,50 $/film. Promos et plans prépayés aussi disponibles.

Cette petite boîte fait la renommée du cinéma de répertoire depuis près de 20 ans. Elle offre ce qui est généralement difficile à louer au club vidéo du quartier. Le cinéphile qui s'aventure en cet antre est subjugué par le vaste éventaire des 35 000 films en location et 10 000 en vente. Le tout, judicieusement classé par réalisateur, pour chaque pays. Pour les achats, la livraison est possible.

METRO VIDEO

977, Sainte-Catherine Ouest

514-499-9499

www.metrovideo.ca

M° McGill ou Peel. Dans les galeries souterraines, face à La Maison Simons. Lun-jeu, 10h-21h ; ven, 10h-22h ; sam, 10h-19h ; dim, 11h-19h.

Ici, tout est à vendre et le cinéphile trouve son bonheur. Une collection incroyable de DVD (plus de 25 000 copies) à des prix très compétitifs. Les coffrets de vos séries préférées sont là, de même que les grands classiques. Vous cherchez un film ? On le trouve, on le commande ! Le service est très personnalisé, avec possibilités de mises de côté et commandes spéciales. Vous ne repartez que lorsque vos vœux sont exhaussés ! Aussi en vente : figurines, affiches, jeux, peluches, accessoires rigolos, etc.

INFORMATIQUE

APPLE STORE

1321, Sainte-Catherine Ouest, 514-906-8400

www.apple.com

M° Peel. Lun-ven, 10h-21h ; sam, 10h-18h ; dim, 11h-17h.

Montréal a enfin sa propre boutique Apple en plein cœur du centre-ville ! Les amoureux de la marque pourront y trouver tous les items possibles allant du iPod au iPhone, en passant par le MacBook Air et le iPad. Avec le grand succès que remporte Apple depuis quelques années, pas étonnant de voir le compétiteur de PC s'installer dans la métropole. En fait, il était temps !

MICROBYTES

625, René-Lévesque Ouest
514-871-8515
www.microbytes.com

M° Square-Victoria. Lun-mer, 9h-18h ; jeu-ven, 9h-21h ; sam, 10h-17h ; dim, 12h-17h. Garantie de 2 ans sur les pièces et la main d'œuvre. Prêts étudiants acceptés. Possibilité de commander par Internet. Plusieurs succursales dans la grande région de Montréal.

La boutique s'adresse aux initiés. Pas question d'acheter l'ordinateur tout installé, logiciels compris. Le magasin vend surtout à la pièce : disques durs, processeurs, cartes maîtresses, graveurs, souris, scanners, haut-parleurs, caméras pour Internet, et la liste d'épicerie se poursuit presque à l'infini.

MATÉRIEL ARTISTIQUE

DESERRES

334, Sainte-Catherine Est
514-842-3021
www.deserres.ca

M° Berri-UQÀM. Lun-ven, 9h30-21h ; sam-dim, 10h-17h. Plusieurs succursales dans la grande région de Montréal.

La fameuse boutique québécoise a fêté son 100e anniversaire en 2008. Une raison de plus pour faire un tour dans ce marché créatif qui propose tout ce dont les artistes ont besoin – ou presque ! – que ce soit pour les beaux-arts ou autres loisirs créatifs comme la gravure, l'origami, les savons et chandelles. Les amateurs de perles trouveront leur bonheur. Des articles sont adaptés aux jeunes artistes comme du maquillage ou de la mosaïque. Une grande référence !

L'OISEAU BLEU

4146, Sainte-Catherine Est
514-527-3456
www.loiseaubleu.com

Entre Pie-IX et Desjardins. Lun-mer, 9h30-18h ; jeu-ven, 9h30-21h ; sam, 9h30-17h ; dim, 12h-17h.

Tout le nécessaire pour les créateurs et amateurs d'art se trouve dans cette immense boutique, bien connue à

VILLE SOUTERRAINE © NRL

Montréal. Bien sûr, c'est le paradis des âmes créatives : beaucoup de coffrets pour s'initier à la porcelaine, à la peinture, à la construction en bois, à la fabrication de porte-clés et de nombreuses autres choses. Le choix des puzzles est lui aussi très vaste. Les adultes apprécieront le très large choix de peintures (huile, gouache, etc.), les pelotes de laines, le nécessaire pour faire ses bougies, les kits de broderie, le choix de papier cadeaux. Est-il nécessaire de préciser que c'est un incontournable pour les amateurs de scrapbooking ?

Autres adresses : 3932, autoroute 440 Ouest, Laval ; 1651, des Promenades, Saint-Bruno. *Même numéro de téléphone pour toutes les boutiques.

VOYAGE

AMERIK AVENTURE

1-866-679-7070 | www.amerikaventure.com

Pour découvrir le véritable visage de l'Amérique, partez en voyage avec un guide de chez Amerik Aventure. Il vous communiquera sa passion pour les trésors naturels et culturels de ce grand continent. Mais pas de n'importe quelle façon ! Cette agence de voyages prône le tourisme solidaire, œuvre à soutenir l'économie locale et à préserver l'environnement. Plusieurs types de circuits dans une vingtaine de pays différents vous sont proposés : écotourisme (par exemple, au cœur de l'Amazonie), écoaventure (cela peut être en Patagonie), circuit naturel (pourquoi pas sur la route des Mayas ?) et circuit de randonnée (au Québec !). Les groupes déjà formés de plus de quatre « écovoyageurs » peuvent demander à Amerik Aventure de leur concocter un périple sur mesure. En général, les circuits sont adaptés aux enfants.

BOUTIQUE AVENTURE VOYAGES

3702, Saint-Hubert

514-842-4139 | www.boutiqueaventure.com

M° Sherbrooke. Lun-ven, 10h-18h, sur rendez-vous. Possibilité de prendre rendez-vous en dehors de ces heures.

Bon nombre d'agences de voyages se contentent d'offrir des forfaits incluant tout de A à Z, se liant à un fournisseur ou à une compagnie aérienne. Ici, rien de tel. On recherche le meilleur prix possible. Quant aux destinations, l'équipe offre des itinéraires personnalisés, favorisant l'immersion dans la culture d'accueil. On propose des voyages en petit groupe partant à travers le monde, ainsi que des séjours linguistiques ou encore gastronomiques. De plus, Boutique Aventure Voyages offre des séjours de coopération internationale en Asie et en Amérique Latine. Les petites auberges (visitées au préalable par l'équipe) seront préférées aux complexes hôteliers géants. Les forfaits prennent en compte les activités de prédilection du voyageur. Avant chaque départ, un dossier technique complet sur la destination est remis. Toute l'année, des activités diverses sont organisées, histoire de garder son monde bien informé.

AUTHENTIK CANADA

352, Emery
514-769-0101 | www.authentikcanada.com

Une agence spécialisée sur le Canada et qui connaît sacrément bien son territoire! Authentik propose des séjours et circuits qui plairont à tous les publics : individuels, familles, couples et groupes. Parmi les forfaits disponibles notons les itinéraires en voiture, les séjours de motoneige ou de ski et les voyages romantiques pour les couples. Authentik peut s'occuper de vous louer un camping-car qui est disponible depuis plusieurs points de chute au Canada. Au Québec, on apprécie les divers séjours en pourvoirie et l'originalité des activités proposées comme les rencontres avec un trappeur, la pêche sur glace, les bains nordiques, etc. Les séjours s'adaptent aux goûts et aux besoins de chacun. Authentik a remporté plusieurs prix prestigieux en raison de la qualité de ses services.

CORAIL BLEU VOYAGES

4351, Saint-Hubert
514-284-3793 / 1 888-339-3793
www.corailbleu.qc.ca

M° Mont-Royal. Lun-ven, 10h-18h ; sam, 10h-15h ; dim, fermé. Possibilité d'achat en ligne.

Une agence de voyage toute mignonne, au service personnalisé et à l'accueil plus que charmant. Corail Bleu se spécialise dans l'organisation de séjours en Catalogne française et espagnole. Une magnifique région qui combine les charmes de la Méditerranée et des Pyrénées, un immense patrimoine culturel et d'excellents produits du terroir. Selon les saisons, Corail Bleu organise aussi des circuits dans plusieurs pays et continents dont le Canada, les États-Unis, l'Amérique du Sud, l'Afrique du Nord, l'Océanie, etc. Vols secs et croisières aussi offerts.

GLOBE-TROTTER AVENTURE

8088, Saint-Denis, suite 100
514-849-8768 / 1 888-598-7688
www.aventurecanada.com

M° Jarry. Lun-ven, 9h à 17h.

Cette agence s'est donné pour mandat le projet ambitieux de réaliser les rêves des globe-trotters désirant découvrir le Québec ou le Canada. Avec une multitude de forfaits et de circuits pour tous les goûts, sans compter les nombreux autres services (sur mesure, location de voiture et de camping-car, vols secs...), la grande qualité des produits offerts leur a permis de se tailler une place de choix sur le marché. En toutes saisons, des forfaits de rêve vous transporteront au cœur des magnifiques régions du pays. Vous voulez « goûter » à toutes les activités pratiquées en hiver ou en été ? Les séjours multi-activités sont la solution parfaite avec au menu : ski de fond, raquette, motoneige, traîneau à chiens, pêche blanche, canot, camping, randonnée, équitation, etc. Vous trouverez assurément votre bonheur parmi les forfaits proposés !

KARAVANIERS

108, du Square Gallery, bureau 104
514-281-0799 / 1 877-477-0799
www.karavaniers.com

En bordure du Canal de Lachine, près de la rue Wellington (locaux partagés avec Détour Nature et Sur la Route). Lun-ven, 9h-18h ; sam, 10h -16h (rendez-vous conseillé).

Les voyageurs soucieux de faire du tourisme responsable trouvent chaussure à leur pied avec les Karavaniers. Cette agence de voyages respecte une charte éthique guidée par le respect des cultures, de l'environnement et des individus visités. Adeptes de la politique « Sans trace », les Karavaniers s'engagent à laisser intacts tous les endroits qu'ils visitent. L'agence organise des séjours partout à travers le monde pour les amateurs de randonnée, de trek, de kayak, de vélo et d'alpinisme. Accompagnés d'un guide, des petits groupes de voyageurs partent à la rencontre des habitants locaux. Par exemple, le forfait Mexique-Copper Canyon permet aux randonneurs de rencontrer des Indiens Tarahumara, qui leur serviront à la fois de guide et de porteur. Visitez le très joli site Internet de l'agence pour connaître la multitude de forfaits offerts.

Les Karavaniers organisent aussi des conférences pour vous faire rêver avant votre grand départ, et donnent des cours divers à leur École de Montagne : camping d'hiver, escalade de glace, manœuvres en montagne, introduction aux phénomènes des avalanches…

LA FORFAITERIE

www.laforfaiterie.com

Un concept fort intéressant dans le monde des agences de voyage. Des séjours dans des hôtels de renom sont combinés à des séances de thalassothérapie, des repas mémorables (plusieurs services) dans divers restos, des croisières sur le Saint-Laurent, des forfaits sportifs d'été ou d'hiver, à moins de craquer pour le casino, les cinémas Imax ou le golf. La Forfaiterie a concocté une liste plutôt exhaustive de ces possibilités, que l'on consulte sur le net. Pour visiter la province avec un budget prédéterminé, tous les arrangements fixés à l'avance, se laisser aller, relaxer, et apprécier le coup d'œil. La liste des 1 500 possibilités peut rendre un peu fou…

SWAP

www.swap.ca

Renseignement auprès des agences de Voyage Campus, présentes dans toutes les universités. Certaines destinations exigent que vous soyez étudiants à temps plein ou peuvent avoir différentes limites d'âge.

Les courts séjours ne vous suffisent plus ? Alors, faites le grand saut et partez travailler à l'étranger ! SWAP vous propose des formules d'encadrement pour vous aider à partir et à trouver du travail une fois sur place. Avec cette formule, découvrez, entre autres, l'Afrique du Sud, les États-Unis, la Nouvelle-Zélande, l'Autriche, le Japon, l'Australie, la France, etc. Certes, l'emploi n'est pas fourni, mais les conseils pour en dénicher un sont nombreux et utiles. Le forfait comprend en général le visa, l'hébergement sur place pour les premiers jours, une conférence sur le pays d'accueil et l'accès au centre SWAP sur place où vous trouverez téléphone, fax, Internet.

VOYAGES CAMPUS

1613, Saint-Denis

514-843-8511 / 1 866-246-9762

www.voyagescampus.com

M° Berri-UQÀM. Lun-mer, 9h-18h ; jeu-ven, 9h-19h ; sam, 11h-17h ; dim, fermé.

Ça voyage dans ces bureaux ! Le service n'en demeure pas moins attentif aux moindres volontés des étudiants et des voyageurs à petit budget. L'agence négocie directement les meilleurs prix avec les lignes aériennes. Malgré la queue au comptoir, on prend le temps de conseiller. En y achetant la carte ISIC, vous aurez d'agréables surprises, et ferez notamment des économies sur les tarifs ferroviaires et aériens. Possibilité de réserver des circuits, des nuits dans les auberges de jeunesse et les gîtes, d'acheter des assurances-voyages...

Autres adresses : Université Concordia, 1455 Maisonneuve Ouest, local H222, 514-288-1130 ; Université McGill, 3480 McTavish, 514-398-0647 ; Université de Montréal, 5150 Decelles, 514-735-8794.

VÉLO QUÉBEC VOYAGES

1251, Rachel Est

514-521-8356, poste 506 / 1 800-567-8356

www.veloquebecvoyages.com

Chaque année, des milliers d'amateurs de vélo voyagent avec l'agence de tourisme de Vélo Québec. L'organisme sans but lucratif propose plus de 70 destinations locales et internationales pour ceux qui désirent voir le monde tout en faisant de l'exercice. Les participants partent avec leur propre vélo sur les routes du Québec, de l'Ontario, du Mexique, des États-Unis, de la France, de l'Espagne, du Maroc, etc. Les groupes de cyclistes sont pris en charge par un guide et les circuits organisés correspondent à différents niveaux de difficulté. Les forfaits incluent le transport aérien, les nuits d'hôtel, certains repas et même la prise en charge des bagages personnels pendant le périple à vélo. La durée des séjours varie entre 3 à 15 jours. Il est possible de faire certaines excursions en famille. *Voyages sur mesure et camps d'entraînement également offerts.*

Pense futé

Le marché Bonsecours et le Vieux Port © Nicolas Garbay

S'INSTALLER À MONTRÉAL

SUR INTERNET

IMMIGRATION-QUEBEC

www.immigration-quebec.gouv.qc.ca
Le portail d'informations du gouvernement sur l'immigration au Québec.

CITOYENNETE ET IMMIGRATION CANADA

www.cic.gc.ca
Le site du gouvernement canadien sur l'immigration au Canada.

ASSOCIATION IMMIGRANT QUEBEC

www.immigrantquebec.com
Une association futée, créée et gérée par des immigrants, dont la mission est d'informer les futurs et nouveaux arrivants sur le Québec, les démarches à accomplir pour s'y installer et bien s'intégrer.

ÉTUDIER – TROUVER UN STAGE

Il existe des ententes entre les universités françaises et québécoises (renseignez-vous auprès de votre fac). Visitez le site Internet de la CREPUQ (Conférence des recteurs et des principaux des universités du Québec) pour plus d'informations sur les échanges étudiants (www.crepuq.qc.ca). Le site de l'ambassade canadienne vous donnera également des détails à ce sujet (www.france.gc.ca). Pour étudier ou poursuivre vos études supérieures, il vous faut prendre contact avec le service des relations internationales de votre université. Préparez-vous alors à des démarches longues. Mais le résultat d'un semestre ou d'une année à l'étranger vous fera oublier ces désagréments tant c'est une expérience personnelle et universitaire enrichissante. C'est aussi un atout précieux à mentionner sur votre CV.

AGENCE POUR L'ENSEIGNEMENT FRANÇAIS À L'ÉTRANGER

19-21, rue du Colonel-Pierre-Avia, 75015 Paris
01 53 69 30 90
1, allée Baco, BP 21509, 44015 Nantes Cedex 1
02 51 77 29 03
www.aefe.diplomatie.fr
Sous la tutelle, du ministère des Affaires étrangères, l'AEFE est chargée de l'animation de plus de 250 établissements à travers le monde.

CAPCAMPUS

www.capcampus.com
Capcampus est le premier portail étudiant sur le Net en France et possède une rubrique spécialement dédiée aux stages, dans laquelle vous trouverez aussi des offres pour l'étranger. Mais le site propose également toutes les informations pratiques pour bien préparer votre départ et votre séjour à l'étranger.

CONSEIL FRANCO-QUEBECOIS DE COOPERATION UNIVERSITAIRE

www.cfqcu.org

SERVICE DE COOPERATION ET D'ACTION CULTURELLE

25, rue Saint Louis, Québec
418-266-2500
www.consulfrance-quebec.org
Antenne de Montréal : 514-866-6551.

WEP FRANCE

81, rue de la République, 69002 Lyon
4 72 40 40 04
www.wep-france.org
Wep propose plus de 50 projets éducatifs originaux dans plus de 30 pays, de 1 semaine à 18 mois. Année scolaire à l'étranger, programmes combinés (1 semestre scolaire avec 1 projet humanitaire ou 1 chantier nature ou 1 vacances-travail), projets humanitaires mais également stages en entreprise en Europe, Australie, Nouvelle-Zélande, Canada et États-Unis, et Jobs & Travel (visa vacances-travail) en Australie

et Nouvelle-Zélande : voici un petit aperçu des nombreuses possibilités disponibles.

TRAVAILLER

Vous désirez créer une entreprise au Québec ? Vous êtes déjà propriétaire d'une entreprise qui désire prendre de l'expansion ? Petites, moyennes, grandes entreprises ou gens d'affaires immigrants, sachez que les gouvernements du Canada et du Québec vous soutiennent dans vos démarches. Accords commerciaux, fiscalité, finances, structures juridiques, permis de travail, découvrez toutes les possibilités d'affaires au pays.

www.investquebec.com/fr/index.aspx
Site d'Investissement au Québec, institution financière et agence de développement économique.

AMBASSADE DU CANADA À PARIS

37, Avenue Montaigne, 75008 Paris
01 44 43 29 00
01 44 43 29 16 (service des visas)
www.france.gc.ca
Plusieurs programmes existent entre le Canada et la France, mais aussi avec la Belgique et la Suisse : programme Vacances-Travail, programme de mobilité des jeunes. Consultez le site Internet de l'ambassade pour tous les détails.

ASSOCIATION QUEBEC-FRANCE

24, rue Modigliani, 75015 Paris
01 45 54 35 37
www.france-quebec.asso.fr
Le siège national est fermé au public. Divers programmes : emplois d'été intermunicipalités, stages personnalisés.

ASSOCIATION TELI

2, chemin de Golemme, 74600 Seynod
04 50 52 26 58
www.teli.asso.fr
Le Club TELI est une association loi 1901 sans but lucratif d'aide à la mobilité internationale créée il y a 16 ans. Elle compte plus de 4 100 adhérents en France et dans 35 pays. Si vous souhaitez vous rendre à l'étranger, quel que soit votre projet, vous découvrirez avec le Club TELI des infos et des offres de stages, de jobs d'été et de travail pour francophones.

BUREAU INTERNATIONAL JEUNESSE

20-22, rue du Commerce, 1000 Bruxelles
02 219 09 06 / 0800 25 180
www.lebij.be
Trois programmes avec le Québec : cursus, curriculum et contact.

MAISON DES FRANÇAIS DE L'ETRANGER

48, rue de Javel, 75015 Paris
01 43 17 60 79
www.mfe.org
La Maison des Français de l'étranger (MFE) est un service du ministère des Affaires étrangères qui a pour mission d'informer tous les Français envisageant de partir vivre ou travailler à l'étranger et propose le « Livret du Français à l'étranger » et 80 dossiers qui présentent le pays dans sa généralité et abordent tous les thèmes importants de l'expatriation (protection sociale, emploi, fiscalité, enseignement, etc.). Également consultables : des guides, revues et listes d'entreprises et, dans l'espace multimédia, tous les sites Internet ayant trait à la mobilité internationale.

OFFICE FRANCO-QUEBECOIS POUR LA JEUNESSE

11, passage de l'Aqueduc, 93200 Saint-Denis
01 49 33 28 50
www.ofqj.org
Trois programmes avec le Québec : étudiants et apprentis, en recherche d'emploi, professionnels et entrepreneurs.

VOLONTARIAT INTERNATIONAL

www.civiweb.com
Si vous avez entre 18 et 28 ans et êtes ressortissant de l'Espace économique européen, vous pouvez partir en

volontariat international en entreprise (VIE) ou en administration (VIA). Il s'agit d'un contrat de 6 à 24 mois rémunéré et placé sous la tutelle de l'ambassade de France. Tous les métiers sont concernés et vous bénéficiez d'un statut public protecteur. Offres sur le site.

DÉMARCHES ADMINISTRATIVES

IMMIGRATION

POUR LE QUÉBEC

www.immigration-quebec.gouv.qc.ca

Un descriptif complet et sérieux sur les démarches d'immigrations au Québec, que ce soit pour un travail permanent ou temporaire ou même pour les études. Ce site fournit formulaires en ligne, dont un qui permet de calculer soi-même ses chances d'être accepté au Québec.

POUR LE CANADA

www.cic.gc.ca

Ce site est l'équivalent fédéral. Il traite de l'immigration au Canada en général.

NUMÉRO D'ASSURANCE SOCIALE

Ce numéro est indispensable au Canada lorsqu'il s'agit des rapports avec les organismes gouvernementaux, les institutions financières et les employeurs. Pour recevoir la carte plastifiée avec votre numéro, il suffit de se présenter au comptoir d'attribution muni du formulaire remis par les agents de l'immigration du Canada, de votre passeport et de vos documents d'immigration. Pour trouver le bureau d'attribution du NAS le plus près de chez vous : www.servicecanada.gc.ca ou 1 800-808-6352.

CARTE D'ASSURANCE-MALADIE

RAMQ

425, de Maisonneuve Ouest, 3e étage, bureau 300
514-864-3411 / 1 800-561-9749
www.ramq.gouv.qc.ca

M° Place-des-Arts. La carte d'assurance maladie est émise par la régie de l'assurance maladie du Québec (RAMQ). C'est une carte personnalisée qui permet d'obtenir la plupart des soins de santé gratuitement. Prévoyez un délai de 90 jours pour l'obtention de votre carte. La demande doit être faite au bureau de la RAMQ ou par téléphone. Les documents requis pour l'inscription sont un passeport, un permis de travail temporaire ou votre carte de résident permanent, ainsi qu'une attestation de votre employeur.

IMMATRICULATION CONSULAIRE

Cette démarche n'est pas obligatoire lors d'un travail temporaire ou d'un séjour touristique. Par contre, elle est vivement conseillée lors d'un établissement définitif. Elle permet, notamment, de faciliter le renouvellement de ses papiers d'identité et de voter au consulat. Pour établir votre carte d'immatriculation consulaire, vous devrez fournir les documents suivants : copie de votre acte de naissance ou livret de famille, votre carte nationale d'identité et/ou votre passeport, votre visa, une preuve de domicile au canada et enfin, deux photos d'identité. Pour plus de détails, il est conseillé de contacter votre consulat.

PASSEPORT

PASSEPORT CANADA

Complexe Guy-Favreau
200, René-Lévesque Ouest, bureau 103, Tour Ouest
1 800-567-6868
www.ppt.gc.ca

M° Place-d'Armes. Toutes les informations concernant l'obtention du passeport et les frais reliés se trouvent sur le site Internet. Les différents formulaires de demande peuvent être directement téléchargés en ligne. Si vous n'êtes pas Canadien ou si vous avez reçu votre statut de résident permanent il y a moins de 3 ans, vous trouverez les informations relatives au titre de voyage et au certificat d'identité.

ÉTAT CIVIL

DIRECTEUR DE L'ÉTAT CIVIL

2050, de Bleury
514-864-3900 / 1 800-567-3900
www.etatcivil.gouv.qc.ca
M° Place-des-Arts. Depuis 1994, le Directeur de l'état civil est le seul officier habilité à dresser les actes de naissance, de mariage, d'union civile et de décès, et à délivrer les documents authentiques relativement à ces événements. Coûts d'un certificat de mariage, d'union civile ou de naissance : 15 $ par certificat, copie d'un acte 20 $. Les délais réguliers sont de 12 jours ouvrables ou moins, mais si vous souhaitez obtenir vos documents rapidement (3 jours ouvrables), il faudra payer 35 $ par certificat ou copie d'acte.

REVENU ET EMPLOI

AGENCE DU REVENU DU CANADA

305, René-Lévesque Ouest
1 800-267-6999
www.cra-arc.gc.ca
M° Place-des-Arts ou Place-d'Armes.

MINISTÈRE DU REVENU DU QUÉBEC

Complexe Desjardins
150, Sainte-Catherine Ouest
514-864-6299 / 1 800-267-6299
www.revenu.gouv.qc.ca
M° Place-des-Arts.

CENTRES LOCAUX D'EMPLOI

www.emploiquebec.net
Vous trouverez une liste détaillée de tous les centres locaux d'emploi sur le site Internet d'Emploi Québec.

AIDE AUX NOUVEAUX ARRIVANTS

Au Québec, plusieurs organismes à but non lucratif fournissent gratuitement aux immigrants tous les services nécessaires pour faciliter leur arrivée et leur intégration. L'association ci-dessous est un bon exemple, mais il en existe plusieurs autres, souvent directement en rapport avec un pays d'émigration particulier. Pour obtenir une liste assez complète, visitez le site www.immigrer.com, section « Immigrer ». Pour la France, l'Office français de l'immigration et de l'intégration (www.ofiicanada.ca) offre du soutien en ce qui à trait notamment à la recherche d'emploi, avec des conseillers qui aident les nouveaux arrivants à faire valoir leurs compétences et à adapter leur C.V. selon les critères du Canada.

CARREFOUR D'AIDE AUX NOUVEAUX ARRIVANTS

10 780, Laverdure
514-382-0735
www.cana-montreal.org
Angle Fleury Est. Depuis 1979, le CANA offre accueil et orientation pour les immigrants nouvellement arrivés. Les services offerts sont gratuits : accueil et orientation, francisation, cours et activités, démarches vers l'emploi, etc. Des sorties à coûts minimes sont également organisées.

POUR LES FAMILLES

ASSOCIATION QUÉBÉCOISE D'ÉTABLISSEMENTS DE SANTÉ ET DE SERVICES SOCIAUX

www.aqesss.qc.ca
Le site de l'AQESSS répertorie tous les établissements de santé et de services sociaux à la grandeur du Québec. Cliquez sur « membres » afin d'obtenir les coordonnées complètes du centre le plus près de chez vous. Multitudes de services pour la famille allant de l'allaitement aux groupes de discussion.

CENTRES DE LA PETITE ENFANCE ET SERVICES DE GARDES

www.mfa.gouv.qc.ca
Très utile ! Vous trouverez la liste des tous les CPE (Centres de la Petite Enfance) et autres services de garde sur le site Internet du Ministère de la famille et des aînés.

SE LOGER

RÉGIE DU LOGEMENT

Village Olympique, Pyramide Ouest
5199, Sherbrooke Est, bureaux 2095 et 2161
514-873-2245
www.rdl.gouv.qc.ca

M° Viau. Un site essentiel pour quiconque désirant en savoir plus sur le logement au Québec : droits et obligations, avis, recours, publications et formulaires, etc. Nouveaux arrivants, nous vous conseillons fortement de lire la section « droits et obligations » car certaines pratiques qui sont légales dans votre pays d'origine peuvent ne pas l'être ici (ex. : demande d'une caution lors de la signature d'un bail).

LOCATION

Prenez votre temps pour découvrir le marché de la location. Pour cela, la solution la plus futée consiste à louer une chambre ou un appartement meublé au mois. La section des petites annonces des grands quotidiens regorge d'offres de ce type, mais la meilleure source d'information reste Internet. Voici une liste de sites diffusant des annonces d'appartements à louer :

- www.voir.ca
- www.craigslist.org
- www.appartalouer.com
- www.montoit.ca

WWW.KIJIJI.CA

Site de petites annonces diverses, il regroupe un grand nombre d'offres immobilières.

WWW.EASYROOMMATE.COM

Une bonne solution temporaire et économique pour le logement à Montréal : la colocation. Ce site propose de mettre en relation les propriétaires ou les locataires désireux de partager leur espace, avec de futurs « colocataires ». Simple et efficace, le système fait une présélection des offres en fonction des critères de recherche pour vous éviter d'avoir à faire le tri parmi les centaines d'offres disponibles. Deux forfaits d'abonnement sont possibles : de base gratuit (permet de faire des recherches mais impossible de contacter les autres membres de base) et premium (aucune restriction). Ce dernier permet de rentrer directement en relation avec les propriétaires, après avoir repérer les offres intéressantes et s'être assurer de leur disponibilité.

AGENCES IMMOBILIÈRES

Pour des solutions plus définitives d'achat ou de location, les agences immobilières sont bien utiles. Au Québec, c'est le vendeur qui verse la commission à l'agent.

PROPRIO DIRECT

514-856-4444 / 1 800-465-8040
www.propriodirect.com

REMAX

www.remax-quebec.com

ROYAL LEPAGE

www.royallepage.ca

SUTTON

www.suttonquebec.com

DÉMÉNAGEMENT

Le grand mal québécois ! Une infection hautement saisonnière qui frappe la population et pousse à la bohème. Comme de raison, une myriade d'entreprises se charge du lest, à des prix variant beaucoup. Le magasinage est fortement recommandé, surtout que la norme est d'offrir une estimation gratuite. Ne pas négliger non plus de payer le petit supplément pour l'assurance : un bris est si vite arrivé. Une seule recommandation, faites une sélection pour obtenir un service professionnel.

DÉMÉNAGEMENT LA CAPITALE

514-273-3300 / 1 800-808-7128
www.demenagementlacapitale.com

Une entreprise fiable et très réputée, pour un déménagement local ou longue distance, résidentiel ou commercial. Vous pouvez faire une demande d'estimation gratuite en ligne et les prix sont très compétitifs. Services d'entreposage, d'emballage et déballage également disponibles.

EUROPACK

514-633-8583 | www.europack.ca

Déménageurs et transporteurs internationaux, ils vous permettent de préparer en toute quiétude le grand départ vers l'étranger. De la porte de départ à la porte d'arrivée, ils s'occupent de tout, et vous fournissent l'information nécessaire pour passer les douanes sans encombre. Une compagnie très professionnelle pour ces occasions où l'on ne veut rien laisser au hasard.

LE CLAN PANNETON

514-937-0707
www.leclanpanneton.ca

Au-delà des clichés et des pubs parfois douteuses et envahissantes, l'une des compagnies de déménagement les plus cotées. Pour un déménagement local ou longue distance, résidentiel ou commercial. Les prix y sont hautement compétitifs, et le service hors pair, de quoi rassurer lorsqu'on s'embarque pour l'inconnu, le temps d'un nouveau bail. Estimation gratuite. Services d'entreposage, d'emballage et déballage également disponibles.

ENTREPÔTS

Un entreposage peut vous sauver lorsque vous avez une forte tendance à accumuler les biens matériels. À moins que vous vous envoliez pour de longs moments. Dans ces cas, les effets personnels cherchent logis, et l'entreposage permet de tout conserver à petits prix. L'idéal est de louer un espace approprié, chauffé et surveillé 24h, avec accès en tout temps. Voici une sélection des entrepôts de la région les plus recommandés, sélectionnés tant pour la sécurité offerte que l'accessibilité 24h/24 et 7j/7. La plupart de ces adresses offrent de généreux rabais pour les baux de longue durée payés d'avance.

ENTREPOSAGE DOMESTIK

255, Shannon
514-954-1833 | www.domestik.qc.ca

Entre William et Ottawa. Entreposage Domestik est un système d'entreposage « libre service » qui vous permet de louer un espace correspondant à vos besoins et ce, pour aussi longtemps que vous le désirez.

Autre adresse dans la région de Montréal : 3900, Sir-Wilfrid-Laurier, Saint-Hubert, 450-676-6236.

ENTREPÔT PUBLIC

400, de Lasalle
514-526-6682 / 1 877-777-8672
www.publicstorage.ca

Service professionnel et sécuritaire d'entreposage avec plus d'une dizaine de succursales dans le Montréal Métropolitain. Il est possible de calculer le coût approximatif de l'entreposage directement en ligne sur leur site Internet. Informez-vous sur les promotions en cours, elles s'avèrent souvent très intéressantes.

Autres adresses :
5555, d'Iberville, Montréal, 514-598-0682
9445, Jean Pratt, Montréal, 514-850-0043
4340, Métropolitain Est, Saint-Léonard, 514-593-6335
5605, Côte-de-Liesse, Saint-Laurent, 514-744-0045
6701, Newman, LaSalle, 514-595-8558
970, 14ème Avenue, Lachine, 514-634-0391
380, Sir-Wilfrid-Laurier, Saint-Lambert, 450-465-9970
2801, Montée St-Rémi, Dorval, 514-421-4558
995, autoroute Chomedey, Laval, 450-902-0429
3015, Tessier, Laval, 450-681-4837

GO CUBE

2350, Dickson
514-738-6843 / 1 866-462-8231 | www.gocube.com

Go Cube vous livre le matin un gros cube dans lequel vous (ou un déménageur que vous engagez chez Go Cube) entreposez vos affaires. Le soir, un camion vient chercher le cube et l'amène dans un entrepôt. Bref, pas besoin de louer de camion ni de décharger ses affaires une fois arrivé à l'entrepôt. Service d'emballage (plusieurs forfaits offerts) et de démontage des meubles.

U-HAUL LIBRE ENTREPOSAGE

306, Crémazie Ouest
514-385-6297 | www.uhaul.com
Lun-jeu & sam, 7h-19h ; ven, 7h-20h ; dim, 9 h-17h.
Avec l'achat des entrepôts Sécurespace, U-Haul semble avoir pris le dessus au niveau de l'entreposage. On recommande, expérience à l'appui. Consultez le site Internet pour connaître toutes les adresses des succursales. Cependant, nous ne vous recommandons pas de faire affaire avec U-Haul pour la location de camions.

SERVICES COURANTS

EAU, ÉLECTRICITÉ ET TÉLÉPHONE

EAU ET ÉLECTRICITÉ

HYDRO-QUÉBEC

514-385-7252 / 1 888-385-7252
www.hydroquebec.com

TÉLÉPHONE ET INTERNET

BELL CANADA

310-2355 | www.bell.ca

DISTRIBUTEL

1 877-301-4077 | www.distributel.net

PRIMUS CANADA

Ventes : 1 800-830-5511
Service à la clientèle : 1 800-340-4920
Internet : 1 877-704-4269
www.primustel.ca

ROGERS

1 866-764-3771 | www.rogers.com

TELUS

310-1212 / 1 888-520-8358
www.telusquebec.com

VIDÉOTRON

1 866-433-6876 | www.videotron.com

TÉLÉPHONE MOBILE

BELL MOBILITÉ

1 800-667-0123
www.bell.ca

FIDO

1 800-481-3436 (déjà client)
1 888-945-3436 (futur client)
www.fido.ca

ROGERS

1 888-764-3771
www.rogers.com

SOLO MOBILE

1 877-999-7656
www.solomobile.ca

TELUS MOBILITÉ

1 866-558-2273
www.telusmobilite.com

VIDÉOTRON

1 866-433-6876
www.videotron.com

VIRGIN MOBILE

1 888-999-2321 | www.virginmobile.ca

SERVICES MUNICIPAUX

HÔTEL DE VILLE

275, Notre-Dame Est
311 (depuis Montréal) / 514-872-0311
www.ville.montreal.qc.ca
M° Champ-de-Mars.

BUREAUX D'ACCÈS ET ARRONDISSEMENTS

▸ Ces bureaux sont des points de centralisation de services et d'informations pour tous les sujets de la vie courante à Montréal. Ouvert aux particuliers comme aux entreprises. Pour les coordonnées du bureau le plus proche de chez vous et pour vous assurer des services fournis, consulter le site de la ville de Montréal :

▸ www.ville.montreal.qc.ca
(section Accès Montréal)
▸ ou téléphonez au 514-872-0311
(tapez seulement 311 à partir de Montréal).

CARTE ACCÈS MONTRÉAL

La carte Accès Montréal permet aux habitants ou aux contribuables de la ville de Montréal uniquement d'obtenir des réductions sur les loisirs et les activités culturelles de la cité, pendant une période d'un an, et ce dans plus d'une centaine de lieux. La carte est en vente dans tous les bureaux Accès Montréal, plusieurs bureaux d'arrondissement et bibliothèques pour la somme de 7 $ par personne (6 $ pour la 2e personne résidant à la même adresse, 5 $ pour les autres, si les cartes sont achetées en même temps). Afin d'obtenir cette carte, vous devez vous présenter avec les documents suivants :

- une photo récente (format passeport) ;
- une preuve de résidence (permis de conduire, facture Bell, Hydro-Québec ou taxes municipales - le bail n'est pas accepté) ;
- et une preuve d'identité (carte assurance-maladie ou assurance sociale).

Pour obtenir plus de renseignements, composez le 311, ou le 514-872-0311 (à l'extérieur de Montréal). 24h/24. www.ville.montreal.qc.ca/cam

SERVICES AUX CONSOMMATEURS

OFFICE DE LA PROTECTION DU CONSOMMATEUR

5199, Sherbrooke Est, bureau 3671, Aile A
514-253-6556 / 1 888-672-2556
www.opc.gouv.qc.ca
La mission de l'OPC est de surveiller l'application des lois sous sa responsabilité, informer collectivement et individuellement les consommateurs, les éduquer et recevoir leurs plaintes. De plus, il favorise la concertation des acteurs du marché de la consommation.

OPTION CONSOMMATEURS

2120, Sherbrooke Est, bureau 303
514-598-7288 / 1 888-412-1313
www.option-consommateurs.org
Association qui milite pour le bon respect de la loi régissant toute transaction commerciale. Les membres de l'association ont droit aux services d'un médiateur en cas de litige. C'est eux qui réalisent entre autres le fameux guide « Jouets » du magazine « Protégez-vous ».

RÉSEAU DE PROTECTION DU CONSOMMATEUR DU QUÉBEC

www.consommateur.qc.ca
Regroupement de 25 associations de protection des consommateurs. Ces organismes à but non lucratif offrent des services de consultation budgétaire en cas d'endettement ou de problèmes financiers. Ils peuvent aussi fournir des conseils juridiques dans tous les domaines qui touchent à la consommation.

BANQUES

BANQUE CANADIENNE IMPÉRIALE DE COMMERCE (CIBC)

1 800-465-2422 | www.cibc.com

BANQUE DE MONTRÉAL

1 877-225-5266 | www.bmo.com

BANQUE LAURENTIENNE DU CANADA

514-252-1846 / 1 800-252-1846
www.banquelaurentienne.ca

BANQUE NATIONALE DU CANADA

514-394-5555 / 1 888-835-6281 | www.bnc.ca

BANQUE ROYALE DU CANADA

1 800-769-2511 | www.banqueroyale.ca

BANQUE SCOTIA

1 800-575-1212 | www.scotiabank.com

BANQUE TD CANADA TRUST

1 800-895-4463 | www.tdcanadatrust.com

CAISSES DESJARDINS

514-224-7737 / 1 800-224-7737
www.desjardins.com

ING DIRECT

1 866-464-3473 | www.ingdirect.ca

INSTA-CHÈQUES

1 800-361-1407 | www.moneymart.ca

Encaissement de chèques, de jour comme de nuit, lorsque les besoins sont pressants. Contre une commission de 3% de la valeur du chèque + des frais administratifs, on change le chèque, illico presto (plus de 20 agences à Montréal).

POSTES

POSTES CANADA

1 866-607-6301 | www.postescanada.ca

Un seul numéro pour des informations générales. Sur le site Internet, vous trouverez une foule d'outils tels qu'un système de recherche de codes postaux et de tarifs, les coordonnées de bureaux de poste, un système de repérage de votre colis, etc.

SANTÉ

Afin de trouver l'hôpital, le centre local de services communautaires (CLSC) ou le centre de santé et de services sociaux (CSSS) le plus près de chez vous, consultez le site :

- www.santemontreal.qc.ca

ASSURANCES

Bien qu'il ne soit pas obligatoire d'assurer ses meubles, son appartement ou sa maison, il est fortement conseillé de le faire. Courtiers et compagnies d'assurance privées offrent toute une gamme de protections contre le feu, le vol et la responsabilité civile. Sans ces précautions, vous risquez de vous retrouver en situation difficile si, par exemple, vous perdez tous vos biens dans un incendie. Par ailleurs, si vous bénéficiez d'un prêt hypothécaire, le prêteur exigera que l'immeuble soit assuré. Avant de contracter une assurance, prenez toutefois le temps de vous renseigner à fond auprès de votre entourage et des assureurs sur les différentes formules possibles. Pour une même couverture générale, le prix des primes peut varier beaucoup. Renseignez-vous au centre d'information du Bureau d'assurance du Canada. Attention, il peut s'avérer difficile d'assurer un appartement situé dans le même édifice qu'un magasin ou un restaurant. À vérifier avant de signer.

BUREAU D'ASSURANCE DU CANADA

800, Place-Victoria, bureau 2410
Tour de la Bourse
514-288-4321 / 1 877-288-4321
www.ibc.ca

Ce bureau diffuse de nombreux conseils utiles sur les différents types d'assurance.

ALLSTATE CANADA

1 800-255-7828 | www.allstate.ca

AXA ASSURANCES

1 800-361-4330 | www.axa.ca

BANQUE NATIONALE ASSURANCE

514-871-7500 / 1 877-871-7500
www.assurances-bnc.ca

LA CAPITALE ASSURANCE

1 888-522-5260 | www.lacapitale.com

AUTO / MOTO

ASSOCIATION POUR LA PROTECTION DES AUTOMOBILISTES (APA)

292, Saint-Joseph Ouest
514-272-5555 | www.apa.ca

Angle du Parc. L'Association pour la Protection des Automobilistes est LA référence absolue de tout conducteur digne de ce nom. Des renseignements à la tonne, allant de répertoires de garagistes avec cote de fiabilité, jusqu'au guide d'achat de voitures neuves. On peut devenir membre (77 $) et profiter d'une kyrielle d'informations, à coût moindre, telles les fiches signalétiques de chaque modèle de voiture présent sur nos routes, avec valeur des diverses options pour les négociateurs invétérés. Compte tenu de

EN CAS D'URGENCE

Pompiers / Police / Ambulance
911

Centre Antipoison
1 800-463-5060

Tel-Jeunes
1 800-263-2266

Jeunesse, J'écoute
1 800-668-6868

Suicide Action Montréal
514-723-4000 / 1 866-277-3553

Drogue : Aide et Référence
514-527-2626 / 1 800-265-2626

Grossesse-Secours
514-271-0554

Info-santé
811
Une opinion professionnelle vous sera donnée en tout temps par une infirmière si vous appelez ce numéro. Elle pourra vous aiguiller vers les meilleures ressources, les plus proches de votre domicile, en cas de besoin.

Pharmaprix Côte-des-Neiges (pharmacie ouverte 24h)
5122, Côte-des-Neiges
514-738-8464

l'investissement majeur que représente une automobile, peut-on vraiment négliger pareille source ?

CAA-QUÉBEC

514-861-7575 / 1 800-686-9243 (services aux membres) | www.caaquebec.com

La branche québécoise de l'Association canadienne de l'automobile (CAA) offre une multitude de services à ses membres allant bien au-delà du domaine de l'automobile : agences de voyages, conseils habitation, assurances (voyages, vie, accident, santé). Pour votre voiture, CAA est une ressource incontournable : service routier d'urgence 24h/24, centres de vérification technique, service conseils, liste de garages et écoles de conduite recommandés, essais routiers, mandataire de la SAAQ (immatriculation, renouvellement de carte d'assurance-maladie et de permis de conduire), et bien plus encore ! L'adhésion annuelle, au coût de 89 $ (50 % de rabais pour l'adhésion d'autres membres au même domicile), donne droit à tous les services de CAA et ce, même en dehors du Canada. En plus, la carte donne droit à une multitude de rabais et privilèges dans des domaines aussi variés que l'hôtellerie, les attractions, les commerces de détails, l'habitation, etc. Une visite sur leur site Internet s'impose, ne serait-ce que pour voir l'ampleur des services offerts.

CENTRE DE VÉRIFICATION TECHNIQUE DU CAA-QUÉBEC

1 877-626-0310 | www.caaquebec.com

Pour une estimation plus neutre avant de se lancer dans les visites hautement émotives des mécaniciens aux dents longues. Un service aux gants blancs qui va dans le détail. L'estimation finale peut parfois faire frémir, mais puisque les réparations ne se feront pas sur place, force est d'admettre l'objectivité du processus.

INFOROUTIÈRE

511 | www.mtq.gouv.qc.ca

Informations 24h/24 sur l'état des routes et sur le site Internet, conditions routières par numéro de route et caméras de circulation. Mise à jour régulière, pour les grands axes routiers de la province. Quant aux routes secondaires, vive la découverte sur le terrain !

SOCIÉTÉ DE L'ASSURANCE AUTOMOBILE DU QUÉBEC

514-873-7620 / 1 800-361-7620
www.saaq.gouv.qc.ca

Index

Rue résidentielle
© AUTHOR'S IMAGE

A

B

C

D

E

F

G

H

I

J

K

L

M

N

O

P

Q

R

S

T

U

V

W

Y

Z